工业和信息化普通高等教育“十三五”规划教材立项项目
21世纪高等学校**会计学**系列教材

TAX ACCOUNTING AND TAX PLANNING

税务会计与税收筹划

◆ 黄凤羽 主编
◆ 李颖 王晓雪 副主编

人民邮电出版社
北京

图书在版编目（CIP）数据

税务会计与税收筹划 / 黄凤羽主编. -- 北京 : 人民邮电出版社, 2017.8
21世纪高等学校会计学系列教材
ISBN 978-7-115-46368-5

Ⅰ. ①税… Ⅱ. ①黄… Ⅲ. ①税务会计－高等学校－教材②税收筹划－高等学校－教材 Ⅳ. ①F810.42

中国版本图书馆CIP数据核字(2017)第167316号

内容提要

本书全面支持“营改增”涉税计算、会计处理和税收筹划。全书共分上、下两篇：上篇主要介绍中国现行各个税种的计算和会计处理；下篇主要介绍企业经营活动不同环节的税收筹划方式和技巧。全书穿插了大量实例、案例、知识点讲解、拓展阅读和网络资源等模块，注重培养学生的应用和实践操作能力。

本书提供教学PPT、习题答案等配套资料，用书老师可通过“人邮社区（http://www.ryjiaoyu.com）”或编辑QQ602983359索取。

本书适用于税收学、会计学等专业本科生，学习本书后可使学生具备处理涉税工作中复杂问题的能力。

◆ 主　　编　黄凤羽
副 主 编　李　颖　王晓雪
责任编辑　万国清
责任印制　周昇亮
◆ 人民邮电出版社出版发行　　北京市丰台区成寿寺路 11 号
邮编　100164　　电子邮件　315@ptpress.com.cn
网址　http://www.ptpress.com.cn
北京艺辉印刷有限公司印刷
◆ 开本：787×1092　1/16
印张：19　　2017 年 8 月第 1 版
字数：524 千字　　2017 年 8 月北京第 1 次印刷

定价：49.80 元

读者服务热线：(010)81055256　印装质量热线：(010)81055316
反盗版热线：(010)81055315
广告经营许可证：京东工商广登字 20170147 号

前言

近年来，我国税收制度发生很多重大的变化，以全面“营改增”试点工作为代表的税收制度的改革和调整，必然会对企业税收负担和涉税会计处理产生重大影响。本书正是结合税制改革的重大调整，以最新税收法律法规为准，实现税务会计和税收筹划的高度结合。税务会计一篇中，按照我国现行各个税种设置叙述其基本内容、计税原理及税额计算等；同时遵循我国现行企业会计准则，介绍涉税相关会计科目的使用方法，通过大量案例和实例，对比较典型的涉税业务会计处理进行全面和详细的讲解。税收筹划一篇中，按照企业不同经济业务、经济行为，对各个环节深入剖析税收筹划的原理、方法和技巧。税务会计和税收筹划工作的实践性、操作性极强，因此，本书设计了很多含有案例分析和实例等较为丰富的多样性实践内容，同时利用课后练习巩固学习内容，此外还通过二维码提供了拓展阅读。

本书既适合本科生使用，可以帮助其全面、多角度地理解国家税收法律法规、涉税会计处理和税收筹划方略，为今后从事相关工作奠定坚实的理论与实务基础；同时，也适合企业作为纳税操作和涉税业务实务指导用书，为企业准确纳税、正确体现税收负担、实现税后收益最大化提供了良好的实证支持。

本书由天津市经济发展研究院院长黄凤羽教授任主编，天津财经大学经济学院财政与公共管理系副教授李颖和天津财经大学经济学院财政与公共管理系王晓雪任副主编。

本书提供教学 PPT、习题答案等配套资料，用书老师可通过人邮社区（http://www.ryjiaoyu.com）或编辑 QQ602983359 索取。

由于作者水平所限，书中难免存在疏漏和不妥之处，恳请广大读者批评指正。

作者

于天津财经大学

2017 年 5 月

目　录

上篇　税务会计篇

下篇　税收筹划篇

上篇

税务会计篇

第一章　税务会计概述

【学习目标】

掌握税务会计的定义；理解税务会计与财务会计的联系和区别；熟知税务会计的模式；熟悉税务会计的特点、职能和目标；理解税务会计的基本前提和基本原则。

引导案例

预付卡增值税处理有变化

持卡消费越来越普遍。购物卡、餐饮卡、美容卡、健身卡、加油卡、商通卡……很多人持有不止一张卡。这些卡都是先付费后购买，通称预付卡。对于这些在购买时未实现消费的预付卡，发卡单位应当如何进行增值税处理呢？

发卡单位销售预付卡时，未发生增值税行为，但是如果在预收款时开具发票，根据增值税纳税义务发生时间判定原则，在开具发票时即达到增值税纳税义务发生时间，存在着预收款与纳税义务发生时间的矛盾。这种矛盾使企业这部分业务的涉税核算比较混乱。有的企业售卡时开具了发票，开了票便视为收入实现，增值税和所得税同步处理。有的企业售卡时没有开票，只开了收据，会计税务处理都可以不做收入不缴税。

为了解决这一难题，2016 年 8 月，国家税务总局发布的《国家税务总局关于营改增试点若干征管问题的公告》(国家税务总局公告 2016 年第 53 号)，对预付卡的增值税处理较之前的政策发生了较大变化，并且解决了之前遗留的诸多疑难问题。公告明确了预付卡的开票和纳税时间。在售卡环节，发卡单位虽然取得了预收资金，但未实现销售，因此这笔预收资金不计缴增值税，同时只能开具增值税普通发票，发票税率栏应填写“不征税”，不得开具增值税专用发票。当预付卡实现消费时，即持卡人购买货物或服务时，销售方实现了销售，应计缴增值税，同时不得向持卡方开具增值税专用发票。这样，明确了增值税纳税义务发生的时间，也明确了企业的增值税会计处理。

启发思考

1. 税收法律法规的变化会对会计处理的内容产生何种影响？
2. 税务会计和财务会计有何本质上的区别？

第一节　税务会计的定义和模式

一、税务会计的定义

税务会计是以国家税收法律法规为准绳，运用财务会计的基本理论、方法和程序，对纳税人涉税活动所引起的资金运动进行核算、监督和筹划的一门专业会计。它是融税收法律法规和会计核算为一体的特殊专业会计，是税收学和会计学在一定程度的相互结合。它是专门适应纳税人的需要，将会计的基本理论、方法同纳税活动相结合而形成的一门介于税收学和会计学之间的边缘学科。

税务会计是社会经济发展到一定阶段的产物。随着社会经济的不断发展，当成熟的税收体系取代简单的税收形式后，人们在经营管理过程中，不仅要重视生产经营资金的耗费和财务成果的确认、计量及报告，而且要重视财务成果的分配。为保证国家的税收收入以及维护纳税人的合法权益，特别是为满足纳税人掌握涉税活动相关信息的需要，企业会计必须对原有的核算、监督做出相应调整，向研究税务活动所引起的资金运动变化方向发展，税务会计因此就从财务会计中独立出来，成为现代会计的一个新分支。税务会计是企业会计的一个特殊领域，它以财务会计为基础，对财务会计中按会计准则进行的会计处理与国家税收法律法规不一致的会计事项或者出于税收筹划的目的,进行纳税调整或重新计算。因此，税务会计并不要求企业在财务会计的账表之外再单独设置一套会计账表，只需在会计账表基础之上进行纳税调整，形成最终的纳税申报表，并全面、连续、系统地反映企业涉税会计事项。税务会计可以说是会计中的税务、税务中的会计。

> **名人语录**
>
> 美国著名会计学家亨德里克森指出："很多小企业，进行会计处理的目的是编制所得税申报表，甚至不少企业若不是为了纳税根本不会记账。即使对大公司来说，纳税也是会计师们的一个主要问题。"

二、税务会计与财务会计

（一）税务会计与财务会计的联系

税务会计作为一项实质性工作并不是独立存在的，而是企业会计的一个特殊领域，是以财务会计为基础的，在会计主体、记账基础、核算方法等方面与财务会计有着相同之处。税务会计资料大多来源于财务会计，税务会计并不要求纳税人在财务会计的凭证、账簿、报表之外再单独设一套会计账表。税务会计对财务会计处理中与现行税法不相符的会计事项，或出于税收筹划目的需要调整的事项，要按照税务会计的方法计算、调整，再使之融于财务会计账簿或财务会计报告之中。从各国税务会计的实践看，大都先以企业的会计利润为基础，再按税法的要求进行调整，税务会计与财务会计的协调最终将反映在企业对外编制的财务报告上。可见，税务会计与财务会计相互补充，相互配合，共同对纳税人的生产经营活动进行核算与监督。

（二）税务会计与财务会计的区别

1. 二者的目标不同

税务会计主要向信息使用者提供税收方面的信息，便于税务部门征税。税务会计以税收法律法规为准绳，要求纳税人正确进行税务会计处理，实现依法纳税，履行纳税义务；同时，税务会计也可以通过合理选择纳税方案，科学地进行税收筹划，实现企业税收收益的最大化。财务会计主要为企业利益相关人，包括债权人、投资者、国家经济管理部门、内部经营者等，提供财务状况、经营成果和财务状况变动的信息，便于信息使用者做出决策。

2. 二者核算的对象不同

税务会计核算和监督的对象是货币计量的与计税有关的经济事项，包括税款的核算、申报、上缴等涉税事项，主要是指从纳税收入产生经营收入开始，到足额上缴税款为止的税收资金运动。财务会计核算的对象是企业以货币计量的全部经济事项，包括资金的投入、循环、周转、退出等过程，包括企业全部的资金运用，反映整个企业财务状况、经营成果和资金流转情况。

3. 二者核算的依据不同

税务会计以国家税收法律法规为主要依据，兼顾企业会计制度和会计准则，纳税人需要按照税法规定计算应纳税额并向税务部门申报。财务会计核算的依据是会计准则，按照会计准则的程序和方法组织会计核算，提供信息。

4. 二者的核算基础与处理方法不同

税收法律法规与会计准则存在某些差别，主要在于收益实现的时间和费用的可扣减上。根据税法规定，在计算应税所得时既要保证纳税人有立即支付货币资金的能力和税务机关有征收当前收入的必要性，又要考虑征收管理方便，所以税法是收付实现制与权责发生制的结合，是实施会计处理的"联合基础"。企业会计准则规定，财务会计必须以权责发生制作为会计核算的基础，以应收、应付作为确认收入费用的标准，能使收入费用有恰当的配比，便于确定各期经营成果，使会计信息更加准确和可靠。

知识点滴

税法是收付实现制与权责发生制的结合

收付实现制和权责发生制是会计处理中对收入和费用进行确认的两种不同方法。收付实现制是以款项的实际收付为标准来记录收入的实现和费用的发生；权责发生制是从时间上规定会计确认的基础，其核心是根据权责关系的实际发生期间来确认企业的收入和费用。凡是当期已经实现的收入和已经发生或应当负担的费用，不论款项是否收付，都应当作为当期的收入和费用；凡是不属于当期的收入和费用，即使款项已在当期收付，也不应当作为当期的收入和费用。由于两种方法的原则不同，所以同一会计事项按不同的会计处理原则进行处理，其结果可能是相同的，也可能是不同的。对于税法来说，在计算应税所得额时既要保证纳税人有立即支付货币资金的能力和税务机关有征收当前收入的必要性，又要考虑征收管理方便，所以税法对收入和费用的确认，并不单独采用收付实现制或权责发生制，而是收付实现制与权责发生制的结合。例如，纳税人采用分期收款方式销售商品的，按照会计准则的要求，应在销售行为发生时一次性确认收入，这属于权责发生制。税法对此项经济行为的规定为，在合同约定的收款日期分期确认收入，这接近于收付实现制。由于税法和会计准则对同一笔收入确认的时间有所不同，产生了所谓的税法与会计的时间性差异，纳税人在缴纳税款时就要相应做出纳税调整。在销售行为发生的当期，纳税人在纳税申报时应做纳税调整减少处理；而在合同约定的收款日期，按照税法规定确认应税收入后，应做纳税调整增加处理。

三、税务会计的模式

从世界范围来看，由于各国税法立法背景和程序以及各国会计规范方式的不同，税务会计模式大体可以分成三种类型：一是财税分离模式，以美国、英国为代表；二是财税统一模式，以法国、德国为代表；三是财税混合模式，以日本、韩国为代表。

（一）财税分离模式

该模式的主要特征是税务会计和财务会计完全分离。财务会计遵循公认会计原则进行各个要素的确认、计量、记录和报告，不受税法约束；在确定税基、计算缴纳税款时，完全依托于税务会计，不需要在财务会计的基础上进行纳税调整。这种模式的优点在于，会计和税法是两个相互独立的领域，可以实现财务会计为投资者服务、税务会计为纳税人服务的目标，充分满足不同信息需求者对信息的需求。但这一模式也存在着一个突出的缺点，即由于财务会计是根据公认会计原则而进行的，并没有法律约束力，而税务会计根据税法来进行的，这就要求同时编制两套会计报告，无形中会增加企业的核算成本。

（二）财税合一模式

财税合一模式不允许税务会计和财务会计差异的存在，税法对财务会计有直接的影响，会计准则与税法的要求一致，财务会计受税法约束，税法的任何变动都会影响企业财务报表的内容和形式。财务会计被认为是面向税务的会计，税务当局是法定的会计信息使用者，税法对会计信息提出了明确要求，企业对会计事项的处理必须按照税法的规定进行。这种模式的优点在于财务会计服从于税法，因此也无须通过另外的核算体系来单独核算，从而可以在一定程度上降低企业成本。但这一模式也有缺点，一方面企业的自主权会受到很大限制，在国际经济交往中可能会面临一些困难；另一方面，财务会计对企业收入、费用、利润的确认和计量受税法的直接影响，这违背了会计核算的真实公允要求，导致会计信息失真。

（三）财税混合模式

财税混合模式是兼有财税分离与财税合一特点的模式。该模式的特点为依据税收法律法规对财务会计进行协调，即税务会计是一种纳税调整会计方法体系。这种模式的优点在于可以避免单一模式的缺点，实用性较强，缺点则是纳税人的核算成本会增加，但与财税分离型相比较，其成本会降低。

> **想一想**
>
> 根据我国的现行税收制度与企业会计准则，说明我国现实的税务会计模式是哪一种？

第二节　税务会计的特点、职能和目标

一、税务会计的特点

税务会计作为融税收制度和会计核算于一体的特殊专业会计，具有自身的一些特点，主要体现在以下几个方面。

（一）税收法律法规的约束性

税务会计必须以国家的税收法律法规为依据，具有直接受制于税法规定的显著特点，这是税务会计区别于其他专业会计的一个重要标志。在会计核算中的一些计算方法、技术处理方法等方面，企业可以根据其生产经营的实际需要适当选择会计计算方法及技术处理方法，但税务会计必须严格按国家的税法执行。

（二）相对独立性

税务会计并不是和企业财务会计并列的专业会计，它只是企业会计的一个特殊领域，即对企业生产经营活动中涉税部分进行核算和反映。但和其他会计相比较，税务会计具有其相对的独立性，因为国家规定的征税依据与企业会计制度的规定是有一定差别的，其处理方法、计算口径不尽相同。所以，税务会计有一套自身独立的处理准则。

案例 1.1

税务会计独立性的体现

我国《企业所得税法》规定：企业购入国债取得的利息收入，属于免税收入，不计入应税所得额计算缴纳企业所得税。在企业会计核算过程中，国债利息收入作为企业投资收益要计入营业利润。因此，在计算缴纳企业所得税时，针对此项收入，企业要对其利润总额进行纳税调减，即从利润总额中剔除国债利息收入，据此得出应税所得额。对税务会计来说，要进行相应的核算和调整，真实反映企业所得税税负，这反映了税务会计核算方法与内容的相对独立性。

启发思考

1. 企业在核算应纳税额时，对税务会计有什么要求？
2. 什么原因使税务会计具有独立性？

（三）广泛实用性

税务会计要求企业按税法规定对各项税款进行正确计算、申报和缴纳，并对各项税务会计事项进行会计处理。此类问题对每个企业来讲，都是相当现实的，因此具有一定广泛和实用性。

（四）核算目的的双重性

一方面，税务会计首先要保证国家及时、足额地取得税收收入。税务会计报送的纳税申报表与税收缴款书等会计资料，旨在接受税务机关的监督与审核，完成纳税人的纳税义务。另一方面，税务会计也是维护纳税人合法权益的手段。纳税人通过税务会计显示的信息，在依法纳税的前提下，可以行使其权利，维护其权益。

二、税务会计的职能

税务会计是会计的一个分支，首先具有一般会计所具有的基本职能，即核算职能和监督职能。但由于税务会计与税法密切联系，它还具有税收筹划的特有职能。

（一）核算职能

核算职能是税务会计的基本职能。税务会计要对纳税人的纳税义务及其缴纳税款情况进行记录、计算和汇总；编制纳税申报表，据此进行税款缴纳和纳税申报。税务会计只有把企业发生的有关涉税经济业务如实进行核算，才能做到连续、全面、系统地计算企业应负担的税款，并及时进行纳税申报，切实履行企业的纳税义务，维护纳税人自身权益。同时，税务会计只有进行真实核算才能保证对外提供有关税收信息的真实性、可靠性和可比性，才能便于有关部门考核企业纳税义务的履行情况，才能便于企业考核自身的税负是否合理、公平。

（二）监督职能

税务会计要对纳税人纳税义务及其缴纳情况，进行控制和检查，并对违法行为加以纠正和制裁。税务会计对企业经济活动进行监督的依据主要是税法及有关的税收法规。通过反映和监督，确保企业的税务会计处理既合法又合理，切实维护税收法律制度的严肃性。通常，税务会计的监督职能，只能在作为纳税人的企业单位内部进行，并由纳税人的会计人员实施。企业税务会计要站在企业的角度，切实维护企业的合法权益，通过正常方式，在税收法律制度不禁止的范围内减轻企业的税收负担，提高企业的税收效益。

（三）税收筹划职能

税收与企业的最终收益是此消彼长的关系。纳税人通过税收筹划，减轻其税收负担，争取税后利润最大化。其外在表现是“纳税最少，纳税最晚”，即实现“经济纳税”。通过税务会计的工作，能够达到以下税收筹划目标：一是对企业经营过程涉及的诸多税种，如增值税、消费税、关税、企业所得税等在进行业务处理和会计核算的过程中，利用税收法律法规积极进行税收筹划。在保证企业完成纳税义务的同时，降低自身税收负担。二是企业税务会计需要在多种纳税方案中通过事先筹划，合理安排公司筹资、投资、经营、利润分配等财务活动。三是税务会计既可准确核算各种应纳税额进行申报纳税，提高财税人员工作效率，也可对企业账务、票证、经营、核算、纳税情况进行评估，更好帮助企业正确执行国家税收政策，进行整体经营筹划及纳税风险防范，为企业管理决策献计献策，实现自身的持续健康发展。

三、税务会计的目标

税务会计与税法、财务会计之间的紧密联系，形成了税务会计目标的多样化。税务会计既要以国家税法为准绳，促使企业认真履行纳税义务，又要在不违反法律的前提下，追求企业纳税方面的最大经济效益。

（一）依法纳税，履行纳税义务

税务会计要依据税收法律法规进行与税款形成、计算、申报、缴纳有关的会计处理和调整计算，准确地填报有关纳税报表，及时足额缴纳各种税款，依法履行纳税义务。同时，需要配合税务机关的税务检查工作，认真执行税务机关的审查意见，接受税务机关的税收征收管理。

（二）正确进行税务会计处理，协调与财务会计的关系

税务会计要以国家现行税法为准绳，又要按会计法规进行会计处理，还要在财务报告中正确披露有关税务会计信息。它与财务会计是相互补充、相互服务、相互依存的关系。两者作为企业会计的重要组成部分，只有相互配合、相互协调，才能完成各自的具体目标，并为企业共同的目标服务。

（三）合理选择纳税方案，科学进行税收筹划

税务会计同财务会计一样，也要为投资人、债权人、经营者服务，但税务会计同时要服从、服务于企业利润最大化的总目标。因此，税务会计应合理选择税负较轻的纳税方案，在企业经营的各个环节事先进行税负的测算并做出纳税方案的决策，事后进行税负分析等，保证企业税收利润的最大化。

第三节　税务会计的前提条件和基本原则

一、税务会计的前提条件

税务会计基本以财务会计为基础，财务会计中的基本前提有些也适用于税务会计，如会计分期、货币计量等。但由于税务会计有自己的特点，其基本前提也有其特殊性。

（一）纳税主体

纳税主体就是税法规定的直接负有纳税义务的单位和个人，包括法人和自然人。纳税主体与财务会计的会计主体有密切联系，但不一定等同。会计主体是财务会计为之服务的特定单位或组织，会计处理的数据和提供的财务信息，被严格限制在一个特定的、独立的或相对独立的经营单位之内，典型的会计主体是企业。纳税主体不一定都是会计主体，会计主体也不一定都是纳税主体。作为税务会计的一项基本前提，应侧重从会计主体的角度来理解和应用纳税主体。

问与答

1. 问：对个人取得的工资薪金所得征收个人所得税时，纳税主体和会计主体是否一致？

答：不一致。取得工资薪金的个人为纳税主体，对个人发放工资薪金的单位负有代扣代缴义务，是这一纳税事项的会计主体。

2. 问：实行统一核算并汇总纳税的总分公司，其纳税主体和会计主体是否一致？

答：不一致。有经营行为的分公司是会计主体，但不是纳税主体，纳税主体是汇总纳税的总公司。

（二）持续经营

持续经营前提意味着该纳税人个体将继续存在足够长的时间以实现它现在的承诺。这是所得税款递延、亏损前溯或后转以及暂时性差异能够存在并且能够使用纳税影响会计法进行所得税跨期摊配的理论依据。例如，对存货计价方法和固定资产折旧方法的选择，尽管事项发生期内各个时间的应纳税额不尽相同，但会随着该事项的递延消失而达到总量或金额上的一致。所以税法也支持企业可以进行会计政策的选择。

（三）货币的时间价值

随着时间的推移，投入周转使用的货币或资金价值将会发生增值，这种增值的能力或数额，就是货币的时间价值，也称为资金的时间价值。这一基本前提已经成为税收立法、税收征管的基点，因此，各个税种都明确规定了纳税义务的确认原则、纳税期限、缴库期等。它深刻地揭示了纳税人进行税收筹划的目标之一——延迟纳税，也说明了所得税会计中采用纳税影响会计法进行纳税调整的必要性。

想一想

考虑到货币的时间价值，企业采用何种固定资产折旧方法可使企业税负最轻？

（四）纳税会计期间

持续经营假设下，纳税会计主体是一个长期经营单位，其经营活动是连续不断的。将纳税会计主体的经营期人为地划分为一段段首尾相接、等间距的较短期间，便是纳税会计期间。纳税会计期间亦称纳税年度，是指纳税人按照税法规定选定的纳税起止日期，中国的纳税会计期间为自公历1月1日起至12月31日止。

知识链接

纳税会计期间与纳税期限不同

纳税期限是指纳税人按照税法规定缴纳税款的期限，是负有纳税义务的纳税人向国家纳税的最后时间限制。它是税收强制性、固定性在时间上的体现。任何纳税人都必须如期纳税，否则就是违反税法，要受到法律制裁。纳税期限与纳税会计期间是两个不同的概念，注意不要混淆。例如，企业所得税的纳税会计期间是自公历 1 月 1 日起至 12 月 31 日止。企业所得税的纳税期限则是在月份或者季度终了后 15 日内预缴，会计期间终了后 5 个月内汇算清缴，多退少补。

二、税务会计的基本原则

财务会计中的基本原则，如总体性要求原则、会计信息质量要求原则以及会计要素的确认与计量原则等，也大部分适用于税务会计，这也是税务会计和财务会计密切相关的体现。但是，由于税务会计和财务会计两者的最终导向不同，这使得它们在基本原则方面也存在着一定差异。相对于财务会计原则，税务会计原则通常体现于税法中，包含了税收原则，具有较强的刚性。税务会计较强地受制于税收原则，如果纳税人出现违反税务会计原则的行为，必将会受到有关法律法规的处罚。结合财务会计和税收原则，税务会计的特定原则体现在以下几个方面。

（一）修正的应计制原则

收付实现制突出反映了税务会计的重要原则。该原则是确保纳税人有能力支付应纳税款而使政府获得税收收入的基础。但由于收付实现制不符合财务会计准则的规定，一般不能用于财务报告的目的，只适用于个人和不从事商品购销业务的中小企业的纳税申报。

目前，大多数国家的税务当局都接受应计制原则。当它被用于税务会计时，与财务会计的应计制存在某些差异：第一，必须考虑支付能力原则，使得纳税人在最有能力支付时缴纳税款；第二，确定性的需要，使收入和费用的实际实现具有确定性；第三，保护政府的税收收入，例如，在收入的确认上，应计制的税务会计由于在一定程度上被支付能力原则所覆盖而包含着一定的收付实现制的方法。而在费用的扣除上，财务会计采用稳健性原则列入的某些估计、预计费用，在税务会计中是不能够被接受的，后者强调“该经济行为已经发生”的限制条件，从而起到保护政府税收收入的目的。

（二）与财务会计日常核算方法相一致原则

由于税务会计与财务会计的密切关系，税务会计一般应遵循各项财务会计准则。某一事项只有按会计准则和制度在财务会计报告日确认以后，才能确认该事项按税法规定确认的应纳税款；依据会计准则和制度在财务会计报告日尚未确认的事项，可能影响到当日已确认的其他事项的最终应纳税款，但只有在根据会计准则和制度确认导致征税效应的事项之后，才能确认这些征税效应。具体包括：

第一，对于已在财务报表中确认的全部事项的当期或递延税款，应确认为当期或递延所得税负债或资产。

第二，根据现行税法的规定计量某一事项的当期或递延应纳税款，以确定当期或未来年份应付或应退还的所得税额。

第三，为确认和计量递延所得税负债或递延所得税资产，不预期未来年份赚取的收益或发生的费用的应纳税款或已颁布税法或税率变更的未来执行情况。

（三）划分营业收益与资本收益原则

这两种收益具有不同的来源，担负着不同的纳税责任，在税务会计中应严格区分。营业收益是指企业通过其经常性主要经营活动而获得的收入，包括主营业务收入和其他业务收入两个部分，其税额的课征标准一般是正常税率。资本收益是指在出售或交换税法规定的资本或资产时所得的利益（如投资收益、出售或交换有价证券收益等），一般包括纳税人除应收款项、存货、经营中使用的房地产和应计提折旧的资产、某些政府债券，以及除文学和其他艺术作品的版权以外的资产。资本收益的课税标准具有许多不同于营业收益的特殊规定。因此，为了正确地计算所得税负债和所得税费用，就应该有划分两种收益的原则和具体的划分标准。这一原则在美、英等国的所得税会计中有非常详尽的规定，我国在这方面有待明确。

（四）配比原则

配比原则是财务会计的一般规范，将其应用于所得税会计中，便成为支持“所得税跨期摊配”的重要指导思想。将所得税视为一种费用的观点意味着，如果所得税符合确认与计量这两个标准，则应计会计对于费用就是适宜的。应用应计会计和与之相联系的配比原则，就意味着要根据该会计期间内为会计目的所报告的收入和费用来确定所得税费用，而不考虑为纳税目的所确认的收入和费用的时间性。也就是说，所得税费用与导致纳税义务的税前会计收益相配比（在同期报告），而不管税款支付的时间性。这样，由于所得税费用随同相关的会计收益在同一期间确认，从配比原则的两个特点——时间一致性和因果性来看，所得税的跨期摊配方法也符合收入与费用的配比原则。

（五）确定性原则

确定性原则是指在所得税会计处理过程中，按所得税法的规定，在纳税收入和费用的实际实现上应具有确定性的特点，这一原则具体体现在递延法的处理中。在递延法下，当初的所得税税率是可确定的，递延所得税是产生暂时性差异的历史交易事项造成的结果。按当初税率报告递延所得税，符合会计是以历史成本为基础报告绝大部分经济事项的特点，提高了会计信息的可信性。这一原则也用于所得税的税前扣除，凡税前扣除的费用，其金额必须是确定的。

（六）可预知性原则

可预知性原则是支持并规范“债务法”的原则。债务法关于递延所得税资产或负债的确认模式，是基于这样的前提：根据会计准则编制的资产负债表，所报告的资产和负债金额将分别收回或清偿。因此，未来年份应税收益只在逆转差异的限度内才被认可，即未来年份的应税收益仅仅受本年暂时性差异的影响，而不预期未来年份赚取的收益或发生的费用。将可预知性原则应用于所得税会计处理，提高了对企业未来现金流量、流动性和财务弹性的预测价值。因此，在该原则下，支持并规范的债务法被越来越广泛地采用。

（七）税款支付能力原则

税款支付能力与纳税能力有所不同。纳税能力是指纳税人应以合理的标准确定其计税基数。有同等计税基数的纳税人应负担同一税种的同等税款。因此，纳税能力体现的是合理负税原则。与企业的其他费用支出有所不同，税款支付全部对应现金的流出，因此，在考虑纳税能力的同时，更应该考虑税款的支付能力。税务会计在确认、计量和记录收入、收益、成本、费用时，应选择保证税款支付能力的会计方法。

本章小结

税务会计是以国家税收法律法规为准绳，运用财务会计的基本理论、方法和程序，对纳税人涉税活动所引起的资金运动进行核算、监督和筹划的一门专业会计。

税务会计以财务会计为基础，但二者在目标、核算对象、核算依据及处理方法等方面存在着明显的区别。

税务会计作为融税收制度和会计核算于一体的特殊专业会计，具有税收法律法规约束性、相对独立性、广泛实用性、核算目标双重性等特点。

税务会计的前提条件包括纳税主体、持续经营、货币的时间价值和纳税会计期间。

练习题

一、概念识记

税务会计　税收会计　纳税会计期间　收付实现制　权责发生制　配比原则

二、简答题

1. 税务会计和财务会计的联系和区别是什么？
2. 税务会计的特点包括哪些？
3. 税务会计的前提条件有哪些？
4. 税务会计应当遵循哪些基本原则？

三、拓展阅读指南

1. 中华人民共和国财政部网站
2. 中华人民共和国财政部会计准则委员会网站
3. 中华人民共和国国家税务总局网站
4. 中国税务会计师网站

第二章　增值税会计

【学习目标】

理解增值税的原理和特点；区分增值税一般纳税人和小规模纳税人的计征方法及税率设置；熟悉增值税的税收优惠政策；重点掌握“营改增”各项规定及内容；掌握增值税一般计税方法和简易计税方法的应纳税额计算；熟悉增值税的会计科目设置；掌握纳税人采购、销售、视同销售、“营改增”、出口退税等业务以及上缴、结转增值税的会计处理。

引导案例

“营改增”试点与增值税会计处理规定改革

2016 年 3 月 23 日，财政部、国家税务总局公布了《关于全面推开营业税改征增值税试点的通知》（财税[2016]36 号），文件规定自 2016 年 5 月 1 日起，在全国范围内推行“营改增”试点，建筑业、房地产业、金融业、生活服务业等全部营业税纳税人，纳入试点范围。“营改增”的全面推进，不仅是我国税收制度改革的重要一步，也对企业会计账目及其会计处理造成了一定的影响，包括纳税人征收制度的改变，发票的改变等。为与“营改增”实施接轨，规范并明确企业增值税会计处理，2016 年 7 月 18 日，财政部公布了《关于增值税会计处理的规定》（财会[2016]22 号），对“营改增”之后的增值税会计处理做出规定，并于 2016 年 5 月 1 日开始实行。同时，《营业税改征增值税试点有关企业会计处理规定》（财[2012]13 号）等原有关增值税会计处理的规定废止。规定对涉及增值税会计处理的会计科目设置进行了调整，新增加了一些会计科目，以反映“营改增”的变化。例如，增值税一般纳税人在“应交税费”科目下除设置原有的“应交增值税”“未交增值税”明细科目之外，还应设置“待认证进项税额”“待转销项税额”“预交增值税”“增值税留抵税额”“简易计税”等明细科目。“应交税费——应交增值税”明细科目下增设“销项税额抵减”等专栏，同时取消原有“营改增抵减的销项税额”等专栏。可见，税收法律法规的变化，必然会影响会计核算的相应调整。对增值税纳税人来说，不仅要应对税种变化对企业纳税的影响，也要积极调整涉税会计核算中的会计科目设置及会计处理方式，这些都对企业税务会计产生重要影响。

启发思考

1. 增值税制度的变化会对纳税人的会计处理产生什么影响，纳税人应当如何应对？
2. 为什么说增值税会计核算会对增值税的纳税申报产生重要影响？
3. 我国增值税制度及增值税会计处理规定有哪些需要进一步完善的地方？

第一节　增值税概述

一、增值税的概念

增值税是对货物和劳务流转过程中产生的增值额征收的税收。其关键特征为通过逐环节征收机制让供应链条上的每个企业均参与到增值税的征收过程中，将其从购买方处收取的税款与付给供应商的税款的差额缴纳给税务机关，环环抵扣，逐环节征收，税负通过增值税链条不断向下游转移，最终由消费者负担。增值税于 1954 年由法国首次开征，它克服了流转税“重复课税”的弊端，与传统流转税相比具有显著的优越性。其良好的税收中性特点，使之受到了其他国家的青睐，并迅速地在全世界范围内被许多国家广泛采用，目前世界上有 170 多个国家开征增值税。

增值税是以商品或劳务在流转过程中产生的增值额作为计税依据而征收的一种流转税。从计税原理上说，增值税是对商品生产、流通、劳务服务中多个环节的新增价值或商品的附加值征收的一种流转税。所谓增值额，是指企业或其他经营者从事生产经营或提供劳务，在购入的商品或取得劳务的价值基础上，新增加的价值额。从一件商品来分析，该商品在各个生产流转环节的增值额之和，等于其最终销售价格，即：

$$商品销售价格=\Sigma 各环节增值额$$

二、我国的“营改增”试点工作

增值税一直是我国的第一大税种，在税收收入体系中占有重要地位。但长期以来，我国的增值税制度并非全面的增值税制度，并未涵盖所有行业和商品流通全过程。征税范围只限定在生产销售产品、加工修理修配劳务及进口产品等环节，其他行业领域则征收营业税，形成增值税和营业税并存的局面。“营改增”即是从制度上根本解决营业税制度下部分行业“道道征收、全额征税”的重复征税问题，实现增值税税制下的“环环征收、层层抵扣”，使增值税制度更加科学合理、更加符合国际惯例。“营改增”试点工作在全国的推开，大致经历了以下三个阶段。

1. 第一阶段：部分地区的部分行业

从 2012 年 1 月 1 日开始，率先在上海实施了“1+6”行业，即交通运输业（陆路运输、水路运输、航空运输和管道运输）和部分现代服务业（包括研发技术、信息技术、文化创意、物流辅助、有形动产租赁、鉴证咨询）“营改增”试点；2012 年 9 月 1 日至 2012 年 12 月 1 日，“营改增”试点由上海市分四批次扩大到北京、江苏、安徽、福建、广东、天津、浙江、湖北等八个省市。

2. 第二阶段：全国范围的部分行业

自 2013 年 8 月 1 日起，在全国范围内对“1 + 7”行业，即交通运输（不含铁路运输）以及部分现代服务业（包括研发技术、信息技术、文化创意、物流辅助、有形动产租赁、鉴证咨询、广播影视）进行统一试点，增值税税率增加至四档。2014 年 1 月 1 日起对铁路运输业和邮政业进行“营改增”试点，自 6 月 1 日起试点扩大到电信业。

3. 第三阶段：全国范围的所有行业

自 2016 年 5 月 1 日起，全面推开“营改增”试点，将建筑业、房地产业、金融业、生活服务业纳入试点范围。其中，建筑业和房地产业税率确定为 11%，金融业和生活服务业则确定为 6%。表 2.1 列示了我国“营改增”试点工作的开展情况。

表 2.1 “营改增”试点工作时间表

起始时间	行业	地区
2012 年 1 月 1 日	交通运输业 部分现代服务业	上海
2012 年 9 月 1 日	交通运输业 部分现代服务业	北京市

续表

起始时间	行业	地区
2012 年 10 月 1 日	交通运输业 部分现代服务业	江苏省、安徽省
2012 年 11 月 1 日	交通运输业 部分现代服务业	福建省、广东省
2012 年 12 月 1 日	交通运输业 部分现代服务业	天津市、浙江省、湖北省
2013 年 8 月 1 日	交通运输业 部分现代服务业 广播影视作品的制作、播映、发行业	全国
2014 年 1 月 1 日	铁路运输和邮政服务业	全国
2014 年 6 月 1 日	电信业	全国
2016 年 5 月 1 日	金融业、建筑业、房地产业、生活服务业	全国

自“营改增”试点工作开始以来，由于金融业、建筑业、房地产业及生活服务业的经营业务纷繁复杂，导致税制转换存在诸多困难，难以准确核算企业进项税额抵扣数额，因此，这几个行业的“营改增”被人们形象地称为“最难啃的骨头”。随着这四大行业纳入“营改增”试点范围，标志着我国的税制改革迈出了实质性的一步。自此，营业税完成了历史使命，增值税以全新的面貌登上了中国税制的舞台。

想一想

“营改增”对我国税收制度及经济发展会有什么影响？

第二节　增值税的计税原理

一、增值税的纳税人

（一）原增值税纳税人

在中华人民共和国境内销售货物或者提供加工、修理修配劳务以及进口货物的单位和个人，为增值税的纳税人，应当按照规定缴纳增值税。单位，是指企业、行政单位、事业单位、军事单位、社会团体及其他单位。个人，是指个体工商户和其他个人。单位租赁或者承包给其他单位或者个人经营的，以承租人或承包人为纳税人。

（二）“营改增”试点纳税人

在中华人民共和国境内销售服务、无形资产或者不动产（以下统称应税行为）的单位和个人，为增值税纳税人，应当按照“营改增”相关规定缴纳增值税，不缴纳营业税。单位以承包、承租、挂靠方式经营的，承包人、承租人、挂靠人（以下统称承包人）以发包人、出租人、被挂靠人（以下统称发包人）名义对外经营并由发包人承担相关法律责任的，以该发包人为纳税人。否则，以承包人为纳税人。

想一想

结合我国“营改增”试点工作实践，举例说明哪些单位或个人会成为增值税的纳税人？

（三）增值税纳税人的认定

增值税纳税人分为一般纳税人和小规模纳税人。

1. 一般纳税人的认定标准

一般纳税人是指年应征增值税销售额（以下简称年应税销售额，包括一个公历年度内的全部应税销售额）超过中华人民共和国财政部（以下简称财政部）、中华人民共和国国家税务总局（以下简称国家税务总局）规定的小规模纳税人标准的企业和企业性单位（以下简称企业）。

（1）原增值税纳税人

年应税销售额超过财政部、国家税务总局规定的小规模纳税人标准的，应当向主管税务机关申请一般纳税人资格认定。

年应税销售额未超过财政部、国家税务总局规定的小规模纳税人标准以及新开业的纳税人，可以向主管税务机关申请一般纳税人资格认定。对提出申请并且同时符合下列条件的纳税人，主管税务机关应当为其办理一般纳税人资格认定：第一，有固定的生产经营场所；第二，能够按照国家统一的会计制度规定设置账簿，根据合法、有效凭证核算，能够提供准确税务资料。

（2）"营改增"试点纳税人

应税行为的年应税销售额超过财政部和国家税务总局规定标准的纳税人为一般纳税人，未超过规定标准的纳税人为小规模纳税人。

年应税销售额超过规定标准的其他个人不属于一般纳税人。年应税销售额超过规定标准但不经常发生应税行为的单位和个体工商户可选择按照小规模纳税人纳税。

年应税销售额未超过一般纳税人规定标准的纳税人，会计核算健全，能够提供准确税务资料的，可以向主管税务机关办理一般纳税人资格登记，成为一般纳税人。会计核算健全，是指能够按照国家统一的会计制度规定设置账簿，根据合法、有效凭证核算。

（3）兼有销售货物、提供应税劳务以及应税行为的一般纳税人的认定

兼有销售货物、提供应税劳务以及应税行为的纳税人，应税货物及劳务销售额与应税行为销售额分别计算，分别适用一般纳税人资格认定标准。

（4）不办理一般纳税人资格认定的情形

① 个体工商户以外的其他个人。

② 选择按照小规模纳税人纳税的非企业性单位。

③ 选择按照小规模纳税人纳税的不经常发生应税行为的企业。

④ 非企业性单位。

⑤ 销售免税货物的企业。

2. 小规模纳税人的认定标准

小规模纳税人是指年销售额在规定标准以下，并且会计核算不健全，不能按规定报送有关税务资料的增值税纳税人。所称会计核算不健全是指不能正确核算增值税的销项税额、进项税额和应纳税额。

（1）原增值税纳税人。从事货物生产或者提供应税劳务的纳税人，以及以从事货物生产或者提供应税劳务为主，并兼营货物批发或者零售的纳税人，年应税销售额在50万元以下（含50万元）的。"以从事货物生产或者提供应税劳务为主"，是指纳税人的年货物生产或者提供应税劳务的销售额占年应税销售额的50%以上。对上述规定以外的纳税人（不含提供应税行为的纳税人），年应税销售额在80万元以下的。

（2）"营改增"试点纳税人。发生应税行为年应税销售额未超过500万元（含500万元）的纳税人为小规模纳税人。

（3）年应税销售额超过小规模纳税人标准的其他个人按小规模纳税人纳税。

（4）非企业性单位、不经常发生应税行为的企业可选择按小规模纳税人纳税。

案例 2.1

兼营行为如何认定为增值税一般纳税人

假设某货物生产企业兼营应税行为项目，出现下列几种情形：

① 销售货物年应税销售额 60 万元，应税行为年销售额 400 万元，由于应税货物销售额达到 60 万元，认定为一般纳税人。

② 销售货物年应税销售额 40 万元，应税行为年销售额 520 万元，由于应税行为销售额达到 520 万元，认定为一般纳税人。

③ 销售货物年应税销售额 40 万元，应税行为年销售额 480 万元，合计 520 万元，虽然合计金额超过 50 万元及 500 万元标准，但由于应税货物销售额未超过 50 万元，应税行为销售额未超过 500 万元，可以不认定为一般纳税人。

二、增值税的征税范围

（一）销售货物或者提供加工、修理修配劳务以及进口货物

销售货物，是指有偿转让货物的所有权；提供加工、修理修配劳务（以下统称应税劳务），是指有偿提供加工、修理修配劳务。

（二）销售服务、无形资产或者不动产

销售服务、无形资产或者不动产，是指有偿提供服务、有偿转让无形资产或者不动产。

1. 销售服务

销售服务，是指提供交通运输服务、邮政服务、电信服务、建筑服务、金融服务、现代服务、生活服务。

2. 销售无形资产

销售无形资产，是指转让无形资产所有权或者使用权的业务活动。无形资产，是指不具实物形态，但能带来经济利益的资产，包括技术、商标、著作权、商誉、自然资源使用权和其他权益性无形资产。

3. 销售不动产

销售不动产，是指转让不动产所有权的业务活动。不动产，是指不能移动或者移动后会引起性质、形状改变的财产，包括建筑物、构筑物等。建筑物，包括住宅、商业营业用房、办公楼等可供居住、工作或者进行其他活动的建造物。

特别提示

应当注意“营改增”后增值税征税范围与原营业税税目的对接。例如，“营改增”试点实施办法中增加了“销售服务”定义，即将原营业税税目“建筑服务、金融服务、现代服务、生活服务”四行业纳入“销售服务”税目中，增值税和原营业税的征税范围基本一致（部分子目略有调整），但适用的税种、税率等发生重大变化。

（三）兼营和混合销售行为

1. 兼营行为

兼营行为，是指纳税人兼营销售货物、劳务、服务、无形资产或者不动产。纳税人兼营行为

适用不同税率或者征收率的，应当分别核算适用不同税率或者征收率的销售额；未分别核算的，从高适用税率。

2. 混合销售

混合销售，是指一项销售行为如果既涉及服务又涉及货物。从事货物的生产、批发或者零售的单位和个体工商户的混合销售行为，按照销售货物缴纳增值税；其他单位和个体工商户的混合销售行为，按照销售服务缴纳增值税。

（四）视同销售行为

所谓视同销售行为，是指其不同于一般销售，是一种特殊的销售行为，只是在税收的角度为了计税的需要将其“视同销售”。

1. 视同销售货物

单位或者个体工商户的下列行为，视同销售货物：

（1）将货物交付其他单位或者个人代销。

（2）销售代销货物。

（3）设有两个以上机构并实行统一核算的纳税人，将货物从一个机构移送其他机构用于销售，但相关机构设在同一县（市）的除外。

（4）将自产或者委托加工的货物用于非增值税应税项目。

（5）将自产、委托加工的货物用于集体福利或者个人消费。

（6）将自产、委托加工或者购进的货物作为投资，提供给其他单位或者个体工商户。

（7）将自产、委托加工或者购进的货物分配给股东或者投资者。

（8）将自产、委托加工或者购进的货物无偿赠送其他单位或者个人。

特别提示

对于上述税法规定八种视同销售行为，应特别关注情况（4）。由于我国已经全面完成“营改增”试点工作，建筑业、房地产业等原增值税非应税行业均已纳入增值税征税范畴，故已经不存在真正意义上的“非增值税应税项目”。因此，将自产或者委托加工的货物用于在建工程、不动产建设等，不再属于视同销售行为。但是，税法并未作出相应调整，实际操作中应引起注意。

2. 视同销售服务、无形资产或者不动产

（1）单位或者个体工商户向其他单位或者个人无偿提供服务，但用于公益事业或者以社会公众为对象的除外。

（2）单位或者个人向其他单位或者个人无偿转让无形资产或者不动产，但用于公益事业或者以社会公众为对象的除外。

（3）财政部和国家税务总局规定的其他情形。

问题辨析

题目：假设某空调器生产企业将自产的一批空调作为福利发放给本厂职工，由于没有销售额，所以这笔经济业务不需要缴纳增值税。

辨析：错误。这种情形属于增值税视同销售行为中将自产的货物用于集体福利，虽然没有真正实现对外销售，企业没有资金流，但按照规定也应缴纳增值税。

三、增值税的税率和征收率

（一）基本税率

纳税人销售或者进口货物，提供加工、修理修配劳务，除低税率适用范围外，税率为 17%；纳税人提供有形动产租赁服务，税率为 17%。

（二）低税率

1. 纳税人销售或者进口下列货物，税率为 13%：

（1）粮食、食用植物油。

（2）自来水、暖气、冷气、热水、煤气、石油液化气、天然气、沼气、居民用煤炭制品。

（3）图书、报纸、杂志。

（4）饲料、化肥、农药、农机、农膜。

（5）国务院规定的其他货物。

2. 纳税人提供交通运输、邮政、基础电信、建筑、不动产租赁服务，销售不动产，转让土地使用权，税率为 11%。

3. 纳税人提供增值电信、金融、现代服务业（不包括有形动产租赁）、生活服务，销售无形资产（不包括转让土地使用权），税率为 6%。

根据上述规定，可将现行增值税征税范围及其适用税率用表 2.2 表示。

表 2.2　全面“营改增”后增值税征收范围及适用税率

<table>
<tr><th>纳税人</th><th colspan="2">应税项目</th><th>具体范围</th><th>增值税税率</th></tr>
<tr><td rowspan="7">原增值税纳税人</td><td colspan="3">销售或者进口货物（另有列举的货物除外）；提供加工、修理修配劳务</td><td>17%</td></tr>
<tr><td colspan="3">1. 粮食、使用植物油、鲜奶</td><td rowspan="6">13%</td></tr>
<tr><td colspan="3">2. 自来水、暖气、冷气、热气、煤气、石油液化气、天然气、沼气、居民用煤炭制品</td></tr>
<tr><td colspan="3">3. 图书、报纸、杂志</td></tr>
<tr><td colspan="3">4. 饲料、化肥、农药、农机（整机）、农膜</td></tr>
<tr><td colspan="3">5. 国务院规定的其他货物</td></tr>
<tr><td colspan="3">6. 农产品（指各种动、植物初级产品）；音像制品、电子出版物、二甲醚、食用盐</td></tr>
<tr><td rowspan="17">“营改增”一般纳税人</td><td rowspan="17">销售服务</td><td rowspan="4">交通运输服务</td><td>陆路运输服务</td><td rowspan="4">11%</td></tr>
<tr><td>水路运输服务</td></tr>
<tr><td>航空运输服务</td></tr>
<tr><td>管道运输服务</td></tr>
<tr><td rowspan="3">邮政服务</td><td>邮政普遍服务（包括邮票报刊汇款）</td><td rowspan="3">11%</td></tr>
<tr><td>邮政特殊服务</td></tr>
<tr><td>其他邮政服务</td></tr>
<tr><td rowspan="2">电信服务</td><td>基础电信服务</td><td>11%</td></tr>
<tr><td>增值电信服务</td><td>6%</td></tr>
<tr><td rowspan="5">建筑服务</td><td>工程服务</td><td rowspan="5">11%</td></tr>
<tr><td>安装服务</td></tr>
<tr><td>修缮服务</td></tr>
<tr><td>装饰服务</td></tr>
<tr><td>其他建筑服务</td></tr>
<tr><td rowspan="3">金融服务</td><td>贷款服务</td><td rowspan="3">6%</td></tr>
<tr><td>直接收费金融服务</td></tr>
<tr><td>保险服务</td></tr>
</table>

续表

纳税人	应税项目		具体范围	增值税税率
“营改增”一般纳税人	销售服务	金融服务	金融商品转让	6%
		现代服务	研发和技术服务	6%
			信息技术服务	
			文化创意服务	
			物流辅助服务	
			租赁服务	有形动产融资租赁与经营租赁业务 17%；不动产融资租赁与经营租赁业务 11%
			鉴证咨询服务	6%
			广播影视服务	
			商务辅助服务	
			其他现代服务	
			商务辅助服务	
		生活服务	文化体育服务	6%
			教育医疗服务	
			旅游娱乐服务	
			餐饮住宿服务	
			居民日常服务	
			其他生活服务	
	销售无形资产	技术	专利技术	6%
			非专利技术	
		商标		
		著作权		
		商誉		
		其他权益性无形资产		
		自然资源使用权	海域使用权	6%
			探矿权	
			采矿权	
			取水权	
			其他自然资源使用权	
			土地使用权	11%
	销售不动产	建筑物		11%
		构筑物		

（三）零税率

1. 纳税人出口货物，税率为零，国务院另有规定的除外。

2. 境内单位和个人发生的跨境应税行为，税率为零。单位和个人销售的下列服务和无形资产，适用增值税零税率：

（1）国际运输服务，包括：①在境内载运旅客或者货物出境；②在境外载运旅客或者货物入境；③在境外载运旅客或者货物。

（2）航天运输服务。

（3）向境外单位提供的完全在境外消费的下列服务：①研发服务；②合同能源管理服务；

③设计服务；④广播影视节目（作品）的制作和发行服务；⑤软件服务；⑥电路设计及测试服务；⑦信息系统服务；⑧业务流程管理服务；⑨离岸服务外包业务；⑩转让技术。

（四）征收率

1. 小规模纳税人适用的征收率

（1）小规模纳税人销售货物、应税劳务，以及应税行为，按3%的征收率计税。

（2）小规模纳税人销售或出租不动产，按5%的征收率计税。

① 房地产开发企业中的小规模纳税人，销售自行开发的房地产项目，按照5%的征收率计税。

② 小规模纳税人销售其取得（不含自建）的不动产（不含个体工商户销售购买的住房和其他个人销售不动产），应以取得的全部价款和价外费用减去该项不动产购置原价或者取得不动产时的作价后的余额为销售额，按照5%的征收率计税。

③ 小规模纳税人销售其自建的不动产，应以取得的全部价款和价外费用为销售额，按照5%的征收率计税。

④ 个人（个体工商户和其他个人）销售购买的住房，将购买不足 2 年的住房对外销售的，按照5%的征收率全额缴纳增值税；将购买 2 年以上（含 2 年）的住房对外销售的，免征增值税（北京市、上海市、广州市和深圳市不适用该项规定）。

⑤ 其他个人销售其取得（不含自建）的不动产（不含其购买的住房），以全部收入减去该项不动产购置原价或者取得不动产时的作价后的余额，按照5% 的征收率申报缴纳增值税。

⑥ 小规模纳税人出租其取得的不动产（不含个人出租住房），应按照5%的征收率计税。

⑦ 个人出租住房，应按照5%的征收率减按 1.5%计税。

（3）小规模纳税人（除其他个人外）销售自己使用过的除固定资产以外的物品，按 3%的征收率计税。

（4）小规模纳税人销售自己使用过的固定资产和旧货。

① 小规模纳税人（除其他个人外）销售自己使用过的固定资产和旧货，减按2%的征收率计税，并不得由税务机关代开增值税专用发票。

② 小规模纳税人销售自己使用过的固定资产（不含旧货），适用简易办法依照 3%征收率减按2%征收增值税政策的，可以放弃减税，按照简易办法依照3%征收率缴纳增值税，并可以开具（申请代开）增值税专用发票。

2. 一般纳税人适用的征收率

（1）一般纳税人下列行为可选择按5%的征收率计税：

① 一般纳税人销售其 2016 年 4 月 30 日前取得（不含自建）的不动产，可以选择适用简易计税方法，以取得的全部价款和价外费用减去该项不动产购置原价或者取得不动产时的作价后的余额为销售额，按照5%的征收率计算应纳税额。

② 一般纳税人销售其 2016 年 4 月 30 日前自建的不动产，可以选择适用简易计税方法，以取得的全部价款和价外费用为销售额，按照5%的征收率计算应纳税额。

③ 房地产开发企业中的一般纳税人，销售自行开发的房地产老项目，可以选择适用简易计税方法按照 5%的征收率计税。房地产老项目，是指《建筑工程施工许可证》注明的合同开工日期在 2016 年 4 月 30 日前的房地产项目。

④ 一般纳税人出租其 2016 年 4 月 30 日前取得的不动产，可以选择适用简易计税方法，按照 5%的征收率计算应纳税额。纳税人出租其 2016 年 4 月 30 日前取得的与机构所在地不在同一县（市）的不动产，应按照上述计税方法在不动产所在地预缴税款后，向机构所在地主管税务机

关进行纳税申报。

（2）一般纳税人销售使用过的固定资产及旧货适用 3%的征收率，减按 2%的征收率计税。

固定资产，是指使用期限超过 12 个月的机器、机械、运输工具以及其他与生产经营有关的设备、工具、器具等有形动产，不包括不动产（不能移动或者移动后会引起性质、形状改变的财产，包括建筑物、构筑物等）。使用过的固定资产，是指纳税人根据财务会计制度已经计提折旧的固定资产。旧货，是指进入二次流通的具有部分使用价值的货物（含旧汽车、旧摩托车和旧游艇），但不包括自己使用过的物品。一般纳税人销售自己使用过的除固定资产以外的物品，应当按照适用税率征收增值税。具体征税规定如下：

① 一般纳税人销售旧货；

② 一般纳税人销售自己使用过的、纳入“营改增”试点之日前取得的固定资产；

③ 纳税人购进或者自制固定资产时为小规模纳税人，认定为一般纳税人后销售该自己使用过的固定资产；

④ 一般纳税人销售其按照规定不得抵扣且未抵扣进项税额的已使用过的固定资产；

⑤ 原一般纳税人销售自己使用过的，扩大增值税抵扣范围试点地区试点以前，非试点地区 2009 年 1 月 1 日增值税转型改革以前，购进或者自制的固定资产。

特别提示

需要注意的是，原一般纳税人出现下列情形，应当按照一般计税方法征收增值税，而不按照简易计税方法征收增值说：如果销售的固定资产属于税法规定允许抵扣进项税额，却因纳税人没有取得进项发票或者其他原因而未抵扣的，属于自动放弃抵扣权。销售该项固定资产时，不得采用简易计税办法，而应按照适用税率计税。原增值税一般纳税人销售自己使用过的，扩大增值税抵扣范围试点地区试点以后，非试点地区 2009 年 1 月 1 日以后购进或者自制的，不属于《增值税暂行条例》第十条规定不得抵扣范围的固定资产，按照适用税率征收增值税。“营改增”试点一般纳税人销售自己使用过的，本地区试点实施之日（含）后购进或者自制的固定资产，按照适用税率征收增值税。

（3）一般纳税人下列行为可选择按 3%的征收率计税：

① 公路经营企业中的一般纳税人收取试点前开工（相关施工许可证明上注明的合同开工日期在 2016 年 4 月 30 日前）的高速公路的车辆通行费，可以选择适用简易计税方法，减按 3%的征收率计算应纳税额。

② 以清包工方式（施工方不采购建筑工程所需的材料或只采购辅助材料，并收取人工费、管理费或者其他费用）提供的建筑服务，可以选择适用简易计税方法计税，以取得的全部价款和价外费用扣除支付的分包款后的余额为销售额。

③ 为甲供（全部或部分设备、材料、动力由工程发包方自行采购）工程提供的建筑服务，可以选择适用简易计税方法计税，以取得的全部价款和价外费用扣除支付的分包款后的余额为销售额。

④ 为建筑工程老项目提供的建筑服务，可以选择适用简易计税方法计税，以取得的全部价款和价外费用扣除支付的分包款后的余额为销售额。建筑工程老项目，是指《建筑工程施工许可证》注明的合同开工日期在 2016 年 4 月 30 日前的建筑工程项目；未取得《建筑工程施工许可证》的，建筑工程承包合同注明的开工日期在 2016 年 4 月 30 日前的建筑工程项目。

⑤ 以纳入“营改增”试点之日前取得的有形动产为标的物提供的经营租赁服务。

⑥ 在纳入“营改增”试点之日前签订的尚未执行完毕的有形动产租赁合同。

⑦ 提供的公共交通运输服务（包括轮客渡、公交客运、地铁、城市轻轨、出租车、长途客运、班车）。

⑧ 提供的电影放映服务。

⑨ 提供的仓储服务。

⑩ 提供的装卸搬运服务。

⑪ 提供的收派服务。

⑫ 提供的文化体育服务。

⑬ 经认定的动漫企业为开发动漫产品提供的动漫脚本编撰、形象设计、背景设计、动画设计、分镜、动画制作、摄制、描线、上色、画面合成、配音、配乐、音效合成、剪辑、字幕制作、压缩转码（面向网络动漫、手机动漫格式适配）服务，以及在境内转让动漫版权（包括动漫品牌、形象或者内容的授权及再授权）。

⑭ 药品经营企业（取得食品、药品监督管理部门颁发的《药品经营许可证》获准从事生物制品经营的药品批发和零售企业）销售生物制品。

⑮ 兽用药品经营企业（取得兽医行政管理部门颁发的《兽药经营许可证》，获准从事兽用生物制品经营的兽用药品批发和零售企业）销售兽用生物制品，可以选择简易办法按照兽用生物制品销售额和3%的征收率计算缴纳增值税。

⑯ 光伏发电项目发电户（个人和不经常发生应税行为的非企业性单位）销售电力产品，按照税法规定应缴纳增值税的，可由国家电网公司所属企业按照增值税简易计税办法计算，并按3%的征收率代征增值税税款，同时开具普通发票；按照税法规定可享受免征增值税政策的，可由国家电网公司所属企业直接开具普通发票。

（4）一般纳税人下列行为可按3%的征收率计税：

① 寄售商店代销寄售物品（含居民个人寄售的物品）。

② 典当业销售死当物品。

③ 县级及县级以下小型水力发电单位（各类投资主体建设的装机容量为 5 万千瓦及以下的小型水力发电单位）生产的电力。

④ 自产的建筑用和生产建筑材料所用的砂、土、石料。

⑤ 以自己采掘的砂、土、石料或其他矿物连续生产的砖、瓦、石灰（不含黏土实心砖、瓦）。

⑥ 用微生物、微生物代谢产物、动物毒素、人或动物的血液或组织，自产制成的生物制品。

⑦ 自产的自来水。

⑧ 自产的以水泥为原料生产的商品混凝土。

⑨ 一般纳税人的自来水公司销售自来水按简易办法依照3%征收率征收增值税。但桶装饮用水不属于自来水，应按照17%的适用税率征收增值税。

⑩ 一般纳税人（固定业户）未持“外出经营活动税收管理证明”，临时到外省、市销售货物的，经营地税务机关按3%的征收率征税，需开具专用发票的回原地补开。

⑪ 属于一般纳税人的单采血浆站销售非临床用人体血液，可以按照简易办法依照3%征收率计税，但不得对外开具增值税专用发票。

知识点滴

一般纳税人兼营行为应注意分别核算不同税率或征收率的销售额

纳税人销售货物、加工修理修配劳务、服务、无形资产或者不动产适用不同税率或者征收率的，应当分别核算适用不同税率或者征收率的销售额，未分别核算销售额的，一律从高适用税率或者征收率。

四、增值税的纳税义务发生时间

（一）销售货物或者应税劳务纳税义务的发生时间

销售货物或者应税劳务，为收讫销售款项或者取得索取销售款项凭据的当天；先开具发票的，为开具发票的当天。

按销售结算方式的不同，具体为：

1. 采取直接收款方式销售货物，不论货物是否发出，均为收到销售款或者取得索取销售款凭据的当天。

2. 采取托收承付和委托银行收款方式销售货物，为发出货物并办妥托收手续的当天。

3. 采取赊销和分期收款方式销售货物，为书面合同约定的收款日期的当天，无书面合同的或者书面合同没有约定收款日期的，为货物发出的当天。

4. 采取预收货款方式销售货物，为货物发出的当天，但生产销售生产工期超过 12 个月的大型机械设备、船舶、飞机等货物，为收到预收款或者书面合同约定的收款日期的当天。

5. 委托其他纳税人代销货物，为收到代销单位的代销清单或者收到全部或者部分货款的当天。未收到代销清单及货款的，为发出代销货物满 180 天的当天。

6. 销售应税劳务，为提供劳务同时收讫销售款或者取得索取销售款的凭据的当天。

7. 纳税人发生税法所列视同销售货物行为，为货物移送的当天。

案例 2.2

不同销售结算方式下增值税纳税义务时间的确定

例如，某电视机生产企业采用分期收款方式向 A 公司销售彩电 100 台，每台售价 3 000 元，共计价款 30 万元。合同约定分 4 个月等额付款。则在每次收款时，电视机厂确认收入 7.5 万元，同时按 7.5 万元的销售收入计算缴纳增值税。

再如，该电视机生产企业 8 月采用预收货款方式向 B 公司销售彩电 200 台，每台售价 3 500 元，共计价款 70 万元。假设 8 月收到预收货款 10 万元，12 月 5 日发出全部货物，当日收到对方补付的货款。则电视机厂在 12 月 5 日发出彩电时确认收入 70 万元，同时按 70 万元的销售收入计算缴纳增值税。

（二）进口货物纳税义务的发生时间

进口货物，为报关进口的当天。

（三）应税行为纳税义务的发生时间

（1）纳税人发生应税行为并收讫销售款项或者取得索取销售款项凭据的当天；先开具发票的，为开具发票的当天。收讫销售款项，是指纳税人销售服务、无形资产、不动产过程中或者完成后收到款项。取得索取销售款项凭据的当天，是指书面合同确定的付款日期；未签订书面合同或者书面合同未确定付款日期的，为服务、无形资产转让完成的当天或者不动产权属变更的当天。

（2）纳税人提供建筑服务、租赁服务采取预收款方式的，其纳税义务发生时间为收到预收款的当天。

（3）纳税人从事金融商品转让的，为金融商品所有权转移的当天。

（4）纳税人发生应税行为视同销售情形的，其纳税义务发生时间为服务、无形资产转让完成的当天或者不动产权属变更的当天。

知识点滴

不同预收款的增值税纳税义务发生时间确认

同样采用预收款方式进行结算，对于纳税人销售货物与发生应税行为，其增值税纳税义务发生时间的确认依据不同。纳税人销售货物采用预收款方式的，其纳税义务发生时间为货物发出的当天；而纳税人提供建筑服务、租赁服务采取预收款方式的，其纳税义务发生时间为收到预收款的当天。企业应根据自己的销售对象，按规定缴纳增值税。

第三节 增值税的计算

一、一般计税方法下应纳税额的计算

（一）一般纳税人的一般计税方法

纳税人销售货物、提供应税劳务、或者发生应税行为，应纳税额为当期销项税额抵扣当期进项税额后的余额。应纳税额的计算公式为：

应纳税额=当期销项税额-当期进项税额

=当期销售额×适用税率-当期进项税额

（二）销项税额的计算

销项税额，是指纳税人销售货物、提供应税劳务或者发生应税行为按照销售额和增值税税率计算并收取的增值税额。销项税额的计算公式为：

销项税额=销售额×适用税率

1. 一般销售方式下的销售额

销售额为纳税人销售货物、提供应税劳务或者发生应税行为向购买方收取的全部价款和价外费用，但是不包括收取的销项税额。

特别提示

特别需要强调的是，尽管销项税额也是销售方向购买方收取的，但是由于增值税是价外税，采用价外计税的方式，用不含税价作为计税依据，因为销售额中不包括向购买方收取的销项税额。纳税人采用销售额和销项税额合并定价方法的，按照下列公式计算销售额：

销售额＝含税销售额÷（1+适用税率）

举例说明，假设某企业为增值税一般纳税人，增值税税率为 17%，某月向 D 公司销售货物一批，取得价税合计金额 117 万元。计算该企业这笔经济业务的不含税销售额。

销售额=117÷（1+17%）=100（万元）

价外费用，包括价外向购买方收取的手续费、补贴、基金、集资费、返还利润、奖励费、违约金、滞纳金、延期付款利息、赔偿金、代收款项、代垫款项、包装费、包装物租金、储备费、优质费、运输装卸费以及其他各种性质的价外收费。但下列项目不包括在内：

（1）受托加工应征消费税的消费品所代收代缴的消费税。

（2）同时符合以下条件的代垫运输费用：①承运部门的运输费用发票开具给购买方的；②纳税人将该项发票转交给购买方的。

（3）同时符合以下条件代为收取的政府性基金或者行政事业性收费：①由国务院或者财政部批准设立的政府性基金，由国务院或者省级人民政府及其财政、价格主管部门批准设立的行政事业性收费；②收取时开具省级以上财政部门印制的财政票据；③所收款项全额上缴财政。

（4）销售货物的同时代办保险等而向购买方收取的保险费，以及向购买方收取的代购买方缴纳的车辆购置税、车辆牌照费。

特别提示

应当注意，根据国家税务总局的规定，对一般纳税人（包括纳税人自己或代其他部门）向购买方收取的价外费用和逾期包装物押金收入，应视为含税收入，在计税时应转换为不含税收入再并入销售额。按照下列公式对价外费用进行换算：

不含税价外费用 = 含税价外费用÷（1+适用税率）

举例说明，假设某企业为增值税一般纳税人，增值税税率为 17%，某月向 G 公司销售货物一批，取得不含税销售额 80 万元，同时向对方收取货物包装费 2.34 万元。计算该企业这笔经济业务的销售额。

销售额=价款+价外费用=80+2.34÷（1+17%）=82（万元）

销售额以人民币计算。纳税人以人民币以外的货币结算销售额的，应当折合成人民币计算。纳税人按人民币以外的货币结算销售额的，其销售额的人民币折合率可以选择销售额发生的当天或者当月 1 日的人民币汇率中间价。纳税人应在事先确定采用何种折合率，确定后 1 年内不得变更。

2. “营改增”试点范围内销售额的具体规定

（1）金融服务

① 贷款服务，以提供贷款服务取得的全部利息及利息性质的收入为销售额。

② 直接收费金融服务，以提供直接收费金融服务收取的手续费、佣金、酬金、管理费、服务费、经手费、开户费、过户费、结算费、转托管费等各类费用为销售额。

③ 金融商品转让，按照卖出价扣除买入价后的余额为销售额。转让金融商品出现的正负差，按盈亏相抵后的余额为销售额。若相抵后出现负差，可结转下一纳税期与下期转让金融商品销售额相抵，但年末时仍出现负差的，不得转入下一个会计年度。

（2）代理服务

经纪代理服务，以取得的全部价款和价外费用，扣除向委托方收取并代为支付的政府性基金或者行政事业性收费后的余额为销售额。

（3）租赁服务

① 提供融资租赁服务，以取得的全部价款和价外费用，扣除支付的借款利息（包括外汇借款和人民币借款利息）、发行债券利息和车辆购置税后的余额为销售额。

② 提供融资性售后回租服务，以取得的全部价款和价外费用（不含本金），扣除对外支付的借款利息（包括外汇借款和人民币借款利息）、发行债券利息后的余额作为销售额。

（4）交通运输服务

① 航空运输企业的销售额，不包括代收的机场建设费和代售其他航空运输企业客票而代收

转付的价款。

② 提供客运场站服务，以其取得的全部价款和价外费用，扣除支付给承运方运费后的余额为销售额。

（5）旅游服务

试点纳税人提供旅游服务，可以选择以取得的全部价款和价外费用，扣除向旅游服务购买方收取并支付给其他单位或者个人的住宿费、餐饮费、交通费、签证费、门票费和支付给其他接团旅游企业的旅游费用后的余额为销售额。

（6）销售不动产

房地产开发企业中的一般纳税人销售其开发的房地产项目（选择简易计税方法的房地产老项目除外），以取得的全部价款和价外费用，扣除受让土地时向政府部门支付的土地价款后的余额为销售额。

特别提示

根据“营改增”试点实施办法的规定，对金融业、租赁业、旅游业、房地产业等发生的应税行为按差额确定计税依据，即允许从销售全额中扣除部分支付的费用。这样做的主要目的是保持与原营业税计税依据大体一致，保持企业税负基本不变。所以，应注意部分行业部分服务的计税依据与销售货物销售额的确定不同。举例说明，某旅行社为“营改增”试点一般纳税人，2017 年 2 月组织一批游客到外地旅游，向游客收取不含税价款共计 10 万元，旅行社为游客支付交通费 1 万元，在旅游景点支付门票、餐饮费、住宿费等 3 万元。计算该旅行社这笔经济业务的销售额。

销售额=10-1-3=6（万元）

3. 特殊销售方式下的销售额

（1）采取折扣方式销售

根据税法规定，纳税人采取折扣方式销售货物、提供应税劳务或应税行为，如果销售额和折扣额在同一张发票上分别注明的，可按折扣后的销售额征收增值税；如果将折扣额另开发票，不论其在财务上如何处理，均不得从销售额中减除折扣额。这里的折扣仅限于货物价格折扣，如果是实物折扣应按视同销售中“无偿赠送他人”处理，实物款额不能从原销售额中减除。

知识链接

折扣销售、销售折扣和销售折让的区别

折扣销售通常作为促销的手段，目的是扩大销路，增加销量。一般情况下，折扣销售都直接从商品价目单价格中扣减，购买单位应付的货款和销售单位应收的货款，都根据直接扣减商业折扣后的价格来计算。折扣销售与销售折扣、销售折让是不同的销售方式，其税务处理和会计处理也不相同。

销售折扣不同于折扣销售。销售折扣即现金折扣，是指销货方在销售货物、提供应税劳务或应税行为后，为了鼓励购货方及早偿还货款而协议许诺给予购货方的一种折扣优待。通常采用 3/10，1/20，*n*/30 等形式表示。其表示的含义是，如果债务方在 10 天内付款，可以享受应收账款 3%的现金折扣；如果在 20 天内付清货款，可以享受应收账款 1%的现金折扣；如果在 30 天内付清货款，则应全额支付。销售折扣发生在销货之后，是一种融资性质的理财费用，因此，销售折扣不得从销售额中减除。企业在确定销售额时应注意将折扣销售和销售折扣严格区分开来。

销售折让也不同于销售折扣。销售折让是指货物销售后，由于其品种、质量等原因购货方未予退货，给提供给购货方的一种价格折让。销售折让与销售折扣相比较，虽然都是在货物销售后发生的，但因为销售折让是由于货物的品种和质量引起销售额的减少，因此，对销售折让可以折让后的货款为销售额。

（2）采取以旧换新方式销售

税法规定，纳税人采取以旧换新方式销售货物的（金银首饰除外），应按新货物的同期销售价格确定销售额，不得扣减旧货物的收购价格。之所以这样规定，既是因为销售货物与收购货物是两个不同的业务活动，销售额与收购额不能相互抵减，也是为了严格保证增值税的计算征收，防止出现销售额不实、减少纳税的现象。考虑到金银首饰以旧换新业务的特殊情况，对金银首饰以旧换新业务，可以按销售方实际收取的不含增值税的价款征收增值税，即回收的旧金银首饰作价可以从销售总额中扣除。

想一想

某商场采取以旧换新的方式销售某品牌彩电，旧彩电折价每台400元，新彩电售价每台3 510元（含税），当月采用此方法销售彩电200台。该商场的销售额应该如何确定？

（3）采取以物易物方式销售

以物易物双方都应作购销处理，以各自发出的货物核算销售并计算销项税额，以各自收到的货物按规定核算购货额并计算进项税额。应当注意，在以物易物活动中，应分别开具合法的票据，如收到货物不能取得相应的增值税专用发票或其他合法票据的，不能抵扣进项税额。

（4）采取还本销售方式销售

税法规定，纳税人采取还本销售方式销售货物，其销售额就是货物的销售价格，不得从销售额中减除还本支出。

4. 对视同销售行为的销售额的确定

税法规定，视同销售行为而无销售额者，按下列顺序确定销售额：

（1）按纳税人最近时期同类货物的平均销售价格确定。

（2）按其他纳税人最近时期同类货物的平均销售价格确定。

（3）按组成计税价格确定。组成计税价格的计算公式为。

组成计税价格=成本×（1+成本利润率）

属于应征消费税的货物，其组成计税价格中应加计消费税额。

公式中的成本，销售自产货物的为实际生产成本，销售外购货物的为实际采购成本。公式中的成本利润率由国家税务总局确定。

【实例2.1】某企业为增值税一般纳税人，增值税税率为17%，某月将一批自产货物无偿赠送给其他单位，同类货物当月对外售价为40万元。问该企业无偿赠送行为是否应缴纳增值税？其销项税额是多少？

纳税人将自产货物无偿赠送给其他单位，属于税法规定中的视同销售行为，所以应当计算缴纳增值税，按同类货物对外售价确定销售额。

销项税额=40×17%=6.8（万元）

接【实例2.1】，若该企业无同类货物对外售价，已知该批货物成本为30万元，成本利润率为10%，这种情况下应如何确定销项税额？

无同类货物对外售价，应按组成计税价格确定销售额。

组成计税价格=30×（1+10%）=33（万元）

销项税额=33×17%=5.61（万元）

5. 包装物押金的税务处理

一般来说，包装物押金收入单独记账核算的，时间在一年以内又未逾期的，不并入销售额征税，但对逾期未收回包装物不再退还的押金，应按规定计算征收增值税。这里"逾期"是指超过合同约定的期限或超过 1 年的期限，对收取 1 年以上的押金，无论是否退还均应并入销售额征税。根据税法的规定，包装物押金收入视为含税收入，在计征增值税时，应先换算成不含税收入再并入销售额计税，其计算公式为：

不含税押金收入=含税押金收入÷（1+增值税税率或征收率）

公式中的增值税税率同销售货物的增值税税率；公式中的征收率为采用简易征税办法的应税货物的征收率。

自 1995 年 6 月 1 日起，对于销售除啤酒、黄酒以外的其他酒类产品而收取的包装物押金，无论是否返还以及会计上如何核算，均应并入当期销售额征收增值税。对销售啤酒、黄酒所收取的押金，按上述一般押金的规定处理。

知识链接

包装物押金不同于包装物租金

由于包装物的押金只是企业为保证包装物的及时回收而向购货方或使用者收取的保证金，在包装物回收后还要返还给购货方，所以暂时收取的押金是不征税的。但是，为了堵塞税收漏洞，对逾期包装物作了特殊征税规定。包装物租金是指纳税人为了销售货物而向购货方收取的有偿使用包装物的费用，是企业让渡资产使用权而取得的收入，收取时应确认为企业的收入。包装物租金属于价外费用，在计算增值税时直接将包装物的租金换算为不含税的数额后作为计税依据计算增值税。

【实例 2.2】某粮油加工厂为增值税一般纳税人，向某粮店销售一批食用植物油，在价外另收取油桶押金 1 130 元。因期限已逾期一年，押金不再返还。则该笔押金收入应缴纳的增值税为：

押金收入应缴纳的增值税=1 130÷（1+13%）×13% = 130（元）

（三）进项税额的计算

1. 准予从销项税额中抵扣的进项税额

根据税法规定，准予从销项税额当中抵扣的进项税额限于下列增值税扣税凭证上注明的增值税税款和按规定的扣除率计算的进项税额。

（1）从销售方取得的增值税专用发票上注明的增值税额。

（2）从海关取得的海关进口增值税专用缴款书上注明的增值税额。

（3）购进农产品，除取得增值税专用发票或者海关进口增值税专用缴款书外，按照农产品收购发票或者销售发票上注明的农产品买价和 13%的扣除率计算的进项税额。买价，包括纳税人购进农产品在农产品收购发票或者销售发票上注明的价款和按规定缴纳的烟叶税。购进农产品，按照《农产品增值税进项税额核定扣除试点实施办法》抵扣进项税额的除外。进项税额计算公式为：

进项税额=买价×扣除率

问与答

问：为什么购进农产品按 13%的扣除率计算进项税额？

答：主要出于两个方面考虑：一是农产品是免征增值税的货物，但免征增值税的货物本身是含增值税的。因为农业生产者在农业生产过程中，需要购入含增值税的生产资料，如化肥、农药、电力、地膜等，这些物资购买时是含增值税的，销售时随同农产品转移给农产品收购者，所以农产品收购者在对外销售农产品时，税法允许按照一定的扣除率进行抵扣；二是由于农产品免税，免税就不能开具增值税专用发票；同时一般纳税人如果购进的生产原料或货物为农民自产的，自然就不可能取得增值税专用发票，所以也就不能抵扣进项税额，导致增值税抵扣链条中断。因此，购进农产品可按普通发票或收购凭证注明的买价按13%计算抵扣进项税额。

【实例 2.3】某食品加工厂为增值税一般纳税人，从农民手中购进小麦一批，支付收购价格20万元，取得农产品统一收购发票。则该厂购进小麦发生的进项税额为：

进项税额=20×13%=2.6（万元）

（4）分期抵扣规定。适用一般计税方法的试点纳税人，2016年5月1日后取得并在会计制度上按固定资产核算的不动产或者2016年5月1日后取得的不动产在建工程，其进项税额应自取得之日起分2年从销项税额中抵扣，第一年抵扣比例为60%，第二年抵扣比例为40%。取得不动产，包括以直接购买、接受捐赠、接受投资入股、自建以及抵债等各种形式取得不动产，不包括房地产开发企业自行开发的房地产项目。融资租入的不动产以及在施工现场修建的临时建筑物、构筑物，其进项税额不适用上述分2年抵扣的规定。

2. 不得从销项税额中抵扣的进项税额

（1）纳税人取得的增值税扣税凭证不符合法律、行政法规或者国家税务总局有关规定的，其进项税额不得从销项税额中抵扣。

案例 2.3

甲企业为增值税一般纳税人，2016年12月境外A企业向其提供咨询服务，甲企业在主管税务机关为A企业代扣代缴增值税7 000元，但甲企业无法提供与该业务相关的境外单位的对账单或者发票，所以该笔进项税额不得抵扣。

（2）用于简易计税方法计税项目、免征增值税项目、集体福利或者个人消费的购进货物、加工修理修配劳务、服务、无形资产和不动产。其中涉及的固定资产、无形资产、不动产，仅指专用于上述项目的固定资产、无形资产（不包括其他权益性无形资产）、不动产。纳税人的交际应酬消费属于个人消费。

想一想

某报社为增值税一般纳税人，某月购买电视机20台，其中10台作为职工福利安装在单位职工餐厅，10台专门为新闻采访部门购买，便于新闻记者写稿。请问该报社购买的这20台电视机，哪些能够抵扣进项税额，哪些不得抵扣进项税额？

（3）非正常损失的购进货物，以及相关的加工修理修配劳务和交通运输服务。

（4）非正常损失的在产品、产成品所耗用的购进货物（不包括固定资产）、加工修理修配劳务和交通运输服务。

（5）非正常损失的不动产，以及该不动产所耗用的购进货物、设计服务和建筑服务。

（6）非正常损失的不动产在建工程所耗用的购进货物、设计服务和建筑服务。纳税人新建、改建、扩建、修缮、装饰不动产，均属于不动产在建工程。

知识链接

正常损失和非正常损失的区分

正常损失是指购进货物、接受应税劳务或应税行为在生产经营过程中的正常损耗，也就是合理损耗。例如，由于计量精度、气体挥发、液体渗漏等原因造成货物的实存数与账面不符，主要强调的是非企业过失和履行保全义务而产生的损耗。非正常损失指生产经营过程中正常损耗外的损失，主要强调的是企业过失和未履行保全义务而产生的损失。在增值税方面，非正常损失特指因管理不善造成被盗、丢失、霉烂变质的损失，其他情况不属于非正常损失的范围。例如水灾、地震等自然灾害造成的损失不属于税法规定的非正常损失，纳税人按商业常规低价处置销售货物、计提的资产减值亦不属于非正常损失，其已经抵扣的进项税额无需作进项税额转出。

【实例 2.4】甲公司为增值税一般纳税人，增值税税率为17%。月底因公司更换仓库管理员进行了财产清查。清查中发现，由于仓库管理员管理不善造成库存原材料短缺 20 000 元，库存A 产成品短缺 20 000 元，产成品成本中外购项目金额比例为 50%；由于遭受水灾，损失 B 产成品成本 50 000 元，产成品成本中外购项目金额比例为 60%；10 000 元半成品，因设备更新无法使用，准备削价处理。请问该公司上述库存原材料、产成品毁损、半成品削价等情况造成的库存减少，是否均为非正常损失，是否应做进项税额转出处理？

因管理不善导致的原材料和产成品短缺属于非正常损失，应做进项税额转出：

应转出的进项税额=10 000×17%+20 000×50%×17%=3 400（元）

因水灾造成的产成品损失和削价销售的半成品不属于非正常损失，不需要做进项税额转出。

（7）购进的旅客运输服务、贷款服务、餐饮服务、居民日常服务和娱乐服务。

（8）国务院财政、税务主管部门规定的纳税人自用消费品。

（9）纳税人自用的应征消费税的摩托车、汽车、游艇，其进项税额不得从销项税额中抵扣。

（10）适用一般计税方法的纳税人，兼营简易计税方法计税项目、免征增值税项目而无法划分不得抵扣的进项税额，按照下列公式计算不得抵扣的进项税额：

$$\text{不得抵扣的进项税额} = \text{当期无法划分的全部进项税额} \times (\text{当期简易计税方法计税项目销售额} + \text{免征增值税项目销售额}) \div \text{当期全部销售额}$$

已抵扣进项税额的购进货物（不含固定资产）、劳务、服务，发生不得抵扣进项税额的情形（简易计税方法计税项目、免征增值税项目除外）的，应当将该进项税额从当期进项税额中扣减；无法确定该进项税额的，按照当期实际成本计算应扣减的进项税额。

【实例 2.5】某生产食用植物油的企业为增值税一般纳税人，某月实现全部销售收入 2 000 万元，其中，植物油销售收入 100 万元，免税菜籽销售收入 400 万元；外购原材料累计进项税额为 510 万元，但企业没有区分用于生产植物油还是用于加工菜籽。则该企业销售免税菜籽不得抵扣的进项税额为：

不得抵扣的进项税额=510×400÷2 000=102（万元）

已抵扣进项税额的固定资产、无形资产或者不动产，发生不得抵扣进项税额情形的，按照下列公式计算不得抵扣的进项税额：

不得抵扣的进项税额=固定资产、无形资产或者不动产净值×适用税率

固定资产、无形资产或者不动产净值，是指纳税人根据财务会计制度计提折旧或摊销后的余额。

（11）纳税人适用一般计税方法计税的，因销售折让、中止或者退回而退还给购买方的增值税额，应当从当期的销项税额中扣减；因销售折让、中止或者退回而收回的增值税额，应当从当期

的进项税额中扣减。

（12）有下列情形之一者，应当按照销售额和增值税税率计算应纳税额，不得抵扣进项税额，也不得使用增值税专用发票：一般纳税人会计核算不健全，或者不能够提供准确税务资料的；应当办理一般纳税人资格登记而未办理的。

（13）纳税人接受贷款服务向贷款方支付的与该笔贷款直接相关的投融资顾问费、手续费、咨询费等费用，其进项税额不得从销项税额中抵扣。

（四）应纳税额计算应用实例

【实例 2.6】某生产企业为增值税一般纳税人，增值税税率为 17%，2017 年 3 月发生如下经济业务：

（1）销售一批货物给某商场，取得不含税销售收入 100 万元，同时收取包装物租金 5.85 万元。全部款项收讫，已向商场开具增值税专用发票。

（2）采取“买一送一”方式销售给某商场甲产品 300 件，甲产品不含税售价为每件 3 600 元，所赠产品不含税售价为每件 240 元。货款收讫，已向商场开具增值税专用发票。

（3）将自产的一批货物直接赠送给客户，已知该批货物无同类市场销售价格，货物成本价为 20 万元，成本利润率为 10%。

（4）销售 2013 年 11 月购进作为固定资产使用过的小汽车 2 辆，每辆汽车销售额为 5 万元，已开具增值税专用发票。

（5）外购原材料一批，取得增值税专用发票注明价款 200 万元，增值税税额 34 万元。

（6）从小规模纳税人处购进一批材料，取得普通发票，价税合计 6 万元。

（7）购进一台专用于免税项目的机器设备并于当月投入使用，取得增值税专用发票注明价款 30 万元，增值税税额 5.1 万元。

计算该企业 2017 年 3 月应当缴纳的增值税。

销项税额的确认与计算：

（1）销售货物的销项税额=100×17%+5.85÷（1+17%）×17%=17.85（万元）

（2）“买一送一”方式销售产品，赠送产品应缴纳增值税：

销项税额=（0.36+0.024）×300×17%=19.58（万元）

（3）将货物赠送客户属于视同销售行为：

销项税额=20×（1+10%）×17%=3.74（万元）

销项税额合计=17.85+19.58+3.74=41.17（万元）

进项税额的确认与计算：

（1）外购原材料的进项税额=34 万元

（2）从小规模纳税人购进材料，取得普通发票，不得抵扣进项税额

（3）购进的机器设备专用于免税项目，不得抵扣进项税额

销售使用过的小汽车应纳税额=5×2×17%=1.7（万元）

本月应缴纳的增值税=41.17−34+1.7=8.87（万元）

二、简易计税方法下应纳税额的计算

简易计税方法的应纳税额，是指按照销售额和增值税征收率计算的增值税额，不得抵扣进项税额。应纳税额计算公式为：

应纳税额=销售额×征收率

简易计税方法的销售额不包括其应纳税额，纳税人采用销售额和应纳税额合并定价方法的，按下列公式计算销售额：

销售额＝含税销售额÷（1＋征收率）

【实例 2.7】某企业为增值税一般纳税人，于 2017 年 3 月销售 2009 年自建的办公楼一栋，取得全部价款和价外费用 1 050 万元，采用简易计税方法，增值税征收率为 5%。

不含税收入=1 050÷（1+5%）=1 000（万元）

应缴纳的增值税税额=1 000×5%=50（万元）

三、进口环节应纳税额的计算

纳税人进口货物，按照组成计税价格和规定的增值税税率计算应纳税额，组成计税价格和应纳税额计算公式为：

组成计税价格=关税完税价格+关税

若进口货物属于消费税应税消费品，组成计税价格还应包括进口环节的消费税，其计算公式为：

组成计税价格=关税完税价格+关税+消费税

应纳税额=组成计税价格×适用税率

特别提示

需要注意的是，进口货物增值税的组成计税价格中包括已纳关税税额，如果进口货物属于消费税应税消费品，其组成计税价格中还要包括进口环节已纳消费税税额。此时，增值税和消费税的计税依据是相同的。

【实例 2.8】甲公司为增值税一般纳税人，增值税税率为 17%。2017 年 1 月进口一批货物，海关核定的关税完税价格为 70 万元，货物进口环节关税税率为 10%。货物报关后，甲公司按规定缴纳了进口环节的增值税并取得了海关进口增值税专用缴款书。该批进口货物在国内全部销售，取得不含税销售额 160 万元。计算该公司进口环节和内销环节应缴纳的增值税。

组成计税价格=70×（1+10%）=77（万元）

进口环节应缴纳的增值税=77×17%=13.09（万元）

内销环节销项税额=160×17%=27.2（万元）

内销环节应缴纳的增值税=27.2−13.09=14.11（万元）

四、生产企业“免、抵、退”税的计算

“免、抵、退”计算法适用于生产企业，包括企业出口自产货物、服务、劳务或委托外贸企业出口自产货物、劳务、服务。

知识点滴

如何理解“免”“抵”“退”

“免”税容易理解，免税就是不缴税，实际操作中不需要计算。由于生产企业在生产货物过程中涉

及原材料、水电费和运费等众多可抵扣进项税额的项目，很难准确区分出口货物和内销货物对应的进项税额。即使能够准确核算各自的进项税额，由于生产企业的内销部分缴纳增值税，而出口部分实行退税，双轨运行，必然会增加征纳双方的成本。由此引入“抵”税的概念，“抵”可以理解为一个计算退税的过程，也就是全面计算生产企业实际的应纳税额。如果进项税额全部抵扣，应纳税额是正数，企业需要缴纳增值税；如果该进项税额抵扣不完，应纳税额是负数，应该退还。因此，“免、抵、退”中的“退”税，实际上应该理解为出口部分对应的应退进项税额，包括“免、抵、退”中“抵”税的部分和“免、抵、退”中“退”税的部分。

下面介绍生产企业出口货物或劳务增值税“免、抵、退”税，其计算步骤及公式。

1. 当期应纳税额的计算

当期应纳税额=当期内销货物的销项税额−（当期进项税额−当期不得免征和抵扣税额）

当期不得免征和抵扣税额=当期出口货物离岸价×外汇人民币牌价×（出口货物适用税率−出口货物退税率）−当期不得免征和抵扣税额抵减额

当期不得免征和抵扣税额抵减额=当期免税购进原材料价格×（出口货物适用税率−出口货物退税率）

免抵退税额=出口货物离岸价×外汇人民币牌价×出口货物退税率−免抵退税额抵减额

免抵退税额抵减额=免税购进原材料价格×出口货物退税率

生产企业出口退税的计税基础是出口货物的离岸价（FOB），离岸价以出口发票上的离岸价为准。出口发票不能如实反映实际离岸价的，企业必须按照实际离岸价向主管国税机关申报，同时主管税务机关有权按照《中华人民共和国税收征收管理法》《中华人民共和国增值税暂行条例》等有关规定予以核定。

特别提示

从上述计算公式看，出口退税在“销项税额”方面并非执行真正的零税率而是一种“超低税率”，即征税率与退税率（依不同货物而不同）之差，也就是出口退税“不得免征和抵扣税额”的计算比率。

2. 当期“免、抵、退”税额的计算

当期“免、抵、退”税额=出口货物离岸价×外汇人民币牌价×出口货物退税率−当期“免、抵、退”税额抵减额

当期“免、抵、退”税额抵减额=当期免税购进原材料×出口货物退税率

免税购进原材料包括国内购进免税原材料和进料加工免税进口料件，其中进料加工免税进口料件的价格为组成计税价格。

进料加工免税进口料件的组成计税价格=货物到岸价格+海关实征关税+海关实征消费税

3. 当期应退税额和当期免抵税额的计算

（1）当期期末留抵税额≤当期“免、抵、退”税额时，则：

当期应退税额=当期期末留抵税额

当期免抵税额=当期“免、抵、退”税额−当期应退税额

（2）当期期末留抵税额>当期“免、抵、退”税额时，则：

当期应退税额=当期免抵退税额

当期免抵税额=0

“当期期末留抵税额”为当期增值税纳税申报表中的“期末留抵税额”。

特别提示

当期应退税额的确定，可以采用“退小不退大”的原理，即用当期期末留抵税额和当期“免、抵、退”税额作比较，二者“谁小”即为当期应退税额。

【实例 2.9】 某自营出口的生产企业为增值税一般纳税人，增值税税率为 17%，出口退税率为 9%。2017 年 3 月发生如下经济业务：购进原材料一批，取得的增值税专用发票上注明材料价款 500 万元，增值税税额 85 万元，增值税专用发票已认证符合抵扣条件；当月进料加工免税进口料件的组成计税价格 100 万元；上月末留抵税额 10 万元；本月内销货物取得不含税销售额 300 万元，已开具增值税专用发票；本月出口货物的离岸价折合人民币 400 万元。计算该企业当期的“免、抵、退”税额。

（1）当期不得免征和抵扣税额抵减额=100×（17%-9%）=8（万元）

当期不得免征和抵扣税额=400×（17%-9%）-8=24（万元）

当期应纳税额=300×17%-（85-24）-10=-20（万元），为本期期末留抵税额

（2）当期“免、抵、退”税额抵减额=100×9%=9（万元）

当期“免、抵、退”税额=400×9%-9=27（万元）

（3）当期期末留抵税额 20 万元<当期“免、抵、退”税额 27 万元，则：

当期应退税额=20 万元

当期免抵税额=27-20=7（万元）

第四节　增值税的会计处理

一、会计科目的设置

增值税一般纳税人应当在“应交税费”科目下设置“应交增值税”“未交增值税”“预交增值税”“待抵扣进项税额”“待认证进项税额”“待转销项税额”“增值税留抵税额”“简易计税”“转让金融商品应交增值税”“代扣代交增值税”等明细科目。

（一）“应交税费——应交增值税”科目

“应交增值税”明细科目，核算一般纳税人在销售货物、提供应税劳务或应税服务的过程中，本期应缴纳的增值税。本科目期末如为贷方余额，反映企业尚未缴纳的增值税；期末如为借方余额，反映企业多缴或尚未抵扣的增值税。

增值税一般纳税人应在“应交增值税”明细科目下设置“进项税额”“销项税额抵减”“已交税金”“转出未交增值税”“减免税款”“出口抵减内销产品应纳税额”“销项税额”“出口退税”“进项税额转出”“转出多交增值税”等十个专栏。其中，前五个专栏设在借方，后五个专栏设在贷方。

1. “进项税额”专栏

该专栏记录一般纳税人购进货物、加工修理修配劳务、服务、无形资产或不动产而支付或负担的、准予从当期销项税额中抵扣的增值税额。企业购入货物、接受应税劳务或服务支付的进项税额用蓝字登记；退回所购货物应冲销的进项税额用红字登记，以示冲销的进项税额。

2. “销项税额抵减”专栏

该专栏记录一般纳税人按照现行增值税制度规定因扣减销售额而减少的销项税额。本专栏仅核算一般纳税人的一般计税方式下可以差额征税项目，因扣减销售额而减少的销项税额。

3. “已交税金”专栏

该专栏记录一般纳税人当月已缴纳的应交增值税额。

4. “转出未交增值税”专栏

该专栏记录一般纳税人月度终了转出当月应交未交的增值税额。

5. “减免税款”专栏

该专栏记录一般纳税人按现行增值税制度规定准予减免的增值税额。企业发生的直接减免的增值税额用蓝字登记；应冲销直接减免的增值税额用红字登记。

6. “出口抵减内销产品应纳税额”专栏

该专栏记录实行“免、抵、退”办法的一般纳税人按规定计算的出口货物的进项税抵减内销产品的应纳税额。

7. “销项税额”专栏

该专栏记录一般纳税人销售货物、加工修理修配劳务、服务、无形资产或不动产应收取的增值税额。企业销售货物、提供应税劳务或服务应收取的销项税额用蓝字登记；退回销售货物应冲销的销项税额用红字登记，以示冲销销项税额。

8. “出口退税”专栏

该专栏记录一般纳税人出口货物、加工修理修配劳务、服务、无形资产按规定退回的增值税额。出口货物、劳务或服务退回的增值税额用蓝字登记；出口货物办理退税后，又发生退货或者退关而补缴已退的增值税款，用红字登记。

9. “进项税额转出”专栏

该专栏记录一般纳税人购进货物、加工修理修配劳务、服务、无形资产或不动产等发生非正常损失以及其他原因而不应从销项税额中抵扣、按规定转出的进项税额。该科目体现了企业对进项税额的反向修正。

10. “转出多交增值税”专栏

该专栏记录一般纳税人月度终了转出当月多交的增值税额。

（二）“应交税费——未交增值税”科目

“未交增值税”明细科目，核算一般纳税人月度终了从“应交增值税”或“预交增值税”明细科目转入当月应交未交、多交或预缴的增值税额，以及当月缴纳以前期间未交的增值税额。

（三）“应交税费——预交增值税”科目

“预交增值税”明细科目核算一般纳税人转让不动产、提供不动产经营租赁服务、提供建筑服务、采用预收款方式销售自行开发的房地产项目等，以及其他按现行增值税制度规定应预缴的增值税额。

知识点滴

“预交税款”为增设专栏

考虑到建筑、房地产等企业开发周期长，预缴税款与实际纳税义务时间跨度大的情况，单独设置二级科目核算，贴合税法规定，更便于期末对增值税相关金额分项目列报的要求。例如，建筑企业跨区提供按照一般计税方法计税的建筑服务，在建筑服务发生地国税机关预缴税款时，对取得的全部价款和价外费用扣除支付的分包款后的余额按照2%的预征率计算应预缴税款，这时“扣除支付的分包款”不属于“营改增”差额征税核算，预缴税款应全额在“应交税费——预交增值税”科目核算。企业预缴的增值税税款，可以在当期增值税应纳税额中抵减，抵减不完的，结转下期继续抵减，应以完税凭证作为合法有效凭证。

（四）“应交税费——待抵扣进项税额”科目

“待抵扣进项税额”明细科目，核算一般纳税人已取得增值税扣税凭证并经税务机关认证，按照现行增值税制度规定准予以后期间从销项税额中抵扣的进项税额。包括：一般纳税人自2016年5月1日后取得并按固定资产核算的不动产或者2016年5月1日后取得的不动产在建工程，按现行增值税制度规定准予以后期间从销项税额中抵扣的进项税额；实行纳税辅导期管理的一般纳税人取得的尚未交叉稽核比对的增值税扣税凭证上注明或计算的进项税额。

知识链接

不动产抵扣分期规定与“待抵扣进项税额”专栏

《营业税改征增值税试点有关事项的规定》中，对试点纳税人取得的不动产采取了分期抵扣的方法。适用一般计税方法的试点纳税人，2016年5月1日后取得并在会计制度上按固定资产核算的不动产或者2016年5月1日后取得的不动产在建工程，其进项税额应自取得之日起分2年从销项税额中抵扣，第一年抵扣比例为60%，第二年抵扣比例为40%。“待抵扣进项税额”明细科目则从会计制度上明确了固定资产、在建工程进项税额分2年（13个月）抵扣不动产进项税额，40%的部分通过本科目核算。13个月后，应自本科目结转至“应交税费——应交增值税”科目的“进项税额”专栏。

（五）“应交税费——待认证进项税额”科目

“待认证进项税额”明细科目，核算一般纳税人由于未经税务机关认证而不得从当期销项税额中抵扣的进项税额。包括：一般纳税人已取得增值税扣税凭证、按照现行增值税制度规定准予从销项税额中抵扣，但尚未经税务机关认证的进项税额；一般纳税人已申请稽核但尚未取得稽核相符结果的海关缴款书进项税额。

（六）“应交税费——待转销项税额”科目

“待转销项税额”明细科目，核算一般纳税人销售货物、加工修理修配劳务、服务、无形资产或不动产，已确认相关收入（或利得）但尚未发生增值税纳税义务而需于以后期间确认为销项税额的增值税额。

知识点滴

“待转销项税额”明细科目的内涵

“待转销项税额”明细科目核算的主要是由于会计与税法在确认收入时点不一致时，产生的待后期开票确认的销项税额。这样处理解决了增值税作为价外税，会计入账金额需价税分离的要求，符合会计信息披露和财务报表列报要求，也能帮助企业更清楚未来将产生的应纳税额。例如，跨年出租房产的业务，如果合同约定承租方在最后一年的期末支付全部租金，出租方收到租金后开具增值税专用发票。那么在第一年的期末，出租方应确认收入，但由于尚未发生增值税纳税义务，将产生的需要最后一年确认的增值税销项税额计入“待转销项税额”明细科目的贷方。

（七）“应交税费——增值税留抵税额”科目

“增值税留抵税额”明细科目，核算兼有销售服务、无形资产或者不动产的原增值税一般纳税人，截止到纳入“营改增”试点之日前的增值税期末留抵税额按照现行增值税制度规定不得从销售服务、无形资产或不动产的销项税额中抵扣的增值税留抵税额。

（八）“应交税费——简易计税”科目

“简易计税”明细科目，核算一般纳税人采用简易计税方法发生的增值税计提、扣减、预缴、缴纳等业务。本专栏仅核算一般纳税人的简易计税方法下可以差额征税项目，因扣减销售额而减少的销项税额。

知识点滴

“简易计税”为新增明细科目

一般纳税人采用简易计税方法通过“简易计税”专栏核算，不通过“应交税费——未交增值税”明细科目核算，例如，建筑业企业针对老项目选用简易计税方法时，应计提的应纳税额通过此科目核算。由于简易计税方法的应纳税额和一般计税方法的应纳税额不得互抵，因此本明细科目必须单独核算，不得与“应交税费——应交增值税”其他专栏相混，月末本明细科目直接应结转至“应交税费——未交增值税”科目。

（九）“应交税费——转让金融商品应交增值税”科目

“转让金融商品应交增值税”明细科目，核算增值税纳税人转让金融商品发生的增值税额。本明细科目仅核算纳税人（含一般纳税人和小规模纳税人）转让金融商品差额征税项目，因扣减销售额而减少的销项税额。

特别提示

“转让金融商品应交增值税”为“应交税费”下新增的一个二级明细科目，只针对金融企业转让金融商品涉及的应缴纳增值税的核算与会计处理。而金融商品持有期间（含到期）的利息（保本收益、报酬、资金占用费、补偿金等）收入应当按照贷款服务计算缴纳增值税，这部分增值税额不在此科目中核算。

（十）“应交税费——代扣代交增值”科目

“代扣代交增值税”明细科目，核算纳税人购进在境内未设经营机构的境外单位或个人在境内的应税行为代扣代缴的增值税。境外单位或者个人在境内发生应税行为，在境内未设有经营机构的，以购买方为增值税扣缴义务人，扣缴义务人对于代扣代缴的增值税应该通过此科目核算。

此外，小规模纳税人只需在“应交税费”科目下设置“应交增值税”明细科目，不需要设置及除“转让金融商品应交增值税”“代扣代交增值税”外的明细科目。也就是说，由于小规模纳税人发生的业务相对一般纳税人而言比较简单，只需在“应交税费”科目下设置“应交增值税”“转让金融商品应交增值税”“代扣代交增值税”三个明细科目，这样，可以减轻小规模纳税人会计核算和处理的压力。

二、外购货物、取得资产或接受劳务等业务的会计处理

（一）采购等业务进项税额允许抵扣的会计处理

1. 当月已认证可抵扣增值税额的会计处理

一般纳税人购进货物、加工修理修配劳务、服务、无形资产或不动产，按应计入相关成本费用或资产的金额，借记“在途物资”“原材料”“库存商品”“生产成本”“无形资产”“固定资产”或“管理费用”等科目，按当月已认证的可抵扣增值税额，借记“应交税费——应交增值税（进项税额）”科目，按应付或实际支付的金额，贷记“应付账款”“应付票据”“银行存款”等科目。发生退货的，应根据税务机关开具的红字增值税专用发票做相反的会计分录。

企业发生采购业务时，可以根据采购业务的不同特点分别采用不同的结算方式。本地采购多采用支票、银行本票结算方式；外埠进货多采用委托收款、托收承付、银行汇票、汇兑结算等方式；企业还可以根据业务需要采用商业汇票结算方式。在实务中，企业也可以采用赊购、预付款等方式购进货物。由于结算方式和采购地点不同，货物入库和货款的支付时间不一致，其相应的会计处理方式也有所不同，一般有如下几种情况。

（1）发票账单与货物同时到达。这是企业采购业务中比较常见的一种情况。当收到银行转来的结算凭证和发票等单据并已付款时，货物也同时验收入库。这时，应按货物的实际成本，借记“原材料”“库存商品”“固定资产”等科目；按增值税专用发票上注明的增值税额，借记“应交税费——应交增值税（进项税额）”科目；按货物的实际成本和增值税额之和，贷记“银行存款”等科目。

【实例 2.10】某公司为增值税一般纳税人，购入甲材料一批，取得的增值税专用发票上注明材料价款 12 万元，增值税税额为 2.04 万元。货款已开出转账支票付清，甲材料已验收入库。则该公司做会计分录如下：

借：原材料——甲材料　　120 000
　　应交税费——应交增值税（进项税额）　　20 400
　　贷：银行存款　　140 400

【实例 2.11】某公司为增值税一般纳税人，购入一台不需要安装即可投入使用的设备，取得的增值税专用发票上注明的设备价款为 30 万元，增值税税额为 5.1 万元，另支付运输费 1 万元（不含增值税），取得增值税专用发票。款项以银行存款支付。则该公司做会计分录如下：

借：固定资产——某设备　　310 000
　　应交税费——应交增值税（进项税额）　　52 100
　　贷：银行存款　　362 100

（2）发票账单先到，货物尚未到达。结算凭证已到，货款已付清，货物尚未验收入库。这时，应按有关发票，借记“在途物资”“应交税费——应交增值税（进项税额）”科目，贷记“银行存款”“应付票据”等科目。在途物资入库后，借记“原材料”“库存商品”“固定资产”等科目，贷记“在途物资”科目。

【实例 2.12】某公司为增值税一般纳税人，购入货物一批，取得的增值税专用发票上注明

的货物价款为 26 万元，增值税税额为 4.42 万元。货款已开出转账支票付清，货物尚未收到。则该公司做会计分录如下：

（1）购入货物时：

借：在途物资　260 000
　　应交税费——应交增值税（进项税额）　44 200
　　贷：银行存款　304 200

（2）货物验收入库时：

借：库存商品　304 200
　　贷：在途物资　304 200

（3）预付款。因采购业务尚未成立，企业还未取得货物的所有权，企业在按合同规定预付款时，借记“预付账款”科目，贷记“银行存款”等科目；当企业收到所购货物并验收入库时，按增值税专用发票所注明的金额，借记“原材料”“库存商品”“固定资产”等科目，按增值税专用发票上注明的增值税额，“应交税费——应交增值税（进项税额）”科目，贷记“预付账款”等科目，同时补付或收回剩余或退回的余款。

【实例 2.13】某公司为增值税一般纳税人，开出转账支票预付某企业购买乙材料货款 5 万元。则该公司做会计分录如下：

借：预付账款　50 000
　　贷：银行存款　50 000

预付货款的乙材料收到并验收入库，取得的增值税专用发票上注明的材料价款 25 万元，增值税税额为 4.25 万元。已开出转账支票补付余款。则该公司做会计分录如下：

借：原材料——乙材料　250 000
　　应交税费——应交增值税（进项税额）　42 500
　　贷：预付账款　50 000
　　　　银行存款　242 500

（4）赊购。赊购是指企业凭借自身的信用，采用分期付款或延期付款方式购买商品，一般在资金紧缺而又急需某种商品时可采用该种采购结算方式。这时，应按货物的实际成本，借记“原材料”“库存商品”“固定资产”等科目；按增值税专用发票上注明的增值税额，借记“应交税费——应交增值税（进项税额）”科目；按货物的实际成本和增值税额之和，贷记“应付账款”科目。

【实例 2.14】某公司为增值税一般纳税人，从某单位赊购商品 10 万元，已取得对方开具的增值税专用发票，商品已验收入库。则该公司做会计分录如下：

借：库存商品　100 000
　　应交税费——应交增值税（进项税额）　17 000
　　贷：应付账款　117 000

2. 当月未认证可抵扣增值税额的会计处理

一般纳税人购进货物、加工修理修配劳务、服务、无形资产或不动产，按应计入相关成本费用或资产的金额，借记“在途物资”“原材料”“库存商品”“生产成本”“无形资产”“固定资产”或“管理费用”等科目，按当月未认证的可抵扣增值税额，借记“应交税费——待认证进项税额”科目，按应付或实际支付的金额，贷记“应付账款”“应付票据”“银行存款”等科目。

【实例 2.15】某公司为增值税一般纳税人，2017 年 3 月收到银行转来的购买某工厂丙材料的托收承付结算凭证及发票，增值税专用发票上注明的材料价款 60 万元，增值税税额为 10.2 万元。增值税专用发票当月未认证，采用验单付款方式，材料尚未入库。则该公司做会计分录如下：

（1）购入材料时：

借：在途物资 600 000

应交税费——待认证进项税额 102 000

贷：银行存款 702 000

（2）增值税专用发票认证后符合抵扣条件时：

借：应交税费——应交增值税（进项税额） 102 000

贷：应交税费——待抵扣进项税额 102 000

（二）货物等已验收入库但尚未取得增值税扣税凭证的会计处理

一般纳税人购进的货物等已到达并验收入库，但尚未收到增值税扣税凭证并未付款的，应在月末按货物清单或相关合同协议上的价格暂估入账，不需要将增值税的进项税额暂估入账。下月初，用红字冲销原暂估入账金额，待取得相关增值税扣税凭证并经认证后，按应计入相关成本费用或资产的金额，借记“原材料”“库存商品”“固定资产”“无形资产”等科目，按可抵扣的增值税额，借记“应交税费——应交增值税（进项税额）”科目，按应付金额，贷记“应付账款”等科目。

【实例 2.16】某公司为增值税一般纳税人，2017 年 3 月与 B 公司签订合同购入货物一批，合同上列示货物不含税价格 20 万元，增值税税额为 3.4 万元。本月公司未付款且尚未收到增值税专用发票，货物已验收入库。则该公司做会计分录如下：

（1）货物验收入库时：

借：库存商品 200 000

贷：应付账款——暂估入账 200 000

（2）下月初公司用红字冲销原暂估入账金额：

借：应付账款——暂估入账 200 000

贷：库存商品 200 000

（3）待取得增值税专用发票并经认证后：

借：库存商品 200 000

应交税费——应交增值税（进项税额） 34 000

贷：应付账款 234 000

（三）采购等业务发生退货的会计处理

企业外购货物等发生退货的，如原增值税专用发票已做认证，应根据税务机关规定企业开具的红字增值税专用发票做相反的会计分录；如原增值税专用发票未做认证，应将发票退回并做相反的会计分录。

1. 原增值税专用发票已做认证

【实例 2.17】某公司为增值税一般纳税人，2017 年 4 月购入原材料一批，取得的增值税专用发票上注明的材料价款为 45 万元，增值税税额为 7.65 万元。货款已开出转账支票付清，增值税专用发票已认证，材料尚未收到。则该公司做会计分录如下：

借：在途物资 450 000

应交税费——应交增值税（进项税额） 76 500

贷：银行存款 526 500

下月初，材料运到，验收后因质量问题而退货 40%，收到对方开具的红字增值税专用发票的发票联和抵扣联。则该公司做会计分录如下：

（1）材料验收入库时：

质量合格、验收入库部分材料实际成本=45×60%=27（万元）

借：原材料　　270 000

　　贷：在途物资　　270 000

（2）部分材料退货时：

质量有问题部分材料实际成本=45×40%=18（万元）

应冲销的进项税额=7.65×40%=3.06（万元）

借：银行存款　　210 600

　　贷：在途物资　　180 000

　　　　应交税费——应交增值税（进项税额）　　30 600

2. 原增值税专用发票未做认证

【实例 2.18】 某公司为增值税一般纳税人，2017 年 4 月购入原材料一批，取得的增值税专用发票上注明的材料价款为 20 万元，增值税税额为 3.4 万元。货款已开出转账支票付清，增值税专用发票当月未认证，材料尚未入库。则该公司做会计分录如下：

借：在途物资　　200 000

　　应交税费——待认证进项税额　　34 000

　　贷：银行存款　　234 000

下月初，材料运到，验收后因质量问题而全部退货，公司将原增值税专用发票退回，收到对方开具的红字增值税专用发票的发票联和抵扣联。则该公司做会计分录如下：

借：银行存款　　234 000

　　贷：在途物资　　200 000

　　　　应交税费——待认证进项税额　　34 000

（四）购进农产品进项税额允许抵扣的会计处理

一般纳税人购进免税农产品，按购入农产品的买价和规定的扣除率计算的进项税额，借记“应交税费——应交增值税（进项税额）”科目，按买价扣除按规定计算的进项税额后的差额，借记“在途物资”“原材料”等科目，按应付或实际支付的价款，贷记“银行存款”“应付账款”等科目。

【实例 2.19】 某食品加工厂为增值税一般纳税人，向农业生产者收购粮食一批，支付收购价格 150 万元，取得农产品统一收购发票，收购的粮食已验收入库，以银行存款支付粮食收购款。

可抵扣的进项税额=150×13%=19.5（万元）

食品加工厂做会计分录如下：

借：原材料　　1 305 000

　　应交税费——应交增值税（进项税额）　　195 000

　　贷：银行存款　　1 500 000

（五）购进不动产或不动产在建工程进项税额分期抵扣的会计处理

一般纳税人自 2016 年 5 月 1 日后取得并按固定资产核算的不动产或者 2016 年 5 月 1 日后取得的不动产在建工程，其进项税额按现行增值税制度规定自取得之日起分 2 年从销项税额中抵扣的，应当按取得成本，借记“固定资产”“在建工程”等科目，按当期可抵扣的增值税额，借记“应交税费——应交增值税（进项税额）”科目，按以后期间可抵扣的增值税额，借记“应交税费——待抵扣进项税额”科目，按应付或实际支付的金额，贷记“应付账款”“应付票据”“银行存款”

等科目。尚未抵扣的进项税额待以后期间允许抵扣时，按允许抵扣的金额，借记“应交税费——应交增值税（进项税额）”科目，贷记“应交税费——待抵扣进项税额”科目。

【实例 2.20】某公司为增值税一般纳税人，2016 年 6 月 1 日购进用于生产经营的办公楼一座，计入固定资产，并于次月开始计提折旧。取得的增值税专用发票注明的价款为 1 000 万元，增值税税额 110 万元，已通过银行存款支付。该公司 110 万元进项税额中的 60%，即 66 万元进项税额在本期（2016 年 6 月）抵扣，剩余的 40%，即 44 万元进项税额于取得扣税凭证的当月起第 13 个月（2017 年 6 月）抵扣。则该公司做会计分录如下：

（1）2016 年 6 月：

借：固定资产——办公楼　10 000 000

　　应交税费——应交增值税（进项税额）　660 000

　　应交税费——待抵扣进项税额　440 000

　　贷：银行存款　11 100 000

（2）2017 年 6 月：

借：应交税费——应交增值税（进项税额）　440 000

　　贷：应交税费——待抵扣进项税额　440 000

（六）采购等业务进项税额不得抵扣的会计处理

1. 取得时不得抵扣进项税的会计处理

一般纳税人购进货物、加工修理修配劳务、服务、无形资产或不动产，用于简易计税方法计税项目、免征增值税项目、集体福利或个人消费等，其进项税额按照现行增值税制度规定不得从销项税额中抵扣的，取得增值税专用发票时，应借记相关成本费用或资产科目，借记“应交税费——待认证进项税额”科目，贷记“银行存款”“应付账款”等科目，经税务机关认证后，根据有关“进项税额”“进项税额转出”专栏及“待认证进项税额”明细科目的核算内容，先转入“进项税额”专栏，借记“应交税费——应交增值税（进项税额）”科目，贷记“应交税费——待认证进项税额”科目；按现行增值税制度规定转出时，记入“进项税额转出”专栏，借记相关成本费用或资产科目，贷记“应交税费——应交增值税（进项税额转出）”科目。

【实例 2.21】某建筑企业为增值税一般纳税人，2017 年 2 月购买材料一批，取得的增值税专用发票上注明的材料价款 100 万元，增值税税额 17 万元，货款已通过银行存款支付，材料验收入库。经税务机关认定，该批材料用于适用简易计税方法的老建筑项目，该笔进项税额不得抵扣，应直接计入成本。则该企业做会计分录如下：

（1）购买材料时：

借：原材料　1 000 000

　　应交税费——待认证进项税额　170 000

　　贷：银行存款　1 170 000

（2）税务机关认证后：

借：应交税费——应交增值税（进项税额）　170 000

　　贷：应交税费——待认证进项税额　170 000

（3）不得抵扣进项税额，进项税额转出时：

借：原材料　170 000

　　贷：应交税费——应交增值税（进项税额转出）　170 000

2. 兼营简易计税项目、免税项目无法划分不得抵扣进项税额的会计处理

因兼营简易计税项目、免税项目而无法划分不得抵扣进项税额，原已计入进项税额、待抵扣

进项税额或待认证进项税额，但按现行增值税制度规定不得从销项税额中抵扣的，借记“管理费用”“应付职工薪酬”“固定资产”“无形资产”等科目，贷记“应交税费——应交增值税（进项税额转出）”“应交税费——待抵扣进项税额”或“应交税费——待认证进项税额”科目。

【实例 2.22】某企业为增值税一般纳税人，提供货物运输服务和装卸搬运服务，其中货物运输服务适用一般计税方法，装卸搬运服务选择适用简易计税方法。该企业 2017 年 3 月缴纳当月电费 11.7 万元，取得增值税专用发票并于当月认证抵扣，且该进项税额无法在货物运输服务和装卸搬运服务间划分。该企业当月取得货物运输收入 6 万元，装卸搬运服务 4 万元。

应转出的进项税额 = 11.7÷（1+17%）×4÷（4+6）=4（万元）

企业做会计分录如下：

借：管理费用	40 000	
贷：应交税费——应交增值税（进项税额转出）		40 000

（七）进项税额抵扣情况发生改变的会计处理

1. 发生非正常损失或改变用途做进项税额转出的会计处理

因发生非正常损失或改变用途等，原已计入进项税额、待抵扣进项税额或待认证进项税额，但按现行增值税制度规定不得从销项税额中抵扣的，借记“待处理财产损溢”“应付职工薪酬”“固定资产”“无形资产”等科目，贷记“应交税费——应交增值税（进项税额转出）”“应交税费——待抵扣进项税额”或“应交税费——待认证进项税额”科目。

【实例 2.23】某企业为增值税一般纳税人，因管理不善霉烂变质材料一批，该批材料于上月购买，取得的增值税专用发票上注明的材料价款 10 万元，增值税税额 1.7 万元，支付运费 1 万元（不含增值税），取得增值税专用发票。进项税额已于当月认证抵扣，假设无相关责任人赔偿。

应转出的进项税额=1.7+1×11%=1.81（万元）

企业做会计分录如下：

借：待处理财产损溢——待处理流动资产损失	128 100	
贷：原材料		110 000
应交税费——应交增值税（进项税额转出）		18 100
借：管理费用	128 100	
贷：待处理财产损溢——待处理流动资产损失		128 100

【实例 2.24】某企业为一般纳税人，2017 年 1 月购进一批货物准备用于销售，取得的增值税专用发票注明的价款 3 万元，增值税税额 0.51 万元。2017 年 2 月，企业将所购进的该批次货物全部用于职工食堂，上月购进货物的增值税专用发票尚未认证。则该企业做会计分录如下：

借：应付职工薪酬——职工福利费	35 100	
贷：库存商品		30 000
应交税费——待认证进项税额		5 100

2. 已抵扣进项税额的资产，改变用途用于不得抵扣的会计处理

原允许抵扣且已计入进项税额、待抵扣进项税额或待认证进项税额的固定资产、无形资产等，因改变用途等用于不得抵扣税额的应税项目的，应按不得抵扣的进项税额，借记“固定资产”“无形资产”等科目，贷记“应交税费——应交增值税（进项税额转出）”“应交税费——待抵扣进项税额”或“应交税费——待认证进项税额”科目。

【实例 2.25】某社会中介服务公司为增值税一般纳税人，提供职业和婚姻中介服务，其中婚姻中介服务享受免征增值税优惠政策。2016 年 5 月 1 日购进设备一台，计入固定资产，折旧

年限 5 年，预计净残值率为零。该设备兼用于上述两项服务，取得的增值税专用发票注明的价额 2 万元，已于当月认证抵扣。2016 年 12 月，公司将该设备移送至婚姻中介部门，专用于免征增值税项目。

纳税人购进的固定资产专用于免税项目，应于发生的次月计算不得抵扣的进项税额：

固定资产的净值=20 000−（20 000÷5×6/12）=18 000（元）

应转出的进项税额=18 000×17%=3 060（元）

该公司做会计分录如下：

借：固定资产　　3 060

　贷：应交税费——应交增值税（进项税额转出）　　3 060

3. 不得抵扣且未抵扣进项税额的资产，改变用途用于允许抵扣的会计处理

原不得抵扣且未抵扣进项税额的固定资产、无形资产等，因改变用途等用于允许抵扣进项税额的应税项目的，应按允许抵扣的进项税额，借记“应交税费——应交增值税（进项税额）”科目，贷记“固定资产”“无形资产”等科目。固定资产、无形资产等经上述调整后，应按调整后的账面价值在剩余尚可使用寿命内计提折旧或摊销。

【实例 2.26】某公司为增值税一般纳税人，2016 年 6 月 1 日斥资 555 万元购进一栋楼房用作职工宿舍，购进时取得增值税专用发票并已认证，但因用于集体福利故未抵扣进项税额。11 月，公司决定将该职工宿舍改建为办公楼，假设不动产净值率为 90%。

公司应于 12 月计算可抵扣的进项税额：

可抵扣的进项税额=555÷（1+11%）×11%×90%=49.5（万元）

其中 29.7 万元（49.5×60%）可在当期用于进项税额抵扣，剩余 19.8 万元（49.5×40%）转入待抵扣进项税额，可以于 2018 年 1 月抵扣进项税额。

该公司做会计分录如下：

（1）2016 年 12 月将职工宿舍改为办公楼时：

借：应交税费——应交增值税（进项税额）　　297 000

　　应交税费——待抵扣进项税额　　198 000

　贷：固定资产　　495 000

（2）2018 年 1 月抵扣进项税额时：

借：应交税费——应交增值税（进项税额）　　198 000

　贷：应交税费——待抵扣进项税额　　198 000

4. 购进时已全额抵扣进项税额的货物或服务等转用于不动产在建工程的会计处理

一般纳税人购进时已全额计提进项税额的货物或服务等转用于不动产在建工程的，对于结转以后期间的进项税额，应借记“应交税费——待抵扣进项税额”科目，贷记“应交税费——应交增值税（进项税额转出）”科目。

【实例 2.27】某公司为增值税一般纳税人，2016 年 9 月 10 日购进一批外墙瓷砖，取得的增值税专用发票上注明的瓷砖价款 100 万元，增值税税额 17 万元。公司购进该批瓷砖时准备直接用于销售，货款通过银行存款支付，本月增值税专用发票已通过认证并抵扣。11 月 20 日，公司将该批瓷砖转用于新建的综合办公大楼在建工程。

该公司 17 万元进项税额在购进的当期全额抵扣，在后期用于不动产在建工程时，6.8 万元（17×40%）进项税额应于改变用途的本期（2016 年 11 月）做进项税额转出处理，并于领用当月起第 13 个月（2017 年 11 月），再重新计入进项税额允许抵扣。

该公司做会计分录如下：

（1）2016 年 9 月 10 日购进瓷砖时：

借：原材料——外墙瓷砖　1 000 000

　　应交税费——应交增值税（进项税额）　170 000

　　贷：银行存款　1170 000

（2）2016 年 11 月 20 日瓷砖用于在建工程时：

借：在建工程——综合办公大楼　1 000 000

　　贷：原材料——外墙瓷砖　1 000 000

借：应交税费——待抵扣进项税额　68 000

　　贷：应交税费——应交增值税（进项税额转出）　68 000

（3）2017 年 11 月允许抵扣进项税额时：

借：应交税费——应交增值税（进项税额）　68 000

　　贷：应交税费——待抵扣进项税额　68 000

三、销售等业务的会计处理

（一）直接销售业务的会计处理

企业销售货物、加工修理修配劳务、服务、无形资产或不动产，应当按应收或已收的金额，借记“应收账款”“应收票据”“银行存款”等科目，按取得的收入金额，贷记“主营业务收入”“其他业务收入”“固定资产清理”“工程结算”等科目，按现行增值税制度规定计算的销项税额（或采用简易计税方法计算的应纳增值税额），贷记“应交税费——应交增值税（销项税额）”或“应交税费——简易计税”科目（小规模纳税人应贷记“应交税费——应交增值税”科目）。

【实例 2.28】某公司为增值税一般纳税人，增值税税率为 17%。生产并销售货物一批，取得不含税销售收入 500 万元，另外向购买方收取手续费 2.34 万元。该批货物成本为 240 万元。货已发出，已向购买方开具增值税专用发票，款项尚未收到。

不含税手续费=2.34÷（1+17%）=2（万元）

销项税额=500×17%+2×17%=85.34（万元）

该公司做会计分录如下：

借：应收账款　5 873 400

　　贷：主营业务收入　5 000 000

　　　　其他业务收入　20 000

　　　　应交税费——应交增值税（销项税额）　853 400

借：主营业务成本　2 400 000

　　贷：库存商品　2 400 000

【实例 2.29】某公司为增值税一般纳税人，主营钢材和商品混凝土销售业务，其中，销售钢材采用一般计税方法，销售自产商品混凝土采用简易计税方法。销售钢材取得不含税收入 700 万元，销售商品混凝土取得含税收入 309 万元。货款均已通过银行存款收讫，已开具增值税专用发票。

销售钢材销项税额=700×17%=119（万元）

销售商品混凝土不含税收入=（309）÷（1+3%）=300（万元）

销售商品混凝土应纳税额=300×3%=9（万元）

该公司做会计分录如下：

销售钢材时：

借：银行存款　　8 190 000

　　贷：主营业务收入——钢材　　7 000 000

　　　　应交税费——应交增值税（销项税额）　　1 190 000

借：银行存款　　3 090 000

　　贷：主营业务收入——商品混凝土　　3 000 000

　　　　应交税费——简易计税　　90 000

【实例 2.30】某商店为小规模纳税人，本期实现的销售收入为 41.6 万元，全部销售给消费者，所收款项全部送存银行。

不含税销售额=41.6÷（1+4%）=40（万元）

应缴纳的增值税额=40×4%=1.6（万元）

该商店做会计分录如下：

借：银行存款　　416 000

　　贷：主营业务收入　　400 000

　　　　应交税费——应交增值税　　16 000

（二）分期收款方式销售业务的会计处理

1. 普通的分期收款方式销售

有些企业为了促销，对于一些产品采用分期收款方式销售，但期限不长，金额也不是很大。此类业务实质上不具有融资性质，也就是实质上不具有融资性质的分期收款方式销售。对这类业务的会计处理，可分期确认收入和结转成本，即企业应按照合同约定的收款日期确认销售收入。同时按商品全部销售成本与全部销售收入的比率计算出本期应结转的销售成本。发出商品时，借记“发出商品”科目，贷记“库存商品”科目；按实际分次收取货款和增值税税额，借记“银行存款”等科目，贷记“主营业务收入”“应交税费——应交增值税（销项税额）”；同时结转销售成本。

【实例 2.31】某企业为增值税一般纳税人，增值税税率为 17%。采用分期收款方式向甲公司销售复印机 100 台，每台不含税售价 5 000 元，共计价款 50 万元。合同约定分 5 个月等额付款。每台复印机成本 2 500 元。则该企业做会计分录如下：

（1）发出商品时：

借：发出商品　　250 000

　　贷：库存商品　　250 000

（2）按合同规定每期收到应收货款时：

每期不含税销售额=50÷5=10（万元）

每期销项税额=10×17%=1.7（万元）

每期结转成本=0.25×100÷5=5（万元）

借：银行存款　　117 000

　　贷：主营业务收入　　100 000

　　　　应交税费——应交增值税（销项税额）　　17 000

借：主营业务成本　　50 000

　　贷：发出商品　　50 000

2. 实质上具有融资性质的分期收款方式销售

如果分期收款的期限较长，相当于为购买方提供一笔贷款，这样便构成实质上具有融资性质的分期收款方式销售。对于实质上具有融资性质的分期收款方式销售业务，会计准则要求应在销售成立时，按公允价值即分期收款总额的现值一次性确认收入金额。此时的具体会计处理为，按应收合同或协议价款借记“长期应收款”科目，按应收合同或协议价款的公允价值，贷记“主营业务收入”科目，按增值税专用发票上注明的增值税额，贷记“应交税费——应交增值税（销项税额）”科目，按其差额，贷记“未实现融资收益”；未实现融资收益按期采用实际利率法确定利息收入，借记“未实现融资收益”科目，贷记“财务费用”科目。

【实例 2.32】某公司为增值税一般纳税人，增值税税率为 17%。采用分期收款方式向 H 公司售出大型设备一套，该设备不含税总价款为 1 000 万元，成本为 600 万元。合同约定从销售当年末分 5 年分期收款，每年收款 200 万元。如果 H 公司在收到设备后一次性付款，只需支付 800 万元。未实现融资收益按实际利率法摊销（折现率为 7.93%）。则该公司做会计分录如下：

（1）实现销售时：

公司应按 800 万元确认收入实现金额，开具增值税专用发票。

销项税额=800×17%=136（万元）

未实现融资收益为 200 万元（1 000−800）。

借：长期应收款	10 000 000	
银行存款	1 360 000	
贷：主营业务收入		8 000 000
应交税费——应交增值税（销项税额）		1 360 000
未实现融资收益		2 000 000
借：主营业务成本	6 000 000	
贷：库存商品		6 000 000

（2）第一年年末收款时：

未实现融资收益摊销=800×7.93%=63.44（万元）

借：银行存款	2 000 000	
贷：长期应收款		2 000 000
借：未实现融资收益	634 400	
贷：财务费用		634 400

（三）销售退回的会计处理

企业销售货物后，由于种种原因，可能会发生全部退货、部分退货事项。按照税法规定，销货企业发生销售退回，可按如下方法进行税务处理：①企业收到购买方退回的原发票联和税款抵扣联时，可直接扣减当期销项税额；②企业在仅收到购买方退回的税款抵扣联时，可根据按规定开具红字专用发票扣减当期销项税额；③企业未能收到购买方退回的原发票联和税款抵扣联时，应在取得购买方所在地主管税务机关开具的“进货退出或索取折让证明单”后，才可根据退回货物的数量、价款或折让金额向购买方开具红字专用发票，并据此扣减当期销项税额。

综上，企业发生销售退回的，应根据上述规定开具的红字增值税专用发票做相反的会计分录。对于已经确认收入的出售商品发生销售退回的，借记“主营业务收入”“应交税费——应交增值税（销项税额）”科目，贷记“银行存款”“应收账款”“应付账款”等科目。如已经结转销售成本，同时应冲减主营业务成本，借记“库存商品”科目，贷记“主营业务成本”科目。

【实例 2.33】某公司为增值税一般纳税人，增值税税率为 17%。2017 年 1 月采用托收承付方式销售货物一批给甲企业，取得不含税收入 120 万元，该批货物成本为 80 万元。货已发出，已向对方开具增值税专用发票。假设当月该批货物因质量不符合要求，被全部退回，收到对方

转来的抵扣联和发票联，已办理货物入库手续。则该公司做会计分录如下：

（1）实现销售时：

销项税额=120×17%=20.4（万元）

借：应收账款	1 404 000	
贷：主营业务收入		1 200 000
应交税费——应交增值税（销项税额）		204 000
借：主营业务成本	800 000	
贷：库存商品		800 000

（2）发生销售退回时：

借：主营业务收入	1 200 000	
应交税费——应交增值税（销项税额）	204 000	
贷：应收账款		1 404 000
借：库存商品	800 000	
贷：主营业务成本		800 000

（四）确认收入与增值税纳税义务时间不一致的会计处理

1. 按照国家统一的会计制度确认收入或利得的时点早于按照增值税制度确认增值税纳税义务发生时点的，应将相关销项税额计入“应交税费——待转销项税额”科目，待实际发生纳税义务时再转入“应交税费——应交增值税（销项税额）”或“应交税费——简易计税”科目。

特别提示

上述情形在建筑业企业较为常见，如建筑业企业提供建筑服务完成的工程量已经业主或监理计量确认，相关债权已符合会计确认条件，但由于尚未收款或未达到合同约定的收款日期，从而导致纳税义务尚未发生，建筑业企业应按验工计价单记载的金额，借记“应收账款”科目，按未来应确认的销项税额或应纳税额，贷记“应交税费——待转销项税额”科目，按计量的不含税工程价款贷记“工程结算”科目。待实际发生纳税义务时（收款、开票、书面合同约定的收款日期较早者），按应确认的销项税额或应纳税额，借记“应交税费——待转销项税额”科目，贷记“应交税费——应交增值税（销项税额）”或“应交税费——简易计税”科目。

【实例 2.34】某建筑企业为增值税一般纳税人，2017 年 1 月 20 日业主计量甲项目（适用一般计税方法）已完工程量 5 550 万元。2 月 26 日，按照合同付款比例通过银行存款向业主收取工程款 3 330 万元，并向其开具增值税专用发票，注明金额 3 000 万元，增值税税额 330 万元。则该建筑企业做会计分录如下：

（1）1 月 20 日，凭验工计价单：

借：应收账款	55 500 000	
贷：工程结算		50 000 000
应交税费——待转销项税额		5 500 000

（2）2 月 26 日，凭银行进账单等：

借：银行存款	33 300 000	
贷：应收账款		33 300 000
借：应交税费——待转销项税额	3 300 000	
贷：应交税费——应交增值税（销项税额）		3 300 000

2. 按照增值税制度确认增值税纳税义务发生时点早于按照国家统一的会计制度确认收入或利得的时点的，应将应纳增值税额，借记“应收账款”科目，贷记“应交税费——应交增值税（销项税额）”或“应交税费——简易计税”科目，按照国家统一的会计制度确认收入或利得时，应按扣除增值税销项税额后的金额确认收入。

特别提示

根据规定，纳税人提供建筑服务、租赁服务采取预收款方式的，其纳税义务发生时间为收到预收款的当天。因此，增值税纳税义务发生时点早于会计制度确认收入或利得的时点的，主要针对纳税人提供建筑业服务和租赁服务，提前收取款项的情形。

【实例 2.35】某物业管理公司为增值税一般纳税人，2016 年 10 月出租一栋房产，适用简易计税方法计税，一次性收取一年租金 126 万元，已向租户开具增值税专用发票，注明金额 120 万元，增值税税额 6 万元。则该物业管理公司做会计分录如下：

（1）收款发生增值税纳税义务时：

借：银行存款	1 260 000	
贷：预收账款		1 260 000
借：应收账款	60 000	
贷：应交税费——简易计税		60 000

（2）按月确认收入：

不含税收收入=120÷12=10（万元）

借：预收账款	200 000	
贷：其他业务收入		200 000

（五）全面试行“营改增”前已确认收入，此后产生增值税纳税义务的会计处理

企业“营改增”前已确认收入，但因未产生营业税纳税义务而未计提营业税的，在达到增值税纳税义务时点时，企业应在确认应交增值税销项税额的同时冲减当期收入；已经计提营业税且未缴纳的，在达到增值税纳税义务时点时，应借记“应交税费——应交营业税”“应交税费——应交城市维护建设税”“应交税费——应交教育费附加”等科目，贷记“主营业务收入”等科目，并根据调整后的收入计算确定计入“应交税费——待转销项税额”科目的金额，同时冲减收入。

【实例 2.36】某企业于 2015 年 1 月 1 日将一间闲置库房对外出租，租赁期为 3 年，每月租金 5 万元，合约约定租金于每年 6 月 30 日和 12 月 31 日分两次支付。2016 年 5 月 1 日“营改增”后，该企业成为增值税一般纳税人，且对出租业务选择一般计税方法，增值税税率为 11%，在 6 月 30 日收到租金后开具了增值税专用发票。则该公司做会计分录如下：

（1）2016 年 1—4 月每月：

每月应缴纳的营业税=50 000×5%=2 500（元）（不考虑城建税、教育费附加等税费）

借：应收账款	50 000	
贷：其他业务收入		50 000
借：营业税金及附加	2 500	
贷：应交税费——应交营业税		2 500

（2）2016 年 5—6 月每月：

增值税的纳税义务发生时间为书面合同确定的付款日期，因此先计入“待转销项税额”专栏。

待转销项税额=50 000÷（1+11%）×11%=4 954.95（元）

借：应收账款　　50 000

　　贷：其他业务收入　　45 045.05

　　　　应交税费——待转销项税额　　4 954.95

（3）对 2016 年 1—4 月的账务进行调整：

应补提待转销项税额=4 954.95×4=19 819.8（元）

借：应交税费——应交营业税　　10 000

　　贷：其他业务收入　　10 000

借：其他业务收入　　19 819.8

　　贷：应交税费——待转销项税额　　19 819.8

（4）2016 年 6 月 30 日收到款项，增值税纳税义务时间发生时：

销项税额=4 954.95×6=29 729.7（元）

借：应交税费——待转销项税额　　29 729.7

　　贷：应交税费——应交增值税（销项税额）　　29 729.7

（六）特殊销售业务的会计处理

1. 采取折扣销售方式销售货物

折扣销售，关健看销售额与折扣额是否在同一张发票上注明。如果是同开具一张发票，将折扣后实际收到的现金，按商业定价扣除商业折扣后的净额进行处理。如果单独另开具一张红字发票，按售价全额计提增值税。

【实例 2.37】某大型超市为增值税一般纳税人，增值税税率为 17%。2017 年 1 月开展促销活动，以折扣销售方式出售商品一批，该商品标价 58.5 元/件，成本 20 元/件。规定在促销期内凡消费者一次购买 4 件的，按八折优惠价格成交，并将折扣部分与销售额开具在同一张发票上。月末结账前，经核算 1 月消费者一次购买 4 件的有 200 次，共出售了 800 件，钱货当时两清。

不含税销售额=58.5÷（1+17%）×800×80%=32 000（元）

销项税额=32 000×17%=5 440（元）

则该超市做会计分录如下：

借：库存现金　　37 440

　　贷：主营业务收入　　32 000

　　　　应交税费——应交增值税（销项税额）　　5 440

借：主营业务成本　　16 000

　　贷：库存商品　　16 000

若超市将折扣额与销售额分别开具在两张发票上，应售价全额计提增值税：

销项税额=58.5÷（1+17%）×800×17%=6 800（元）

做会计分录如下：

借：库存现金　　37 440

　　销售费用　　1 360

　　贷：主营业务收入　　32 000

　　　　应交税费——应交增值税（销项税额）　　6 800

借：主营业务成本　　16 000

　　贷：库存商品　　16 000

2. 采取销售折扣方式销售货物

我国目前的会计实务中，对销售折扣所采用的是总价法。总价法是将未减现金折扣前的金额作为实际售价，记作应收账款的入账余额，同时按此金额确认销售收入额。销售方给予客户的现金折扣，属于一种理财费用，会计上作为财务费用处理。

【实例 2.38】某公司为增值税一般纳税人，增值税税率为 17%。2016 年 12 月 11 日销售商品一批，取得不含税收入 50 万元，货已发出，已开具增值税专用发票。该批商品的成本为 40 万元。规定的现金折扣条件为：2/10，1/20，*n*/30，公司采用总价法核算现金折扣，12 月 15 日收回货款。

销项税额=50×17%=8.5（万元）

记入财务费用的销售折扣额=50×（1+17%）×2%=1.17（万元）

该公司做会计分录如下：

（1）12 月 11 日实现销售时：

借：应收账款	585 000	
贷：主营业务收入		500 000
应交税费——应交增值税（销项税额）		85 000
借：主营业务成本	400 000	
贷：库存商品		400 000

（2）12 月 15 日收回货款时：

借：银行存款	573 300	
财务费用	11 700	
贷：应收账款		585 000

3. 采取销售折让方式销售货物

在会计核算时，由于销售折让不具备费用的属性，因此应当将其作为收入的抵减数处理。在发生时只冲减当期销售收入，冲减销项税额，即销售折让可以从销售额中扣除。

【实例 2.39】某公司为增值税一般纳税人，增值税税率为 17%。2016 年 7 月 18 日销售商品一批，取得不含税收入 40 万元，货已发出，已开具增值税专用发票，尚未收到货款。该批商品成本为 25 万元。7 月 20 日买方收到货物后发现商品质量与合同要求不一致，要求给予价款 5%的折让，该公司同意折让，根据对方转来的销售折让证明单开出红字专用发票。7 月 22 日，收到折让的货款。

销项税额=40×17%=6.8（万元）

销售折让额=40×5%=2（万元）

冲减的销项税额=6.8×5%=0.34（万元）

该公司做会计分录如下：

（1）7 月 18 日实现销售时：

借：应收账款	468 000	
贷：主营业务收入		400 000
应交税费——应交增值税（销项税额）		68 000
借：主营业务成本	250 000	
贷：库存商品		250 000

（2）7 月 20 日发生销售折让时：

借：主营业务收入	20 000	

应交税费——应交增值税（销项税额） 3 400
贷：应收账款 23 400

（3）7 月 22 日实际收款时：

借：银行存款 444 600
贷：应收账款 444 600

4. 采取以旧换新方式销售货物

纳税人采取以旧换新方式销售货物的（金银首饰除外），应按新货物的同期销售价格确定销售额，不得冲减旧货物的收购价格。销售货物与有偿收购旧货是两项不同的业务活动，销售额与收购额不能相互抵减。

【实例 2.40】某电器城为增值税一般纳税人，增值税税率为 17%。采取以旧换新方式促销商品，销售电视机零售价 3 510 元/台，若顾客交还同品牌旧电视机作价 1 000 元，即交差价 2 510 元就可换回全新电视机。当月采用此种方式销售电视机 100 台，货款已存入银行。则该电器城做会计分录如下：

借：银行存款 251 000
库存商品——旧电视机 100 000
贷：主营业务收入 300 000
应交税费——应交增值税（销项税额） 51 000

【实例 2.41】某金银首饰零售商店为小规模纳税人，增值税征收率为 3%。2017 年 1 月销售金银首饰取得含税销售收入 72.1 万元；采取以旧换新方式销售金银首饰取得含税销售收入 31 万元，其中收回旧首饰折价 9.37 万元，实际收取款项 21.63 万元。所收款项均已存入银行。

对金银首饰以旧换新业务，按销售方实际收取的不含增值税的全部价款计算缴纳增值税：

不含税实际销售额=（72.1+21.63）÷（1+3%）=91（万元）

应缴纳增值税额=91×3%=2.73（万元）

主营业务收入=91+9.37=100.37（万元）

该商店做会计分录如下：

借：银行存款 937 300
库存商品——旧金银首饰 93 700
贷：主营业务收入——金银首饰 1 003 700
应交税费——应交增值税 27 300

5. 采取还本销售方式销售货物

从还本销售的会计处理来看，企业无论出于何种目的实施还本销售，其收入确定、成本结转及到期还本的会计处理并无多大差别，只是还本支出的承担对象因目的不同而大不相同。企业取得收入时，借记“银行存款”等科目，贷记“主营业务收入”“应交税费——应交增值税（销项税额）”科目。对于以后还本支出，要区别处理。还本销售的目的若是为了融资，则要通过“财务费用”科目核算；若是为了促销，则要通过“销售费用”科目核算。计提时借记“财务费用”或“销售费用”科目，贷记“其他应付款”科目；支付还本金时，借记“其他应付款”科目，贷记“银行存款”、“库存现金”等科目。

【实例 2.42】某企业为增值税一般纳税人，增值税税率为 17%。2017 年 2 月采用还本销售方式销售产品 100 件，每件不含税售价为 1 500 元，每件成本为 800 元。货已发出，已开具增值税专用发票。合同约定 3 年后全额一次还本。

不含税销售额=1 500×100=150 000（元）

销项税额=150 000×17%=25 500（元）

该企业做会计分录如下：

（1）实现销售时：

借：银行存款　　175 500

　　贷：主营业务收入　　150 000

　　　　应交税费——应交增值税（销项税额）　　25 500

借：主营业务成本　　80 000

　　贷：库存商品　　80 000

（2）每年预提还本支出时：

① 若还本销售以促销为目的，可比照广告费用的处理将还本支出分期计入销售费用：

借：销售费用——还本支出　　50 000

　　贷：其他应付款——还本支出　　50 000

② 若还本销售以筹资为目的，可比照借款费用资本化方法将还本支出分别不同情况计入当期费用或计入构建固定资产的成本。

如所筹资金用于投资、补充营运资金等，计入当期财务费用：

借：财务费用——还本支出　　50 000

　　贷：其他应付款——还本支出　　50 000

如所筹资金用于购建固定资产，在购建期间预提的还本支出应增加相应资产价值：

借：固定资产　　50 000

　　贷：其他应付款——还本支出　　50 000

（3）到期支付还本额时：

借：其他应付款——还本支出　　150 000

　　贷：银行存款　　150 000

特别提示

在企业会计核算实务中，采用还本销售方式销售商品有时可能促销和筹资两种目的兼而有之，此时，应如何将还本支出合理地分摊于不同的承担对象，还需要会计人员的职业判断。

6. 采取以物易物方式销售货物

采取以物易物方式销售货物在会计上按非货币性资产交换来处理，涉及的问题包括换出资产收益确认与换入资产价值的确认两方面。采取以物易物方式销售货物，换出资产为存货，应当作为销售处理，按其公允价值确认收入，同时结转相应的成本。

【实例 2.43】 A 厂和 B 厂均为增值税一般纳税人，增值税税率为 17%。A 厂以总价款 6 万元（不含增值税）的甲产品，等价兑换 B 厂乙材料一批，双方都为对方开具了增值税专用发票。甲产品总成本为 3 万元。则 A 厂做会计分录如下：

借：原材料——乙材料　　60 000

　　应交税费——应交增值税（进项税额）　　10 200

　　贷：主营业务收入　　60 000

　　　　应交税费——应交增值税（销项税额）　　10 200

借：主营业务成本　　30 000

　　贷：库存商品——甲产品　　30 000

特别提示

企业采取以物易物方式销售货物在进行会计处理时，只有得到对方开具的增值税专用发票，才能据以借记“进项税额”专栏，而不能仅据“材料入库单”自行估算进项税额；再则，对发出的产品必须按对外售价贷记“主营业务收入”，而不能直接冲减“库存商品”，漏记收入。

（七）视同销售行为的会计处理

企业发生税法上视同销售的行为，应当按照企业会计准则相关规定进行相应的会计处理，并按照现行增值税制度规定计算的销项税额（或采用简易计税方法计算的应纳增值税额），借记“应付职工薪酬”“利润分配”等科目，贷记“应交税费——应交增值税（销项税额）”或“应交税费——简易计税”科目（小规模纳税人应计入“应交税费——应交增值税”科目）。

视同销售行为的会计处理难点主要是否通过收入账户进行核算，即是否确认收入。由于在会计上存在销售收入确认的差异，可以将其分为应税销售类和会计销售类进行会计处理。根据我国现行税法和会计准则的规定，增值税视同销售行为与会计准则对比如表 2.3 所示。

表 2.3　增值税视同销售行为与会计准则的对比

视同销售行为	税法	会计准则
（1）将货物交付其他单位或者个人代销	视同销售计征销项税额	确认收入
（2）销售代销货物		确认收入
（3）设有两个以上机构并实行统一核算的纳税人，将货物从一个机构移送其他机构用于销售，但相关机构设在同一县（市）的除外		不确认收入
（4）将自产、委托加工的货物用于集体福利或者个人消费		确认收入
（5）将自产、委托加工或者购进的货物作为投资，提供给其他单位或者个体工商户		确认收入
（6）将自产、委托加工或者购进的货物分配给股东或者投资者		确认收入
（7）将自产、委托加工或者购进的货物无偿赠送其他单位或者个人		不确认收入

【实例 2.44】某公司为增值税一般纳税人，增值税税率为 17%。发生如下经济业务：

（1）将自产的一批产品无偿捐赠给福利机构，该批产品对外不含税售价为 20 万元，产品成本为 15 万元。则该公司做会计分录如下：

销项税额=20×17%=3.4（万元）

借：营业外支出　　184 000

　　贷：库存商品　　150 000

　　　　应交税费——应交增值税（销项税额）　　34 000

（2）将自产一批产品分配给股东，该批产品对外不含税售价为 12 万元，成本为 7 万元。则该公司做会计分录如下：

销项税额=12×17%=2.04（万元）

借：利润分配——应付股利　　140 400

　　贷：主营业务收入　　120 000

　　　　应交税费——应交增值税（销项税额）　　20 400

借：主营业务成本　　70 000

　　贷：库存商品　　70 000

（3）将自产一批产品对外投资，该批产品对外不含税售价为 50 万元，成本为 32 万元。则

该公司做会计分录如下：

销项税额=50×17%=8.5（万元）

借：长期股权投资　　585 000

　　贷：主营业务收入　　500 000

　　　　应交税费——应交增值税（销项税额）　　85 000

借：主营业务成本　　320 000

　　贷：库存商品　　320 000

（4）将自产一批新产品作为福利发放给职工，产品成本 8 万元，无同类产品对外售价，成本利润率为 10%。则该公司做会计分录如下：

组成计税价格=8×（1+10%）=8.8（万元）

销项税额=8.8×17%=1.496（万元）

借：应付职工薪酬——非货币性福利　　102 960

　　贷：主营业务收入　　88 000

　　　　应交税费——应交增值税（销项税额）　　14 960

借：主营业务成本　　80 000

　　贷：库存商品　　80 000

（八）出租、出借包装物的会计处理

企业在发出包装物时，应根据发出包装物的不同用途分别进行账务处理：

出租的包装物，收到出租包装物的租金，借记“银行存款”等科目，贷记“其他业务收入”“应交税费——应交增值税（销项税额）”科目。

出借的包装物，收到出借包装物的押金，借记“银行存款”等科目，贷记“其他应付款”科目；规定的期限内，退回押金做相反会计分录。对于逾期未退还包装物而没收的押金，借记“其他应付款”科目，贷记“其他业务收入”“应交税费——应交增值税（销项税额）”科目。

对于已经随同商品出售的包装物又另外加收押金，逾期未退还包装物没收而加收的押金，应转作营业外收入处理，借记“其他应付款”科目，按应交的增值税等税费，贷记“应交税费——应交增值税（销项税额）”科目，按其差额，贷记“营业外收入”科目。

【实例 2.45】某企业为增值税一般纳税人，增值税税率为 17%。从仓库中发出新包装物一批（随同出售的产品发出），出租给购货单位。收到包装物租金 2 340 元，划入银行存款。

包装物租金不含税收入=2 340÷（1+17%）=2 000（元）

销项税额=2 000×17%=340（元）

则该企业做会计分录如下：

借：银行存款　　2 340

　　贷：其他业务收入　　2 000

　　　　应交税费——应交增值税（销项税额）　　340

接上例，若改为出借包装物，收取包装物押金 2 340 元，存入银行存款。则该企业做会计分录如下：

（1）收取包装物押金时：

借：银行存款　　2 340

　　贷：其他应付款　　2 340

（2）退换包装物时：

借：其他应付款　　2 340

贷：银行存款　2 340

（3）若包装物逾期为退换没收押金时：

借：其他应付款　2 340

贷：其他业务收入　2 000

应交税费——应交增值税（销项税额）　340

接上例，若包装物已随同商品作价出售，又另外收取包装物押金 2 340 元，逾期未退还没收包装物押金时，企业做会计分录如下：

借：其他应付款　2 340

贷：营业外收入　2 000

应交税费——应交增值税（销项税额）　340

（九）销售使用过的固定资产的会计处理

不同身份的纳税人销售使用过的固定资产，增值税征税方法不同，其会计处理也存在区别。其中，一般纳税人销售已使用固定资产按照适用税率征收增值税的，以及小规模纳税人销售已使用固定资产应交增值税的，会计处理与销售一般货物的处理相同。一般纳税人应通过"应交税费——应交增值税（销项税额）"科目核算，小规模纳税人应通过"应交税费——应交增值税"科目核算。一般纳税人销售使用过的固定资产按简易办法征收时，实际缴纳的增值税应通过"应交税费——未交增值税"科目核算。

【实例 2.46】某企业为增值税一般纳税人，2017 年 1 月出售于 2012 年 5 月购买的某设备一台。该设备用于生产一种免征增值税的产品，购买时未抵扣进项税额。设备原值 30 万元，已计提折旧 15 万元，售价 8.24 万元，款项存入银行。税法规定按照 3%的征收率简易征收，可以享受减按 2%征收的优惠政策。

（1）出售设备转入固定资产清理时：

借：固定资产清理　150 000

累计折旧　150 000

贷：固定资产——某设备　300 000

（2）收到出售设备价款时：

借：银行存款　82 400

贷：固定资产清理　82 400

（3）计提增值税时：

实际缴纳的增值税额=82 400÷（1+3%）×2%=1600（元）

借 固定资产清理　1 600

贷：应交税费——未交增值税　1 600

（4）结转固定资产清理时：

借：营业外支出　69 200

贷：固定资产清理　69 200

四、差额征税的会计处理

（一）企业发生相关成本费用允许扣减销售额的会计处理

按现行增值税制度规定，企业发生相关成本费用允许扣减销售额的，发生成本费用时，按应付或实际支付的金额，借记"主营业务成本""存货""工程施工"等科目，贷记"应付账款""应付票据”“银行存款”等科目。待取得合规增值税扣税凭证且纳税义务发生时，按照允许抵扣的税额，借记“应交税费——应交增值税（销项税额抵减）”或“应交税费——简易计税”科目（小规模纳税人应借记“应交税费——应交增值税”科目），贷记“主营业务成本”“存货”“工程施工”等科目。

【实例 2.47】某旅行社为增值税一般纳税人，增值税税率为 6%。2017 年 2 月共取得旅游收入 63.6 万元（含增值税），其中包含向其他单位支付的住宿费、餐饮费、交通等各种费用共计 31.8 万元，上述款项均通过银行存款收付讫。则该旅行社做会计分录如下：

（1）取得收入时：

不含税收入额=63.6÷（1+6%）=60（万元）

销项税额=60×6%=3.6（万元）

借：银行存款　　636 000

　　贷：主营业务收入　　600 000

　　　　应交税费——应交增值税（销项税额）　　36 000

（2）支付费用时：

允许抵减的销项税额=31.8÷（1+6%）×6%=1.8（万元）

借：主营业务成本　　318 000

　　贷：银行存款　　318 000

借：应交税费——应交增值税（销项税额抵减）　　18 000

　　贷：主营业务成本　　18 000

（二）金融商品转让按规定以盈亏相抵后的余额作为销售额的会计处理

金融商品实际转让月末，如产生转让收益，则按应纳税额借记“投资收益”等科目，贷记“应交税费——转让金融商品应交增值税”科目；如产生转让损失，则按可结转下月抵扣税额，借记“应交税费——转让金融商品应交增值税”科目，贷记“投资收益”等科目。缴纳增值税时，应借记“应交税费——转让金融商品应交增值税”科目，贷记“银行存款”科目。年末，“应交税费——转让金融商品应交增值税”科目如有借方余额，则借记“投资收益”等科目，贷记“应交税费——转让金融商品应交增值税”科目。

【实例 2.48】某投资有限公司主要从事金融投资业务，为增值税一般纳税人，增值税适用税率为 6%。2016 年 9 月投资购入某金融商品，买入价为 210 万元（不含税），2016 年 12 月转让该项金融商品，取得转让收入 230 万元（不含增值税），不考虑其他相关费用。则该公司做会计分录如下：

（1）金融商品实际转让时：

转让收益=230−210=20（万元）

应缴纳的增值税额=20×6%=1.2（万元）

借：投资收益　　12 000

　　贷：应交税费——转让金融商品应交增值税　　12 000

（2）实际缴纳增值税时：

借：应交税费——转让金融商品应交增值税　　12 000

　　贷：银行存款　　12 000

接上例，若转让时取得转让收入 200 万元（不含增值税），则产生转让损失：

转让损失=210−200=10（万元）

结转下月抵扣税额=10×6%=0.6（万元）

公司做会计分录如下：

借：应交税费——转让金融商品应交增值税　　6 000

　贷：投资收益　　6 000

五、出口退税的会计处理

为核算纳税人出口货物应收取的出口退税款，设置"应收出口退税款"科目，该科目借方反映销售出口货物按规定向税务机关申报应退回的增值税、消费税等，贷方反映实际收到的出口货物应退回的增值税、消费税等。期末借方余额，反映尚未收到的应退税额。

实行"免、抵、退"办法的一般纳税人出口货物，在货物出口销售后结转产品销售成本时，按规定计算的退税额低于购进时取得的增值税专用发票上的增值税额的差额，借记"主营业务成本"科目，贷记"应交税费——应交增值税（进项税额转出）"科目；按规定计算的当期出口货物的进项税抵减内销产品的应纳税额，借记"应交税费——应交增值税（出口抵减内销产品应纳税额）"科目，贷记"应交税费——应交增值税（出口退税）"科目。在规定期限内，内销产品的应纳税额不足以抵减出口货物的进项税额，不足部分按有关税法规定给予退税的，应在实际收到退税款时，借记"银行存款"科目，贷记"应交税费——应交增值税（出口退税）"科目。

【实例 2.49】某自营出口生产企业为增值税一般纳税人，增值税税率为 17%，退税率 13%。2017 年 1—2 月有关业务资料如下：

（1）1 月，期初增值税留抵税额 5 万元，外购原材料等货物一批，取得的增值税专用发票上注明的价款 800 万元，增值税税额 136 万元，增值税专用发票已认证且符合抵扣条件；内销产品取得不含税销售额 300 万元；出口销售货物的离岸价折合人民币 500 万元。

（2）2 月，购进免税进口料件一批，组成计税价格为 200 万元，料件已验收入库；出口货物的离岸价折合人民币 300 万元；本月无内销产品。

则该生产企业 1 月做会计分录如下：

（1）外购原材料时：

借：原材料　　8 000 000

　应交税费——应交增值税（进项税额）　　1 360 000

　贷：银行存款　　9 360 000

（2）内销产品时：

借：银行存款　　3 510 000

　贷：主营业务收入　　3 000 000

　　应交税费——应交增值税（销项税额）　　510 000

（3）出口产品时：

借：银行存款　　5 000 000

　贷：主营业务收入　　5 000 000

（4）计算本月"免、抵、退"税额：

不得免征和抵扣税额=500×（17%-13%）=20（万元）

借：主营业务成本　　2 000 00

　贷：应交税费——应交增值税（进项税额转出）　　200 000

应纳税额=51-（136-20）-5=-70（万元），为本月留抵税额

"免、抵、退"税额=500×13%=65（万元）

期末留抵税额 70 万元 > "免、抵、退"税额=65 万元

应退税额=65 万元

免抵税额=0

期末留抵税额=70-65=5（万元）

借：应收出口退税款　　650 000

　　贷：应交税费——应交增值税（出口退税）　　650 000

借：应交税费——未交增值税　　50 000

　　贷：应交税费——应交增值税（转出多交增值税）　　50 000

企业 2 月做会计分录如下：

（1）购进免税原材料时：

借：原材料　　2 000 000

　　贷：银行存款　　2 000 000

（2）出口产品时：

借：银行存款　　6 000 000

　　贷：主营业务收入　　6 000 000

（3）计算本月“免、抵、退”税额：

不得免征和抵扣税额抵减额=200×（17%-13%）=8（万元）

不得免征和抵扣税额=300×（17%-13%）-8=4（万元）

借：主营业务成本　　40 000

　　贷：应交税费——应交增值税（进项税额转出）　　40 000

应纳税额=0-（0-4）-5=-1（万元），为本月留抵税额

“免、抵、退”税额抵减额=200×13%=26（万元）

“免、抵、退”税额=300×13%-26=13（万元）

期末留抵税额 1 万元<“免、抵、退”税额 13 万元

应退税额=1 万元

免抵税额=13-1=12（万元）

借：应收出口退税款　　10 000

　　应交税费——应交增值税（出口抵减内销产品应纳税额）　　120 000

　　贷：应交税费——应交增值税（出口退税）　　130 000

借：应交税费——应交增值税（转出未交增值税）　　50 000

　　贷：应交税费——未交增值税　　50 000

特别提示

通过上述实例可以看出，对照“免、抵、退”税的计算方法，“应收出口退税款”科目核算的是企业真正的应退税额，“出口抵减内销产品应纳税额”专栏核算的是免抵税额，“出口退税”专栏核算的是按照退税率计算的“免、抵、退”税额，而不得免征和抵扣税额要记入“应交税费——应交增值税（进项税额转出）”科目贷方。

六、月末转出多交增值税和未交增值税的会计处理

月度终了，企业应当将当月应交未交或多交的增值税自“应交增值税”明细科目转入“未

交增值税”明细科目。对于当月应交未交的增值税，借记“应交税费——应交增值税（转出未交增值税）”科目，贷记“应交税费——未交增值税”科目；对于当月多交的增值税，借记“应交税费——未交增值税”科目，贷记“应交税费——应交增值税（转出多交增值税）”科目。

【实例 2.50】某公司为增值税一般纳税人，本月发生的增值税销项税额为 120 万元，进项税额为 90 万元，月末公司有应交未交的增值税 30 万元。则公司做会计分录如下：

借：应交税费——应交增值税（转出未交增值税）　　300 000

　　贷：应交税费——未交增值税　　300 000

若公司本月已经缴纳增值税 40 万元，通过“应交税费——应交增值税（已交税金）”科目核算，月末公司有多交的增值税 10 万元，则公司做会计分录如下：

借：应交税费——未交增值税　　100 000

　　贷：应交税费——应交增值税（转出多交增值税）　　100 000

七、缴纳增值税的会计处理

（一）缴纳当月应交增值税的会计处理

企业缴纳当月应交的增值税，借记“应交税费——应交增值税（已交税金）”科目（小规模纳税人应借记“应交税费——应交增值税”科目），贷记“银行存款”科目。

（二）缴纳以前期间未交增值税的会计处理

企业缴纳以前期间未交的增值税，借记“应交税费——未交增值税”科目，贷记“银行存款”科目。

【实例 2.51】某企业为增值税一般纳税人，该企业增值税的纳税期限为 10 日。2017 年 2 月 6 日，用银行存款结清上月增值税税款 5 万元。2 月 13 日，缴纳本月 1—10 日纳税期内的增值税 2 万元，则该企业做会计分录如下：

（1）缴纳上月税款时：

借：应交税费——未交增值税　　50 000

　　贷：银行存款　　50 000

（2）缴纳本纳税期税款时：

借：应交税费——应交增值税（已交税金）　　20 000

　　贷：银行存款　　20 000

（三）预缴增值税的会计处理

企业预缴增值税时，借记“应交税费——预交增值税”科目，贷记“银行存款”科目。月末，企业应将“预交增值税”科目余额转入“未交增值税”科目，借记“应交税费——未交增值税”科目，贷记“应交税费——预交增值税”科目。房地产开发企业等在预缴增值税后，应直至纳税义务发生时方可从“应交税费——预交增值税”科目结转至“应交税费——未交增值税”科目。

【实例 2.52】某房地产开发公司为增值税一般纳税人，2016 年 10 月开发 A 新项目，采用一般计税方法。A 项目预收房款 5 550 万元，向主管国税机关预缴增值税 550 万元。则该公司做会计分录如下：

（1）预缴税款时：

借：应交税费——预交增值税　　5 500 000

贷：银行存款　　　　5 500 000

（2）月末结转税款时：

借：应交税费——未交增值税　　　　5 500 000

贷：应交税费——预交增值税　　　　5 500 000

知识链接

“已交税金”和“预交增值税”的区别

一般来说，以月或者季度之外（主要是指 1 日、3 日、5 日、10 日、15 日）的期限为增值税纳税期限的，自期满之日起预缴税款，按照规定，此类纳税人应将预缴的税款通过“应交税费——应交增值税（已交税金）”核算。而异地提供建筑服务、房地产开发等其他预缴情形，通过“应交税费——预交增值税”科目核算。

（四）减免增值税的会计处理

对于当期直接减免的增值税，借记“应交税费——应交增值税（减免税款）”科目，贷记损益类相关科目。

按现行增值税制度规定，企业初次购买增值税税控系统专用设备支付的费用以及缴纳的技术维护费允许在增值税应纳税额中全额抵减的，按规定抵减的增值税应纳税额，借记“应交税费——应交增值税（减免税款）”科目（小规模纳税人应借记“应交税费——应交增值税”科目），贷记“管理费用”等科目。

【实例 2.53】某货运公司为增值税一般纳税人，增值税税率为 11%。取得运费收入 222 万元（含增值税），当月成本费用支出 130 万元，其中符合抵扣条件的进项税额 30 万元。当年新招用失业人员 10 人，经税务机关依法确认定额扣减增值税 5 万元。则该公司做会计分录如下：

（1）实现收入时：

不含税收入=222÷（1+11%）=200（万元）

销项税额=200×11%=22（万元）

借：银行存款　　　　2 220 000

贷：主营业务收入　　　　2 000 000

应交税费——应交增值税（销项税额）　　　　220 000

（2）支出成本费用时：

借：主营业务成本　　　　1 000 000

应交税费——应交增值税（进项税额）　　　　300 000

贷：银行存款　　　　1 300 000

（3）减免增值税款时：

借：应交税费——应交增值税（减免税款）　　　　50 000

贷：营业外收入——补贴收入　　　　50 000

【实例 2.54】某公司经当地国税机关批准，被认定为增值税一般纳税人。首次购入金税卡、IC 卡、读卡器（或金税盘）和报税盘等增值税税控系统设备，共支付款项价税合计 1 500 元，销售方已按规定开具了增值税专用发票。同时支付当年增值税税控系统专用设备技术维护费价税合计 500 元，也按规定从服务方取得了增值税专用发票。当月两项合计抵减当月增值税应纳税额 2 000 元。以上款项均以银行存款支付。则该公司做会计分录如下：

（1）首次购入增值税税控系统专用设备时：

借：固定资产——税控设备　　1 500

　　贷：银行存款　　1 500

（2）发生防伪税控系统专用设备技术维护费时：

借：管理费用　　500

　　贷：银行存款　　500

（3）抵减当月增值税应纳税额：

借：应交税费——应交增值税（减免税款）　　2 000

　　贷：管理费用　　500

　　　　递延收益　　1 500

八、增值税期末留抵税额的会计处理

纳入"营改增"试点当月月初，原增值税一般纳税人应按不得从销售服务、无形资产或不动产的销项税额中抵扣的增值税留抵税额，借记"应交税费——增值税留抵税额"科目，贷记"应交税费——应交增值税（进项税额转出）"科目。待以后期间允许抵扣时，按允许抵扣的金额，借记"应交税费——应交增值税（进项税额）"科目，贷记"应交税费——增值税留抵税额"科目。

【实例 2.55】某企业为增值税一般纳税人，截至 2016 年 4 月 30 日期末留抵税额 10 万元。2016 年 5 月，发生适用 17%税率的应税货物销项税额 20 万元，发生适用 11%税率的应税服务销项税额 30 万元，本月共发生进项税额 30 万元。

增值税应纳税额=（20+30）−30=20（万元）

应税货物销项税额的比例=20÷（20+30）×100%=40%

应税货物的增值税应纳税额=20×40%=8（万元）

8 万元<上期期末留抵税额 10 万元，所以 5 月允许抵扣的税额为 8 万元

5 月扣除允许抵扣的留抵税额后，增值税应纳税额=20−8=12（万元）

月末尚未抵扣完的挂账留抵税额 2 万元（10−8），可以结转至下期继续在应税货物的销项税额中抵扣。

该企业做会计分录如下：

（1）月初将上月留抵税额挂账：

借：应交税费——增值税留抵税额　　100 000

　　贷：应交税费——应交增值税（进项税额转出）　　100 000

（2）本月允许抵扣的进项税额：

借：应交税费——应交增值税（进项税额）　　80 000

　　贷：应交税费——增值税留抵税额　　80 000

本章小结

增值税是以商品或劳务在流转过程中产生的增值额作为计税依据而征收的一种流转税。自 2016 年 5 月 1 日起，我国全面推开"营改增"试点工作，将建筑业、房地产业、金融业、生活服务业纳入试点范围。自此，

营业税完成了历史使命，建立了比较完整的增值税制度。

增值税一般计税方法采用购进扣税法，即先按当期销售额和适用税率计算出销项税额，然后对当期购进项目向对方支付的税款进行抵扣，从而间接计算出对当期增值额部分的应纳税额。

增值税一般纳税人应当在“应交税费”科目下设置“应交增值税”“未交增值税”“预交增值税”“待抵扣进项税额”“待认证进项税额”“待转销项税额”“增值税留抵税额”“简易计税”“转让金融商品应交增值税”“代扣代交增值税”等明细科目。

练习题

一、单项选择题

1. 某企业为增值税一般纳税人，销售货物一批，开具的增值税专用发票上注明的价款 6 000 元，另外收取包装费 351 元，则该企业发生的销项税额为（　　）元。

A. 51　　B. 1 020　　C. 1 071　　D. 1 080

2. 根据《中华人民共和国增值税暂行条例》(2016 年修订版）及《中华人民共和国增值税暂行条例实施细则》(2016）的规定，不得从销项税额中抵扣进项税额的是（　　)。

A. 购进的货物发生非正常损失　　B. 购进的货物用于对外投资

C. 购进的货物分配给股东　　D. 购进的货物无偿赠送给他人

3. 增值税一般纳税人在一般计税方法下按差额征税项目时，因扣减销售额而减少的销项税额应计入“应交税费——应交增值税”科目下的（　　）专栏。

A. 销项税额　　B. 销项税额抵减

C. 进项税额　　D. 转出多交增值税

4. 一般纳税人自 2016 年 5 月 1 日后取得并按固定资产核算的不动产或者 2016 年 5 月 1 日后取得的不动产在建工程，按现行增值税制度规定准予以后期间从销项税额中抵扣的进项税额，应计入（　　）科目。

A. 应交税费——待抵扣进项税额　　B. 应交税费——待认证进项税额

C. 应交税费——待转销项税额　　D. 应交税费——预交增值税

5. 根据我国会计准则的规定，企业发生下列的视同销售行为，可按成本进行结转的是（　　)。

A. 将自产的货物无偿赠送给他人　　B. 将自产的货物用作对外投资

C. 将自产的货物分配给股东　　D. 将自产的货物用于集体福利

二、多项选择题

1. 下列应税行为中，（　　）适用 6%的增值税税率。

A. 有形动产融资租赁业务　　B. 广播影视服务

C. 文化体育服务　　D. 销售不动产

2.《增值税暂行条例》规定，对视同销售行为销售额的确定，税务机关可以按下列（　　）顺序确定。

A. 纳税人最近时期同类货物的最高销售价格

B. 纳税人最近时期同类货物的平均销售价格

C. 其他纳税人最近时期同类货物的平均销售价格

D. 组成计税价格

3. 某企业为增值税一般纳税人，购买材料一批，取得的增值税专用发票上注明的材料价款 30 万元，增值税税额 5.1 万元，货款已通过银行存款支付，材料验收入库。经税务机关认定，该批材料用于免征增值税项目。则该企业应做的会计分录正确的有（　　）。

A. 借：原材料　300 000
　　应交税费——待认证进项税额　51 000
　　贷：银行存款　351 000

B. 借：原材料　300 000
　　应交税费——应交增值税（进项税额）　51 000
　　贷：银行存款　351 000

C. 借：应交税费——应交增值税（进项税额）　51 000
　　贷：应交税费——待认证进项税额　51 000

D. 借：原材料　51 000
　　贷：应交税费——应交增值税（进项税额转出）　51 000

4. 不同的纳税人销售使用过的固定资产的会计处理，会涉及（　　）科目。

A. 应交税费——应交增值税（销项税额）　B. 应交税费——应交增值税

C. 应交税费——简易计税　D. 应交税费——未交增值税

5. 关于金融商品转让差额征税的会计处理，下列说法中正确的有（　　）。

A. 金融商品实际转让月末，如产生转让收益，则按应纳税额借记“投资收益”等科目，贷记“应交税费——转让金融商品应交增值税”科目

B. 金融商品实际转让月末，如产生转让损失，则按可结转下月抵扣税额，借记“应交税费——转让金融商品应交增值税”科目，贷记“投资收益”等科目。

C. 缴纳增值税时，应借记“应交税费——转让金融商品应交增值税”科目，贷记“银行存款”科目。

D. 年末，“应交税费——转让金融商品应交增值税”科目有借方余额，应转入“投资收益”科目

三、计算题

1. 某服装厂为增值税一般纳税人，增值税税率为17%。2017年3月发生以下经济业务：

（1）外购布料一批，取得的增值税专用发票上注明的价款100万元，增值税税额17万元；支付运输企业不含税运输费用2万元，取得增值税专用发票。企业将该批布料的10%发给职工做福利，其余用于生产服装。

（2）从某小规模纳税人处购进2万元生产用标签，取得普通发票。

（3）进口一批布料，关税完税价格200万元，假设关税税率为10%。

（4）当月销售服装取得不含税销售收入600万元，已开具增值税专用发票。

（5）将专门生产的一批服装赠送给希望工程，该批服装成本为50万元，没有同类货物市场销售价格，成本利润率为10%。

（6）当月将本企业销售使用过的2007年购入的一台设备销售，该设备购入时不得抵扣且未抵扣进项税额，取得含税销售收入20万元。

计算该企业2017年3月应缴纳的增值税。

2. 某自营出口的生产企业为增值税一般纳税人，增值税税率为17%，出口退税率为13%。2017年3月发生如下经济业务：购进原材料一批，取得的增值税专用发票上注明的材料价款为500万元，增值税税额85万元，增值税专用发票已认证符合抵扣条件；上月月末留抵税额8万元；本月内销货物取得不含税销售额300万元，已开具增值税专用发票；本月出口货物离岸折合人民币400万元。计算该企业当期的“免、抵、退”税额。

四、实训题

某建筑业一般纳税人2017年3月发生以及经济业务（各款项均通过银行存款收付）：

（1）提供A项目建筑服务，选择一般计税方法，取得不含税收入333万元，已开具增值税专用发票。

（2）跨县承包B项目建筑劳务合同价值300万元，分包给乙公司94万元，该项目选择按简易计税方法，项目完工结算。

（3）销售2016年4月30日前取得的D不动产一套，金额为105万元。

（4）支付公司管理部门电费5.85万元（含增值税），取得增值税专用发票。

（5）购买办公用房一套，取得的增值税专用发票上注明的价款100万元，增值税税额11万元。

（6）购买建筑钢材一批，取得的增值税专用发票上注明的价款50万元，增值税税额8.5万元。其中60%用于一般计税建筑A项目，40%用于简易计税B项目。

根据上述资料，逐笔编制增值税相关会计分录，并做月末结转增值税以及次月纳税申报的会计分录。

五、拓展阅读指南

1.《中华人民共和国增值税暂行条例》（2016年修订版）

2.《中华人民共和国增值税暂行条例实施细则》（2016年）

3.《关于全面推开营业税改征增值税试点的通知》

4.《增值税会计处理规定》

第三章　消费税会计

【学习目标】

了解消费税的特点和作用；熟记消费税的征税范围、税目税率设置等计税原理；掌握消费税的计征方法和应纳税额计算；掌握消费税的会计科目设置，并能运用相关会计科目对销售、自产自用以及委托加工等应税消费品业务进行会计处理。

引导案例

委托加工收回后的应税消费品的不同用途

对于企业来说，由于各方面的局限，很多企业选择委托加工来生产应税消费品，其核算是税务会计学习中的一个难点内容。一般来说，委托加工收回后的应税消费品有三种用途：①连续用于生产应税消费品；②收回后直接销售；③收回后加价销售。例如某首饰厂委托其他首饰厂加工珍珠1 000颗，收回之后的业务如图3.1所示。

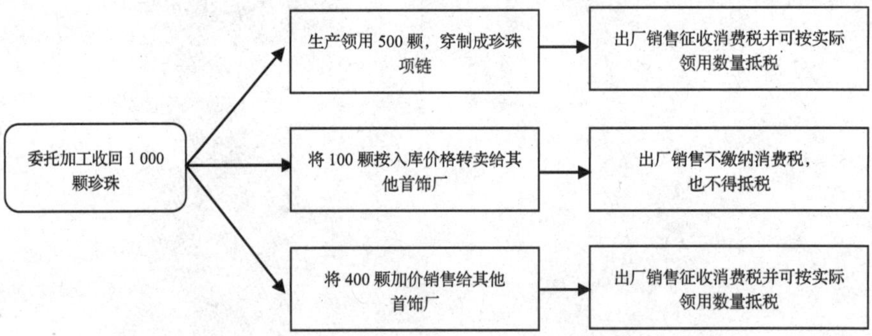

图3.1　委托加工收回应税消费品的不同用途

相应地，在进行相关会计处理时，首先要分清相关业务是否是税法中所界定的委托加工业务，如何进行消费税的计算，然后再根据委托加工的应税消费品收回后的具体用途来确定如何进行会计处理。

启发思考

1. 消费税的计税方法对其会计处理有什么影响？
2. 对上述三种不同业务，纳税人应如何进行正确区分以及进行会计核算？

第一节　消费税的计税原理

一、消费税概述

消费税是以消费品和特定消费行为按消费额作为征税对象的各种税收的统称。消费税是政府向消费品征收的税收，可以向生产商、批发商、零售商或个人征收。消费税是典型的间接税，税收随消费品价格转嫁给消费者负担，消费者是实际的负税人。

二、消费税的纳税人

在中华人民共和国境内生产、委托加工和进口应当缴纳消费税的消费品的单位和个人，为消费税的纳税人。

委托加工的应税消费品，除受托方为个人外，由受托方在向委托方交货时代收代缴税款，即受托方为消费税的代收代缴义务人。

三、消费税的税目和税率

自 2006 年起，我国对消费税的税目税率做过多次重大调整，主要包括取消了护肤护发品、酒精、汽车轮胎等税目或子目；增加了高尔夫球及球具、高档手表、游艇、木制一次性筷子、实木地板等税目；调整成品油中的汽油子目；多次上调成品油单位税额等。2016 年又增加了电池、涂料两个税目，适用税率为 4%；取消化妆品税目，增加高档化妆品税目，并将税率由 30%下调至 15%。

近期调整的具体情况可参见以下两个由财政部和国家税务总局联合下发的通知：《关于调整化妆品消费税政策的通知》《关于对电池、涂料征收消费税的通知》。

经过多次调整，目前我国消费税共设置 15 个税目，若干个子目。不同税目采用不同的税率形式，主要包括从价比例税率、从量定额税率及复合计税三种形式。消费税税目税率的具体情况见表 3.1。

表 3.1 消费税税目税率表

税目	税率
一、烟	
1. 卷烟	
（1）甲类卷烟	56%加 0.003 元/支
（2）乙类卷烟	36%加 0.003 元/支
（3）商业批发	11%
2. 雪茄烟	36%
3. 烟丝	30%
二、酒	
1. 白酒	20%加 0.5 元/500 克（或者 500 毫升）
2. 黄酒	240 元/吨
3. 啤酒	
（1）甲类啤酒	250 元/吨
（2）乙类啤酒	220 元/吨
4. 其他酒	10%
三、高档化妆品	15%
四、贵重首饰及珠宝玉石	
1. 金银首饰、铂金首饰和钻石及钻石饰品	5%
2. 其他贵重首饰和珠宝玉石	10%
五、鞭炮、焰火	15%

续表

税目	税率
六、成品油	
1．汽油	1.52 元/升
2．柴油	1.20 元/升
3．航空煤油	1.20 元/升
4．石脑油	1.52 元/升
5．溶剂油	1.52 元/升
6．润滑油	1.52 元/升
7．燃料油	1.20 元/升
七、摩托车	
1．气缸容量（排气量，下同）在 250 毫升（含 250 毫升）以下的	3%
2．气缸容量在 250 毫升以上的	10%
八、小汽车	
1．乘用车	
（1）气缸容量（排气量，下同）在 1.0 升（含 1.0 升）以下的	1%
（2）气缸容量在 1.0 升以上至 1.5 升（含 1.5 升）的	3%
（3）气缸容量在 1.5 升以上至 2.0 升（含 2.0 升）的	5%
（4）气缸容量在 2.0 升以上至 2.5 升（含 2.5 升）的	9%
（5）气缸容量在 2.5 升以上至 3.0 升（含 3.0 升）的	12%
（6）气缸容量在 3.0 升以上至 4.0 升（含 4.0 升）的	25%
（7）气缸容量在 4.0 升以上的	40%
2．中轻型商用客车	5%
九、高尔夫球及球具	10%
十、高档手表	20%
十一、游艇	10%
十二、木制一次性筷子	5%
十三、实木地板	5%
十四、铅蓄电池	4%
无汞原电池、金属氢化物镍蓄电池、锂原电池、锂离子蓄电池、太阳能电池、燃料电池和全钒液流电池	免征
十五、涂料	4%
施工状态下挥发性有机物（Volatile Organic Compounds，VOC）含量低于 420 克/升（含）	免征

注：卷烟每标准条调拨价格在 70 元（含 70 元，不含增值税）以上的为甲类卷烟，低于此价格的为乙类卷烟；卷烟 1 标准条=200 支，1 标准箱=250 标准条。卷烟除在生产环节征收消费税外，在批发环节加征一道 11%的消费税。

啤酒每吨出厂价（含包装物及包装物押金）在 3 000 元（含 3 000 元，不含增值税）以上的为甲类啤酒，低于此价格的为乙类啤酒。

金银首饰在零售环节按 5%的税率征收消费税。

四、消费税的纳税义务发生时间

（1）纳税人销售应税消费品的，按不同的销售结算方式分别为：

① 采取赊销和分期收款结算方式的，为书面合同约定的收款日期的当天，书面合同没有约定收款日期或者无书面合同的，为发出应税消费品的当天。

② 采取预收货款结算方式的，为发出应税消费品的当天。

③ 采取托收承付和委托银行收款方式的，为发出应税消费品并办妥托收手续的当天。

④ 采取其他结算方式的，为收讫销售款或者取得索取销售款凭据的当天。

（2）纳税人自产自用应税消费品的，为移送使用的当天。

（3）纳税人委托加工应税消费品的，为纳税人提货的当天。

（4）纳税人进口应税消费品的，为报关进口的当天。

第二节　消费税的计算

一、销售应税消费品应缴纳的消费税

消费税实行从价定率、从量定额或复合计税的办法计算应纳税额。应纳税额的计算公式如下：

实行从价定率办法计算的应纳税额=销售额×比例税率

实行从量定额办法计算的应纳税额=销售数量×定额税率

实行复合计税办法计算的应纳税额=销售额×比例税率+销售数量×定额税率

（一）销售额的确定

销售额为纳税人销售应税消费品向购买方收取的全部价款和价外费用。销售额不包括应向购货方收取的增值税税款。如果纳税人应税消费品的销售额中未扣除增值税税款或者因不得开具增值税专用发票而发生价款和增值税税款合并收取的，在计算消费税时，应当换算为不含增值税税款的销售额。其换算公式为：

应税消费品的销售额=含增值税的销售额÷（1＋增值税税率或者征收率）

特别提示

从上述公式可以看出，如果是应税消费税品，那么征收消费税和增值税的计税依据是相同的，都是不包含增值税但包含消费税的销售额。

（二）销售数量的确定

销售数量是指纳税人生产、加工和进口应税消费品的数量。具体规定为：

（1）销售应税消费品的，为应税消费品的销售数量。

（2）自产自用应税消费品的，为应税消费品的移送使用数量。

（3）委托加工应税消费品的，为纳税人收回的应税消费品数量。

（4）进口的应税消费品，为海关核定的征税数量。

【实例 3.1】某高尔夫球及球具生产企业销售高尔夫球杆一批，实现不含税销售收入 500 万元。计算该企业应缴纳的消费税。

应缴纳的消费税=500×10%=50（万元）

【实例 3.2】某啤酒厂销售啤酒 100 吨，每吨出厂价格为 2 500 元（不含增值税）。计算该啤酒厂应缴纳的消费税。

应缴纳的消费税=220×100=22 000（元）

【实例 3.3】某卷烟厂销售卷烟 30 个标准箱（250 标准条/标准箱，200 支/标准条），每标准条调拨价格为 80 元（不含增值税）。计算该卷烟厂应缴纳的消费税。

应缴纳的消费税=80×250×30×56%+0.003×200×250×30=340 500（元）

二、自产自用应税消费品应缴纳的消费税

纳税人自产自用的应税消费品，用于连续生产应税消费品的不缴纳消费税；用于其他方面的，于移送使用时缴纳消费税。用于连续生产应税消费品，是指作为生产最终应税消费品的直接材料并构成最终产品实体的应税消费品；用于其他方面的应税消费品，是指纳税人用于生产非应税消费品和在建工程、管理部门、非生产机构、提供劳务，以及用于馈赠、赞助、集资、广告、样品、职工福利、奖励等方面的应税消费品。纳税人应区分不同情况，计算缴纳消费税。

案例 3.1

如何区分"连续生产应税消费品"和"用于其他方面"

纳税人将自产应税消费品用于不同方面，将直接影响纳税人的消费税纳税情况，应当注意区分。例如，卷烟厂生产的烟丝，属于应税消费品，再将烟丝用于本厂卷烟生产，卷烟亦属于应税消费品，这种情况属于"连续生产应税消费品"。根据税不重征原则，销售卷烟计算消费税时，烟丝不缴纳消费税。同样还是该卷烟厂，如果将生产的烟丝作为福利直接发给本厂职工，这种情况就属于"用于其他方面"，应当于发放烟丝时计算缴纳消费税。

启发思考

为什么纳税人将自产应税消费品"用于其他方面"需要缴纳消费税?

纳税人自产自用的应税消费品，应当按照纳税人生产同类消费品的销售价格计算纳税；没有同类消费品销售价格的，按照组成计税价格计算纳税。

实行从价定率办法计算纳税的组成计税价格计算公式：

组成计税价格=（成本+利润）÷（1-比例税率）

实行复合计税办法计算纳税的组成计税价格计算公式：

组成计税价格=（成本+利润+自产自用数量×定额税率）÷（1-比例税率）

应税消费品全国平均成本利润率由国家税务总局确定。

表 3.2　应税消费品全国平均成本利润率

消费品	平均成本利润率	消费品	平均成本利润率
甲类卷烟	10%	贵重首饰及珠宝玉石	6%
乙类卷烟	5%	乘用车	8%
雪茄烟	5%	中轻型商用客车	5%
烟丝	5%	高尔夫球及球具	20%
粮食白酒	10%	高档手表	20%
薯类白酒	5%	游艇	10%
其他酒	5%	木制一次性筷子	5%
化妆品	5%	实木地板	5%
鞭炮、焰火	5%	摩托车	6%

【实例 3.4】某酒厂生产白酒 20 吨，其中 10 吨用于连续生产药酒，共生产药酒 18 吨，全部售出，每吨售价 8 000 元；另外 10 吨馈赠给客户，同类产品销售价格为 5 000 元/吨。计算该酒厂应缴纳的消费税。

该酒厂以自制白酒用于连续生产药不纳税；用于馈赠客户的白酒，应于移送使用环节纳税。

用于馈赠客户白酒应缴纳的消费税=5 000×10×20%+0.5×10×2 000=20 000（元）

药酒应缴纳的消费税=8 000×18×10%=14 400（元）

共纳消费税=20 000+14 400=34 400（元）

【实例 3.5】某汽车制造厂将自产乘用车（气缸容量 3.0 升）5 辆，转作本厂管理部门内部使用。该种车型无同类产品销售价格，生产成本为 10 万元/辆，成本利润率为 8%。计算该厂应缴纳的消费税。

组成计税价格=10×5×（1+8%）÷（1−12%）≈61.36（万元）

应缴纳的消费税=61.36×12%≈7.36（万元）

三、外购应税消费品连续生产应税消费品应缴纳的消费税

下列应税消费品可以以销售额扣除外购已税消费品买价后的余额作为计税价格计征消费税：

（1）外购的已税烟丝生产的卷烟。

（2）外购的已税高档化妆品生产的高档化妆品。

（3）外购的已税珠宝玉石生产的贵重首饰及珠宝玉石。

（4）外购的已税鞭炮、焰火生产的鞭炮、焰火。

（5）外购的已税摩托车生产的摩托车。

（6）外购汽油、柴油、石脑油、燃料油、润滑油用于连续生产应税成品油。

（7）以外购的已税杆头、杆身和握把为原料生产的高尔夫球杆。

（8）以外购的已税木制一次性筷子为原料生产的木制一次性筷子。

（9）以外购的已税实木地板为原料生产的实木地板。

外购已税消费品的买价是指购货发票上注明的销售额（不包括增值税税款）。

当期准予扣除外购应税消费品已纳消费税税款的计算公式为：

$$\text{当期准予扣除的外购应税消费品已纳税款}=\text{当期准予扣除的外购应税消费品买价或数量}\times\text{外购应税消费品的适用税率或税额}$$

$$\text{当期准予扣除的外购应税消费品买价或数量}=\text{期初库存的外购应税消费品的买价或数量}+\text{当期购进的应税消费品的买价或数量}-\text{期末库存的外购应税消费品的买价或数量}$$

拓展理解

正确理解外购应税消费品连续生产应税消费品已纳消费税的抵扣

关于外购应税消费品连续生产应税消费品已纳消费税的抵扣，除上述税法规定之外，在实际执行中，纳税人应正确把握以下几点：

（1）从抵扣范围上看，允许抵扣税额的税目在大类上不包括酒类、小汽车、高档手表、游艇。特别是酒类产品，已从 2001 年 5 月 1 日停止执行生产领用外购酒和酒精已纳消费税税款准予抵扣的政策。

（2）从抵扣规则上看，允许扣税的只涉及同一大税目中的购入应税消费品的连续加工，不能跨税目抵扣，例如纳税人用外购的已税两轮摩托车改装成三轮摩托车，二者同属消费税“摩托车”税目，故两轮摩托车已缴纳的消费税可以抵扣。

（3）从抵扣依据上看，按生产领用量进行抵扣，不同于增值税的按购进金额抵扣税款。因此，在计算增值税一般纳税人的当期应纳增值税税额时，如果取得了增值税专用发票并通过认证的，可以全额抵

扣，与“生产领用数量”无关。

（4）从抵扣方法上看，需自行计算抵扣，计算方法用的是类似会计“实地盘存制”的倒轧的方法。

（5）一些其他特殊情况需注意，例如纳税人用外购的已税珠宝玉石生产的改在零售环节征收消费税的金银首饰（包括镶嵌首饰），在计税时一律不得扣除外购珠宝玉石的已纳税款；对用外购或委托加工收回的汽油、柴油用于连续生产甲醇汽油、生物柴油的，准予从消费税应纳税额中扣除原料已纳的消费税税款；纳税人外购已税化妆品用于生产高档化妆品的，其取得2016年10月1日前开具的抵扣凭证，应于2016年11月30日前按原化妆品消费税税率计提待抵扣消费税，逾期不得计提。

【实例3.6】某卷烟厂某月初库存外购已税烟丝100万元，当月又外购已税烟丝500万元（不含增值税），某月库存烟丝150万元，其余被当月生产卷烟领用。计算该卷烟厂当月准予抵扣的外购烟丝已缴纳的消费税。

当月准予抵扣的外购烟丝金额=100+500−150=450（万元）

当月准予抵扣的外购烟丝已缴纳的消费税=450×30%=135（万元）

四、外购应税消费品后直接销售应缴纳的消费税

对自己不生产应税消费品，而只是购进后再销售应税消费品的工业企业，其销售的高档化妆品、鞭炮、火焰和珠宝玉石，凡不能构成最终消费品直接进入消费品市场，而需要进一步生产加工的（如需进一步）深加工、包装、贴标，组合的珠宝玉石，高档化妆品，鞭炮火焰等，应当征收消费税，同时允许扣除上述外购应税消费品的已纳税款。

【实例3.7】某首饰厂外购经过其他首饰厂加工的珍珠1 000颗，珍珠每颗进价200元（不含增值税），支付总价款20万元。购入之后对其进行包装贴标，当月对外实现销售500颗，取得不含税销售收入30万元。计算该首饰厂应缴纳的消费税。

当月准予抵扣的外购珍珠已缴纳的消费税=500×0.02×10%=1（万元）

销售珍珠应缴纳的消费税=30×10%−1=2（万元 ）

五、委托加工应税消费品应缴纳的消费税

委托加工的应税消费品，是指由委托方提供原料和主要材料，受托方只收取加工费和代垫部分辅助材料加工的应税消费品。对于由受托方提供原材料生产的应税消费品，或者受托方先将原材料卖给委托方，然后再接受加工的应税消费品，以及由受托方以委托方名义购进原材料生产的应税消费品，不论在财务上是否作销售处理，都不得作为委托加工应税消费品，而应当按照销售自制应税消费品缴纳消费税。

> **想一想**
>
> 某企业将外购的小客车底盘委托给某汽车改装厂加工组成小客车，该企业这笔业务是否属于委托加工应税消费品？

（一）受托方代收代缴的消费税

委托加工的应税消费品，除受托方为个人外，由受托方在向委托方交货时代收代缴消费税，应当按照受托方同类消费品的销售价格计算纳税；没有同类消费品销售价格的，按照组成计税价格计算纳税。

实行从价定率办法计算纳税的组成计税价格计算公式：

组成计税价格=（材料成本+加工费）÷（1−比例税率）

实行复合计税办法计算纳税的组成计税价格计算公式：

组成计税价格=（材料成本+加工费+委托加工数量×定额税率）÷（1-比例税率）

【实例 3.8】 某卷烟厂购进已税烟丝 500 万元（不含增值税），委托 A 企业加工甲类卷烟 200 标准箱（250 标准条/箱，200 支/条），A 企业按每箱 0.2 万元收取加工费（不含增值税），当月 A 企业加工完毕，将 200 箱卷烟交由卷烟厂收回。计算 A 企业应代收代缴的消费税。

组成计税价格=（500+0.2×200+0.003×200×250×200÷10 000）÷（1-56%）=1 234.09（万元）

A 企业代收代缴的消费税=1 234.09×56%+0.003×200×250×200÷10 000=694.09（万元）

（二）委托加工收回的应税消费品连续生产应税消费品应缴纳的消费税

下列连续生产的应税消费品准予从应纳消费税税额中按当期生产领用数量计算委托加工收回的应税消费品已纳消费税税额：

（1）以委托加工收回的已税烟丝为原料生产的卷烟。

（2）以委托加工收回的已税高档化妆品为原料生产的高档化妆品。

（3）以委托加工收回的已税珠宝玉石为原料生产的贵重首饰及珠宝玉石。

（4）以委托加工收回的已税鞭炮、焰火为原料生产的鞭炮、焰火。

（5）以委托加工收回的已税摩托车生产的摩托车。

（6）以委托加工收回汽油、柴油、石脑油、燃料油、润滑油用于连续生产应税成品油。

（7）以委托加工收回的已税杆头、杆身和握把为原料生产的高尔夫球杆。

（8）以委托加工收回的已税木制一次性筷子为原料生产的木制一次性筷子。

（9）以委托加工收回的已税实木地板为原料生产的实木地板。

当期准予扣除委托加工收回的应税消费品已纳消费税税款的计算公式为：

当期准予扣除的委托加工应税消费品已纳税款 = 期初库存的委托加工应税消费品已纳税款 + 当期收回的委托加工应税消费品已纳税款 − 期末库存的委托加工应税消费品已纳税款

特别提示

纳税人用委托加工收回的已税珠宝玉石生产的改在零售环节征收消费税的金银、钻石首饰，在计税时一律不得扣除委托加工收回的珠宝玉石已纳的消费税税款。

【实例 3.9】 某高尔夫用品生产企业委托 B 企业加工高尔夫球杆头一批，收回时受托方 B 企业代收代缴消费税 5 000 元。该高尔夫用品生产企业将委托加工收回的高尔夫球杆继续加工生产高尔夫球杆并实现对外销售，取得销售收入 200 000 元（不含增值税）。该企业月初库存的委托加工高尔夫球杆头已纳消费税税额 3 000 元，月末库存的委托加工高尔夫球杆头已纳消费税税额 2 000 元。计算该企业应缴纳的消费税。

当月准予抵扣的委托加工高尔夫球杆头已纳消费税=3 000+5 000-2 000=6 000（元）

应缴纳的消费税=200 000×10%-6 000=14 000（元）

（三）委托加工收回的应税消费品对外销售应缴纳的消费税

委托方将收回的应税消费品，以不高于受托方的计税价格出售的，为直接出售，不再缴纳消费税；委托方以高于受托方的计税价格出售的，不属于直接出售，需按照规定申报缴纳消费税，在计税时准予扣除受托方已代收代缴的消费税。

想一想

什么是委托加工收回的应税消费品直接销售？其要点是什么？

【实例 3.10】某木地板制造公司委托 A 厂加工一批实木地板，发出木材 300 万元。当月加工完毕后，公司收回实木地板，并取得 A 厂开具的增值税专用发票，注明加工费 32.5 万元，受托方无同类产品对外销售价格。月底，公司直接将这批委托加工的实木地板以 500 万元的价格出售。计算 A 厂应代收代缴的消费税和该公司应缴纳的消费税。

组成计税价格=（300+32.5）÷（1−5%）=350（万元）

A 厂代收代缴的消费税=350×5%=17.5（万元）

该公司以 500 万元销售实木地板，高于组成计税价格，不属于直接销售，属于加价销售，需要补缴消费税。

公司应缴纳的消费税=500×5%−17.5=7.5（万元）

六、进口应税消费品应缴纳的消费税

单位和个人进口的应税消费品，于报关进口时缴纳消费税，并由海关代征。

进口的应税消费品，按照组成计税价格计算缴纳消费税。

实行从价定率办法计征消费税的组成计税价格计算公式为：

$$\text{组成计税价格}=(\text{关税完税价格}+\text{关税})\div(1-\text{消费税比例税率})$$

实行复合计税办法计征消费税的组成计税价格计算公式为：

$$\text{组成计税价格}=\left(\text{关税完税价格}+\text{关税}+\text{进口数量}\times\text{消费税定额税率}\right)\div\left(1-\text{消费税比例税率}\right)$$

【实例 3.11】某公司从国外进口乘用车 10 辆（气缸容量为 3.5 升），每辆车关税完税价格 30 万元，关税税率为 25%，消费税税率为 25%。计算该公司进口环节应缴纳的消费税。

组成计税价格=30×10×（1+25%）÷（1−25%）=500（万元）

进口应缴纳的消费税=500×25%=125（万元）

七、应税消费品包装物的税务处理

（一）应税消费品连同包装物销售的包装物

应税消费品连同包装物销售的，无论包装物是否单独计价以及在会计上如何核算，均应并入应税消费品的销售额中缴纳消费税。

【实例 3.12】某摩托车制造公司为增值税一般纳税人，销售摩托车（气缸容量 300 毫升），连同包装物一起销售，其中摩托车不含税销售额 50 万元、包装费收入 2.34 万元，消费税税率为 10%，增值税税率为 17%。计算该公司应缴纳的消费税。

应税销售额=500 000+23 400÷（1+17%）=520 000（元）

应缴纳的消费税=520 000×10%=52 000（元）

（二）不随应税消费品销售只收押金的包装物

如果包装物不作价随同产品销售，而是收取押金，此项押金则不应并入应税消费品的销售额中征税。但对因逾期未收回的包装物不再退还的或者已收取的时间超过 12 个月的押金，应并入应税消费品的销售额，按照应税消费品的适用税率缴纳消费税。

接【实例 3.12】，如果该公司不是将包装物作价随同摩托车销售，而是收取押金 23 400 元。则销售摩托车时，包装物押金不并入摩托车销售额征税：

应缴纳的消费税=500 000×10%=50 000（元）

若包装物逾期未退还，公司将押金没收，包装物逾期转为收入时计征消费税：

包装物押金应缴纳的消费税=23 400÷（1+17%）×10%=2 000（元）

（三）既随应税消费品销售又收取押金的包装物

实际经营中，有时存在销售带包装且包装物已作价的应税消费品，又同时收取包装物押金的现象。这种情况下，押金暂不并入销售额征税，只对作价销售的包装物征收消费税，但纳税人在规定的期限内没有退还的，均应并入应税消费品的销售额，按照应税消费品的适用税率缴纳消费税。

仍接【实例 3.12】，如果该公司在收取包装费 23 400 元的同时，又收取了 4 680 元的包装物押金，规定 30 天内退换包装物，则销售摩托车时，应缴纳的消费税仍为 52 000 元；

若对方未按规定期限退换包装物，公司没收押金。

包装物押金应缴纳的消费税=4 680÷（1+17%）×10%=400（元）

（四）酒类产品包装物押金的特殊规定

对酒类产品生产企业销售酒类产品而收取的包装物押金，无论押金是否返还与会计上如何核算，均应并入酒类产品销售额中根据酒类产品的适用税率征收消费税。而对销售啤酒、黄酒所收取的押金，按一般押金的规定处理。

特别提示

上述规定说明，啤酒、黄酒以外的其他酒类产品，其押金在收取时便要计征消费税和增值税。啤酒、黄酒收取的包装物押金，无论是否逾期，均不缴消费税。原因是由于啤酒、黄酒采用从量定额办法征收消费税，应税消费品的计税依据是销售数量而非销售金额，征税的多少与销售数量成正比，而与销售金额无直接关系。因此，企业销售啤酒、黄酒时，如果发生包装物销售行为，或收取押金，均不存在计征消费税（但要计征增值税）的问题。

第三节　消费税的会计处理

一、会计科目的设置

（一）“应交税费——应交消费税”科目

为了反映消费税的应交、已缴及欠缴、多缴的情况，企业应在“应交税费”科目下设置“应交消费税”明细科目进行会计核算。借方发生额反映企业实际缴纳的消费税和允许抵扣的消费税；贷方发生额反映按规定应缴纳的消费税；期末贷方余额表示尚未缴纳的消费税，期末借方余额表示多缴的消费税。

（二）“税金及附加”科目

为了反映消费税负债而产生的消费税费用，企业应设置“税金及附加”科目，该科目核算因企业销售应税消费品而负担的消费税税金及其附加（城市维护建设税、教育费附加等）。

特别提示

全面试行“营改增”后，“营业税金及附加”科目名称调整为“税金及附加”科目，该科目核算企业经营活动发生的消费税、城市维护建设税、资源税、教育费附加及房产税、土地使用税、车船使用税、印花税等相关税费；利润表中的“营业税金及附加”项目调整为“税金及附加”项目。

消费税是价内税，企业缴纳的消费税计入营业税金抵减产品销售收入，企业按规定应缴纳的消费税，借记“税金及附加”科目，贷记“应交税费——应交消费税”科目。实际缴纳消费税时，借记“应交税费——应交消费税”科目，贷记“银行存款”科目。期末，应将“税金及附加”科目的余额转入“本年利润”科目，本科目无余额。

二、销售应税消费品的会计处理

企业销售应税消费品应缴纳的消费税，应借记“税金及附加”科目，贷记“应交税费——应交消费税”科目。

【实例 3.13】某鞭炮制造厂为增值税一般纳税人，销售鞭炮一批，取得销售收入 50 万元（不含增值税），已向对方开具增值税专用发票，货款已通过银行存款收讫。消费税税率为 15%。该厂做会计分录如下。

（1）计提消费税和增值税时：

借：银行存款　　58 5000

　　贷：主营业务收入　　500 000

　　　　应交税费——应交增值税（销项税额）　　85 000

借：税金及附加　　75 000

　　贷：应交税费——应交消费税　　75 000

（2）实际缴纳消费税时：

借：应交税费——应交消费税　　75 000

　　贷：银行存款　　75 000

三、应税消费品视同销售的会计处理

对于视同销售行为，一般以同类应税消费品市场价格作为计税依据计算缴纳消费税。但对纳税人用于换取生产资料、消费资料、投资入股或抵偿债务等的应税消费品，应当以纳税人同类应税消费品的最高销售价格作为计税依据计算缴纳消费税。

知识点滴

如何确定消费税的视同销售行为

对于消费税的视同销售行为，可以掌握这样的原理：当应税消费品被转移出去，用于消费或用于生产非应税消费品，或者应税消费品将不再具备消费功能时，这时是应税消费品的视同销售，要缴纳消费税。

（一）企业以自产应税消费品用于在建工程或非生产机构等的会计处理

企业将自产的应税消费品用于在建工程或非生产机构等，应于移送使用时计算缴纳消费税。按应税消费品的账面成本和按规定计算应缴纳的消费税，借记“固定资产”“在建工程”等科目，按应税消费品的账面成本，贷记“库存商品”等科目，按规定计算应缴纳的消费税，贷记“应交税费——应交消费税”科目。

【实例 3.14】某企业为增值税一般纳税人，将自产的乘用车 2 辆（气缸容量 2.5 升）留厂自用、1 辆用于企业更新工程。乘用车车每辆对外销售价格 80 000 元（不含增值税），每辆车成本

30 000 元。

留厂自用乘用车应缴纳的消费税=80 000×2×9%=14 400（元）

更新工程乘用车应缴纳的消费税=80 000×9%=7 200（元）

留厂自用乘用车增值税销项税额=80 000×2×17%=27 200（元）

更新工程乘用车增值税销项税额=80 000×17%=13 600（元）

企业做会计分录如下：

借：固定资产　　101 600
　　在建工程　　50 800
　　贷：库存商品　　90 000
　　　　应交税费——应交增值税（销项税额）　　40 800
　　　　应交税费——应交消费税　　21 600

（二）企业以自产应税消费品用于职工福利的会计处理

企业将自产的应税消费品作为职工福利、奖励等发放，应确认收入，同时于移送使用时计算缴纳消费税。按应税消费品的对外销售价格或组成计税价格，借记“应付职工薪酬”科目，贷记“主营业务收入”等科目；按规定计算应缴纳的消费税，借记“税金及附加”科目，贷记“应交税费——应交消费税”科目；同时结转应税消费品的成本，按应税消费品的账面成本，借记“主营业务成本”等科目，贷记“库存商品”科目。

【实例 3.15】某日化厂为增值税一般纳税人，将自制的一批高档化妆品作为奖励发放给职工，该批高档化妆品对外售价 30 万元（不含增值税），成本 12 万元。

作为职工奖励发放的高档化妆品应缴纳的消费税=300 000×15%=45 000（元）

作为职工奖励发放的高档化妆增值税销项税额=300 000×17%=51 000（元）

日化厂做会计分录如下：

借：应付职工薪酬——非货币性福利　　351 000
　　贷：主营业务收入　　300 000
　　　　应交税费——应交增值税（销项税额）　　51 000
借：税金及附加　　45 000
　　贷：应交税费——应交消费税　　45 000
借：主营业务成本　　120 000
　　贷：库存商品　　120 000

（三）企业以自产应税消费品用于对外宣传的会计处理

企业将自产的应税消费品用于馈赠、赞助、广告、样品等对外宣传，应于移送使用时计算缴纳消费税。按应税消费品的账面成本和按规定计算应缴纳的消费税，借记“销售费用”等科目，按应税消费品的账面成本，贷记“库存商品”等科目，按规定计算应缴纳的消费税，贷记“应交税费——应交消费税”科目。

【实例 3.16】某啤酒厂为增值税一般纳税人，为了扩大产品销路，举办一个啤酒展览会，使用啤酒 20 吨，该啤酒每吨出厂价格 5 000 元（不含增值税），每吨成本 2 000 元，消费税税率为 220 元/吨。

用于展览会的啤酒应缴纳的消费税=250×20=5 000（元）

用于展览会的啤酒增值税销项税额=5 000×20×17%=17 000（元）

啤酒厂做会计分录如下：

借：销售费用　　62 000
　　贷：库存商品　　40 000
　　　　应交税费——应交增值税（销项税额）　　17 000
　　　　应交税费——应交消费税　　5 000

（四）企业以自产应税消费品用于对外投资的会计处理

企业将自产的应税消费品用于对外投资，应确认收入，同时于移送使用时计算缴纳消费税。按应税消费品的对外销售价格或组成计税价格，借记“长期股权投资”科目，贷记“主营业务收入”等科目；按规定计算应缴纳的消费税，借记“税金及附加”科目，贷记“应交税费——应交消费税”科目；同时结转应税消费品的成本，按应税消费品的账面成本，借记“主营业务成本”等科目，贷记“库存商品”科目。

【实例 3.17】某摩托车制造公司为增值税一般纳税人，用自产摩托车 10 辆（气缸容量 250 毫升）投资于某公司，摩托车每辆对外售价 5 000 元（不含增值税），每辆车成本 2 000 元，消费税税率为 3%。

对外投资的摩托车应缴纳的消费税=5 000×10×3%=1 500（元）

对外投资的摩托车增值税销项税额=5 000×10×17%=8 500（元）

公司做会计分录如下：

借：长期股权投资　　58 500
　　贷：主营业务收入　　50 000
　　　　应交税费——应交增值税（销项税额）　　8 500
借：税金及附加　　1 500
　　贷：应交税费——应交消费税　　1 500
借：主营业务成本　　20 000
　　贷：库存商品　　20 000

（五）企业以自产的应税消费品换取生产资料、消费资料、投资入股或抵偿债务的会计处理

企业以生产的应税消费品换取生产资料、消费资料或抵偿债务、支付代购手续费等，应视同销售行为，在会计上作销售处理。以应税消费品换取生产资料和消费资料的，应按对外销售价格（若有不同售价，计算增值税时按平均售价，计算消费税时按最高售价）借记“原材料”“在途物资”等科目，贷记“主营业务收入”科目；以应税消费品抵偿债务，借记“应付账款”等科目，贷记“主营业务收入”科目；以应税消费品支付代购手续费，按售价借记“应付账款”“在途物资”等科目，贷记“主营业务收入”科目；同时，按规定计算应缴纳的消费税，借记“税金及附加”科目，贷记“应交税费——应交消费税”科目；结转应税消费品的成本，按应税消费品的账面成本，借记“主营业务成本”等科目，贷记“库存商品”科目。

【实例 3.18】某游艇制造厂用自制游艇 2 艘，抵偿某公司货款 300 万元。该游艇每艘本月销售价格为 130 万～160 万元，每艘游艇平均销售价格 150 万元，每艘游艇的市场价格为 140 万元，每艘游艇成本 80 万元。

以游艇的最高售价计算缴纳消费税：

应缴纳的消费税=160×2×10%=32（万元）

以游艇的平均售价计算增值税销项税额：

增值税销项税额=150×2×17%=51（万元）

游艇制造厂做会计分录如下：

借：应付账款　　3 000 000
　　营业外支出　　310 000
　　贷：主营业务收入　　2 800 000
　　　　应交税费——应交增值税（销项税额）　　510 000

借：税金及附加　　320 000
　　贷：应交税费——应交消费税　　320 000

借：主营业务成本　　1 600 000
　　贷：库存商品　　1 600 000

四、委托加工应税消费品的会计处理

（一）委托加工收回后应税消费品连续生产应税消费品的会计处理

委托加工的应税消费品，委托方收回后用于连续生产应税消费品，符合税法规定的扣税范围。因此，委托方应将受托方代收代缴的消费税，借记“应交税费——应交消费税”科目，待最终应税消费品销售时，允许从缴纳的消费税中抵扣。为清晰反映其抵扣过程，可设“待扣税金”科目来反映其发生和抵扣过程。

【实例 3.19】某卷烟厂提供烟叶 50 000 元委托 C 厂加工成烟丝，卷烟厂和 C 厂均为增值税一般纳税人。C 厂收取加工费 20 000 元，C 厂向卷烟厂开具了增值税专用发票，相关款项已收到。卷烟厂提货时 C 厂代收代缴了消费税，C 厂无同类产品销售价格。卷烟厂收回该批烟丝后用于继续生产成卷烟。当月对外销售 3 个标准箱卷烟，每标准条调拨价格为 100 元，卷烟厂已向对方开具增值税专用发票，货款已通过银行存款收讫。假设卷烟厂月初库存委托加工应税烟丝已纳消费税 3 000 元，月末库存委托加工应税烟丝已纳消费税 28 000 元。

受托方代收代缴的消费税=（50 000+20 000）÷（1−30%）×30%=30 000（元）

当月准予抵扣的委托加工烟丝已纳消费税=3 000+30 000−28 000=5 000（元）

卷烟厂应缴纳的消费税=100×250×3×56%+0.003×200×250×3=42 450（元）

卷烟厂实际缴纳的消费税=42 450−5 000=37 450（元）

委托方卷烟厂做会计分录如下：

（1）发出原材料时：

借：委托加工物资　　50 000
　　贷：原材料　　50 000

（2）支付加工费时：

借：委托加工物资　　20 000
　　应交税费——应交增值税（进项税额）　　3 400
　　贷：银行存款　　23 400

（3）支付代收消费税时：

借：待扣税金——代扣消费税　　30 000
　　贷：银行存款　　30 000

（4）烟丝收回入库时：

借：原材料　　70 000
　　贷：委托加工物资　　70 000

（5）销售卷烟时：

借：银行存款　87 750

　　贷：主营业务收入　75 000

　　　　应交税费——应交增值税（销项税额）　12 750

（6）计提消费税时：

借：税金及附加　42 450

　　贷：应交税费——应交消费税　42 450

（7）抵扣消费税时：

借：应交税费——应交消费税　5 000

　　贷：待扣税金——代扣消费税　5 000

（二）委托加工收回后应税消费品对外销售的会计处理

委托方发出委托加工材料、向受托方支付加工费和代收代缴消费税时，借记“委托加工物资”科目，贷记 “银行存款”等科目。委托加工收回的应税消费品，由于已由受托方代收代缴了消费税，如果不再加工而是直接出售，因为不缴消费税，当然不必做应缴纳消费税的会计分录。如果委托方将收回后应税消费品以高于受托方的计税价格销售，考虑到若完全按照受托方代收代缴的消费税纳税，则会导致委托方少缴税，因此，应按销售价格计税并做应缴纳消费税的会计分录。同时，对外销售时，允许抵扣委托加工应税消费品的已纳消费税，即可以按照应税消费品的销售价格和收回时入库价格的差额缴纳消费税。

接【实例 3.19】，假设卷烟厂将委托加工收回的烟丝直接按入库价格对外销售，已向购买方开具增值税专用发票，且款项已收到。卷烟厂做会计分录如下：

（1）发出材料、支付加工费的会计分录同上。

（2）支付代收代缴消费税时：

借：委托加工物资　30 000

　　贷：银行存款　30 000

（3）烟丝收回入库时：

借：原材料　100 000

　　贷：委托加工物资　100 000

（4）销售烟丝时：

借：银行存款　117 000

　　贷：主营业务收入　100 000

　　　　应交税费——应交增值税（销项税额）　17 000

仍接【实例 3.19】，假设卷烟厂将委托加工收回的烟丝按 120 000 元的价格对外销售，已向购买方开具增值税专用发票，且款项已收到。

销售烟丝应缴纳的消费税=120 000×30%−30 000=6 000（元）

卷烟厂做会计分录如下：

（1）发出材料、支付加工费、支付代收代缴消费税、烟丝收回入库的会计分录同上。

（2）销售烟丝时：

借：银行存款　140 400

　　贷：主营业务收入　120 000

　　　　应交税费——应交增值税（销项税额）　20 400

（3）计提消费税时：

借：税金及附加　　36 000

　　贷：应交税费——应交消费税　　36 000

（4）抵扣消费税时：

借：应交税费——应交消费税　　30 000

　　贷：银行存款　　30 000

五、进口应税消费品的会计处理

企业进口应税消费品在进口环节应缴纳的增值税和消费税，应计入应税消费品的成本中。按进口成本以及应缴纳的增值税和消费税，借记"固定资产""库存商品""在途物资"等科目，贷记"银行存款"科目。由于进口应税消费品在海关缴税是提货的前提，即缴税后才能提货。为了简化核算，进口环节缴纳的关税和消费税可以不通过"应交税费"科目核算，直接贷记"银行存款"科目。若特殊情况下，先提货后缴税，可以单独反映应缴纳的关税和消费税，即可以通过"应交税费"贷方科目反映。

【实例 3.20】某企业为增值税一般纳税人，从国外进口汽车 6 辆（气缸容量 4.5 升），每辆车关税完税价格 40 万元，关税税率为 25%。进口汽车尚未提货，货款尚未支付，税款已经用银行存款支付。

组成计税价格=40×6×（1+25%）÷（1−40%）=500（万元）

进口应缴纳的关税=40×6×25%=60（万元）

进口应缴纳的增值税=500×17%=85（万元）

进口应缴纳的消费税=500×40%=200（万元）

企业做会计分录如下：

借：在途物资　　5 000 000

　　应交税费——应交增值税（进项税额）　　850 000

　　贷：应付账款　　2 400 000

　　　　银行存款　　3 450 000

六、包装物及其押金的会计处理

（一）随同产品出售但单独计价的包装物

随同产品出售但单独计价的包装物，其收入计入其他业务收入，按规定应缴纳的消费税相应计入其他业务成本。即按单独计价包装物应缴纳的消费税，借记"其他业务成本"科目，贷记"应交税费——应交消费税"科目。

【实例 3.21】某摩托车制造公司为增值税一般纳税人，销售摩托车（气缸容量 200 毫升），连同包装物一起销售，其中摩托车不含税销售额 20 万元、包装费收入 1.17 万元，已划入银行存款。消费税税率为 10%，增值税税率为 17%。

包装费不含税收入=11 700÷（1+17%）=10 000（元）

应缴纳的消费税=（200 000+10 000）×3%=6300（元）

增值税销项税额=（200 000+10 000）×17%=35700（元）

公司做会计分录如下：

借：银行存款　245 700

　贷：主营业务收入　200 000

　　其他业务收入　10 000

　　应交税费——应交增值税（销项税额）　35 700

借：其他业务成本　6 300

　贷：应交税费——应交消费税　6 300

（二）出租、出借包装物收取的押金

出租、出借包装物收取的押金，包装物逾期未收回而将押金没收，没收的押金转入其他业务收入，按规定应缴纳的消费税，也应计入其他业务成本，借记“其他业务成本”科目，贷记“应交税费——应交消费税”科目。

【实例 3.22】某啤酒厂为增值税一般纳税人，增值税税率为 17%。销售啤酒 10 吨，每吨出厂价格 5 000 元（不含增值税）。另外收取包装物押金 4 680 元，周转期 3 个月，若逾期未归还则没收押金。款项均通过银行存款收讫。则该厂做会计分录如下：

（1）实现销售时：

应缴纳的消费税=250×10=2 500（元）

增值税销项税额=5 000×10×17%=8 500（元）

借：银行存款　58 500

　贷：主营业务收入　50 000

　　应交税费——应交增值税（销项税额）　8 500

借：税金及附加　2 500

　贷：应交税费——应交消费税　2 500

（2）收取押金时：

借：银行存款　4 680

　贷：其他应付款　4 680

（3）若在规定期限内退换包装物，返还押金时：

借：其他应付款　4 680

　贷：银行存款　4 680

（4）若逾期为未退换包装物，没收押金时：

啤酒逾期包装物押金只计征增值税，不计征消费税：

逾期包装物押金不含税收入=4 680÷（1+17%）=4 000（元）

增值税销项税额=4 000×17%=680（元）

借：其他应付款　4 680

　贷：其他业务收入　4 000

　　应交税费——应交增值税（销项税额）　680

（三）包装物已作价随同产品销售，又另外加收的押金

包装物已作价随同产品销售，但为促使购货人将包装物退回而另外加收的押金，借记“银行存款”科目，贷记“其他应付款”科目；包装物逾期未收回，将押金没收，没收的押金应缴纳的消费税应先自“其他应付款”科目冲抵，借记“其他应付款”科目，贷记“应交税费——应交消费税”科目，冲抵后的净额（扣除增值税后）自“其他应付款”科目转入“营业外收入”科目。

本章小结

消费税是以消费品和特定消费行为按消费额作为征税对象的各种税收的统称，现行的消费税制度以列举的方式规定出了应税消费品，目前消费税共设置 15 个税目，若干个子目，主要采用从价比例税率、从量定额税率以及复合计税三种税率形式。

纳税人应设置“应交税费——应交消费税”“税金及附加”等会计科目反映应缴消费税和实际缴纳消费税的情况。企业销售应税消费品应缴纳的消费税，应借记“税金及附加”科目，贷记“应交税费——应交消费税”科目。

练习题

一、单项选择题

1. 以下属于从量定额征收消费税的是（　　）。

A. 啤酒　　B. 白酒　　C. 摩托车　　D. 高档化妆品

2. 纳税人以外购的应税消费品连续生产应税消费品，不得扣除当期外购应税消费品已纳消费税的是（　　）。

A. 外购的已税烟丝生产的卷烟

B. 以外购的已税实木地板为原料生产的实木地板

C. 外购的已税珠宝玉石生产的镶嵌首饰

D. 外购的已税摩托车生产的摩托车

3. 甲企业委托乙企业加工一批烟丝，甲企业提供原材料成本 20 000 元，支付乙企业不含税加工费 1 000 元，乙企业无同类产品销售价格，烟丝消费税税率为 30%。则乙企业应代收代缴的消费税为（　　）元。

A. 1 000　　B. 6 300　　C. 9 000　　D. 20 000

4. 下列应税消费品发生视同销售行为时，其会计处理错误的是（　　）。

A. 以自产应税消费品用于在建工程时:

借: 在建工程

　　贷: 库存商品

　　　　应交税费——应交增值税（销项税额）

　　　　应交税费——应交消费税

B. 以自产应税消费品用于职工福利时:

借: 应付职工薪酬——非货币性福利

　　贷: 库存商品

　　　　应交税费——应交增值税（销项税额）

　　　　应交税费——应交消费税

C. 以自产应税消费品用于对外宣传时:

借: 销售费用

　　贷: 库存商品

　　　　应交税费——应交增值税（销项税额）

　　　　应交税费——应交消费税

D. 以自产的应税消费品作为对外投资时：

借：长期股权投资

贷：主营业务收入

应交税费——应交增值税（销项税额）

借：税金及附加

贷：应交税费——应交消费税

借：主营业务成本

贷：库存商品

5. 下列关于应税消费品包装物及其押金的会计处理，正确的是（　　）。

A. 随同产品出售且单独计价的包装物，包装物应缴纳的消费税，借记"税金及附加"科目，贷记"应交税费——应交消费税"科目

B. 包装物逾期未收回而将押金没收，没收的押金应缴纳的消费税，借记"其他业务成本"科目，贷记"应交税费——应交消费税"科目

C. 出租、出借包装物收取的押金，包装物逾期未收回而将押金没收，没收的押金应缴纳的消费税，借记"税金及附加"科目，贷记"应交税费——应交消费税"科目

D. 包装物已作价随同产品销售又另外加收的押金，包装物逾期未收回，将押金没收时，借记"其他业务成本"科目，贷记"应交税费——应交消费税"科目

二、多项选择题

1. 下列各项中，应征收消费税的有（　　）。

A. 进口小轿车　　B. 自产烟丝用于连续生产卷烟

C. 自产实木地板用于赠送　　D. 卷烟生产企业对外销售卷烟

2. 下列应税消费品，适用复合计税方法征收消费税的有（　　）。

A. 卷烟　　B. 白酒　　C. 黄酒　　D. 汽油

3. 对除（　　）以外的酒类产品生产企业销售酒类产品而收取的包装物押金，无论押金是否返还与会计上如何核算，均应并入酒类产品销售额中根据酒类产品的适用税率征收消费税。

A. 葡萄酒　　B.啤酒　　C. 黄酒　　D. 白酒

4. 纳税人将自产的应税消费品用于（　　）情形的，应当以纳税人同类应税消费品的最高销售价格作为计税依据征收消费税的有。

A. 换取生产资料　　B. 换取消费资料　　C. 投资入股　　D. 抵偿债务

5. 下列关于委托加工应税消费品的消费税及其会计处理正确的有（　　）。

A. 委托加工的应税消费品，由受托方在向委托方交货时代收代缴消费税

B. 委托方收回委托加工的应税消费品后用于连续生产应税消费品，应将受托方代收代缴的消费税记入"待扣税金——代扣消费税"科目

C. 委托方将委托加工收回的应税消费品不论按何价格对外销售，都不必做应缴纳消费税的会计分录

D. 委托方将收回委托加工的应税消费品以高于受托方的计税价格对外销售，应按销售全额计征消费税

三、计算题

1. 某摩托车制造为增值税一般纳税人，将自产20辆摩托车作为奖励发放给本厂职工，该批摩托车无同类市场销售价格，每辆摩托车的成本为5 000元，成本利润率为6%，消费税税率为10%。计算该摩托车厂应缴纳的消费税。

2. 某酒业有限公司为增值税一般纳税人，某月从农业生产者手中收购一批粮食40吨，每吨收购价格4 000元，一共支付粮食收购价款160 000元，取得农产品收购凭证。公司将收购的这批粮食委托某酒厂（增值税

一般纳税人）生产加工高度白酒，直接将粮食从收购地运往委托方。白酒加工完毕后，公司当月收回白酒20吨，取得酒厂开具的增值税专用发票，上面注明协议加工费100 000元，款项通过银行存款支付。公司提货时酒厂代收代缴了消费税，酒厂无同类产品销售价格。当月，公司直接将这批委托加工的高度白酒以每吨50 000元的不含税价格对外出售。白酒消费税比例税率部分为20%、定额税率部分为0.5元/500克。计算该酒业公司应缴纳的消费税。

四、实训题

某家具厂为增值税一般纳税人，增值税税率为17%，生产的实木地板消费税税率为5%。2017年3月发生以下经济业务（各款项均通过银行存款收付）:

（1）向农业生产者收购原木一批，收购凭证上注明支付收购货款8万元；委托运输企业（增值税一般纳税人）将其运回本企业仓库，支付不含税运输费用2万元，取得增值税专用发票，原木验收入库。

（2）将收购的原木运往甲地板厂加工成实木地板A，取得甲厂开具的增值税专用发票，注明支付加工费5万元，增值税税额0.85万元；家具厂收回实木地板A时，甲厂代收代缴了消费税，甲厂无同类实木地板销售价格。

（3）进口实木地板B一批，海关核定的关税完税价格为20万元，进口关税税率为30%。该厂缴纳进口环节相关税费后海关放行，取得了海关进口增值税、消费税专用缴款书。

（4）当月将委托加工的实木地板A全部收回，并将实木地板A继续加工成实木地板B；当月生产实木地板B全部对外销售，取得不含税销售收入50万元，已向购买方开具增值税专用发票。

（5）新办公楼在建工程领用自产的实木地板C一批，该批实木地板的对外销售价格为10万元，成本为6万元。

（6）销售自产的实木地板C一批，取得不含税销售收入30万元，已开具增值税专用发票，另外收取地板包装箱押金1万元，规定周转期为1个月；对方未按规定期限退还包装箱，该厂将押金没收。

根据上述经济业务，逐笔编制消费税和增值税相关会计分录。

五、拓展阅读指南

1.《中华人民共和国消费税暂行条例》

2.《中华人民共和国消费税暂行条例实施细则》

第四章　关税会计

【学习目标】

了解关税的基本特点和内容；熟悉进出口税则和税率设置；理解关税完税价格的计算方法；掌握关税的会计科目，能够运用相关会计科目对企业自营进出口和代理进出口业务进行会计处理。

引导案例

跨境电商零售进口税收政策调整

为营造公平竞争的市场环境，促进跨境电子商务健康发展，经国务院批准，自 2016 年 4 月 8 日起，我国将实施跨境电子商务零售进口税收政策，并同步调整行邮税政策。也就是说，通过跨境电子商务网站从国外购买货物将会开征关税。根据这项政策，单次海外购物免税额度是 2 000 元，全年累计额度是 20 000 元，超出以外都会征收关税。政府对跨境电子商务零售进口商品的税收政策进行相关调整，将原先按邮递物品征收行邮税，改为按货物征收关税，以及征收进口环节增值税和消费税。可见，关税制度调整的针对性很强，明确了跨境电商零售进口商品的贸易属性，平衡了跨境电商进口和一般贸易进口以及国内商品生产之间的税负差异。此次政策的发布主要是为了维稳市场，使进口商品的价格趋于稳定，使新兴业态与传统业态、国外商品与国内商品的税负更加公平。此次关税政策调整对企业来说，行业内肯定会出现动态变化。相应地，跨境电商的成本核算、关税计算与会计处理也要随之调整，明确自身电子商务贸易的性质、计税依据、征税对象以及征收流程等，切实维护自身纳税利益。

启发思考

1. 行邮税和关税有什么关系？
2. 跨境电子商务的特点对现行税收制度有何冲击以及会带来哪些征管难度？
3. 关税政策调整对企业会计核算有何影响，企业应如何应对？

第一节　关税的计税原理

一、关税概述

关税的概念

关税是海关依法对进出境货物、物品征收的一种税。所谓“境”指关境，又称“海关境域”或“关税领域”，是《中华人民共和国海关法》全面实施的领域。

知识点滴

关境与国境

在一般情况下，关境与国境是一样的，包括一个国家的全部领土、领海和领空。但是如果一个国家在其境内设立了自由港、自有贸易区等，这些区域就进出口关税而言处在关境之外，在这时这个国家的关境就小于国境，比如我国的香港和澳门特别行政区保持自由港的地位，为我国单独的关税地区，也就是单独关境区。单独关境区是不完全适用于该国家的海关法律、法规或实施单独海关管理制度的区域。当几个国家结成关税同盟、组成一个新的共同的关境、实施同一个的关税法令和统一的对外税则时，这些国家彼此之间货物进出口不征收关税，只对来自或运往其他国家的货物进出共同关境征收关税，这时这些国家的关境大于国境，如欧盟。

二、关税的纳税人

进口货物的收货人、出口货物的发货人、进出境物品的所有人，是关税的纳税人。进出口货物的收、发货人是依法取得对外贸易经营权，并从事进口或者出口货物业务的法人或者其他社会团体。

进出境物品的所有人包括该物品的所有人和推定为所有人的人。一般情况下，对携带进境的物品，推定其携带人为所有人；对分离运输的行李，推定相应的进出境旅客为所有人。对以邮寄方式进境的物品，推定其收件人为所有人；对以邮寄或其他运输方式出境的物品，推定其寄件人国托运人为所有人。

三、关税的征税对象

关税的征税对象仅限于准许进出境的货物或物品。货物是指贸易性的进出口商品；物品是指非贸易性的进出口商品，包括入境旅客随身携带的行李物品，个人邮递进境的物品，各种运输工具上的服务人员携带的进口物品、馈赠物品以及其他方式进境的个人物品。关税在货物或物品进出关境的环节进行一次性的征收。

问与答

问：行邮税和关税有什么联系？

答：行邮税是行李和邮递物品进口税的简称，是海关对入境旅客行李和邮递物品征收的进口税，其中包括关税及进口环节的增值税、消费税。进境物品纳税义务人是指携带物品进境的入境人员、进境邮递物品的收件人，以及以其他方式进口物品的收件人。可见，行邮税是进口关税的一种，其为综合税种，随着海外购、跨境电商的兴起，行邮税也成为了各方关注的热点。

四、进出口税则

（一）进出口税则

进出口税则是一国政府根据国家关税政策和经济政策，通过一定的立法程序制定、公布、实施的进出口货物和物品应税的关税税率表。进出口税则以税率表为主体，通常还包括实施税则的法令、使用税则的有关说明和附录等。《中华人民共和国海关进出口税则》是我国海关征收关税的法律依据，也是我国关税政策的具体体现。我国现行税则包括《中华人民共和国进出口关税条例》《税率适用说明》《中华人民共和国海关进口税则》《中华人民共和国海关出口税则》及进口商品从量税、复合税、滑准税税目税率表、进口商品关税配额税目税率表、进口商品税则暂定税率表、出口商品税则暂定税率表、非全税目信息技术产品税率表等附录。

知识链接

进出口税则归类

税则归类，就是按照税则的规定，将每项具体进出口商品按其特性在税则中找出其最适合的税则项目（即税目）。换句话说，就是在税则中"对号入座"，以便依率计征税款。税则归类关系到关税政策的正确贯彻，因此要求征税人员和纳税人员对进出口商品要正确归类。我国海关总署网站提供税则归类信息，包括"归类决定和归类裁定查询""进出口税则查询""品目注释查询""本国子目注释查询""重点商品信息查询"等。

（二）税率

我国关税的税率大体分为三种不同的种类，分别是进口关税税率、出口关税税率和特别关税。

1. 进口关税税率

进口关税设置最惠国税率、协定税率、特惠税率、普通税率、关税配额税率等。原产于共同适用最惠国待遇条款的世界贸易组织成员的进口货物，原产于与中华人民共和国签订含有相互给予最惠国待遇条款的双边贸易协定的国家或者地区的进口货物，以及原产于中华人民共和国境内的进口货物，适用最惠国税率；原产于与我国签订含有关税优惠条款的区域性贸易协定的国家或者地区的进口货物，适用协定税率；原产于与我国签订含有特殊关税优惠条款的贸易协定的国家或者地区的进口货物，适用特惠税率；原产于上述所列以外国家或者地区的进口货物，以及原产地不明的进口货物，适用普通税率。

2. 出口关税税率

我国出口税则为一栏税率，即出口税率。国家仅仅对少数资源性产品以及易于竞相杀价、盲目进口、需要规范出口秩序的半制成品征收出口关税。现行税则对 100 余种商品计征出口关税，主要是鳗鱼苗、部分有色金属矿砂及其精矿、生锑、磷、氟钽酸钾、苯、山羊板皮、部分铁合金、钢铁废碎料、铜和铝原料及其制品、镍锭、锌锭、锑锭。对上述范围内的部分商品实行 0～25%的暂定税率。此外，根据需要对其他 200 多种商品征收暂定税率。与进口暂定税率一样，出口暂定税率优先适用于出口税则中规定的出口税率。

知识点滴

我国进一步调整关税税率

自 2017 年 1 月 1 日起，我国调整部分商品的进出口关税。2017 年关税调整秉承创新驱动发展的理念，继续鼓励国内亟须的先进设备、关键零部件和能源原材料进口，以进口暂定税率方式降低集成电路测试分选设备、飞机用液压作动器、热裂解炉等商品的进口关税。为丰富国内消费者的购物选择，降低金枪鱼、北极虾、蔓越橘等特色食品和雕塑品原件等文化消费品的进口关税。为回应国民对医疗和健康的关注，降低生产抗癌药所需的红豆杉皮和枝叶、治疗糖尿病药所需阿卡波糖水合物的进口关税。为充分发挥关税对国内产业的保护作用，对此前实行暂定税率的丙烯酸钠聚合物、具有变流功能的半导体模块等商品的进口关税税率进行相应调整，还取消了氮肥、磷肥和天然石墨等商品的出口关税，适当降低三元复合肥、钢坯等商品的出口关税。此外，2017 年我国还将对进出口税则税目进行调整，调整后的税目总数将增加至 8547 个，税目结构将更加符合国际贸易发展的实际需要。

具体调整方案参见中华人民共和国海关总署 2017 年关税调整方案的公告。

第二节　关税的计算

一、关税计算的基本公式

（一）从价税计算公式

应纳关税税额=应税进出口货物数量×单位完税价格×适用税率

【实例 4.1】某进出口企业从美国进口货物一批，完税价格折合人民币为 30 万元，进口关税税率为 5%。计算该企业应缴纳的关税。

应缴纳的关税=30×5%=1.5（万元）

（二）从量税计算公式

应纳关税税额=应税进口货物数量×关税单位税额

【实例 4.2】某进出口公司进口德国啤酒 5 000 升，进口关税普通税额为 6 元/升。计算该公司应缴纳的关税。

应缴纳的关税=5 000×6=30 000（元）

（三）复合税计算公式

应纳关税税额=应税进口货物数量×关税单位税额+应税进口货物数量×单位完税价格×适用税率

【实例 4.3】某进出口企业进口录像机 5 台，完税价格每台折合人民币 2.6 万元，进口关税从量税为每台 4 300 元、从价税为 3%。计算该企业应缴纳的关税。

应缴纳的关税=（4 300+26 000×3%）×5=25 400（元）

（四）滑准税计算公式

应纳关税税额=应税进出口货物数量×单位完税价格×适用税率

特别提示

现行税则《进（出）口商品从量税、复合税、滑准税税目税率表》后注明了滑准税税率的计算公式，该公式是一个与应税进（出）口货物完税价格相关的取整函数。

二、关税完税价格

完税价格是指海关根据有关规定对进出口货物进行审定或估定后通过估价确定的价格，它是海关征收关税的依据。

（一）一般进口货物的关税完税价格

1. 以成交价格为基础的完税价格

进口货物的完税价格由海关以符合条件的成交价格以及该货物运抵我国境内输入地点起卸前的运输及其相关费用、保险费为基础审查确定。进口货物的成交价格，是指卖方向我国境内销售该货物时买方为进口该货物向卖方实付、应付的，并按照有关规定调整后的价款总额，包括直接支付的价款和间接支付的价款。

知识链接

进口货物的成交价格形式与完税价格

进口货物的成交价格，因有不同的成交条件而有不同的价格形式，常用的价格条款，有 FOB（离岸价格）、CFR（离岸加运费价格）和 CIF（到岸价格）三种。无论采用何种成交价格，从价计算进口关税都要以合理、完整的CIF价格作为完税价格。

【实例 4.4】某企业报关进口货物一批，该货物离岸价格折合人民币为 37 000 元，支付国外运费、保险费等折合人民币为 3 000 元。计算该批货物的完税价格。

完税价格=37 000+3 000=40 000（元）

2. 对实付或应付价格进行调整的有关规定

实付或应付价格，是指买方为购买进口货物直接或间接支付的总额，即作为卖方销售进口货物的条件，由买方向卖方或为履行卖方义务向第三方已经支付或将要支付的全部款项。

（1）下列费用或者价值未包括在进口货物的实付或者应付价格中，应当计入完税价格：

① 由买方负担的购货佣金以外的佣金和经纪费。

② 由买方负担的在审查确定完税价格时与该货物视为一体的容器的费用。

③ 由买方负担的包装材料费用和包装劳务费用。

④ 与该货物的生产和向我国境内销售有关的，由买方以免费或者以低于成本的方式提供并可以按适当比例分摊的料件、工具、模具、消耗材料及类似货物的价款，以及在境外开发、设计等相关服务的费用。

⑤ 作为该货物向我国境内销售的条件，买方必须支付的、与该货物有关的特许权使用费。

⑥ 卖方直接或者间接从买方获得的该货物进口后转售、处置或者使用的收益。

（2）下列费用，如果能与该货物实付或应付价格区分，不计入完税价格：

① 厂房、机械、设备等货物进口后进行建设、安装、装配、维修和技术服务的费用。

② 进口货物运抵境内输入地点起卸后的运输及其相关费用、保险费。

③ 进口关税及国内税收。

④ 为在境内复制进口货物而支付的费用。

⑤ 境内外技术培训及境外考察费用。

3. 进口货物海关估价方法

进口货物的成交价格不符合规定条件的，或者成交价格不能确定的，海关经了解有关情况，并与纳税义务人进行价格磋商后，依次以下列价格估定该货物的完税价格：

（1）与该货物同时或者大约同时向我国境内销售的相同货物的成交价格。

（2）与该货物同时或者大约同时向我国境内销售的类似货物的成交价格。

（3）与该货物进口的同时或者大约同时，将该进口货物、相同或者类似进口货物在第一级销售环节销售给无特殊关系买方最大销售总量的单位价格，但应当扣除规定的项目。

（4）按照下列各项总和计算的价格：生产该货物所使用的料件成本和加工费用，向我国境内销售同等级或者同种类货物通常的利润和一般费用，该货物运抵境内输入地点起卸前的运输及其相关费用、保险费。

（5）以合理方法估定的价格。纳税义务人向海关提供有关资料后，可以提出申请，颠倒前款第（3）项和第（4）项的适用次序。

（二）特殊进口方式的关税完税价格

（1）以租赁方式进口的货物，以海关审查确定的该货物的租金作为完税价格。

（2）运往境外加工的货物，出境时已向海关报明并在海关规定的期限内复运进境的，应当以境外加工费和料件费以及复运进境的运输及其相关费用和保险费审查确定完税价格。

（3）运往境外修理的机械器具、运输工具或者其他货物，出境时已向海关报明并在海关规定的期限内复运进境的，应当以境外修理费和料件费审查确定完税价格。

知识链接

关税、增值税和消费税的关系

我们知道，纳税人进口货物或劳务时，要缴纳关税和进口环节增值税，如果进口应税消费品，还应缴纳进口环节消费税，那么进口环节的关税、增值税和消费税之间的关系是什么？可用图 4.1 表明。

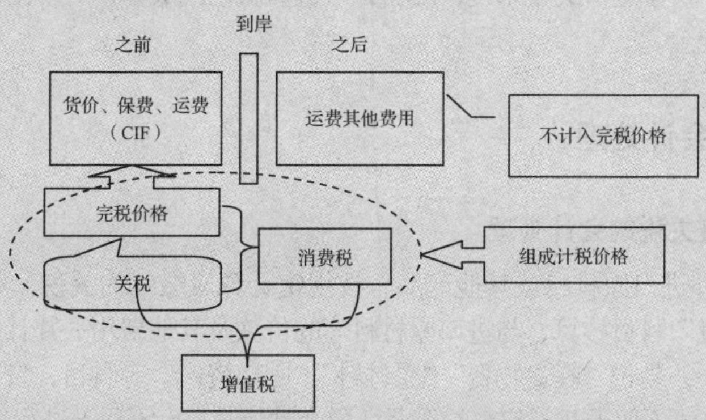

图 4.1　进口环节关税、增值税和消费税的关系

（三）出口货物的关税完税价格

1. 以成交价格为基础的完税价格

出口货物的完税价格由海关以该货物的成交价格以及该货物运至我国境内输出地点装载前的运输及其相关费用、保险费为基础审查确定。出口货物的成交价格，是指该货物出口时卖方为出口该货物应当向买方直接收取和间接收取的价款总额。出口关税不计入完税价格。

特别提示

出口商品的成交价格一般应以 FOB 价格为标准。

2. 出口货物海关估价方法

出口货物的成交价格不能确定的，海关经了解有关情况，并与纳税义务人进行价格磋商后，依次以下列价格估定该货物的完税价格：

（1）与该货物同时或者大约同时向同一国家或者地区出口的相同货物的成交价格。

（2）与该货物同时或者大约同时向同一国家或者地区出口的类似货物的成交价格。

（3）按照下列各项总和计算的价格：境内生产相同或者类似货物的料件成本、加工费用，通常的利润和一般费用，境内发生的运输及其相关费用、保险费。

（4）以合理方法估定的价格。

第三节 关税的会计处理

一、会计科目的设置

企业应当在“应交税费”科目下设置“应交进口关税”和“应交出口关税”两个明细科目，分别用来核算企业发生的和实际缴纳的进出口关税，其贷方反映企业在进出口报关时经海关核准应缴纳的进出口关税，其借方反映企业实际缴纳的进出口关税，余额在贷方表示企业应缴纳而未缴纳的进出口关税。对于进口关税来说，应当计入进口货物的成本；对于出口关税来说，通常应当计入企业的销售税金。

二、进口关税的会计处理

（一）自营进口关税的会计处理

企业直接从国外进口原材料或其他产品，按规定计算应缴纳的关税，可以不通过“应交税费——应交进口关税”科目核算，与进口原材料等的价款及其他费用一并计入进口原材料的采购成本。在会计核算上，借记“在途物资”“原材料”“固定资产”等科目，贷记“银行存款”等科目。这种会计处理方法不便于获得完整的企业涉税会计信息，也不利于进行企业税负分析。因此，为体现企业进口关税的税额，也可以通过设置“应交税费——应交进口关税”科目反映。在计算应缴纳的进口关税时，借记“在途物资”等科目，贷记“应交税费——应交进口关税”科目。实际缴纳进口关税时，借记“应交税费——应交进口关税”科目，贷记“银行存款”科目。

【实例 4.5】某企业报关进口货物一批，该批货物关税完税价格折合人民币 50 万元，进口税率为 10%，增值税税率为 17%。企业尚未提货，货款尚未支付，税款已经用银行存款支付。

应缴纳的关税=500 000×10%=50 000（元）

应缴纳的增值税=（500 000+50 000）×17%=93 500（元）

企业做会计分录如下：

（1）若企业直接将应缴纳的关税计入进口货物成本：

借：在途物资	550 000	
应交税费——应交增值税（进项税额）	93 500	
贷：应付账款		643 500

（2）若企业单独核算应缴纳的关税：

借：在途物资　　500 000

　　应交税费——应交增值税（进项税额）　　93 500

　　　　　　——应交进口关税　　50 000

　　贷：应付账款　　643 500

（二）代理进口关税的会计处理

外贸企业对其代理的进口业务部负担盈亏，只是在其中收取一定的手续费。所以代理进口业务产生的进口关税先由外贸企业代缴，然后向委托单位收取。外贸企业在代理进口缴纳进口关税时，借记“应收账款”科目，贷记“应交税费——应交进口关税”科目；实际缴纳时，借记“应交税费——应交进口关税”科目，贷记“银行存款”等科目。委托单位实际向外贸企业支付进口关税时，借记“原材料”“固定资产”等科目，贷记“银行存款”“应付账款”等科目。

【实例 4.6】某进出口企业受 A 单位委托代理进口一批商品，进口货款 30 万元已经汇入进出口公司的开户银行。该进口商品关税完税价格折合人民币 24 万元，进口关税税率为 20%。代理劳务费按货价的 2%收取，该商品已经到达指定口岸，公司与委托单位已办理有关结算。

代缴的关税=240 000×20%=48 000（元）

代理劳务费=240 000×2%=4 800（元）

代理进口企业做会计分录如下：

（1）收到委托方划来货款时：

借：银行存款　　300 000

　　贷：应付账款——A 单位　　300 000

（2）进口商品时：

借：应收账款　　240 000

　　贷：银行存款　　240 000

（3）进口关税结算时：

借：应付账款——A 单位　　48 000

　　贷：应交税费——应交进口关税　　48 000

（4）实际缴纳关税时：

借：应交税费——应交进口关税　　48 000

　　贷：银行存款　　48 000

（5）将进口商品交付委托单位并收取劳务费时：

借：应付账款——A 单位　　244 800

　　贷：其他业务收入　　4 800

　　　　应收账款　　240 000

（6）将委托单位余款退回时：

借：应付账款——A 单位　　7 200

　　贷：银行存款　　7 200

三、出口关税的会计处理

（一）自营出口关税的会计处理

此出口关税的核算应通过“税金及附加”科目进行。企业计算出口应缴纳的出口关税时，借记“税金及附加”科目，贷记“应交税费——应交出口关税”科目；实际缴纳出口关税时，借记“应交税费——应交关税”科目，贷记“银行存款”科目。

【实例 4.7】某进出口企业直接对外出口产品一批，关税完税价格折合人民币为 20 万元，出口关税税率为 10%。

应缴纳的关税=200 000×10%=20 000（元）

企业做会计分录如下：

（1）计提出口关税时：

借：税金及附加　　20 000

　贷：应交税费——应交出口关税　　20 000

（2）实际缴纳关税时：

借：应交税费——应交出口关税　　20 000

　贷：银行存款　　20 000

（二）代理出口关税的会计处理

对于代理出口业务，外贸企业在计算应缴纳的出口关税时，借记“应收账款”科目，贷记“应交税费——应交出口关税”科目；实际缴纳时，借记“应交税费——应交出口关税”科目，贷记“银行存款”科目。对于委托企业收到外贸公司账单时，对于出口关税，借记“税金及附加”科目，贷记“应付账款”等科目；实际支付时，借记“应付账款”科目，贷记“银行存款”等科目。

【实例 4.8】某进出口公司受托代理 B 厂出口一批商品，关税完税价格折合人民币为 50 万元，出口关税税率为 20%，代理劳务费为 3 000 元。

代缴的关税=500 000×20%=100 000（元）

（1）应缴出口关税时：

借：应收账款——B 厂　　100 000

　贷：应交税费——应交出口关税　　100 000

（2）实际缴纳出口关税时：

借：应交税费——应交出口关税　　100 000

　贷：银行存款　　100 000

（3）应收劳务费时：

借：应收账款——B 厂　　3 000

　贷：其他业务收入　　3 000

（4）收到委托单位划来的税款及劳务费时：

借：银行存款　　103 000

　贷：应收账款——B 厂　　103 000

本章小结

关税是海关依法对进出境货物、物品征收的一种税。进出口税则是一国政府根据国家关税政策和经济政策，通过一定的立法程序制定、公布、实施的进出口货物和物品应税的关税税率表。

关税完税价格是指海关根据有关规定对进出口货物进行审定或估定后通过估价确定的价格，它是海关征收关税的依据。

企业应当在“应交税费”科目下设置“应交进口关税”和“应交出口关税”两个明细科目，分别用来核算企业发生的和实际缴纳的进出口关税。

练习题

一、单项选择题

1. 关税的纳税义务人不可能是（　　）。

A. 进口货物的发货人　　B. 进口货物的收货人

C. 出口货物的发货人　　D. 进境物品的所有人

2. 以下项目需要计入进口货物关税完税价格的是（　　）。

A. 进口关税

B. 货物运抵境内输入地点之后的费用

C. 国内保险费

D. 卖方间接从买方对该货物进口后使用所得中获得的收益

3. 进口货物以海关审定的成交价格为基础的（　　）为完税价格。

A. 公允价格　　B. 到岸价格　　C. 离岸价格　　D. 货价

4. 以下关于关税会计处理的说法，正确的是（　　）。

A. 企业自营进口商品时，按规定计算应缴纳的关税，不得计入商品成本，必须通过“应交税费——应交进口关税”科目核算

B. 企业自营进口商品时，按规定计算应缴纳的关税，可以借记“在途物资”科目，贷记“银行存款”科目

C. 代理进口业务产生的进口关税由委托方直接缴纳

D. 企业自营出口商品时，按规定计算应缴纳的关税，借记“主营业务成本”科目，贷记“应交税费——应交出口关税”科目

二、多项选择题

1. 按关税计征的标准，可以将关税分为（　　）。

A. 从价税　　B. 从量税　　C. 复合税　　D. 滑准税

2. 下列进出口货物中，（　　）免征关税。

A. 无商业价值的广告品和货样

B. 外国政府、国际组织无偿赠送的物资

C. 关税数额在 100 元人民币以下的一票货物

D. 进出境运输工具装载的途中必需的燃料、物料和饮食用品

3. 进口货物的完税价格由海关以（　　）为基础审查确定。

A. 符合条件的成交价格

B. 运抵我国境内输入地点起卸前的运输费

C. 运抵我国境内输入地点起卸前的保险费

D. 进口关税及国内税收

4. 某工业企业为增值税一般纳税人，增值税税率为 17%。报关进口不需要安装的设备一台，该设备关税完税价格折合人民币 40 万元，进口税率为 5%。则企业相关会计分录正确的包括（　　）。

A. 借：固定资产　　420 000

　　应交税费——应交增值税（进项税额）　　71 400

　　贷：银行存款　　491 400

B. 借：固定资产　　491 400

　　贷：银行存款　　491 400

C. 借：固定资产　　400 000

　　应交税费——应交增值税（进项税额）　　71 400

　　　　　　——应交进口关税　　20 000

　　贷：银行存款　　491 400

D. 借：固定资产　　400 000

　　贷：银行存款　　400 000

三、计算题

某企业报关进口货物一批，该货物离岸价格折合人民币为 50 万元，支付国外运费、保险费等折合人民币为 10 万元，进口关税税率为 10%。计算该企业进口这批货物的关税完税价格和应缴纳的关税。

四、实训题

某企业报关进口材料一批，该批材料关税完税价格折合人民币为 80 万元，进口关税税率为 20%，增值税税率为 17%。企业尚未提货，货款尚未支付，税款已经用银行存款支付。根据上述资料，做出企业计提应缴纳的关税和增值税以及实际缴纳关税的会计分录。

五、拓展阅读指南

1.《中华人民共和国进出口关税条例》

2. 中华人民共和国海关总署网站

3. 中华人民共和国财政部关税司网站

第五章　企业所得税会计

【学习目标】

熟悉企业所得税的特点及作用；掌握企业所得税的纳税人、征税对象和税率；重点理解企业所得税应纳税所得额和会计利润的联系和区别，并会计算应纳税所得额和应纳税额；了解企业所得税的核算方法，重点掌握资产负债表债务法及其会计处理；理解暂时性差异含义及其对所得税的影响金额，并掌握相关的会计处理。

引导案例

资产负债表债务法下的所得税会计

2006 年 2 月 15 日，财政部发布了新的企业会计准则体系，并于 2007 年 1 月 1 日起首先在上市公司中执行。新会计准则体系的颁布和实施，是我国会计改革路上一个新的里程碑，其中所得税会计准则格外引人注意。《会计准则第 18 号——所得税》直接借鉴了《国际会计准则——所得税》的思想，引入了计税基础和暂时性差异等重要概念，要求企业采取以资产负债表观为理论基础的资产负债表债务法作为所得税的会计处理方法，摒弃了以前以利润表观作为理论基础的应付税款法和纳税影响会计法。虽然纳税影响会计法中的债务法相对于应付税款法和纳税影响会计法中的递延法在理论上更具有说服力，但是由于其仍然通过收入和费用要素考察所得税问题，因而可将其称为利润表债务法。资产负债表债务法从暂时性差额产生的本质出发分析暂时性差异产生的原因以及对期末资产、负债的影响，并将其确认为递延所得税负债或递延所得税资产，而利润表债务法将时间性差异对未来所得税的影响确认为递延税款。我国会计准则与税法相分离，税前会计利润与应纳税所得额之间必然存在着差异，并且这种差异随着我国经济改革的不断深入而越来越大。因此，资产负债表债务法理论上的成熟性使得其在实践上更具有优越性。

资产负债表债务法从资产负债观出发，认为每一项交易或事项发生后，应首先关注其对资产负债的影响，然后再根据资产负债的变化来确认收益或损失。所以资产负债表债务法认为，所得税会计的首要目的应是确认并计量由于会计制度和税法差异给企业未来经济利益流入或流出带来的影响，将所得税核算影响企业的资产和负债放在首位。而利润表债务法从收入费用观出发，认为首先应考虑交易或事项相关的收入和费用的直接确认，从收入和费用的直接配比来计量企业的收益。我国过去对企业评价一般强调利润指标，核算观念更多地侧重收入费用观。但是随着我国经济环境的变化和会计准则与国际趋同，收入费用观逐步被更为科学的资产负债观所取代。《企业会计准则第 18 号——所得税》准则中明确指出企业所得税核算采用资产负债表债务法，可以说是我国在制定会计准则和会计核算中由收入费用观向资产负债观转变迈出了极大的一步。

启发思考

1. 会计准则和企业所得税法的差异会对企业所得税的核算带来什么影响？
2. 为什么包括我国在内的众多国家采用资产负债表债务法对企业所得税进行会计核算和账务处理？

第一节　企业所得税的计税原理

一、企业所得税概述

企业所得税是就企业的应纳税所得额课征的一种税收。企业所得税，属于对公司、企业及税法认定的组织征收的税收，在国外也被称为公司税、公司所得税、法人税或法人所得税。企业所得税是对于公司这一组织的所得课征的特别税收，起源于英国早期商业活动时代，由于当时公司这一组织形式的创设，需经英王特许，才能享受经营商业的权利，故此种对于公司所征收的特别税收，与现代所得税的特征不尽相同，但可以说是企业所得税的雏形。英国自 1909 年起开始征收公司所得税，是较早实行公司税制的国家，此后其他国家也相继开征。目前，世界上有 160 多个国家和地区开征了这种所得税。

二、企业所得税的纳税人

在中华人民共和国境内，企业和其他取得收入的组织（以下统称“企业”）为企业所得税的纳税人，依照规定应当缴纳企业所得税。个人独资企业和合伙企业不适用企业所得税法。

企业分为居民企业和非居民企业。居民企业，是指依法在中国境内成立，或者依照外国（地区）法律成立但实际管理机构在中国境内的企业；非居民企业，是指依照外国（地区）法律成立且实际管理机构不在中国境内，但在中国境内设立机构、场所的，或者在中国境内未设立机构、场所，但有来源于中国境内所得的企业。

拓展阅读

如何正确理解实际管理机构

实际管理机构是指对企业的生产经营、人员、账务、财产等实施实质性全面管理和控制的机构。实际管理机构的界定标准包括以下几方面。

（1）对企业有实质性管理和控制的机构。并非形式上的“橡皮图章”，而是对企业的经营活动能够起到实质性的影响。实行实质性管理和控制的机构，往往和名义上的企业行政中心不一致，多是企业为了避税而故意造成的，因而在适用税法时应当进行实质性审查，确定企业真实的管理中心所在。

（2）对企业实行全面的管理和控制的机构。如果该机构只是对该企业的一部分或并不关键的生产经营活动进行影响和控制，比如只是对在中国境内的某一个生产车间进行管理，则不被认定为实际管理机构。只有对企业的整体或者主要的生产经营活动进行实际管理控制，对本企业的生产经营活动负总体责任的管理控制机构，才符合实际管理机构标准。

（3）管理和控制的内容是企业的生产经营、人员、账务、财产等。例如，一个中国境内的外国企业，其生产经营、人员、账务、财产等重要事务实际上是由在中国境内的一个机构来作出决策的，那么我们就应当认定其实际管理机构在中国境内。

2014 年国家税务总局下发了《关于依据实际管理机构标准实施居民企业认定有关问题的公告》，以公告的形式对原有的相关通知（国税发[2009]82 号）有关条款进行了修订。我国实施以实际管理机构认定居民企业条款的立法本意是借鉴国际惯例，适度拓宽税收管辖权，堵塞跨国避税漏洞，维护国家税收权益。

阅读指南：关于《依据实际管理机构标准实施居民企业认定有关问题的公告》的解读。

三、企业所得税的征税对象

（一）居民企业的征税对象

居民企业应当就其来源于中国境内、境外的所得缴纳企业所得税。所得包括销售货物所得、提供劳务所得、转让财产所得、股息红利等权益性投资所得、利息所得、租金所得、特许权使用费所得、接受捐赠所得和其他所得。

（二）非居民企业的征税对象

非居民企业在中国境内设立机构、场所的，应当就其所设机构、场所取得的来源于中国境内的所得，以及发生在中国境外但与其所设机构、场所有实际联系的所得，缴纳企业所得税。非居民企业在中国境内未设立机构、场所的，或者虽设立机构、场所但取得的所得与其所设机构、场所没有实际联系的，应当就其来源于中国境内的所得缴纳企业所得税。

上述所称实际联系，是指非居民企业在中国境内设立的机构、场所拥有据以取得所得的股权、债权，以及拥有、管理、控制据以取得所得的财产等。

四、企业所得税的税率

企业所得税实行比例税率。由于企业所得税的纳税人不同，适用的税率也不同，因此这是一种差别比例税率。具体规定是：

（1）基本税率为25%。适用于居民企业和在中国境内设有机构、场所且所得与机构、场所有关联的非居民企业。

（2）低税率为20%。适用于在中国境内未设立机构、场所的，或者虽设立机构、场所但取得的所得与其所设机构、场所没有实际联系的非居民企业。实际征税时适用10%的税率。

知识点滴

非居民企业的预提所得税

《中华人民共和国企业所得税法》和《中华人民共和国企业所得税法实施条例》都规定：在中国境内未设立机构、场所，而有取得的来源于中国境内的利润（股息、红利）、利息、租金、特许权使用费和其他所得，或者虽设立机构、场所，但上述所得与其机构、场所没有实际联系的，都应当缴纳20%（实际为10%）的所得税，这种所得税属于预提所得税。预提所得税简称预提税，指的是源泉扣缴的所得税。预提所得税不是一个税种，而是世界上对这种源泉扣缴的所得税的习惯叫法。预提所得税，即由所得支付人（付款人）在向所得受益人（收款人）支付所得（款项）时为其代扣代缴税款的一种所得税。

第二节　企业所得税应纳税所得额的计算

企业所得税的应纳税所得额以企业每一纳税年度的收入总额为计算依据，以收入总额扣除不征税收入、免税收入、税法允许的各项扣除金额、以及允许弥补的以前年度亏损后的余额为应纳税所得额。其计算公式为：

应纳税所得额=收入总额-不征税收入-免税收入-各项扣除-允许弥补的以前年度亏损

一、企业所得税的收入总额

（一）收入总额的项目

企业以货币形式和非货币形式从各种来源取得的收入，为收入总额。收入总额具体包括：销售货物收入；提供劳务收入；转让财产收入；股息、红利等权益性投资收益；利息收入；租金收入；特许权使用费收入；接受捐赠收入；其他收入。

特别提示

企业所得税收入总额由九部分构成，企业核算收入总额时不能出现错误或遗漏。企业容易发生的差错主要有两种：其一是申报缴纳企业所得税时未按照税法的规定将相关项目调整转为所得税收入，例如不对捐赠收入、逾期未退包装物押金收入、确实无法偿付的应付款项进行调整；其二是在取得相关收入时冲减费用而不作收入。前者将直接造成应纳税所得的差错，产生纳税风险；后者从形式上看似乎不会产生应纳税所得额的差错，但实际上仍然会造成应纳税所得额的差错，其中最主要的是使企业的应税收入总额减少，并导致税前扣除的业务招待费、广告费和业务宣传费用的减少，进而导致应纳税所得额的虚增，引发多缴纳企业所得税的风险。

（二）特殊收入的确认

企业的下列生产经营业务可以分期确认收入的实现：

（1）以分期收款方式销售货物的，按照合同约定的收款日期确认收入的实现。

（2）企业受托加工制造大型机械设备、船舶、飞机，以及从事建筑、安装、装配工程业务或者提供其他劳务等，持续时间超过12个月的，按照纳税年度内完工进度或者完成的工作量确认收入的实现。

（3）采取产品分成方式取得收入的，按照企业分得产品的日期确认收入的实现，其收入额按照产品的公允价值确定。

（4）企业发生非货币性资产交换，以及将货物、财产、劳务用于捐赠、偿债、赞助、集资、广告、样品、职工福利或者利润分配等用途的，应当视同销售货物、转让财产或者提供劳务，但国务院财政、税务主管部门另有规定的除外。

二、企业所得税的不征税收入和免税收入

（一）不征税收入

收入总额中的下列收入为不征税收入：

（1）财政拨款。财政拨款是指各级人民政府对纳入预算管理的事业单位、社会团体等组织拨付的财政资金，但国务院和国务院财政、税务主管部门另有规定的除外。

（2）依法收取并纳入财政管理的行政事业性收费、政府性基金。行政事业性收费，是指依照法律法规等有关规定，按照国务院规定程序批准，在实施社会公共管理，以及在向公民、法人或者其他组织提供特定公共服务过程中，向特定对象收取并纳入财政管理的费用。政府性基金，是指企业依照法律、行政法规等有关规定，代政府收取的具有专项用途的财政资金。

（3）国务院规定的其他不征税收入。国务院规定的其他不征税收入，是指企业取得的，由国务院财政、税务主管部门规定专项用途并经国务院批准的财政性资金。

（二）免税收入

企业的下列收入为免税收入：

（1）国债利息收入。国债利息收入，是指企业持有国务院财政部门发行的国债取得的利息收入。

（2）符合条件的居民企业之间的股息、红利等权益性投资收益。符合条件的居民企业之间的股息、红利等权益性投资收益，是指居民企业直接投资于其他居民企业取得的投资收益。

（3）在中国境内设立机构、场所的非居民企业从居民企业取得与该机构、场所有实际联系的股息、红利等权益性投资收益。

上述股息、红利等权益性投资收益，不包括连续持有居民企业公开发行并上市流通的股票不足 12 个月取得的投资收益。

（4）符合条件的非营利组织的收入。

特别提示

不征税收入与免税收入，虽然都可以从收入总额中扣除，都不用缴纳企业所得税，但二者之间存在较为明显的差别：一是不征税收入是指纳税人取得的不属于企业所得税征税范围内的收入项目，而免税收入则是指属于企业所得税征税范围，只是国家给予一定的优惠而不予征税，因此免税收入实际上是企业所得税的税收优惠条款；二是不征税收入用于支出所形成的费用以及用于支出所形成的资产，其相关费用以及资产的折旧、摊销等都不得在计算应纳税所得额时扣除，而免税收入不存在此种限制。前一种差别是理论上的，不会对应纳税所得额产生影响，但后一种差别直接影响企业所得税的计算。因而，纳税人必须严格区分不征税收入与免税收入，并注意将其支出单独核算。

三、企业所得税的税前扣除范围

（一）准予税前扣除的项目

企业实际发生的与取得收入有关的、合理的支出，包括成本、费用、税金、损失和其他支出，准予在计算应纳税所得额时扣除。

（二）具体扣除项目标准

1. 工资薪金支出

企业发生的合理的工资薪金支出，准予扣除。工资薪金，是指企业每一纳税年度支付给在本企业任职或者受雇的员工的所有现金形式或者非现金形式的劳动报酬，包括基本工资、奖金、津贴、补贴、年终加薪、加班工资，以及与员工任职或者受雇有关的其他支出。

2. 社会保险费

企业依照国务院有关主管部门或者省级人民政府规定的范围和标准为职工缴纳的基本养老保险费、基本医疗保险费、失业保险费、工伤保险费、生育保险费等基本社会保险费和住房公积金，准予扣除。企业为投资者或者职工支付的补充养老保险费、补充医疗保险费，在国务院财政、税务主管部门规定的范围和标准内，准予扣除。除企业依照国家有关规定为特殊工种职工支付的人身安全保险费和国务院财政、税务主管部门规定可以扣除的其他商业保险费外，企业为投资者或者职工支付的商业保险费，不得扣除。

3. 职工福利费、工会经费、职工教育经费

企业发生的职工福利费支出，不超过工资薪金总额14%的部分，准予扣除；企业拨缴的工会经费，不超过工资薪金总额 2%的部分，准予扣除；企业发生的职工教育经费支出，不超过工资薪金总额2.5%的部分，准予扣除；超过部分，准予在以后纳税年度结转扣除。

问与答

问：某企业 2016 年度实际发生合理工资薪金支出共计 600 万元，实际发生职工教育经费支出 20 万元。2016 年度该企业允许税前扣除的职工教育经费是多少？

答：职工教育经费扣除标准=600×2.5%=15（万元），实际发生职工教育经费 20 万元，超出扣除标准 5 万元。2016 年度允许税前扣除的职工教育经费为 15 万元，超过扣除标准的 5 万元允许结转至 2017 年度税前扣除。

4. 利息费用

企业在生产经营活动中发生的下列利息支出，准予扣除：

（1）非金融企业向金融企业借款的利息支出、金融企业的各项存款利息支出和同业拆借利息支出、企业经批准发行债券的利息支出。

（2）非金融企业向非金融企业借款的利息支出，不超过按照金融企业同期同类贷款利率计算的数额的部分。

5. 借款费用

（1）企业在生产经营活动中发生的合理的不需要资本化的借款费用，准予扣除。

（2）企业为购置、建造固定资产、无形资产和经过 12 个月以上的建造才能达到预定可销售状态的存货发生借款的，在有关资产购置、建造期间发生的合理的借款费用，应当作为资本性支出计入有关资产的成本并依照规定扣除；有关资产交付使用后发生的借款利息，可以在发生当期扣除。

知识链接

收益性支出和资本性支出的区别

收益性支出是指取得财务或劳务的效益只及于当期所发生的支出。资本性支出是指取得的财产或劳务的效益可以及于多个会计期间所发生的支出。收益性支出不同于资本性支出，前者全部由当年的销售或营业收入补偿，后者先记作资产，通过计提折旧或摊销分年摊入各年成本费用。区分收益性支出和资本性支出，是为了正确计算各年损益和正确反映资产的价值。如把收益性支出作为资本性支出，结果是少计了当期费用，多计了资产价值，虚增利润；反之，则多计了当期费用，少计了资产价值，虚减利润。会计核算应严格区分收益性支出资本性支出的界限，以正确计算各期损益。

按照这一原则，企业借款费用是否资本化也应当严格区分。例如，企业为生产购买原材料发生的借款费用，属于收益性支出，可在计算缴纳企业所得税前一次性扣除；企业为建造厂房发生的借款费用，属于资本性支出，应当将借款费用计入固定资产原值中，按期计提折旧进行摊销，这部分借款费用不得一次性税前扣除，否则会导致当期利润总额虚减，少缴企业所得税。

6. 业务招待费

业务招待费是指企业为经营业务的需要而支付的应酬费用。企业发生的与生产经营活动有关的业务招待费支出，按照发生额的60%扣除，但最高不得超过当年销售（营业）收入的5‰。

【实例 5.1】某企业年度销售收入为 3 000 万元，企业当年实际发生的业务招待费为 50 万元。问该企业本年度计算缴纳企业所得税时业务招待费能够扣除多少？

业务招待费扣除限额：

50×60%=30（万元），3 000×5‰=15（万元），由于 15 万元＜30 万元，所以业务招待费扣除限额为 15 万元

实际发生的业务招待费超出扣除标准 35 万元（50−15），不得税前扣除，需要调增应纳税所得税 35 万元。

7. 广告费和业务宣传费

企业发生的符合条件的广告费和业务宣传费支出，除国务院财政、税务主管部门另有规定外，不超过当年销售（营业）收入 15%的部分，准予扣除；超过部分，准予在以后纳税年度结转扣除。

【实例 5.2】某企业年度的销售收入为 3 000 万元，企业当年实际发生的广告费为 500 万元。问该企业本年度计算缴纳企业所得税时广告费能够扣除多少？

广告费扣除限额=3 000×15%=450（万元）

当年实际发生的广告费超出扣除标准 50 万元（500−450），不得税前扣除，需要调增应纳税所得税 50 万元（可结转到以后年度扣除）。

8. 环境保护专项资金

企业依照法律、行政法规有关规定提取的用于环境保护、生态恢复等方面的专项资金，准予扣除。但专项资金提取后改变用途的，不得扣除。

9. 公益性捐赠支出

公益性捐赠，是指企业通过公益性社会团体或者县级以上人民政府及其部门，用于规定的公益事业的捐赠。企业发生的公益性捐赠支出，在年度利润总额 12%以内的部分，准予在计算应纳税所得额时扣除。年度利润总额是指企业依照国家统一会计制度的规定计算的年度会计利润。

【实例 5.3】某企业某年度会计利润为 1 000 万元，企业通过中国红十字会向某灾区捐款 50 万元。问该企业本年度计算缴纳企业所得税时公益性捐赠支出能够扣除多少？

公益性捐赠支出扣除限额=1 000×12%=120（万元）

实际发生公益性捐赠 50 万元，没有超过扣除标准，因此可以全额在税前扣除。

（三）不得税前扣除的项目

企业在计算应纳税所得额时，下列支出不得扣除：

（1）向投资者支付的股息、红利等权益性投资收益款项。

（2）企业所得税税款。

（3）税收滞纳金。

（4）罚金、罚款和被没收财物的损失。

（5）超过公益性捐赠支出规定以外的捐赠支出。

（6）赞助支出，是指企业发生的与生产经营活动无关的各种非广告性质支出。

（7）未经核定的准备金支出。

（8）与取得收入无关的其他支出。

知识串讲

非广告性支出的赞助支出和广告费、业务宣传费支出的区别

赞助支出可划分为广告性质的赞助支出与非广告性质的赞助支出两类。《企业所得税》规定的赞助支出一般是指非广告性质的赞助支出。根据《企业所得税法》规定，企业发生与生产经营活动无关的各种非广告性质的赞助支出在计算缴纳企业所得税时不得扣除；企业发生的赞助活动确实与生产经营活动有关的，应根据交易的实质确定支出的性质，不能笼统地以“赞助”的名义或“赞助支出”方式进行扣除。例如，企业以宣传其形象、扩大其产品、服务等知名度为目的进行赞助，接受赞助的单位需要提供一定的媒介公开地为其进行宣传服务，如果接受赞助的单位为专门从事广告业务的，该支出的性质则属于广告性支出；接受赞助的务为非从事广告业务的，该支出的性质就属于业务宣传费支出。

四、企业所得税资产的税务处理

（一）固定资产的税务处理

固定资产，是指企业为生产产品、提供劳务、出租或者经营管理而持有的、使用时间超过 12 个月的非货币性资产，包括房屋、建筑物、机器、机械、运输工具以及其他与生产经营活动有关的设备、器具、工具等。

> **想一想**
>
> 假设某企业未按照规定的期限办理纳税申报和报送纳税资料，被税务机关依法罚款 1 000 元，企业缴纳罚款后通过“营业外支出”科目列支。请问企业在计算缴纳企业所得税时能否将这 1 000 元扣除？

1. 固定资产的计税基础

（1）外购的固定资产，以购买价款和支付的相关税费以及直接归属于使该资产达到预定用途发生的其他支出为计税基础。

（2）自行建造的固定资产，以竣工结算前发生的支出为计税基础。

（3）融资租入的固定资产，以租赁合同约定的付款总额和承租人在签订租赁合同过程中发生的相关费用为计税基础，租赁合同未约定付款总额的，以该资产的公允价值和承租人在签订租赁合同过程中发生的相关费用为计税基础。

（4）盘盈的固定资产，以同类固定资产的重置完全价值为计税基础。

（5）通过捐赠、投资、非货币性资产交换、债务重组等方式取得的固定资产，以该资产的公允价值和支付的相关税费为计税基础。

（6）改建的固定资产，除已足额提取折旧的固定资产的改建支出、租入固定资产的改建支出外，以改建过程中发生的改建支出增加计税基础。

2. 固定资产的折旧范围

在计算应纳税所得额时，企业按照规定计算的固定资产折旧，准予扣除。下列固定资产不得计算折旧扣除：

（1）房屋、建筑物以外未投入使用的固定资产。

（2）以经营租赁方式租入的固定资产。

（3）以融资租赁方式租出的固定资产。

（4）已足额提取折旧仍继续使用的固定资产。

（5）与经营活动无关的固定资产。

（6）单独估价作为固定资产入账的土地。

（7）其他不得计算折旧扣除的固定资产。

知识点滴

不同租赁方式对固定资产计提折旧的影响

经营租赁是一种短期租赁形式，是指出租人不仅要向承租人提供设备的使用权，还要向承租人提供设备的保养、保险、维修和其他专门性技术服务的一种租赁形式。融资租赁又称设备租赁，是指实质上转移与资产所有权有关的全部或绝大部分风险和报酬的租赁。二者的实质区别是，经营租赁实质上并没有转移与资产所有权有关的全部风险和报酬，而融资租赁的实质是将与资产所有权有关的全部风险和报酬转移给了承租人。所以，采用不同租赁方式出租或租入固定资产，其折旧范围也不同。例如，以经营租赁方式租入的固定资产，企业只是取得使用权而非所有权，因此不得计提折旧；而以融资租赁方式对外租出的固定资产，由于企业已经将所有权转移给对方，所以也不得计提折旧。

3. 固定资产折旧的计提方法

固定资产按照直线法计算的折旧，准予扣除。企业按税法规定加速折旧的，加速折旧额可全额税前扣除。

企业应当自固定资产投入使用月份的次月起计算折旧；停止使用的固定资产，应当自停止使用月份的次月起停止计算折旧。企业应当根据固定资产的性质和使用情况，合理确定固定资产的预计净残值。固定资产的预计净残值一经确定，不得变更。

4. 固定资产折旧的计提年限

除国务院财政、税务主管部门另有规定外，固定资产计算折旧的最低年限如下：

（1）房屋、建筑物，为20年。

（2）飞机、火车、轮船、机器、机械和其他生产设备，为10年。

（3）与生产经营活动有关的器具、工具、家具等，为5年。

（4）飞机、火车、轮船以外的运输工具，为4年。

（5）电子设备，为3年。

5. 固定资产折旧的企业所得税处理

（1）企业会计折旧年限短于税法规定的最低折旧年限，其按会计折旧年限计提的折旧高于按税法规定的最低折旧年限计提的折旧部分，应调增当期应纳税所得税；企业固定资产会计折旧年限已期满且会计折旧提足，但税法规定的最低折旧年限尚未到期且税收折旧尚未足额扣除，其未足额扣除的部分准予在剩余的税收折旧年限继续按规定扣除。

（2）企业会计折旧年限长于税法规定的最低折旧年限，其折旧应按会计折旧年限计算扣除，税法另有规定除外。

（3）企业按会计规定提取的固定资产减值准备，不得税前扣除，其折旧仍按税法确定的固定资产计税基础计算扣除。

【实例 5.4】某生产企业 2016 年 12 月购置办公用电脑一台，不含增值税金额为 6 000 元，预计使用寿命 2 年，预计净残值率为 5%，采用直线法计提折旧。

那么，该企业从 2017 年 1 月起，可计提的年折旧额为：

6 000×（1−5%）÷2=2 850（元）

税法规定，电子设备的折旧年限为 3 年，那么，该项固定资产可税前扣除的年折旧额为：

6 000×（1−5%）÷3=1 900（元）

2016 年和 2017 年企业在计算缴纳企业所得税时，该项固定资产折旧每年需调增应纳税所得额 950 元（2 850—1 900）；2018 年，固定资产折旧可继续税前扣除 1 900 元。

接【实例 5.4】，如果将电脑预计使用寿命改为 4 年，其他条件不变。

那么，该企业从 2017 年 1 月起，可计提的年折旧额为：

6 000×（1-5%）÷4=1 425（元）

企业在计算缴纳企业所得税时，每年税前扣除的固定资产折旧均按实际发生额 1 425 元计提，不需要根据税法允许计提的折旧 1 900 元进行纳税调整处理。

（二）生产性生物资产的税务处理

生产性生物资产，是指企业为生产农产品、提供劳务或者出租等而持有的生物资产，包括经济林、薪炭林、产畜和役畜等。

1. 生产性生物资产的计税基础

（1）外购的生产性生物资产，以购买价款和支付的相关税费为计税基础。

（2）通过捐赠、投资、非货币性资产交换、债务重组等方式取得的生产性生物资产，以该资产的公允价值和支付的相关税费为计税基础。

2. 生产性生物资产折旧的计提方法

生产性生物资产按照直线法计算的折旧，准予扣除。企业应当自生产性生物资产投入使用月份的次月起计算折旧；停止使用的生产性生物资产，应当自停止使用月份的次月起停止计算折旧。企业应当根据生产性生物资产的性质和使用情况，合理确定生产性生物资产的预计净残值。生产性生物资产的预计净残值一经确定，不得变更。

3. 生产性生物资产折旧的计提年限

生产性生物资产计算折旧的最低年限如下：林木类生产性生物资产，为 10 年；畜类生产性生物资产，为 3 年。

（三）无形资产的税务处理

无形资产，是指企业为生产产品、提供劳务、出租或者经营管理而持有的、没有实物形态的非货币性长期资产，包括专利权、商标权、著作权、土地使用权、非专利技术、商誉等。

1. 无形资产的计税基础

（1）外购的无形资产，以购买价款和支付的相关税费以及直接归属于使该资产达到预定用途发生的其他支出为计税基础。

（2）自行开发的无形资产，以开发过程中该资产符合资本化条件后至达到预定用途前发生的支出为计税基础。

（3）通过捐赠、投资、非货币性资产交换、债务重组等方式取得的无形资产，以该资产的公允价值和支付的相关税费为计税基础。

2. 无形资产折旧的计提范围

在计算应纳税所得额时，企业按照规定计算的无形资产摊销费用，准予扣除。

下列无形资产不得计算摊销费用扣除：

（1）自行开发的支出已在计算应纳税所得额时扣除的无形资产。

（2）自创商誉。

（3）与经营活动无关的无形资产。

（4）其他不得计算摊销费用扣除的无形资产。

3. 无形资产折旧的计提方法和年限

无形资产按照直线法计算的摊销费用，准予扣除。无形资产的摊销年限不得低于 10 年。作为投资或者受让的无形资产，有关法律规定或者合同约定了使用年限的，可以按照规定或者约定的使用年限分期摊销。外购商誉的支出，在企业整体转让或者清算时，准予扣除。

五、企业所得税的亏损弥补

亏损，是指企业依照税法的规定将每一纳税年度的收入总额减除不征税收入、免税收入和各项扣除后小于零的数额。企业纳税年度发生的亏损，准予向以后年度结转，用以后年度的所得弥补。下一纳税年度所得不足弥补的，可以逐年延续弥补，但结转年限最长不得超过 5 年。

拓展阅读

企业所得税亏损结转的方式

一般而言，企业所得税亏损结转的基本方式，可以分为向以前年度结转和向以后年度结转两种。向以前年度结转是指纳税人当期发生的亏损向后结转，用以冲抵以前年度的利润；向以后年度结转是指纳税人当期发生的亏损向前结转，用以冲抵以后年度的应纳税所得，即当计算年度应纳税所得额时允许将以前年度发生的亏损进行扣除。例如，某企业 2016 年度发生亏损，在计算 2017 年度企业所得税应纳税所得额时允许将 2016 年产生的亏损扣除。我国税法规定采用向以后年度结转亏损，纳税人可以直接冲减以后盈利年度的应纳税所得额，直接减少应纳税款，即有利于税收征管，也方便纳税人。

【实例 5.5】某居民企业 2010—2016 年的应纳税所得额如表 5.1 所示。

表 5.1　企业 2010—2016 年应纳税所得额　（单位：万元）

年度	2010	2011	2012	2013	2014	2015	2016
应纳税所得额	−30	3	5	8	4	5	10

请说明该企业 2010 年出现的亏损应当如何弥补？

2010 年亏损 30 万元，可向以后年度结转：

2011 年可弥补 3 万元，还有 27 万元亏损未弥补；

2012 年可弥补 5 万元，还有 22 万元亏损未弥补；

2013 年可弥补 8 万元，还有 14 万元亏损未弥补；

2014 年可弥补 4 万元，还有 10 万元亏损未弥补；

2015 年可弥补 5 万元，还有 5 万元亏损未弥补，但已经结转 5 年，尚未弥补的亏损不得再结转。

2016 年应纳税额所得额 10 万元应当缴纳企业所得税。

第三节　企业所得税应纳税额的计算

一、居民企业应纳税额的计算

居民企业的应纳税所得额乘以适用税率，减除规定的减免税额和抵免税额后的余额，为应纳税额。

应纳税额的计算公式为：

应纳税额＝应纳税所得额×适用税率－减免税额－抵免税额

减免税额和抵免税额，是指依照企业所得税法和国务院的税收优惠规定减征、免征和抵免的应纳税额。

在间接计算法下，在会计利润总额的基础上加或减按照税法规定调整的项目金额后，即为应纳税所得额。计算公式为：

应纳税所得额=会计利润总额±纳税调整项目金额

会计利润总额=营业利润+投资净收益+营业外收入−营业外支出

纳税调整项目金额包括两方面的内容：一是企业的财务会计处理和税法规定不一致的应予以调整的金额；二是企业按税法规定准予扣除的税收金额。

【实例 5.6】某企业为居民企业，2016 年发生经济业务如下：

（1）销售产品取得销售收入 3 000 万元。

（2）发生产品销售成本 1 500 万元。

（3）发生销售费用 300 万元，其中包括广告费 200 万元。

（4）管理费用 200 万元，其中包括业务招待费 20 万元。

（5）财务费用 30 万元，其中包括支付其他企业借入生产用周转金的利息支出 10 万元（2016 年 1 月 1 日借入本金 100 万元，年利率 10%，假设金融机构同期同类贷款年利率 5%）。

（6）销售税金及附加 120 万元（不含增值税）。

（7）营业外支出 20 万元，其中包括向希望工程捐款 10 万元，支付税收滞纳金 1 万元。

（8）计入成本、费用中的实发工资总额 100 万元，拨缴职工工会经费 3 万元，发生职工福利费 20 万元，发生职工教育经费 4.5 万元。

请计算该企业 2016 年应缴纳的企业所得税。（企业所得税税率为 25%）

会计利润总额=3 000−1 500−300−200−30−120−20=830（万元）

纳税调整项目：

（1）广告费扣除限额=200×15%=30（万元）

调增应纳税所得额=200−30=170（万元）

（2）业务招待费扣除限额=12（万元）

20×60%=12（万元）< 3 000×5‰=15（万元）

调增应纳税所得额=20−12=8（万元）

（3）利息支出扣除限额=100×5%=5（万元）

调增应纳税所得额=10−5=5（万元）

（4）公益性捐赠支出扣除限额=830×12%=99.6（万元）

实际发生 10 万元，未超限额标准，可据实扣除

（5）税收滞纳金税前不得扣除，调增应纳税所得额 1 万元

（6）职工工会经费扣除限额=100×2%=2（万元）

调增应纳税所得额=3−2=1（万元）

（7）职工福利费扣除限额=100×14%=14（万元）

调增应纳税所得额=20−14=6（万元）

（8）职工教育经费扣除限额=100×2.5%=2.5（万元）

调增应纳税所得额=4.5−2.5=2（万元）

应纳税所得额=830+170+8+5+1+1+6+2=1 023（万元）

应缴纳的企业所得税=1 023×25%=255.75（万元）

二、居民企业境外所得税收抵免的计算

（一）抵免法及分类

1. 抵免法

境外所得已纳税额抵扣，是避免国际间对同一所得重复征税的一项重要措施。我国税法规定对居民企业境外所得的已纳税款实行限额抵免，这是一种采用抵免法来避免国际间所得重复征税的方法。

拓展阅读

避免国际间所得税重复征税的不同方法

除抵免法之外，免税法、扣除法和减免法均是缓解或消除国际间所得税重复征税的方法。

（1）抵免法，是指一国政府在优先承认其他国家的地域税收管辖权的前提下，在对本国纳税人来源于国外的所得征税时，以本国纳税人在国外缴纳税款冲抵本国税收的方法。目前世界各国普遍采用此种方法。

（2）免税法，又称豁免法，是指一国政府单方面放弃对本国纳税人国外所得的征税权力，以消除国际重复征税的方法。这种方法可以鼓励向海外投资，向国内汇款，借以改善国际收支状况。

（3）扣除法，是指居住国对居民纳税人征收所得税时，允许该居民将其在境外已缴纳的税款作为费用从应税所得额中扣除，扣除后的余额按相应的税率纳税。

（4）减免法，又称低税法或减税法，是指一国对本国居民的国外所得在标准税率的基础上减免一定比例，按较低的税率征税，对其国内所得则按正常的标准税率征税。这样，一国对本国居民来源于国外的所得征税的税率越低，越有利于缓解国际双重征税问题。

比较而言，免税法对企业来源于境外的所得完全免税，能够较为彻底地消除国际间重复征税，但意味着企业所在国放弃了征税权，不利于保护企业所在国的税收利益，目前世界上已很少采取此种方法。

扣除法是将企业来源于境外的所得已在境外缴纳的所得税税款作为一项费用，可以在计算企业来源于境内外的应纳税所得额时予以扣除，这种方法虽然能够保证企业所在国的税收利益，但消除重复征税的力度相对较小。

减免法只是居住国对要缴纳外国税款的国外所得按较低税率征税，而不是完全对其免税，所以与扣除法一样，只能减轻而不能免除国际双重征税。

比较之下，抵免法的优越性显而易见：一是能较为彻底地消除国际重复征税，使投资者与向国内投资的税收负担大致相等，有利于促进国际投资和各国对外经济关系的发展。；二是既避免了对同一笔所得双重征税，又在一定程度上防止了国际逃税和避税，保证了一笔所得必征一次税；三是体现了公平税负的原则，有利于维护各国的税收管辖权和税收利益。因此，抵免法是一种相对较优的方法，也是世界各国在免除国际重复征税时采用较多的一种方法。

2. 抵免法的分类

（1）直接抵免和间接抵免

抵免法按其适用对象不同，可以分为直接抵免和间接抵免。直接抵免是指居住国政府对其居民纳税人在非居住国直接缴纳的所得税款，允许冲抵其应缴本国政府的所得税款，直接抵免适用

于同一经济实体的跨国纳税人，如总公司与分公司之间汇总利润的税收抵免。间接抵免是指居住国政府对跨国纳税人在非居住国非直接缴纳的税款，允许部分冲抵其居住国纳税义务，即在应缴本国政府所得税内进行抵免，适用于跨国母子公司的经营方式，又适用于母、子、孙等多层公司的经营方式。

（2）全额抵免和限额抵免

抵免法按其计算方式不同，可分为全额抵免和限额抵免。全额抵免是指居住国政府对跨国纳税人在国外直接缴纳的所得税税款予以全部抵免。限额抵免也称普通抵免，是指居住国政府对跨国纳税人在国外直接缴纳的所得税税收给予抵免，但可抵免的数额不得超过国外所得额按本国税率计算的应纳税额。限额抵免与全额抵免的区别在于：限额抵免规定了一个抵免限额，当应抵税额等于或小于抵免限额时，一般可获全额抵免，超过限额数的，则不能全数抵免，而全额抵免可实现全数抵免，但当居住国的税率低于非居住国的税率时，就会侵蚀居住国的税收利益，也逾越了消除国际重复征税的初衷。采用限额抵免可以维护居住国的税收利益，因而被大多数国家所采用。我国在参考国际惯例的基础上，出于维护本国税收利益的考虑，采用限额抵免法。

（二）我国税收抵免适用情况

1. 直接抵免

企业取得的下列所得已在境外缴纳的所得税税额，可以从其当期应纳税额中抵免，抵免限额为该项所得依照我国税法规定计算的应纳税额；超过抵免限额的部分，可以在以后 5 个年度内，用每年度抵免限额抵免当年应抵税额后的余额进行抵补：

（1）居民企业来源于中国境外的应税所得。

（2）非居民企业在中国境内设立机构、场所，取得发生在中国境外但与该机构、场所有实际联系的应税所得。

特别提示

第一，所谓“已在境外缴纳的所得税税额”，是指企业来源于中国境外的所得按照境外税收法律及相关规定应该缴纳并已经实际缴纳的企业所得税性质的税款，因为世界各国的税制情况不同，有些类似我国企业所得税的特点。因此，税法应该对可以实行抵免的外国所得税种进行具体界定，特别是对那些尚未与我国签订税收协定的国家，这样有利于我国企业所得税法更好地贯彻落实。外国的所得税立法中，一般对可抵免的税收性质专门作出限定，例如，美国的《国内收入法典》明文规定，美国所得税的概念乃是决定外国税种是否该列入所得税的基准，只有当外国税种恰好符合美国所得税的概念时，才可成为抵免的对象。美国对外国所得税的认定标准如下：①该税并非某特定经济利益的代价；②该税以已实现的净所得为征税标准；③该税是依据该国的法律合法征收；④对一些特殊情况的规定。

第二，企业取得的境外所得已在境外缴纳的所得税款，是指应该缴纳并已实际缴纳的所得税款，不包括纳税后又得到补偿或者由他人代为承担的税款，也不包括企业由于计算失误或其他原因多缴纳的税款，除税收协定另有规定外，境外所得在境外实际享受的税收优惠，一般也不给予税收饶让待遇。

所谓抵免限额，是指企业来源于中国境外的所得，依照规定计算的应纳税额，该抵免限额应当分国（地区）不分项计算。其计算公式如下：

境外所得税税额的抵免限额=境内、境外所得按税法计算的应纳税总额×来源于某国（地区）的应纳税所得额÷境内、境外应纳税所得总额

其中，

境内、境外所得按税法计算的应纳税总额=境内、境外应纳税所得总额×适用税率

抵免限额的计算公式也可以简化为：

境外所得税税额的抵免限额=来源于某国（地区）的应纳税所得额×适用税率

特别提示

第一，公式中的所得是税前所得，要注意区分境外分回所得是税前所得还是税后所得，如果分回的是税后所得，在单层抵免的条件下可用以下两个公式还原成税前所得：①分回的税后所得÷（1-境外所得税税率）；②境外已纳税额+分回的税后所得。

第二，公式中的税率，一般为法定税率 25%，但是，如果企业适用优惠税率，如高新技术企业适用 15%的税率，对其来源于境外所得要按照 15%的优惠税率缴纳企业所得税，在计算境外抵免限额时，也要按照 15%的优惠税率计算境内境外外应纳税总额。

【实例 5.7】我国境内某居民企业某年度境内实现所得 1 000 万元，另从甲国应取得经营收入 300 万元，实际分回资金 250 万元，缴纳所得税 50 万元；从乙国取得税后股息、红利所得 120 万元，乙国所得税税率为 40%。计算该企业其境内境外所得在我国应缴纳的企业所得税。（境内企业所得税税率为 25%）

（1）甲国境外所得税抵免：

甲国境外税前所得=250+50=300（万元）

甲国抵免限额=（1 000+300）×25%×300÷（1 000+300）=75（万元）

或 300×25%=75（万元）

甲国境外所得实际缴纳所得税 50 万元，小于抵免限额 75 万元，实际应抵免所得税 50 万元

（2）乙国境外所得税抵免：

乙国境外税前所得=120÷（1-40%）=200（万元）

乙国抵免限额=（1 000+200）×25%×200÷（1 000+200）=50（万元）

或 200×25%=50（万元）

乙国境外所得实际缴纳所得税 80 万元（200×40%），大于抵免限额 50 万元，实际应抵免所得税 50 万元，未抵免的 30 万元（80-50）税款可在以后 5 个年度内继续抵补

（3）境内境外所得应缴纳的企业所得税=（1 000+300+200）×25%-50-50=275（万元）

2. 间接抵免

居民企业从其直接（居民企业直接持有外国企业 20%以上股份）或间接（居民企业以间接持股方式持有外国企业 20%以上股份）控股的外国企业分得的来源于中国境外的股息、红利等权益性投资收益，外国企业在境外实际缴纳的所得税税额中属于该项所得负担的部分，可以作为该居民企业的可抵免境外所得税税额，在规定的抵免限额内抵免。

由居民企业直接或者间接控股的外国企业，限于符合以下持股方式的三层外国企业：第一层为单一居民企业直接持有 20%以上股份的外国企业；第二层为单一第一层外国企业直接持有 20%以上股份，且由单一居民企业直接持有或通过一个或多个符合规定持股条件的外国企业间接持有总和达到 20%以上股份的外国企业；第三层为单一第二层外国企业直接持有 20%以上股份，且由单一居民企业直接持有或通过一个或多个符合规定持股条件的外国企业间接持有总和达到 20%以上股份的外国企业。

居民企业取得的境外投资收益实际间接负担的税额，其计算公式为：

本层企业所纳税额属于由一家上一层企业负担的税额=（本层企业就利润和投资收益所实际缴纳的税额+符合规定的由本层企业间接负担的税额）×本层企业向一家上一层企业分配的股息÷本层企业所得税后利润额

【实例 5.8】我国某居民企业 A 直接控制甲国 B 公司 50%股份，A 企业年度应纳税所得额为 800 万元，另有来自 B 公司的分回税后股息 180 万元，甲国规定股息预提所得税税率为 10%。B 公司应纳税所得额为 500 万元，B 公司已在甲国按 20%的税率缴纳所得税。请计算 A 企业境内境外所得在我国应缴纳的企业所得税。（境内企业所得税税率为 25%）

B 公司支付给 A 企业的税前股息=180÷（1-10%）=200（万元）

A 企业实际缴纳预提所得税=200×10%=20（万元）

B 公司税后利润=500×（1-20%）=400（万元）

B 公司支付给 A 企业的股息所承担的所得税额=500×20%×200÷400=50（万元）

B 公司支付给 A 企业的股息还原后的应纳税所得额=200+50=250（万元）

A 企业收到 B 公司分回股息已在甲国纳税=20+50=70（万元）

A 企业抵免限额 62.5 万元（250×25%），小于 A 企业已在甲国纳税额 70 万元，实际应抵免所得税 62.5 万元

A 企业境内境外所得应缴纳的企业所得税=（800+250）×25%-62.5=200（万元）

三、企业所得税的税收优惠

（一）减征和免征企业所得税

1. 从事农、林、牧、渔业项目的所得

（1）企业从事下列项目的所得，免征企业所得税：

① 蔬菜、谷物、薯类、油料、豆类、棉花、麻类、糖料、水果、坚果的种植。

② 农作物新品种的选育。

③ 中药材的种植。

④ 林木的培育和种植。

⑤ 牲畜、家禽的饲养。

⑥ 林产品的采集。

⑦ 灌溉、农产品初加工、兽医、农技推广、农机作业和维修等农、林、牧、渔服务业项目。

⑧ 远洋捕捞。

（2）企业从事下列项目的所得，减半征收企业所得税：

① 花卉、茶以及其他饮料作物和香料作物的种植。

② 海水养殖、内陆养殖。

2. 从事国家重点扶持的公共基础设施项目投资经营的所得

国家重点扶持的公共基础设施项目，是指《公共基础设施项目企业所得税优惠目录》规定的港口码头、机场、铁路、公路、城市公共交通、电力、水利等项目。企业从事国家重点扶持的公共基础设施项目的投资经营的所得，自项目取得第一笔生产经营收入所属纳税年度起，第一年至第三年免征企业所得税，第四年至第六年减半征收企业所得税。

3. 从事符合条件的环境保护、节能节水项目的所得

符合条件的环境保护、节能节水项目，包括公共污水处理、公共垃圾处理、沼气综合开发利用、节能减排技术改造、海水淡化等。企业从事符合条件的环境保护、节能节水项目的所得，自项目取得第一笔生产经营收入所属纳税年度起，第一年至第三年免征企业所得税，第四年至第六年减半征收企业所得税。

4. 符合条件的技术转让所得

符合条件的技术转让所得免征、减征企业所得税，是指一个纳税年度内，居民企业技术转让所得不超过 500 万元的部分，免征企业所得税；超过 500 万元的部分，减半征收企业所得税。

（二）小型微利企业税收优惠

1. 小型微利企业的条件

（1）工业企业，年度应纳税所得额不超过 30 万元，从业人数不超过 100 人，资产总额不超过 3 000 万元。

（2）其他企业，年度应纳税所得额不超过 30 万元，从业人数不超过 80 人，资产总额不超过 1 000 万元。

2. 税收优惠政策

自 2015 年 1 月 1 日至 2017 年 12 月 31 日，对年应纳税所得额低于 20 万元（含 20 万元）的小型微利企业，其所得减按 50%计入应纳税所得额，按 20%的税率缴纳企业所得税。

（三）高新技术企业税收优惠

国家需要重点扶持的高新技术企业，减按 15%的税率征收企业所得税。

（四）加计扣除税收优惠

企业开展研发活动中实际发生的研发费用，未形成无形资产计入当期损益的，在按照规定据实扣除的基础上，按照研究开发费用的 50%加计扣除；形成无形资产的，按照无形资产成本的 150%摊销。

阅读指南 （1）财政部、国家税务总局、科技部《关于完善研究开发费用税前加计扣除政策的通知》

（2）国家税务总局《关于企业研究开发费用税前加计扣除政策有关问题的公告》

企业安置残疾人员的，在按照支付给残疾职工工资据实扣除的基础上，按照支付给残疾职工工资的 100%加计扣除。

问与答

问：某企业安置残疾人员 5 人工作并支付其工资总额为 15 万元，该企业安置残疾人员所支付的工资税前允许扣除多少？

答：企业安置残疾人员所支付的工资可加计扣除 100%，即税前可扣除 30（15×2）万元。

（五）创业投资企业的税收优惠

创业投资企业采取股权投资方式投资于未上市的中小高新技术企业 2 年（24 个月）以上的，可以按照其投资额的 70%在股权持有满 2 年的当年抵扣该创业投资企业的应纳税所得额；当年不足抵扣的，可以在以后纳税年度结转抵扣。

（六）减计收入税收优惠

企业以《资源综合利用企业所得税优惠目录》规定的资源作为主要原材料，生产国家非限制和禁止并符合国家和行业相关标准的产品取得的收入，减按 90%计入收入总额。

（七）税额抵免税收优惠

企业购置并实际使用《环境保护专用设备企业所得税优惠目录》《节能节水专用设备企业所得税优惠目录》和《安全生产专用设备企业所得税优惠目录》规定的环境保护、节能节水、安全生产等专用设备的，该专用设备的投资额的10%可以从企业当年的应纳税额中抵免；当年不足抵免的，可以在以后5个纳税年度结转抵免。

问与答

问：环保专用设备税收优惠和创投企业税收优惠有什么不同之处？

答：环保专用设备税收优惠属于税额抵免，即按环保专用设备的投资额的10%从应纳税额中抵免。创投企业税收优惠属于投资额税前抵扣，即创投企业按投资额的 70%从应纳税所得额中抵扣。前者是从税额中抵免（税后抵免），后者是从应纳税额中扣除（税前扣除），二者优惠概念与方式存在明显不同。

第四节　企业所得税的会计处理

一、所得税会计核算方法

所得税会计是研究处理会计收益和应税收益差异的会计理论和方法，是反映企业所得税的确认、计量和列报的一整套会计原理、程序和方法。会计收益和应税收益是经济领域中两个不同的经济概念，分别遵循不同的原则，规范不同的对象，体现不同的要求。因此，同一企业在同一会计期间按照会计准则计算的会计收益与按照国家税法计算的应税收益之间的差异是不可避免的。在计算所得税时，不可能直接以会计收益为依据，而要以所得税法规定对会计收益进行调整后，才能正确计算出应税收益，因此，产生了调整这一复杂过程的专门的所得税会计。1953年，美国会计师协会宣布采用应付税款法，这开启了所得税会计的历史进程。从那以后至今，所得税会计核算方法经历了递延法、利润表债务法、资产负债表债务法等核算方法。这里重点就资产负债表债务法进行分析。

1. 资产负债表债务法

资产负债表债务法体现“资产/负债观”，是以估计转销年度的所得税税率为依据，计算递延所得税款的一种所得税会计处理方法。资产负债表债务法从暂时性差异产生的本质出发，分析暂时性差异产生的原因及其对期末资产负债表的影响。其特点是：当税率变动或税基变动时，必须按预期税率对“递延所得税负债”和“递延所得税资产”账户余额进行调整。也就是说，首先确定资产负债表上期末递延所得税资产（负债），然后倒挤出利润表项目当期所得税费用。其计算步骤和公式如下：

（1）应交所得税，即前述的应纳税额的计算公式

（2）期末递延所得税资产=可抵扣暂时性差异期末余额×预计税率

（3）期末递延所得税负债=应纳税暂时性差异期末余额×预计税率

（4）本期所得税费用=本期应交所得税+（期末递延所得税负债-期初递延所得税负债）-（期末递延所得税资产-期初递延所得税资产）

资产负债表债务法的理论基础是资本维持观，即只有在原资本已得到维持或成本已经弥补之后，才能确认损益。企业在一定期间所实现的赢利或亏损，必然表现为资产和负债的变动，收入伴随着资产增加或负债减少，成本费用减少了企业资产或增加了负债。资产和负债变动引起利润变化的情况主要包括以下四种：

（1）资产增加，负债不变，表明企业获得利润。

（2）资产不变，负债减少，同样表明企业获得利润。

（3）资产和负债都增加，但资产增量大于负债增量，表明企业获得利润。

（4）资产和负债同减，但资产减量小于负债减量，同样表明企业获得利润。

如企业在一个期间的资产和负债发生了与上述相反的变化，则企业当期的成果为亏损。因此，可通过计算和比较期初和期末净资产来确定一个会计期的利润。在确定资产变动时，所有者在此期间的追加投资和派给所有者的款项必须除外。所以资产负债表债务法也称净资产法，其利润计算公式可表示如下：

$$\text{利润总额}=\text{期末净资产}-\text{期初净资产}+\text{本期派给所有者的款项}-\text{本期所有者投资（减资和付给所有者的利润）}$$

2. 暂时性差异

暂时性差异，是指资产或负债的计税基础与其列示在会计报表上的账面价值之间的差异。根据暂时性差异对未来期间应税金额影响不同，分为应纳税暂时性差异和可抵扣暂时性差异。以后年度当会计报表上列示的资产收回或者列示的负债偿还时，该差异会产生应课税金额或扣除金额。

企业在取得资产、负债时，应当确定其计税基础。资产的计税基础，是指企业收回资产账面价值过程中，计算应纳税所得额时按照税法规定可以自应税经济利益中抵扣的金额。负债的计税基础，是指负债的账面价值减去未来期间计算应纳税所得额时按照税法规定可予抵扣的金额。当资产、负债的账面价值与其计税基础存在差异时，应当按照规定确认所产生的递延所得税资产或递延所得税负债。

（1）应纳税暂时性差异

应纳税暂时性差异，是指在确定未来收回资产或清偿负债期间的应纳税所得额时，将导致产生应税金额的暂时性差异。该差异在未来期间转回时，会增加转回期间的应纳税所得额，即在未来期间不考虑该事项影响的应纳税所得额的基础上，由于该暂时性差异的转回，会进一步增加转回期间的应纳税所得额和应交所得税金额。在应纳税暂时性差异产生当期，应当确认相关的递延所得税负债。应纳税暂时性差异通常产生于以下情况。

第一，资产的账面价值大于其计税基础。一项资产的账面价值代表的是企业在持续使用或最终出售该项资产时将取得的经济利益的总额，而计税基础代表的是一项资产在未来期间可予税前扣除的金额。资产的账面价值大于其计税基础，该项资产未来期间产生的经济利益不能全部税前抵扣，两者之间的差额需要缴税，产生应纳税暂时性差异，应确认相关的递延所得税负债。

案例 5.1

资产的递延所得税负债确认

假设一项无形资产成本为 300 万元，账面价值为 200 万元，计税累计摊销 150 万元，该项无形资产的计税基础为 150 万元。为收回账面金额，企业必须赚得应税收益 200 万元，但只能抵扣计税摊销 150 万元，两者之间的差额会造成未来期间应纳税所得额增加 50 万元。如果税率为 25%，当企业收回该资产账面金额时，应支付所得税 12.5 万元（50×25%）。因此，账面价值 200 万元与其计税基础 150 万元之间的差额 50 万元为应纳税暂时性差异，应确认 12.5 万元的递延所得税负债。

第二，负债的账面价值小于其计税基础。一项负债的账面价值为企业预计在未来期间清偿该项负债时的经济利益流出，而其计税基础代表的是账面价值在扣除税法规定未来期间允许税前扣除的金额之后的差额。因负债的账面价值与其计税基础不同产生的暂时性差异，本质上是税法规定就该项负债在未来期间可以税前扣除的金额（即与该项负债相关的费用支出在未来期间可予税前扣除的金额）。负债的账面价值小于其计税基础，则意味着就该项负债在未来期间可以税前抵扣的金额为负数，即应在未来期间应纳税所得额的基础上调增，增加应纳税所得额和应缴所得税金额，产生应纳税暂时性差异，应确认相关的递延所得税负债。

（2）可抵扣暂时性差异

可抵扣暂时性差异，是指在确定未来收回资产或清偿负债期间的应纳税所得额时，将导致产生可抵扣金额的暂时性差异。该差异在未来期间转回时会减少转回期间的应纳税所得额，减少未来期间的应缴所得税。在可抵扣暂时性差异产生当期，应当确认相关的递延所得税资产。可抵扣暂时性差异一般产生于以下情况。

第一，资产的账面价值小于其计税基础。当资产的账面价值小于其计税基础时，从经济含义来看，资产在未来期间产生的经济利益少，按照税法规定允许税前扣除的金额多，则就账面价值与计税基础之间的差额，企业在未来期间可以减少应纳税所得额并减少应缴所得税，应当确认相关的递延所得税资产。

案例 5.2

资产的递延所得税资产确认

假设一项固定资产成本为 300 万元，账面价值为 100 万元，计税累计折旧 150 万元，该项固定资产的计税基础为 150 万元。企业在未来期间就该项资产可以在其自身取得经济利益的基础上多扣除 50 万元，即未来期间应纳税所得额会减少 50 万元。如果税率为 25%，当企业收回该资产账面金额时，应缴所得税会减少 12.5 万元（50×25%）。账面价值 100 万元与其计税基础 150 万元之间的差额 50 万元为可抵扣暂时性差异，应确认 12.5 万元的递延所得税资产。

第二，负债的账面价值大于其计税基础。当负债的账面价值大于其计税基础时，负债产生的暂时性差异实质上是税法规定就该项负债可以在未来期间税前扣除的金额。一项负债的账面价值大于其计税基础，意味着未来期间按照税法规定与该项负债相关的全部或部分支出可以从未来应税经济利益中扣除，减少未来期间的应纳税所得额和应缴所得税，应当确认相关的递延所得税资产。

案例 5.3

负债的递延所得税资产确认

企业对将发生的产品保修费用在销售当期确认预计负债 100 万元，但税法规定有关费用支出只有在实际发生时才能够税前扣除，其计税基础为 0。企业确认预计负债的当期相关费用不允许税前扣除，但在以后期间有关费用实际发生时允许税前扣除，使得未来期间的应纳税所得额减少 100 万元。如果税率为 25%，应缴所得税减少 25 万元（100×25%）。账面金额和计税基础之间的差额 100 万元产生可抵扣暂时性差异，应确认 25 万元的递延所得税资产。

综上所述，应纳税暂时性差异和可抵扣暂时性差异的不同可用表 5.2 表示。

表 5.2　应纳税暂时性差异和可抵扣暂时性差异的不同

账面价值和计税基础	资产	负债
账面价值>计税基础	应纳税暂时性差异 确认递延所得税负债	可抵扣暂时性差异 确认递延所得税资产
账面价值 < 计税基础	可抵扣暂时性差异 确认递延所得税资产	应纳税暂时性差异 确认递延所得税负债

课堂讨论

根据企业所得税法相关知识，举例说明可能产生的应纳税暂时性差异和可抵扣暂时性差异。

知识串讲

暂时性差异和时间性差异的比较

从广义角度讲，债务法可以划分为利润表债务法和资产负债表债务法。利润表债务法注重时间性差异，将时间性差异对未来所得税的影响确认为递延税款。资产负债表债务法注重暂时性差异，从暂时性差异产生的本质出发分析暂时性差异产生的原因以及对期末资产、负债的影响，并将其确认为递延所得税负债或递延所得税资产。由于利润表债务法仍然通过收入和费用要素考察所得税问题，与资产负债表负债法存在较大差别，因而一般将利润表债务法看成是狭义的债务法。而资产负债表负债法已经成为一种相对独立的所得税会计核算方法，其理论上的成熟性更使得其在实践上更具有优越性。资产负债表负债法下的暂时性差异和利润表负债法下的时间性差异也存在明显的差别，主要体现在以下两个方面。

第一，理论基础不同。时间性差异，强调差异的形成以及差异的转回对本期所得税费用的影响，但不能直接反映其对未来的影响，利润表债务法的眼光放在"过去和现在"，因此其理论基础是典型的"利润表观"。暂时性差异则强调差异的内容及对期末资产负债的影响，可以直接得出递延所得税资产、递延所得税负债余额，能够直接反映其对未来的影响，资产负债表债务法的眼光放在"现在和将来"，因此其理论基础是典型的"资产负债观"。

第二，界定范畴不同。时间性差异是指税法与会计在确认收入和费用的时间不同，而产生的税前会计利润与应纳税所得额的差异，这种分析方法只能分辨出时间性差异，而对于其他暂时性差异则会将其误认为永久性差异。暂时性差异是指资产、负债的账面价值与其计税基础不同产生的差额，这种分析方法可以分辨出包括时间性差异和其他暂时性差异在内的所有暂时性差异。利润表债务法基于收入与费用在会计上和税法上确认时间不同所作的分析，即时间性差异的分析；而资产负债表债务法则基于资产、负债两大要素其账面价值与计税基础在时点上不同所作的分析，即暂时性差异的分析。因此，从概念的范畴来讲，暂时性差异要比时间性差异宽泛，因为时间性差异一定是暂时性差异，而暂时性差异不一定是时间性差异。

二、会计科目的设置

企业采用资产负债表债务法时，应设置"所得税费用""递延所得税资产""递延所得税负债"等科目。

（一）"所得税费用"科目

所得税费用，是指企业为取得会计税前利润应缴纳的所得税。"所得税费用"科目核算的是企业负担的所得税，属于损益类科目。在资产负债表债务法下，本科目应设置“当期所得税费用”和“递延所得税费用”两个明细科目。

资产负债表日，企业按照税法规定计算确定的当期应交所得税，借记“所得税费用——当期所得税费用”科目，贷记“应交税费——应交所得税”科目。

在确认相关资产、负债时，根据所得税准则应予确认的递延所得税资产，借记“递延所得税资产”科目，贷记“所得税费用——递延所得税费用”等科目；应予确认的递延所得税负债，借记“所得税费用——递延所得税费用”等科目，贷记“递延所得税负债”科目。

资产负债表日，根据递延所得税资产的应有余额大于“递延所得税资产”科目余额的差额，借记“递延所得税资产”科目，贷记“所得税费用——递延所得税费用”等科目；递延所得税资产的应有余额小于“递延所得税资产”科目余额的差额做相反的会计分录。

企业应予确认的递延所得税负债，应当比照上述原则调整本科目、“递延所得税负债”科目及有关科目。

期末，应将本科目的余额转入“本年利润”科目，结转后本科目无余额。

（二）“递延所得税资产”科目

本科目核算企业根据所得税法确认的可抵扣暂时性差异产生的所得税资产。根据税法规定可用以后年度税前利润弥补的亏损产生的所得税资产，也在本科目核算。企业应当按照可抵扣暂时性差异等项目进行明细核算。

资产负债表日，企业确认的递延所得税资产，借记“递延所得税资产”科目，贷记“所得税费用——递延所得税费用”科目。资产负债表日，递延所得税资产的应有余额大于其账面余额的，应按其差额确认，借记“递延所得税资产”科目，贷记“所得税费用——递延所得税费用”等科目；资产负债表日，递延所得税资产的应有余额小于其账面余额的差额做相反的分录。

企业合并中取得资产、负债的入账价值与其计税基础不同形成可抵扣暂时性差异的，应于购买日确认递延所得税资产，借记“递延所得税资产”科目，贷记“商誉”等科目。

与直接计入所有者权益的交易或事项相关的递延所得税资产，借记“递延所得税资产”科目，贷记“资本公积——其他资本公积”科目。

资产负债表日，预计未来期间很可能无法获得足够的应税所得额用以抵扣可抵扣暂时性差异的，按原已确认的递延所得税资产中应减记的金额，借记“所得税费用——递延所得税费用”等科目，贷记“递延所得税资产”科目。

本科目期末借方余额，反映企业已经确认的递延所得税资产。

（三）“递延所得税负债”科目

本科目核算企业根据所得税法确认的应纳税暂时性差异产生的所得税负债。企业应当按照应纳税暂时性差异项目进行明细核算。

资产负债表日，企业确认的递延所得税负债，借记“所得税费用——递延所得税费用”科目，贷记“递延所得税负债”科目。资产负债表日，递延所得税负债的应有余额大于其账面余额的，应按其差额确认，借记“所得税费用——递延所得税费用”科目，贷记“递延所得税负债”科目；资产负债表日，递延所得税负债的应有余额小于其账面余额做相反的会计分录。

与直接计入所有者权益的交易或事项相关的递延所得税负债，借记“资本公积——其他资本公积”科目，贷记“递延所得税负债”科目。

企业合并中取得资产、负债的入账价值与其计税基础不同形成应纳税暂时性差异的，应于购买日确认递延所得税负债，同时调整商誉，借记“商誉”等科目，贷记“递延所得税负债”科目。

本科目期末贷方余额，反映企业已确认的递延所得税负债。

（四）“应交税费——应交所得税”科目

企业应在“应交税费”科目下设置“应交所得税”明细科目，核算企业缴纳的企业所得税。其贷方发生额表示企业应纳税所得额按规定税率计算出的应当缴纳的企业所得税税额，借方发生额表示企业实际缴纳的企业所得税税额。企业各期应交所得税时，借记“所得税费用——当期所得税费用”科目，贷记“应交税费——应交所得税”科目；实际缴纳时，借记“应交税费——应交所得税”科目，贷记“银行存款”等科目。本科目贷方余额表示企业应交而未交的企业所得税税额，借方余额表示企业多缴应退还的企业所得税税额。

三、资产负债表负债法的会计处理

采用资产负债表债务法核算企业所得税时，企业应于每一资产负债表日进行所得税核算，一般遵循以下程序：

1. 确定本期所得税

2. 确定递延所得税

（1）计算资产负债表中各项资产及负债的计税基础。

（2）计算资产负债表中各项资产及负债的暂时性差异。

（3）分析暂时性差异，识别产生递延所得税资产或递延所得税负债的暂时性差异，是应纳税暂时性差异还是可抵扣暂时性差异。

（4）以预期的适用税率（预计暂时性差异转回期间的适用税率）乘以各项暂时性差异计算递延所得税资产或负债的余额。

（5）将递延所得税资产或负债余额的变动确认为损益、权益或调整商誉。

3. 确定所得税费用

企业在计算确定本期所得税与递延所得税后，两者之和（或之差），即为利润表中的所得税费用，依据“所得税费用=应交所得税+递延所得税”确定所得税费用。

【实例 5.9】 A 公司年度利润表中的利润总额为 1 000 万元，企业所得税税率为 25%。递延所得税资产及递延所得税负债不存在期初余额。在当年发生的有关交易事项中，财务会计与企业所得税法存在差异的有：

（1）存货的账面余额为 200 万元，计提存货跌价准备 50 万元。

（2）一台设备成本为 200 万元，累计折旧为 50 万元，按照税法规定已确认的计税折旧为 20 万元。

（3）期末持有的交易性金融资产成本为 500 万元，公允价值为 700 万元。

（4）违反环保法规定支付罚款 20 万元。

相关计算分析如下：

（1）本期应交所得税的计算

应纳税所得额=1 000+50+（50−20）−（700−500）+20=900（万元）

应纳税额=900×25%=225（万元）

（2）暂时性差异的确认以及计算

表 5.3　暂时性差异的确认和计算　　（单位：万元）

项目	账面价值	计税基础	暂时性差异	
			应纳税差异	可抵扣差异
存货	200	250		50
固定资产原值	200	200		
减：累计折旧	50	20		
固定资产账面价值	150	180		30
交易性金融资产	700	500	200	
其他应付款	20	20		
合计			200	80

（3）本期递延所得税的计算（预计转回的所得税税率为 25%）

递延所得税资产=80×25%=20（万元）

递延所得税负债=200×25%=50（万元）

递延所得税=50−20=30（万元）

（4）利润表中应确认的所得税费用的计算

所得税费用=225+30=255（万元）

企业做会计分录如下：

借：所得税费用——当期所得税费用　　2 550 000

　　递延所得税资产　　200 000

　　贷：应交税费——应交所得税　　2 250 000

　　　　递延所得税负债　　500 000

【实例 5.10】N 公司年度利润表中的利润总额为 1 200 万元，该公司适用的所得税税率为 25%，递延所得税资产及递延所得税负债不存在期初余额。在当年发生的有关交易事项中，财务会计与企业所得税法存在差异的有：

（1）1 月开始计提折旧的一项固定资产，成本为 1 500 万元，使用年限为 10 年，净残值为 0。会计处理按双倍余额递减法计提折旧 300 万元，税法规定按直线法计提折旧额应为 150 万元。假定税法规定的使用年限及净残值与会计规定相同。

（2）向某单位赞助现金 100 万元。

（3）实际发生业务招待费 200 万元，税法规定允许扣除的业务招待费为 80 万元。

（4）年末一项应收账款 2 000 万元，企业计提了坏账准备 400 万元，税法规定企业只能按照 1%的比例计提坏账准备。

相关计算分析如下：

（1）本期应交所得税的计算

应纳税所得额=1 200+（300−150）+100+（200−80）+（400−2 000×1%）=1 950（万元）

应纳税额=1 950×25%=487.5（万元）

（2）暂时性差异的确认以及计算

表 5.4　暂时性差异的确认和计算　　（单位：万元）

项目	账面价值	计税基础	暂时性差异	
			应纳税差异	可抵扣差异
固定资产原值	1 500	1 500		
减：累计折旧	300	150		

续表

项目	账面价值	计税基础	暂时性差异	
			应纳税差异	可抵扣差异
固定资产账面价值	1 200	1 350		150
应收账款	2 000	2 000		
减：减值准备	400	20		
应收账款余额	1 600	1 980		380
合计				530

（3）本期递延所得税的计算（预计转回的所得税税率为25%）

递延所得税资产=530×25%=132.5（万元）

递延所得税=-132.5（万元）

（4）利润表中应确认的所得税费用的计算

所得税费用=487.5-132.5=355（万元）

企业做会计分录如下：

借：所得税费用——当期所得税费用　　3 550 000

　　递延所得税资产　　1 325 000

　　贷：应交税费——应交所得税　　4 875 000

四、境外所得税收抵免的会计处理

【实例5.11】 C企业年度境内所得应纳税所得额为200万元，来源于境外某国税前所得100万元，境外实际缴纳税款20万元，该企业在我国适用的企业所得税税率为25%。假设企业上年度实际缴纳所得税为60万元，税务机关批准企业本年按上年实际缴纳税额的1/4预缴所得税，即每季度预缴所得税15万元。

境内境外所得按我国税法计算的应纳税额=（200+100）×25%=75（万元）

境外所得抵免限额=100×25%=25（万元）

境外所得实际缴纳税款20万元，小于抵免限额，可从应纳税额中抵免其在境外实际缴纳的所得税

境内境外所得实际缴纳税额=75-20=55（万元）

（1）企业每季度预缴所得税时：

借：应交税费——应交所得税　　150 000

　　贷：银行存款　　150 000

（2）计算本年应交所得税时：

借：所得税费用——当期所得税费用　　550 000

　　贷：应交税费——应交所得税　　550 000

（3）下年初收到退税款时：

借：银行存款　　50 000

　　贷：应交税费——应交所得税　　50 000

五、企业亏损弥补的会计处理

税法规定企业纳税年度发生的亏损，准予向以后年度结转，用以后年度的所得弥补，但结转

年限最长不得超过5年。同时，企业会计准则规定企业对于能够结转以后年度的可抵扣亏损和税款抵减，应当以可能获得用于抵扣尚可抵扣的亏损和税款抵减的未来应纳税所得额为限，确认相应的递延所得税资产，即将亏损视为可抵扣暂时性差异。企业应当对5年内可抵扣暂时性差异是否能在以后经营期内的应税利润充分转回作出判断，如果不能，企业不应确认递延所得税资产。企业对因亏损弥补而产生的暂时性差异要在以后亏损抵扣期内持续反映，进行相关计算并做相应的会计处理。对于未来可以转回的应纳税额预计过高，可能无法转回，可以按照企业会计准则要求，在每个资产负债表日，企业应当对递延所得税资产的账面价值进行复核。如果未来期间很可能无法获得足够的应纳税所得额用以抵扣递延所得税资产的利益，则应当减记递延所得税资产的账面价值，其具体会计处理为，借记“所得税费用”科目，贷记“递延所得税资产”科目。在很可能获得足够的应纳税所得额时，减记的金额应当转回，其具体会计处理为，借记“递延所得税资产”科目，贷记“所得税费用”科目。

【实例5.12】某企业第1年至第4年间每年的应税收益分别为：-200万元、80万元、60万元和80万元，企业所得税税率为25%，假设无其他暂时性差异。其中，第1年产生的亏损，经综合判断能在5年内转回，确认可抵扣暂时性差异，即确认递延所得税资产。

（1）第1年企业应税收益亏损200万元，产生可抵扣的暂时性差异50万元（200×25%），即确认递延所得税资产50万元，企业做会计分录如下：

借：递延所得税资产　　500 000
　贷：所得税费用——递延所得税费用　　500 000

（2）第2年企业应税收益盈利80万元，转回暂时性差异20万元，企业做会计分录如下：

借：所得税费用——递延所得税费用　　200 000
　贷：递延所得税资产　　200 000

（3）第3年企业应税收益盈利60万元，转回暂时性差异15万元，企业做会计分录如下：

借：所得税费用——递延所得税费用　　150 000
　贷：递延所得税资产　　150 000

（4）第4年企业应税收益盈利80万元，转回暂时性差异20万元，确认本年度应交税费5万元，企业做会计分录如下：

借：所得税费用——当期所得税费用　　200 000
　　　　　　　——递延所得税费用　　50 000
　贷：递延所得税资产　　200 000
　　　应交税费——应交所得税　　50 000

本章小结

企业所得税是就企业的应纳税所得额课征的一种税收。在间接计算法下，在会计利润总额的基础上加或减按照税法规定调整的项目金额后，即为应纳税所得额。纳税调整项目金额包括两方面的内容：一是企业的财务会计处理和税法规定不一致的应予以调整的金额；二是企业按税法规定准予扣除的税收金额。

在资产负债表债务法下，暂时性差异是指资产或负债的计税基础与其列示在会计报表上的账面价值之间的差异。采用资产负债表债务法核算企业所得税时，企业应于每一资产负债表日进行所得税核算，一般遵循以下程序：①确定本期所得税；②确定递延所得税；③确定所得税费用。

练习题

一、单项选择题

1. 下列项目中，属于企业所得税免税收入的是（　　）。

A. 国债利息收入

B. 依法收取并纳入财政管理的行政事业性收费

C. 依法收取并纳入财政管理的政府性基金

D. 财政拨款

2. 在计算企业所得税时，不得在税前扣除的项目是（　　）。

A. 赞助支出　　B. 业务招待费　　C. 广告宣传费　　D. 利息费用

3. 在计算企业所得税时，下列固定资产不得计算折旧扣除的是（　　）。

A. 自建的厂房　　B. 购买的生产设备

4. 税法规定企业纳税年度发生的亏损，准予用以后年度的所得弥补，但结转年限最长不得超过（　　）年。

A. 2　　B. 3　　C. 5　　D. 10

5. 假设某企业适用的企业所得税税率为25%，拥有的一项无形资产成本为100万元，账面价值为80万元，计税累计摊销50万元，则该企业应确认的递延所得税负债为（　　）万元。

A. 5　　B. 7.5　　C. 30　　D. 50

二、多项选择题

1. 下列有关企业所得税税率的说法，正确的包括（　　）。

A. 企业所得税的税率为25%

B. 非居民企业在中国境内未设立机构、场所的，其来源于中国境内的所得适用税率为20%

C. 符合条件的小型微利企业适用税率为15%

D. 国家需要重点扶持的高新技术企业适用税率为15%

2. 在企业所得税中，广告费和业务宣传费支出（除国务院财政、税务主管部门另有规定外），其税前扣除标准符合规定的有（　　）。

A. 不超过当年销售（营业）收入15%的部分，准予扣除

B. 不超过当年销售（营业）收入20%的部分，准予扣除

C. 超过部分，准予在以后纳税年度结转扣除

D. 超过部分，不准在以后纳税年度结转扣除

3. 下列关于资产和负债的暂时性差异的说法，正确的有（　　）。

A. 资产的账面价值大于其计税基础，产生应纳税暂时性差异

B. 资产的账面价值大于其计税基础，产生可抵扣暂时性差异

C. 负债的账面价值大于其计税基础，产生应纳税暂时性差异

D. 负债的账面价值大于其计税基础，产生可抵扣暂时性差异

4. 企业采用资产负债表债务法核算企业所得税时，应设置的会计科目包括（　　）。

A. 所得税费用　　B. 递延税款　　C. 递延所得税资产　　D. 递延所得税负债

5. 某公司年度利润总额为100万元，企业所得税税率为25%。一台设备成本为60万元，累计折旧为30万元，按照税法规定已确认的计税折旧为10万元，假设不存在其他纳税调整项目。则下列关于计算当期企业所得税的说法，正确的有（　　）。

A. 应纳税所得额为 100 万元　　B. 应纳税所得额为 120 万元

C. 应纳税额为 25 万元　　D. 应纳税额为 30 万元

三、计算题

1. 某企业为居民企业，2016 年发生经济业务如下：

（1）销售产品取得销售收入 4 000 万元。

（2）投资收益 80 万元，其中包括购买国债取得利息收入 20 万元，取得直接投资其他居民企业的权益性收益 40 万元（已在投资方所在地按 15%的税率缴纳所得税）。

（3）发生产品销售成本 2 000 万元。

（4）销售税金及附加 220 万元，其中包括增值税 120 万元。

（5）发生销售费用 400 万元，其中包括广告费 100 万元。

（6）管理费用 300 万元，其中包括业务招待费 40 万元，为开发新工艺发生的研发费用 100 万元。

（7）营业外支出 50 万元，其中包括向希望工程捐款 20 万元，赞助性支出 10 万元。

计算该企业 2016 年应缴纳的企业所得税。

2. 我国境内某居民企业境内实现年度应税所得 800 万元，另从甲国取得税后经营收益 140 万元，境外所得税税率为 30%; 从乙国取得税后股息所得 80 万元，税后经营收益 180 万元，境外所得税税率分别为 20%和 10%。计算该企业其境内境外所得在我国应缴纳的企业所得税。（境内企业所得税税率为 25%）

四、实训题

某公司年度利润总额为 800 万元，企业所得税税率为 25%。递延所得税资产及递延所得税负债不存在期初余额。在当年发生的有关交易事项中，财务会计与企业所得税法存在差异的有：

（1）存货的账面余额为 150 万元，计提存货跌价准备 20 万元。

（2）一台设备成本为 80 万元，累计折旧为 30 万元，按照税法规定已确认的计税折旧为 40 万元。

（3）一项无形资产成本为 100 万元，账面价值为 80 万元，计税累计摊销 50 万元。

（4）因违反税收征管法相关规定，支付税收滞纳金及罚款 5 万元。

根据上述资料，计算该企业本年当期应交所得税和应确认的递延所得税，并做相关会计处理。

五、拓展阅读指南

1.《中华人民共和国企业所得税法》

2.《中华人民共和国企业所得税法实施条例》

3.《企业会计准则第 18 号——所得税》

4.《企业会计制度》第七章 利润及利润分配

第六章　个人所得税会计

【学习目标】

了解个人所得税的概念，熟悉我国个人所得税的特点；理解个人所得税居民纳税人和非居民纳税人应履行的纳税义务；掌握个人所得税11大类应税项目的计税原理和应纳税额计算；掌握单位代扣代缴个人所得税和个体工商户缴纳个人所得税的会计科目设置，并能运用这些科目进行相关业务会计处理。

引导案例

个体工商户个人所得税计税方法改革

按照中华人民共和国个人所得税法（以下简称《个人所得税法》）规定，个体工商户的生产、经营所得应缴纳个人所得税。个体私营经济是推动国民经济发展、促进市场繁荣、稳定扩大就业的重要力量，成为吸纳新增就业的主渠道之一。但长期以来，个体工商户缴纳个人所得税的依据为《个体工商户个人所得税计税办法（试行）》（国税发[1997]43号），这是由国家税务总局于1997年3月发布的。近些年来，企业所得税法也早已完成了内外资税法合并，个人所得税法原计税办法部分条款滞后等问题日益显现，主要体现在个体工商户与法人企业在组织形式和法律责任上的明显差异，但二者都属于从事生产经营活动的市场主体，在财务核算方面存在相近性，在所得税政策规定方面具有可比性。

为了规范个体工商户个人所得税的计税方法，2014年12月19日国家税务总局审议通过《个体工商户个人所得税计税办法》（国家税务总局令第35号）。该办法分总则、计税基本规定、扣除项目及标准、附则，共4章43条，自2015年1月1日起施行。重新修订后的计税办法，与企业所得税相关规定做到了最大限度的接轨，使二者在应纳税所得额计算方面基本实现了全面对接。新的计税办法在条款设计上采取了避免过于复杂的原则，兼顾个体工商户经营规模和会计核算特点，对个体工商户资产的税务处理和其他相关事宜不再展开作详细规定，采取了原则规定参照企业所得税法律、法规和政策规定执行的处理方式。新的计税办法有利于个体工商户与法人企业开展公平竞争，有利于减轻个体工商户的纳税负担，也有利于税务机关规范管理，必将为个体私营经济的健康发展起到积极的促进作用。

启发思考

1. 我国为什么对个体工商户生产、经营所得征收个人所得税？
2. 个体工商户个人所得税的新计税办法会对其会计核算和处理产生什么影响？

第一节　个人所得税的计税原理

一、个人所得税的概念

个人所得税是对自然人取得的各类应税所得为征税对象课税的一种税。个人所得税的征税对象不仅包括个人，还包括自然人性质的企业。

二、个人所得税的纳税人

（一）个人所得税的纳税人

个人所得税的纳税人是指在中国境内有住所，或者虽然无住所但在中国境内居住满一年的个人；以及无住所居住又不满一年但从中国境内取得所得的个人，包括中国公民、个体工商户，以及在中国有所得的外籍个人（包括无国籍个人）和香港、澳门、台湾同胞等。自 2000 年 1 月 1 日起，个人独资企业和合伙企业投资者也为个人所得税的纳税人。

纳税人按住所和居住时间两个标准，分为居民纳税人和非居民纳税人，两者承担不同的纳税义务。

1. 居民纳税人

居民纳税人是指在中国境内有住所，或者无住所但在中国境内居住满 1 年的个人。居民纳税人负有无限纳税义务。其取得的应纳税所得，无论是来源于中国境内还是中国境外，都要在中国缴纳个人所得税。

所谓在中国境内有住所，即“因户籍、家庭、经济利益关系而在中国境内习惯性居住的个人”。“习惯性居住”是指个人因学习、工作、探亲等原因消除之后，没有理由在其他地方居留时，所要回到的地方。例如，个人因学习、工作、探亲等原因而在中国境外居住，当其在境外居住的原因消除之后，如果必须回到中国境内，则将其判定为在中国境内习惯性居住，应就其来自全球的应纳税所得，向中国缴纳个人所得税。

所谓在境内居住满 1 年，是指在一个纳税年度（即公历 1 月 1 日起至 12 月 31 日止）内，在中国境内居住满 365 日。在计算居住天数时，对临时离境应视同在华居住，不扣减其在华居住的天数。这里所说的临时离境，是指在一个纳税年度内，一次不超过 30 日或者多次累计不超过 90 日的离境。

问与答

问：某外籍个人 A 在中国境内的外国企业工作，在中国境内无住所，2016 年 1 月 1 日来华，2017 年 1 月 1 日离境，其中 2016 年 3 月 1 日至 3 月 20 日回国探亲，那么外籍个人 A 是否属于我国居民纳税人？

答：外籍个人 A 属于我国居民纳税人，其在我国境内居住已满 1 年，期间离境一次未超过 30 日，属于临时离境，不扣减其在华居住的天数。

2. 非居民纳税人

非居民纳税人是指在中国境内无住所又不居住或者无住所而在境内居住不满 1 年的个人。非居民纳税人承担有限纳税义务，仅就其来源于中国境内的所得，向中国缴纳个人所得税。

想一想

个人所得税的居民纳税人和非居民纳税人承担的纳税义务有什么不同？

税法将非居民纳税人又分为两种：一种是在一个纳税年度在中国境内居住超过 90 日或 183 日但是不满 1 年的个人；另一种是居住不满 90 日或 183 日的个人。其中，对来自与我国签订有税收协定的国家的个人，适用 183 日标准。

（二）个人所得税的扣缴义务人

税法规定，凡是支付应纳税所得的单位或个人，都是个人所得税的扣缴义务人，包括企业（公司）、事业单位、财政部门、机关事务管理部门、人事管理部门、社会团体，军队、驻华机构（不包括外国驻华使领馆和联合国及其他依法享有外交特权和豁免权的国际组织驻华机构）、个体工商户等单位和个人。按照税法规定代扣代缴个人所得税，是扣缴义务人的法定义务，必须依法履行。

三、个人所得税的征税范围

（一）工资、薪金所得

工资、薪金所得，指个人因任职或者受雇而取得的工资、薪金、奖金、年终加薪、劳动分红、津贴、补贴以及与任职或者受雇有关的其他所得。

知识点滴

工资、薪金所得属于非独立劳动所得

一般来说，工资、薪金所得属于非独立个人劳动所得。所谓非独立个人劳动，是指个人所从事的是由他人指定、安排并接受管理的劳动，因此，个人工作或服务于公司、工厂、行政事业单位的人员（私营企业主除外）均为非独立劳动者。他们从上述单位取得的劳动报酬，是以工资、薪金的形式体现的。

对于一些不属于工资、薪金性质的补贴、津贴或者不属于纳税人本人工资、薪金所得项目的收入，不予征税。这些项目包括：

（1）独生子女补贴。

（2）执行公务员工资制度未纳入基本工资总额的补贴、津贴差额和家属成员的副食品补贴。

（3）托儿补助费。

（4）差旅费津贴、误餐补助。

（二）个体工商户的生产、经营所得

个体工商户的生产、经营所得是指：

（1）个体工商户从事工业、手工业、建筑业、交通运输业、商业、饮食业、服务业、修理业以及其他行业生产、经营取得的所得。

（2）个人经政府有关部门批准，取得执照，从事办学、医疗、咨询以及其他有偿服务活动取得的所得。

（3）上述个体工商户和个人取得的与生产、经营有关的各项应纳税所得。

（4）个人因从事彩票代销业务而取得所得，应按照“个体工商户的生产、经营所得”项目计征个人所得税。

（5）其他个人从事个体工商业生产、经营取得的所得。

（三）对企事业单位的承包经营、承租经营所得

对企事业单位的承包经营、承租经营所得，是指个人承包经营、承租经营以及转包、转租取得的所得，包括个人按月或者按次取得的工资、薪金性质的所得。

（四）劳务报酬所得

> **想一想**
>
> 劳务报酬所得和工资、薪金所得有何不同？

劳务报酬所得，是指个人独立从事各种非雇用的各种劳务所取得的所得。包括个人从事设计、装璜、安装、制图、化验、测试、医疗、法律、会计、咨询、讲学、新闻、广播、翻译、审稿、书画、雕刻、影视、录音、录像、演出、表演、广告、展览、技术服务、介绍服务、经纪服务、代办服务以及其他劳务取得的所得。

（五）稿酬所得

稿酬所得，指个人因其作品以图书、报刊形式出版、发表而取得的所得。

知识点滴

稿酬所得为何独立为一个征税项目

将稿酬所得独立划归一个征税项目，而对不以图书、报刊形式出版、发表的翻译、审稿、书画所得归为劳务报酬所得，主要是考虑了出版、发表作品的特殊性。第一，它是一种依靠较高智力创作的精神产品；第二，它具有普遍性；第三，它与社会主义精神文明和物质文明密切相关；第四，它的报酬相对偏低。因此，稿酬所得应当与一般劳务报酬相对区别，并给予适当的税收优惠。

（六）特许权使用费所得

特许权使用费所得，指个人提供专利权、商标权、著作权、非专利技术以及其他特许权的使用权取得的所得；提供著作权的使用权取得的所得，不包括稿酬所得。

（七）利息、股息、红利所得

利息、股息、红利所得，指个人拥有债权、股权而取得的利息、股息、红利所得。

（八）财产租赁所得

财产租赁所得，指个人出租建筑物、土地使用权、机器设备、车船及其他财产取得的所得。

（九）财产转让所得

财产转让所得，指个人转让有价证券、股权、建筑物、土地使用权、机器设备、车船以及其他财产取得的所得。

（十）偶然所得

偶然所得，指个人得奖、中奖、中彩以及其他偶然性质的所得。

（十一）经国务院财政部门确定征税的其他所得。

四、个人所得税的税率

我国个人所得税按照应税项目分别规定了超额累进税率和比例税率两种形式。

（一）超额累进税率

工资、薪金所得，个体工商户的生产、经营所得和对企事业单位的承包经营、承租经营所得使用超额累进税率。

1. 工资、薪金所得

工资、薪金所得适用 3%～45%的七级超额累进税率，如表 6.1 所示。

表 6.1　工资、薪金所得的税率表

级数	全月应纳税所得额		税率（%）	速算扣除数
	含税级距	不含税级距		
1	不超过 1 500 元的	不超过 1 455 元的	3	0
2	超过 1 500 元至 4 500 元的部分	超过 1 455 元至 4 155 元的部分	10	105
3	超过 4 500 元至 9 000 元的部分	超过 4 155 元至 7 755 元的部分	20	555
4	超过 9 000 元至 35 000 元的部分	超过 7 755 元至 27 255 元的部分	25	1 005
5	超过 35 000 元至 55 000 元的部分	超过 27 255 元至 41 255 元的部分	30	2 755
6	超过 55 000 元至 80 000 元的部分	超过 41 255 元至 57 505 元的部分	35	5 505
7	超过 80 000 元的部分	超过 57 505 元的部分	45	13 505

注：本表所列含税级距与不含税级距，均为按照税法规定减除有关费用后的所得额；含税级距适用于由纳税人负担税款的工资、薪金所得；不含税级距适用于由他人（单位）代付税款的工资、薪金所得。

2. 个体工商户的生产、经营所得和对企事业单位的承包经营、承租经营所得

个体工商户的生产、经营所得和对企事业单位的承包经营、承租经营所得，适用于 5%～35%的五级超额累进税率，如表 6.2 所示。

表 6.2　个体工商户的生产、经营所得和对企事业单位的承包经营、承租经营所得的税率表

级数	全月应纳税所得额		税率（%）	速算扣除数
	含税级距	不含税级距		
1	不超过 15 000 元的	不超过 14 250 元的	5	0
2	超过 15 000 元至 30 000 元的部分	超过 14 250 元至 27 750 元的部分	10	750
3	超过 30 000 元至 60 000 元的部分	超过 27 750 元至 51 750 元的部分	20	3 750
4	超过 60 000 元至 100 000 元的部分	超过 51 570 元至 79 750 元的部分	30	9 750
5	超过 100 000 元的部分	超过 79 750 元的部分	35	14 750

注：本表所列含税级距与不含税级距，均为按照税法规定以每一纳税年度的收入总额减除成本、费用以及损失后的所得额；含税级距适用于个体工商户的生产、经营所得和由纳税人负担税款的对企事业单位的承包经营、承租经营所得；不含税级距适用于由他人（单位）代付税款的对企事业单位的承包经营、承租经营所得。

特别提示

这里需要注意的是，如果承包、承租人对企业经营成果不拥有所有权，仅按合同（协议）规定取得一定所得的，应按工资、薪金所得项目征收个人所得税；如果承包、承租人对企业经营成果拥有所有权，按对企事业单位承包、承租经营所得项目征收个人所得税。同时个人独资企业和合伙企业的个人投资者取得的生产经营所得，也适用 5%～35%的五级超额累进税率。

（二）比例税率

对于稿酬所得，劳务报酬所得，特许权使用费所得，利息、股息、红利所得，财产租赁所得，财产转让所得，偶然所得，其他所得，均适用于 20%的比例税率。

（三）减征和加成征收的规定

个人所得税法为了体现国家政策，有效调节收入，对有关所得项目规定予以减征和加成征收。

1. 减征规定

对稿酬所得，规定在适用20%的税率征税时，按应纳税额减征30%，因而实际税率相当于14%。

2. 加成征收

劳务报酬所得，适用比例税率，税率为20%。对劳务报酬所得一次收入畸高的，可以实行加成征收。劳务报酬所得一次收入畸高，是指个人一次取得劳务报酬，其应纳税所得额超过20 000元。对应纳税所得额超过20 000元至50 000元的部分，依照税法规定计算应纳税额后再按照应纳税额加征五成；超过50 000元的部分，加征十成。劳务报酬所得实际上适用20%、30%、40%的三级超额累进税率，如表6.3所示。

表6.3 劳务报酬所得的税率表

级数	每次应纳税所得额	税率	速算扣除数
1	不超过20 000元的	20%	0
2	超过20 000元至50 000元的部分	30%	2 000
3	超过50 000元的部分	40%	7 000

特别提示

劳务报酬所得计算个人所得税适用加成征收时，是看其“应税所得额”（即收入减除允许扣除项目以后的余额）而不是看“全部收入”。

五、个人所得税的纳税方法

（一）自行申报纳税

自行申报纳税，是由纳税人自行在税法规定的纳税期限内，向税务机关申报取得的应税所得项目和数额，如实填写个人所得额纳税申报表，并按照税法规定计算应纳税额，据此缴纳个人所得税的一种方法。具体适用的情况如下：

（1）年所得12万元以上的。

（2）从中国境内两处或者两处以上取得工资、薪金所得的。

（3）从中国境外取得所得的。

（4）取得应税所得，没有扣缴义务人的。

（5）国务院规定的其他情形。

（二）代扣代缴税款

代扣代缴，是指按照税法规定负有扣缴税款义务的单位或者个人，在向个人支付应纳税所得是，应计算应纳税额从其所得中扣除并上缴国库，同时向税务机关报送扣缴个人所得税报告表。

知识链接

代扣代缴和代收代缴的区别

代扣代缴和代收代缴都是扣缴义务人履行扣缴税款义务的方式，但二者存在不同。代扣代缴指的是支付人向纳税人支付款项时，依法从所支付的款项中直接扣收税款并代为缴纳。例如，公司向员工发工资时，都会从中扣除个人所得税，所以发放工资的公司为代扣代缴人。代收代缴指的是与纳税人有经济业务往来的单位和个人在向纳税人收取款项时，依法收取税款并代为缴纳。例如，委托加工应税消费品，委托方向受托方支付加工费的同时，还要支付消费税，受托方即为消费税的代收代缴人。

第二节　个人所得税的计算

一、工资、薪金所得应纳税额的计算

工资、薪金所得应纳税额的计算公式为：

应纳税额=应纳税所得额×适用税率−速算扣除数

=（每月收入额−3 500 元或 4 800 元）×适用税率−速算扣除数

3 500 元为工资、薪金所得个人所得税的基本费用减除额。考虑到外籍人员和在境外工作的中国公民生活费用较高的实际情况，税法增列了附加减除费用的规定，可以在 3 500 元扣除额的基础上，再附加扣除 1 300 元的费用减除额。

【实例 6.1】中国公民刘某 2017 年 1 月取得应税工资所得 6 000 元。计算其当月应缴纳的个人所得税。

应纳税所得额=6 000−3 500=2 500（元）

应纳税额=2 500×10%−105=145（元）

【实例 6.2】在我国境内外商投资企业工作的美国专家 M，2017 年 1 月取得由该企业发放的工资 10 000 元人民币。请计算其当月应纳的个人所得税。

应纳税所得额=10 000−4 800=5 200（元）

应纳税额=5 200×20%−555=485（元）

二、个体工商户的生产、经营所得应纳税额的计算

个体工商户的生产、经营所得应纳税额的计算公式为：

应纳税额=应纳税所得额×适用税率−速算扣除数

=（全年收入总额−成本、费用以及损失）×适用税率−速算扣除数

政策链接

为了规范和加强个体工商户个人所得税征收管理，国家税务总局根据《个人所得税法》等有关税收法律、法规和政策规定，于 2014 年 12 月颁布了《个体工商户个人所得税计税办法》。

三、对企事业单位的承包经营、承租经营所得应纳税额的计算

对企事业单位的承包经营、承租经营所得，其个人所得税应纳税额的计算公式为：

应纳税额=应纳税所得额×适用税率−速算扣除数

=（纳税年度收入总额−扣除费用）×适用税率−速算扣除数

【实例 6.3】某个人与事业单位甲签订承包合同经营食堂，承包期为 2 年，按合同规定承包

人每年应从承包经营利润中上缴20%的承包费。2016年食堂实现承包经营利润30万元（已扣除承包人工资报酬）。计算该承包人2016年应缴纳的个人所得税。

应纳税所得额=300 000−300 000×20%=240 000（元）

应纳税额=240 000×35%−14 750=69 250（元）

四、劳务报酬所得应纳税额的计算

对劳务报酬所得，其个人所得税应纳税额的计算公式为：

（一）每次收入不足4 000元的，抵扣800元费用，再乘20%税率：

应纳税额=应纳税所得额×适用税率

=（每次收入额−800）×20%

【实例6.4】张某2017年3月取得劳务报酬所得3 800元，计算其应缴纳的个人所得税。

应纳税额=（3 800−800）×20%=600（元）

（二）每次收入超过4 000元的，抵扣收入额的20%，再乘20%税率

应纳税额=应纳税所得额×适用税率

=每次收入额×（1−20%）×20%

【实例6.5】张某2017年3月取得劳务报酬所得6 000元，计算其应缴纳的个人所得税。

应纳税额=6 000×（1−20%）×20%=960（元）

（三）每次收入的应纳税所得额超过20 000元的：

应纳税额=应纳税所得额×适用税率−速算扣除数

=每次收入额×（1−20%）×适用税率−速算扣除数

【实例6.6】歌星陈某于2017年3月外出参加商业演出，一次性取得劳务报酬5万元，计算其应缴纳的个人所得税。

应纳税所得额=50 000×(1−20%)=40 000（元）

应纳税额=40 000×30%−2 000=10 000（元）

五、稿酬所得应纳税额的计算

稿酬所得应纳税额的计算公式为：

（一）对于每次收入不足4 000元的：

应纳税额=应纳税所得额×适用税率×（1−30%）

=（每次收入额−800）×20%×（1−30%）

（二）对于每次收入超过4 000元的：

应纳税额=应纳税所得额×适用税率×（1−30%）

=每次收入额×（1−20%）×20%×（1−30%）

【实例6.7】甲、乙二人合著一本书，共获得稿酬所得8 000元，甲分得3 000元，乙分得5 000元。计算甲、乙二人的应缴纳的个人所得税。

甲的应纳税额=（3 000−800）×20%×（1−30%）=308（元）

乙的应纳税额=5 000×（1−20%）×20%×（1−30%）=560（元）

六、特许权使用费所得应纳税额的计算

特许权使用费所得应纳税额的计算公式为：

（一）每次收入不足 4 000 元的：

应纳税额=应纳税所得额×适用税率

=（每次收入额－800）×20%

（二）每次收入在 4 000 元以上的：

应纳税额=应纳税所得额×适用税率

=每次收入额×（1－20%）×20%

【实例 6.8】王某于 2016 年 12 月转让一项专利权，取得转让收入 15 万元。计算其应缴纳个人所得税。

应纳税额=150 000×(1−20%)×20%=24 000（元）

七、利息、股息、红利所得应纳税额的计算

利息、股息、红利所得以个人每次取得的收入额为应纳税所得额，不得从收入额中扣除任何费用。其计算公式为：

应纳税额=应纳税所得额×适用税率

=每次收入额×20%

【实例 6.9】张某于 2017 年 1 月从某投资基金管理公司取得派息分红所得 3 000 元，计算该公司应代扣代缴张某的个人所得税。

该公司代扣代缴的个人所得税=3 000×20%=600（元）

八、财产租赁所得应纳税额的计算

财产租赁所得一般以个人每次取得的收入，定额或者定率减除规定费用后的余额为应纳税所得额。个人出租财产取得的财产租赁收入，在计算缴纳个人所得税时，应该依次扣除的费用包括：财产租赁过程中缴纳的税费、由纳税人负担的该出租财产实际开支的修缮费用以及税法规定的其他费用扣除标准。允许扣除的修缮费用，以每次 800 元为限，一次扣除不完的，准予在下一次继续扣除，直到扣完为止。

应纳税所得额的计算公式为：

（一）对于每次收入不超过 4 000 元的：

应纳税所得额=每次（月）收入额-准予扣除项目-修缮费用（800 元为限）-800

（二）对于每次收入超过 4 000 元的：

应纳税所得额=每次（月）收入额-准予扣除项目-修缮费用（800 元为限）×（1-20%）

财产租赁所得适用 20%的比例税率。但对个人按市场价格出租的居民住房取得的所得，自 2001 年 1 月 1 日起暂减按 10%的税率征收个人所得税。其应纳税额的计算公式为：

应纳税额=应纳税所得额×适用税率

【实例 6.10】张某将其自有一套房屋按市场价租给李某居住。每月收取租金 2 000 元，2016 年全年租金收入为 24 000 元。计算张某应缴纳的个人所得税。

每月应纳税额=（2 000−800）×10%=120（元）

全年应纳税额=120×12=1 440（元）

九、财产转让所得应纳税额的计算

财产转让所得应纳税额的计算公式为：

应纳税额=应纳税所得额×适用税率

=（收入总额-财产原值-合理税费）×20%

【实例 6.11】李某于 2016 年 8 月转让房产一套，售价为 100 万元。该房产原值 60 万元，支付相关税费 2 万元。请计算李某应缴纳的个人所得税。

应纳税所得额=1 000 000-600 000-20 000=380 000（元）

应纳税额=380 000×20%=76 000（元）

十、偶然所得应纳税额的计算

偶然所得以每次取得该项收入为一次，偶然所得应纳税额的计算公式为：

应纳税额=应纳税所得额×适用税率

=每次收入额×20%

特别提示

偶然所得在计算个人所得税时，应纳税所得额即为其收入额，没有任何扣减项目。

【实例 6.12】王某参加某商场 2016 年年末抽奖活动，抽得一等奖，获得现金 30 000 元。计算由商场代扣代缴个人所得税后，王某可实际获得的现金数额。

商场代扣代缴的应纳税额=30 000×20%=6 000（元）

王某可实际获得的现金数额=30 000-6 000=24 000（元）

十一、其他所得应纳税额的计算

其他所得应纳税额的计算公式为：

应纳税额=应纳税所得额×适用税率=每次收入额×20%

第三节　个人所得税的会计处理

一般来说，个人所得税的会计处理主要涉及单位代扣代缴的个人所得税，以及个体工商户生产经营所得的个人所得税。

一、单位代扣代缴个人所得税的会计处理

单位为核算代扣代缴的个人所得税，一般应设置“应交税费——代扣代缴个人所得税”明细科目，贷方登记按规定应代扣的个人所得税，借方登记已缴纳代扣的个人所得税，期末贷方余额表示尚未缴纳的代扣个人所得税。

（一）支付工资、薪金所得代扣代缴的会计处理

单位支付工资并代扣个人所得税时，按应付工资总额，借记“应付职工薪酬”科目，按代扣的个人所得税，贷记“应交税费——代扣代缴个人所得税”科目，按实际发放的工资，贷记“银

行存款”科目；实际缴纳代扣税款时，借记“应交税费——代扣代缴个人所得税”科目，贷记“银行存款”科目。

【实例 6.13】甲公司 2016 年 11 月 25 日汇总本公司应付工资总额为 93 000 元，其中生产工人工资 50 000 元，车间管理人员工资为 23 000 元，公司管理人员工资 20 000 元，按税法规定应代扣代缴个人所得税 2 700 元。则该公司做会计分录如下：

（1）计提工资时：

借：生产成本　　50 000

　　制造费用　　23 000

　　管理费用　　20 000

　　贷：应付职工薪酬——工资薪金　　93 000

（2）代扣个人所得税时：

借：应付职工薪酬——工资薪金　　2 700

　　贷：应交税费——代扣代缴个人所得税　　2 700

（3）缴纳代扣个人所得税时：

借：应交税费——代扣代缴个人所得税　　2 700

　　贷：银行存款　　2 700

（二）承包、承租经营所得代扣代缴个人所得税的会计处理

如果由支付所得的单位代扣代缴的，支付单位应按支付的所得，借记“应付利润”科目，按应代扣的个人所得税，贷记“应交税费——代扣代缴个人所得税”科目，按实际支付的金额，贷记“银行存款”等科目。实际缴纳代扣税款时，借记“应交税费——代扣代缴个人所得税”科目，贷记“银行存款”科目。

【实例 6.14】杜某与企业甲签订承包合同，经营食堂。承包期为 1 年，合同规定杜某每月领取收入 20 000 元，其他营业利润归企业所有。杜某的个人所得税由企业代扣代缴。

杜某每月应纳税额=（20 000−3 500）×25%−1 005=3 120（元）

企业做会计分录如下：

（1）支付所得并代扣个人所得税时：

借：应付利润　　20 000

　　贷：应交税费——代扣代缴个人所得税　　3 120

　　　　银行存款　　16 880

（2）缴纳代扣个人所得税时：

借：应交税费——代扣代缴个人所得税　　3 120

　　贷：银行存款　　3 120

接【实例 6.14】，若合同规定杜某全年上交费用 50 000 元，其余经营利润归杜某个人所有。年终食堂实现利润总额 200 000 元。

杜某应缴纳的个人所得税应自行申报缴纳，企业不作扣缴所得税的会计处理。企业在收到杜某缴来的承包费时，做会计分录如下：

借：银行存款　　50 000

　　贷：其他业务收入　　50 000

（三）支付劳务报酬、特许权使用费、稿酬等所得代扣代缴个人所得税的会计处理

单位支付劳务报酬、特许权使用费、稿酬所得等代扣代缴个人所得税时，应按合同或协议约

定的金额，借记“管理费用”“无形资产”等科目，按应代扣的个人所得税，贷记“应交税费——代扣代缴个人所得税”科目，按实际支付的金额，贷记“银行存款”等科目。实际缴纳代扣税款时，借记“应交税费——代扣代缴个人所得税”科目，贷记“银行存款”科目。

【实例 6.15】某机构于 2017 年 2 月聘请张某给其从业人员进行培训，支付张某培训费 10 000 元，并代扣代缴个人所得税。

应代扣的个人所得税= 10 000×（1−20%）×20%=1 600（元）

机构做会计分录如下：

（1）支付培训费并代扣个人所得税时：

	借方	贷方
借：管理费用	10 000	
贷：银行存款		8 400
应交税费——代扣代缴个人所得税		1 600

（2）缴纳代扣个人所得税时：

	借方	贷方
借：应交税费——代扣代缴个人所得税	1 600	
贷：银行存款		1 600

【实例 6.16】作家吴某在某出版社出版一本著作，合同约定出版社付给吴某稿酬 18 000 元，同时由出版社代扣代缴个人所得税。

应代扣的个人所得税=18 000×(1−20%)×20%×(1−30%)=2 016（元）

出版社做会计分录如下：

（1）支付稿酬并代扣个人所得税时：

	借方	贷方
借：管理费用	18 000	
贷：银行存款		15 984
应交税费——代扣代缴个人所得税		2 016

（2）缴纳代扣个人所得税时：

	借方	贷方
借：应交税费——代扣代缴个人所得税	2 016	
贷：银行存款		2 016

【实例 6.17】工程师孙某向一家公司提供一项专利使用权，一次取得收入 50 000 元，公司代扣代缴个人所得税。

应代扣的个人所得税= 50 000×（1−20%）×20%=8 000（元）

公司做会计分录如下：

（1）支付所得并代扣个人所得税时：

		借方	贷方
借：无形资产		50 000	
贷：应交税费——代扣代缴个人所得税			8 000
银行存款	42 000		

（2）缴纳代扣个人所得税时：

	借方	贷方
借：应交税费——代扣代缴个人所得税	8 000	
贷：银行存款		8 000

（四）支付利息、股息、红利所得代扣代缴个人所得税的会计处理

股份制公司向个人支付现金股利时，应代扣代缴个人所得税。公司按应支付给个人的现金股利金额，应根据合同或者协议约定的金额，借记“利润分配”科目，贷记“应付股利”科目；当支付股利时，借记“应付股利”科目，按照实际支付的金额，贷记“银行存款”科目，按应代扣的个人所得税，贷记“应交税费——代扣代缴个人所得税”科目。实际缴纳代扣税款时，应借记

"应交税费——代扣代缴个人所得税"科目，贷记"银行存款"科目。

【实例 6.18】某股份制公司向个人王某派发股利，合同规定派发股利 20 000 元，公司代扣代缴个人所得税。

应代扣的个人所得税= 20 000×20%=4 000（元）

公司做会计分录如下：

（1）派发股利时：

	借方	贷方
借：利润分配	20 000	
贷：应付股利		20 000

（2）支付股利并代扣个人所得税时：

	借方	贷方
借：应付股利	20 000	
贷：应交税费——代扣代缴个人所得税		4 000
银行存款		16 000

（3）缴纳代扣个人所得税时：

	借方	贷方
借：应交税费——代扣代缴个人所得税	4 000	
贷：银行存款		4 000

二、个体工商户生产、经营所得个人所得税的会计处理

（一）会计科目设置

个体工商户应设置"本年应税所得"科目，核算个体户本年生产经营活动的应纳税所得（或应弥补的亏损）。该科目下设"本年经营所得"和"应弥补的亏损" 两个明细科目。

【实例 6.19】某个体工商户结转全年收入、成本和费用，计算确定本年经营所得。有关科目的余额如下："营业收入"科目贷方余额 40 万元；"营业成本"科目借方余额 22 万元；"营业费用"科目借方余额 3 万元；"营业税金"科目借方余额 2 万元；"营业外收支"科目借方余额 1 万元。没有在税前弥补的亏损。该个体工商户做会计分录如下：

	借方	贷方
借：营业收入	400 000	
贷：本年应税所得——本年经营所得		400 000
借：本年应税所得——本年经营所得	280 000	
贷：营业成本		220 000
营业费用		30 000
营业税金		20 000
营业外收支		10 000

（二）个人所得税的会计处理

根据税法规定，个体工商户的个人所得税按年计算，分月预缴，年度终了后汇算清缴。个体工商户按月预缴个人所得税时，借记"应交税金——应交个人所得税"科目，贷记"现金""银行存款"科目。年度终了，个体工商户计算出全年应缴纳的个人所得税额，借记"留存利润"科目，贷记"应交税金——应交个人所得税"科目。如应缴数大于预缴数，表示少缴的个人所得税，应于上缴时，借记"应交税金——应交个人所得税"科目，贷记"现金""银行存款"科目；如应缴数小于预缴数，表示多缴的个人所得税，按规定给予退税时，借记"现金""银行存款"科目，贷记"应交税金——应交个人所得税"科目。

接【实例 6.19】，个体工商户全年应缴纳的个人所得税=120 000×35%−14 750=27 250（元）

若个体工商户已经预缴个人所得税20 000元，需补缴个人所得税7 250元。

个体户做会计分录如下：

（1）计算全年个人所得税时：

借：留存利润 27 250

　　贷：应交税金——应交个人所得税 27 250

（2）实际缴纳个人所得税时：

借：应交税金——应交个人所得税 7 250

　　贷：银行存款 7 250

本章小结

个人所得税是对自然人取得的各类应税所得为征税对象课税的一种税。我国现行个人所得税采用分类所得税制，将个人取得的各种所得划分为11类，并采用不同的计税方法。

个人所得税的会计处理主要涉及单位代扣代缴的个人所得税，以及个体工商户生产经营所得的个人所得税。

练习题

一、单项选择题

1. 目前我国个人所得税属于（　　）所得税制。

A. 综合　　B. 分类　　C. 分类与综合相结合　　D. 混合

2. 临时离境，是指在一个纳税年度内，一次不超过30日或者多次累计不超过（　　）日的离境。

A. 60　　B. 90　　C. 120　　D. 180

3. 下列所得在计算个人所得税时有加成征收的是（　　）。

A. 劳务报酬所得　　B. 偶然所得　　C. 特许权使用费所得　　D. 稿酬所得

4. 下列所得应缴纳个人所得税的是（　　）。

A. 离退休工资　　B. 国债利息　　C. 企业债券利息　　D. 保险赔款

5. 单位核算代扣代缴的个人所得税，应设置（　　）科目。

A. 应交税费——应交个人所得税　　B. 应交税费——代扣代缴个人所得税

C. 应付职工薪酬　　D. 应交税费——代收代缴个人所得税

二、多项选择题

1. 以下属于个人所得税居民纳税人的有（　　）。

A. 在中国境内有住所的个人

B. 在中国境内无住所又不居住的个人

C. 在中国境内无住所但居住满1年的个人

D. 在中国境内无住所而居住不满1年的个人

2. 下列所得在计算个人所得税时没有税前扣除的是（　　）。

A. 偶然所得　　B. 劳务报酬所得　　C. 财产转让所得　　D. 特许权使用费所得

3. 下列有关个体工商户计算缴纳个人所得税的说法，正确的有（　　）。

A. 向其从业人员实际支付的合理的工资、薪金支出，允许税前据实扣除

B. 每一纳税年度发生的与其生产经营业务直接相关的业务招待费支出，按照发生额的50%扣除

C. 每一纳税年度发生的广告费和业务宣传费不超过当年销售（营业）收入15%的部分，可据实扣除，超过部分，准予在以后纳税年度结转扣除

D. 赞助支出不得税前扣除

4. 以下需要纳税人自行申报缴纳个人所得税的有（　　）。

A. 年所得12万元以上的

B. 从中国境内两处或者两处以上取得工资、薪金所得的

C. 从中国境外取得所得的

D. 取得应税所得，没有扣缴义务人的

5. 以下关于个体工商户生产、经营所得个人所得税会计处理的说法，正确的有（　　）。

A. 年末结转时，借记“营业收入”科目，贷记“本年应税所得——本年经营所得”科目

B. 年末结转时，借记“本年应税所得——本年经营所得”科目，贷记“营业成本”、“营业费用”、“营业税金”科目

C. “营业外收支”科目如为贷方余额，借记“本年应税所得——本年经营所得”科目，贷记“营业外收支”科目

D. 计算全年应缴纳的个人所得税，借记“留存利润”科目，贷记“应交税金——应交个人所得税”科目

三、计算题

中国公民吴某2017年3月的取得收入情况如下：

（1）取得应税工资8 000元。

（2）出版一本著作，取得稿酬所得20 000元。

（3）应邀到某培训机构进行培训，取得劳务报酬所得3 000元。

计算吴某2017年3月应缴纳的个人所得税。

四、实训题

某个体工商户账证健全，实行查账征收。2016年全年取得营业收入20万元，发生营业成本11万元，营业费用5万元，营业税金1万元，营业外支出1万元，已经预缴个人所得税1 000元。根据上述经济业务，做出该个体户结转收入成本和费用、计提个人所得税以及缴纳个人所得税的会计分录。

五、拓展阅读指南

1.《中华人民共和国个人所得税法》

2.《中华人民共和国个人所得税法实施条例》

3.《个体工商户个人所得税计税办法》

4.《个体工商户会计制度（试行）》

第七章　其他税会计

【学习目标】

掌握资源税、土地增值税、城市维护建设税、房产税、城镇土地使用税、契税、耕地占用税、印花税、车船税和车辆购置税的计税原理和应纳税额的计算，并会进行相关会计处理。

引导案例

我国的税制结构及改革

目前我国共有19个税种（包括已经立法通过但尚未开征的环境保护税），整个税制结构是以流转税和所得税为主体的，特别是流转税（增值税、消费税、关税等）占整个税收收入的比重达70%以上，是我国的主体税种。资源税、土地增值税、房产税、印花税等税种作为税收制度的组成部分，尽管整体税收收入规模不大，但在社会经济中也发挥着越来越重要的作用。近年来，我国政府先后对房产税、资源税等进行了相关改革，如沪渝两地房产税改革试点、资源税从价计征改革等。这些改革，不仅仅是为了更好对发挥特定税种的特定职能，更为重要的是，从微观层面来看，对企业税负和会计核算也会产生重要的影响，纳税人必须根据税法的调整相应地进行涉税会计核算，准确反映企业相关税收的负担情况。

启发思考

1. 资源税为什么要进行从价计征改革？

2. 资源税、土地增值税、城市维护建设税、房产税、城镇土地使用税、印花税、车船税、车辆购置税等税种在税收分类中分别属于什么税种？

3. 企业产生的资源税、土地增值税、城市维护建设税、房产税、城镇土地使用税、印花税、车船税、车辆购置税等相关税收负担，应当分别通过什么会计科目体现这些税收负债？

第一节　资源税会计

一、资源税的计税原理

（一）资源税纳税人

在我国领域及管辖海域开采规定的矿产品或者生产盐（以下称开采或生产应税产品）的单位和个人，为资源税的纳税人，应缴纳资源税。

收购未税矿产品的单位为资源税的扣缴义务人，具体是指独立矿山、联合企业及其他收购未税矿产品的单位。

（二）资源税的征税范围

自 2016 年 7 月 1 日起，我国全面推进资源税改革，在煤炭、原油、天然气等已实施从价计征改革基础上，对其他矿产资源全面实施改革，逐步对水、森林、草场、滩涂等自然资源开征资源税。

政策链接

具体情况见财政部、国家税务总局 2016 年 5 月 10 日发布的《关于全面推进资源税改革的通知》

资源税改革之后，现行资源税的征税范围包括：

（1）原油。原油是指开采的天然原油，不包括人造石油。

（2）天然气。天然气是指专门开采或与原油同时开采的天然气，暂不包括煤矿生产的天然气。

（3）煤炭。煤炭是指原煤，不包括洗煤、选煤及其他煤炭制品。

（4）其他非金属矿原矿。其他非金属矿原矿是指原油、天然气、以外的非金属矿原矿。

（5）黑色金属矿原矿。

（6）有色金属矿原矿。

（7）盐，包括固体盐、液体盐（卤水）。这里所说的固体盐，是指海盐原盐、湖盐原盐和井矿盐；液体盐，是指氯化钠含量达到一定浓度的溶液，是用于生产碱和其他产品的原料。

（8）河北地区开展水资源税改革试点工作，采取水资源费改税方式，将地表水和地下水纳入征税范围，实行从量定额计征，对高耗水行业、超计划用水以及在地下水超采地区取用地下水，适当提高税额标准，正常生产生活用水维持原有负担水平不变。

（9）逐步将其他自然资源纳入征收范围。鉴于森林、草场、滩涂等资源在各地区的市场开发利用情况不尽相同，对其全面开征资源税条件尚不成熟，此次改革不在全国范围统一规定对森林、草场、滩涂等资源征税。各省、自治区、直辖市（以下统称省级）人民政府可以结合本地实际，根据森林、草场、滩涂等资源开发利用情况提出征收资源税的具体方案建议，报国务院批准后实施。

（三）资源税的税目和税率

1. 原油、天然气、煤炭、稀土、钨、钼

原油、天然气、煤炭、稀土、钨、钼等 6 个品目前期已经完成从价计征改革。考虑到政策的稳定性和连续性，已实施从价计征的原油、天然气、煤炭、稀土、钨、钼等 6 个资源品目资源税政策暂不调整，仍按原办法执行。其税率为：

（1）煤炭资源税税率幅度为 2%～10%，具体适用税率由省级财税部门在上述幅度内，根据本地区清理收费基金、企业承受能力、煤炭资源条件等因素提出建议，报省级人民政府拟定。

（2）原油、天然气矿产资源补偿费费率降为零，相应将资源税适用税率由 5%提高至 6%。

（3）稀土、钨、钼的税率。轻稀土按地区执行不同的适用税率，其中，内蒙古为 11.5%、四川为 9.5%、山东为 7.5%；中重稀土资源税适用税率为 27%；钨资源税适用税率为 6.5%；钼资源税适用税率为 11%。

政策链接

具体情况参见以下几个财政部、国家税务总局下发的通知：

(1)《关于实施煤炭资源税改革的通知》。

(2)《关于调整原油、天然气资源税有关政策的通知》。

(3)《关于实施稀土、钨、钼资源税从价计征改革的通知》。

2. 其他金属矿、非金属矿和盐

全面资源税改革以后，对列举名称的 21 种资源品目和未列举名称的其他金属矿实行从价计征，列举名称的21 种资源品目包括：铁矿、金矿、铜矿、铝土矿、铅锌矿、镍矿、锡矿、石墨、硅藻土、高岭土、萤石、石灰石、硫铁矿、磷矿、氯化钾、硫酸钾、井矿盐、湖盐、提取地下卤水晒制的盐、煤层（成）气、海盐。资源税税目税率幅度表如表 7.1 所示。

表 7.1 资源税税目税率幅度表

序号	税目		征税对象	税率幅度
1	金属矿	铁矿	精矿	1%～6%
2		金矿	金锭	1%～4%
3		铜矿	精矿	2%～8%
4		铝土矿	原矿	3%～9%
5		铅锌矿	精矿	2%～6%
6		镍矿	精矿	2%～6%
7		锡矿	精矿	2%～6%
8		未列举名称的其他金属矿产品	原矿或精矿	税率不超过 20%
9	非金属矿	石墨	精矿	3%～10%
10		硅藻土	精矿	1%～6%
11		高岭土	原矿	1%～6%
12		萤石	精矿	1%～6%
13		石灰石	原矿	1%～6%
14		硫铁矿	精矿	1%～6%
15		磷矿	原矿	3%～8%
16		氯化钾	精矿	3%～8%
17		硫酸钾	精矿	6%～12%
18		井矿盐	氯化钠初级产品	1%～6%
19		湖盐	氯化钠初级产品	1%～6%
20		提取地下卤水晒制的盐	氯化钠初级产品	3%～15%
21		煤层（成）气	原矿	1%～2%
22		黏土、砂石	原矿	每吨或立方米 0.1 元～5 元
23		未列举名称的其他非金属矿产品	原矿或精矿	从量税率每吨或立方米不超过 30 元；从价税率不超过 20%
24		海盐	氯化钠初级产品	1%～5%

注：铝土矿包括耐火级矾土、研磨级矾土等高铝黏土；氯化钠初级产品是指井矿盐、湖盐原盐、提取地下卤水晒制的盐和海盐原盐，包括固体和液体形态的初级产品；海盐是指海水晒制的盐，不包括提取地下卤水晒制的盐。

二、资源税的计算

（一）销售额的确定

1. 销售额的一般规定

销售额为纳税人销售应税产品向购买方收取的全部价款和价外费用，但不包括收取的增值税销项税额。

2. 销售额的特殊规定

纳税人开采或者生产应税产品，用于连续生产应税产品的，不缴纳资源税；用于其他方面的，视同销售计算缴纳资源税。

纳税人申报的应税产品销售额明显偏低并且无正当理由的、有视同销售应税产品行为而无销售额的，除财政部、国家税务总局另有规定外，按下列顺序确定销售额：

（1）按纳税人最近时期同类产品的平均销售价格确定。

（2）按其他纳税人最近时期同类产品的平均销售价格确定。

（3）按组成计税价格确定。组成计税价格为：

组成计税价格＝成本×（1+成本利润率）÷（1－税率）

公式中的成本是指：应税产品的实际生产成本。公式中的成本利润率由省、自治区、直辖市税务机关确定。

（二）应纳税额的计算

实行从价计征的资源税应纳税额的计算公式为：

应纳税额=销售额×适用税率

【实例 7.1】某煤矿企业为增值税一般纳税人，增值税税率为 17%。2017 年 4 月向某电厂销售优质原煤 2 000 吨，取得不含增值税价款 30 万元，支付从坑口到车站的运输费用 2 万元；向某煤场销售选煤，取得价税合计金额 9.36 万元。该煤矿资源税税率为 5%，选煤折算率为 93%。计算该煤矿应缴纳的资源税。

销售额=30+9.36÷（1+17%）×93%=37.44（万元）

应缴纳的资源税=37.44×5%=0.372（万元）

三、资源税的会计处理

企业缴纳的资源税，通过“应交税费——应交资源税”科目进行核算。该科目贷方反映企业应缴纳的资源税；借方反映企业已经缴纳的资源税；余额在贷方表示企业应缴而未缴的资源税。企业按规定计算出对外销售应税产品应缴纳的资源税时，借记“税金及附加”科目，贷记“应交税费——应交资源税”科目；实际缴纳资源税税款时，借记“应交税费——应交资源税”科目，贷记“银行存款”科目。

（一）企业对外销售应税产品资源税的会计处理

企业计算出对外销售应税产品应缴纳的资源税，借记“税金及附加”等科目，贷记“应交税费——应交资源税”科目；实际缴纳税款时，借记“应交税费——应交资源税”科目，贷记“银行存款”科目。

【实例 7.2】某油田销售原油 2.5 万吨，取得不含增值税收入 8 000 万元，资源税税率为 8%。则油田做会计分录如下：

应缴纳的资源税=8 000×8%=640（万元）

（1）计提资源税时：

借：税金及附加　　6 400 000

　　贷：应交税费——应交资源税　　6 400 000

（2）实际缴纳资源税时：

借：应交税费——应交资源税　　6 400 000

　　贷：银行存款　　6 400 000

（二）企业自产自用应税产品资源税的会计处理

对企业自产自用应税产品，其应纳资源税的会计处理与销售应税产品的会计处理有所不同，其应缴纳的资源税不计入产品销售税金，而是计入产品的生产成本，即借记“生产成本”“制造费用”等科目，贷记“应交税费——应交资源税”科目；实际缴纳税款时，借记“应交税费——应交资源税”科目，贷记“银行存款”科目。

【实例 7.3】某油田 4 月原油实际产量 80 000 吨，自产自用 60 000 吨，按规定计提的资源税 50 万元，其中，应记入生产成本的为 45 万元，应计入制造费用的为 5 万元。则该油田做会计分录如下：

（1）计提资源税时：

	借方	贷方
借：生产成本	450 000	
制造费用	50 000	
贷：应交税费——应交资源税		500 000

（2）实际缴纳资源税时：

	借方	贷方
借：应交税费——应交资源税	500 000	
贷：银行存款		500 000

（三）收购未税矿产品代扣代缴资源税的会计处理

独立矿山、联合企业在收购未税矿产品时，按实际支付的收购款，借记“在途物资”科目，贷记“银行存款”科目；同时，按代扣代缴的资源税税额，借记“在途物资”科目，贷记“应交税费——应交资源税”科目；实际缴纳税款时，借记“应交税费——应交资源税”科目，贷记“银行存款”科目。

【实例 7.4】某独立矿山 2017 年 1 月收购未购矿产品 4 500 元，该矿产品适用税率为 5%。则该矿山做会计分录如下：

应代扣代缴的资源税=4 500×5%=225（元）

（1）计提代扣代缴的资源税时：

	借方	贷方
借：在途物资	225	
贷：应交税费——应交资源税		225

（2）实际缴纳资源税时：

	借方	贷方
借：应交税费——应交资源税	225	
贷：银行存款		225

第二节　土地增值税会计

一、土地增值税的计税原理

（一）土地增值税的纳税人

土地增值税的纳税人为有偿转让国有土地使用权、地上的建筑物及其附着物（以下简称转让房地产）并取得收入的单位和个人。

（二）土地增值税的征税范围

1. 基本征税范围

（1）转让国有土地使用权。转让非国有土地使用权和出让国有土地使用权的行为均不征收土地增值税。所谓国有土地，是指按国家法律规定属于国家所有的土地。集体土地只有依法被征用后才属于国家所有，然后才能转让。

知识链接

土地使用权转让与土地使用权出让

国有土地使用权出让是指国家将国有土地使用权在一定年限内出让给土地使用者，由土地使用者向国家支付土地使用权出让金的行为。是土地交易一级市场，由国土资源管理部门代表国家通过拍卖、招标、挂牌出让和协议四种方式出让土地。土地使用权转让是指已取得土地使用权的土地使用者将土地使用权再转让的行为。是土地使用权交易二级市，采取方式多为出售、交换和赠与。国土资源部于1990年发布了《中华人民共和国城镇国有土地使用权出让和转让暂行条例》。

国有土地使用权的出让，出让方是国家，受让方是土地使用者，此时出让方不需要缴纳土地增值税；国有土地使用权的转让，转让方要缴纳土地增值税。

（2）地上的建筑物及其附着物连同国有土地使用权一并转让。地上的建筑物，是指建于地上的一切建筑物，包括地上地下的各种附属设施，如厂房、仓库、地下室、围墙、烟囱、电梯、中央空调、管道等；附着物，是指附着于土地上的不能移动，一经移动即遭损坏的物品。

（3）存量房地产的买卖。只对有偿转让的房地产征税，对继承、赠与方式无偿转让的房地产，不予征税。但是，不征收土地增值税的房地产赠与行为仅指以下两种情况：一是房产所有人、土地使用权所有人将房屋产权、土地使用权赠与直系亲属或承担直接赡养义务人的；二是房产所有人、土地使用权所有人通过中国境内非营利的社会团体、国家机关将房屋产权、土地使用权赠与教育、民政和其他社会福利、公益事业的。

2. 具体情况判定

（1）以房地产投资、联营。凡所投资、联营的企业从事房地产开发的，或者房地产开发企业以其建造的商品房进行投资和联营的；对投资、联营企业将上述房地产再转让的，均应征收土地增值税。

（2）房地产开发企业将开发的部分房地产转为企业自用或用于出租等商业用途。对于产权发生转移的应当征收土地增值税。

（3）房地产交换。对于单位之间，以房地产与另一方的房地产进行交换的应当征收土地增值税。

（4）合作建房。对于建成后转让的行为应当征收土地增值税。

（5）房地产抵押。对于以房地产抵债而发生房地产权属转让的行为应当征收土地增值税。

（三）土地增值税的税率

土地增值税实行四级超率累进税率，具体见表7.2。

表7.2　土地增值税的税率表

级数	增值额与扣除项目金额的比率	税率（%）	速算扣除系数（%）
1	未超过50%（含50%）的部分	30	0
2	超过50%～100%（含100%）的部分	40	5
3	超过100%～200%（含200%）的部分	50	15
4	超过200%的部分	60	35

二、土地增值税的计算

（一）增值额的确定

土地增值税的计税依据是纳税人转让房地产所取得的增值额，即纳税人转让房地产所取得的收入额减除规定的扣除项目金额后的余额，其计算公式为：

土地增值额=房地产转让应税收入-扣除项目金额

1. 应税收入的确定

纳税人转让房地产取得的应税收入，应包括转让房地产的全部价款以及有关的经济收益。从收入的形式来看，包括货币收入、实物收入和其他收入。

2. 扣除项目的确定

（1）取得土地使用权所支付的金额。取得土地的使用权所支付的金额，是指纳税人为取得土地使用权所支付的地价款和按统一规定缴纳的有关费用。

取得土地使用权所支付的地价款，主要有三种形式：

① 以出让方式取得土地使用权的，为支付的土地出让金。

② 以行政划拨方式取得土地使用权的，为转让土地使用权时按规定补缴的土地出让金。

③ 以转让方式取得土地使用权的，为实际支付的地价款。

（2）开发土地和新建房及配套设施成本（以下简称房地产开发成本）。房地产开发成本指纳税人房地产开发项目实际发生的成本，包括土地的征用及拆迁补偿费、前期工程费、建筑安装工程费、基础设施费、公共配套设施费、开发间接费用等。

（3）开发土地和新建房及配套设施的费用（以下简称房地产开发费用）。房地产开发费用是指与房地产开发项目有关的销售费用、管理费用、财务费用。

财务费用中的利息支出，凡能够按转让房地产项目计算分摊并提供金融机构证明的，允许据实扣除，但最高不能超过按商业银行同类同期贷款利率计算的金额。其他房地产开发费用，按取得土地使用权所支付的价款和房地产开发成本计算的金额之和的 5%以内计算扣除。凡不能按转让房地产项目计算分摊利息支出或不能提供金融机构证明的，房地产开发费用按本条取得土地使用权所支付的价款和房地产开发成本计算的金额之和的 10%以内计算扣除。

特别提示

上述对房地产开发费用的扣除规定可以这样理解：土地增值税的房地产开发费用扣除是按规定比例而不是按实际发生金额扣除的。如果利息支出据实扣除，其扣除比例为 5%；如果不能按转让房地产项目计算分摊利息支出或不能提供金融机构证明的，房地产开发费用扣除比例为 10%。

【实例 7.5】某房地产开发公司取得一块土地使用权支付价款 800 万元，房地产开发成本 600 万元，期间费用 400 万元，其中利息支出 300 万元。

① 若利息支出能按房地产项目分摊，并有金融机构贷款证明的：

准予扣除的房地产开发费用=300+（800+600）×5%=370（万元）

② 若利息支出不能按房地产项目分摊，或不能金融机构贷款证明的：

准予扣除的房地产开发费用=（800+600）×10%=140（万元）

（4）旧房及建筑物的评估价格。旧房及建筑物的评估价格，是指在转让已使用的房屋及建筑物时，由政府批准设立的房地产评估机构评定的重置成本价乘以成新度折扣率后的价格，评估价格须经当地税务机关确认。

【实例 7.6】一栋房屋已使用近 10 年，建造时造价为 1 200 万元，按转让时的建材及人工费用计算，建造同样的新房需花费 6 000 万元，假设该房有七成新，该房的评估价格是多少？

评估价格=6 000×70%=4 200（万元）

（5）与转让房地产有关的税金。与转让房地产有关的税金，是指在转让房地产时缴纳的增值税、城市维护建设税、印花税，因转让房地产缴纳的教育费附加，也可视同税金予以扣除。

政策链接

第一，全面“营改增”之后，纳税人转让房地产取得的收入应缴纳增值税而不再缴纳营业税。因此，土地增值税扣除项目涉及的增值税进项税额，允许在销项税额中计算抵扣的，不计入扣除项目，不允许在销项税额中计算抵扣的，可以计入扣除项目。具体内容可参见《关于“营改增”后契税 房产税 土地增值税 个人所得税计税依据问题的通知》。

第二，房地产开发企业在房地产转让时缴纳的印花税因列入管理费用中，故在此不允许单独再扣除。其他纳税人缴纳的印花税允许在此扣除。

（6）其他扣除项目。对从事房地产开发的纳税人可按取得土地使用权所支付的价款和房地产开发成本计算的金额之和，加计 20%的扣除。

特别提示

此优惠条款只适用于从事房地产开发的纳税人，除此之外的其他纳税人不适用。

（二）应纳税额的计算

土地增值税的应纳税额按照纳税人转让房地产所取得的增值税和适用税率计算征收，其计算公式为：

应纳税额=土地增值额×适用税率-速算扣除系数

1. 房地产开发企业出售开发的房地产

这种情况扣除项目主要有：取得土地使用权所支付的金额、房地产开发成本、房地产开发费用、与转让房地产有关的税金、加计扣除等。

【实例 7.7】某房地产开发公司出售商品房一栋，取得收入总额为 7 500 万元。开发商品房有关支出如下：取得土地使用权所支付的地价款 750 万元，按国家统一规定缴纳的相关税费 50 万元，房地产开发成本为 2 200 万元。有利息支出，但由于该公司同时建造其他写字楼，不能计算分摊银行贷款利息支出，该公司所在地确定的费用扣除比例为 10%。与转让房地产有关的税金 440 万元。计算该公司应缴纳的土地增值税。

（1）转让商品房收入 7 500 万元。

（2）转让商品房的扣除项目金额：

取得土地地使用权所支付的金额=（750+50）=800（万元）

房地产开发成本 2 200 万元

房地产开发费用=（800+2 200）×10%=300（万元）

与转让房地产有关的税金 440 万元

从事房地产开发的加计扣除=（800+2 200）×20%=600（万元）

扣除项目金额合计=800+2 200+300+440+600=4 340（万元）

（3）增值额=7 500−4 340=3 160（万元）

（4）增值额与扣除项目金额的比率=3 160÷4 340×100%=73%

（5）应缴纳的土地增值税=3 160×40%−4 340×5%=1 047（万元）

2. 房地产开发企业出售未开发的土地

这种情况扣除项目主要有：取得土地使用权所支付的金额、转让土地使用权时缴纳的相关税费。无加计扣除。

【实例 7.8】某房地产开发公司转让 5 年前购入的一块土地，取得转让收入 2 000 万元，该土地购进价为 1 500 万元，取得该土地使用权时缴纳的相关税费 50 万元，转让该土地时缴纳相关税费 30 万元。计算该房地产开发公司应缴纳的土地增值税。

（1）转让土地使用权收入 2 000 万元

（2）扣除项目金额合计=1 500+50+30=1 580（万元）

（3）增值额=2 000−1 580=420（万元）

（4）增值额与扣除项目金额的比率=420÷1 580×100%=27%

（5）应缴纳的土地增值税=420×30%=126（万元）

3. 出售旧房或建筑物

这种情况扣除项目主要有：取得土地使用权所支付的金额、房屋及建筑物的评估价格、缴纳的有关费用、与转让房地产有关的税金。无加计扣除。

【实例 7.9】某公司出售旧办公楼一栋，取得销售收入 2 000 万元，该办公楼的原值为 1 000 万元，已提取的折旧为 300 万元。经评估机构评估，该办公楼的成新度为 30%，目前建造同样的办公楼需要 1 500 万元，转让办公楼时需向政府缴纳出让金 80 万元，其他相关费用 20 万元，与转让房地产有关的税金 113 万元。计算该公司应缴纳的土地增值税。

（1）转让旧办公楼收入 2 000 万元

（2）扣除项目金额合计=1 500×30%+80+20+113=663（万元）

（3）增值额=2 000−663=1 337（万元）

（4）增值额与扣除项目金额的比率=1 337÷663×100%=202%

（5）应缴纳的土地增值税=1 337×60%−663×35%=570.15（万元）

三、土地增值税的会计处理

企业缴纳的土地增值税，应通过“应交税费——应交土地增值税”明细科目核算。该科目贷方反映企业计算出应缴纳的土地增值税，借方反映企业实际缴纳的土地增值税；余额在贷方表示企业应缴而未缴的土地增值税。

对房地产开发企业来说，应设置“税金及附加”“应交税费——应交土地增值税”和“待摊费用——预缴土地增值税”等科目来对企业的土地增值税进行核算。由于房地产开发行业自身的特殊性，在房屋建设中企业先取得对客户的预售收入，待建筑物竣工验收合格后再结算收入。税法中规定，对于预售收入按照一定的比例预征土地增值税，待项目清算完毕后再多退少补土地增值税款。

1. 取得预售收入时，企业需要按照预售收入的一定比例预缴土地增值税。计提预缴土地增值税时，借记“递延所得税资产——预缴土地增值税”科目，贷记“应交税费——应交土地增值税”科目；实际缴纳时，借记“应交税费——应交土地增值税”科目，贷记“银行存款”科目。

2. 项目竣工后符合收入确认条件时按照当期的结算收入、成本自行以土地增值税清算方式计算的当期结算收入应承担的土地增值税，借记“税金及附加”科目，贷记“递延所得税资产——预缴土地增值税”科目。

3. 项目全部竣工、办理结算后进行土地增值税清算，对前期预征的土地增值税款和计提的土地增值税费用进行调整。在取得土地增值税清算报告、土地增值税清算金额确定后，借记“税金及附加”科目、“递延所得税资产——预缴土地增值税”科目，贷记“应交税费——应交土地增值税”科目；实际补缴土地增值税时，借记“应交税费——应交土地增值税”科目，贷记“银行存款”科目。若为退税，则做相反的会计分录。

【实例 7.10】某房地产开发公司在某项目竣工前，采取预售房地产方式取得收入 400 万元，需要预缴土地增值税 40 万元。项目竣工后，项目全部收入 800 万元，按税法规定该项目应缴纳的土地增值税为 70 万元。则该公司做会计分录如下：

（1）计提预缴土地增值税时：

借：递延所得税资产——预缴土地增值税　　400 000

　　贷：应交税费——应交土地增值税　　400 000

（2）缴纳预缴土地增值税时：

借：应交税费——应交土地增值税　　400 000

　　银行存款　　400 000

（3）计算整个项目应缴土地增值税时：

借：税金及附加　　700 000

　　贷：应交税费——应交土地增值税　　300 000

　　　　递延所得税资产——预缴土地增值税　　400 000

（4）补缴土地增值税时：

借：应交税费——应交土地增值税　　300 000

　　贷：银行存款　　300 000

第三节　城市维护建设税会计

一、城市维护建设税的计税原理

（一）城市维护建设税的纳税人

缴纳增值税和消费税的单位和个人为城市维护建设税的纳税人。

增值税和消费税的扣缴义务人，同时也是城市维护建设税的扣缴义务人。

（二）城市维护建设税的征税范围

征税范围包括城市、县城、建制镇以及税法规定征税的其他地区。城市、县城、建制镇的范围应根据行政区划作为划分标准，不得随意扩大或缩小各行政区域的管辖范围。

（三）城市维护建设税的税率

城市维护建设税实行三档地区差别比例税率，分别是：

（1）纳税人所在地为市区的，税率为 7%。

（2）纳税人所在地为县城、镇的税率为 5%。

（3）纳税人所在地不为市区、县城、县属镇的，税率为 1%。

二、城市维护建设税的计算

城市维护建设税应纳税额的大小由纳税人实际缴纳“二税”的税额决定，其计算公式为：

应纳税额=纳税人实际缴纳的增值税和消费税×适用税率

知识点滴

教育费附加的计算

教育费附加是国家为了发展地方教育事业而随同“二税”同时征收的一种附加费，严格来说不属于税收的范畴，但由于同城市维护建设税类似，因此，也可以视同税款进行核算。教育费附加征收对象、计费依据和计算方法等与城市维护建设税相同，教育费附加的征收率为3%。

【实例 7.11】某市区一家企业 2017 年 3 月实际缴纳增值税 35 万元，缴纳消费税 25 万元。计算该企业应缴纳的城市维护建设税和教育费附加。

应缴纳的城市维护建设税=（35+25）×7%=4.2（万元）

应缴纳的教育费附加=（35+25）×3%=1.8（万元）

三、城市维护建设税的会计处理

企业应设置“应交税费——应交城市维护建设税”明细科目，核算企业城市维护建设税的计提与缴纳情况。每月计提应缴城市维护建设税时，借记“税金及附加”科目，贷记“应交税费——应交城市维护建设税”科目；实际缴纳税款时，借记“应交税费——应交城市维护建设税”科目，贷记“银行存款”科目。该科目期末贷方余额表示企业应交未交的城市维护建设税。企业计提和缴纳的教育费附加，应通过“应交税费——应交教育费附加”明细科目核算。

【实例 7.12】某公司坐落在市区，当月应缴纳城市维护建设税 7 000 元，教育费附加 3 000 元。则该公司做会计分录如下：

（1）计提城市维护建设税和教育费附加时：

借：税金及附加　　10 000

　　贷：应交税费——应交城市维护建设税　　7 000

　　　　　　　——应交教育费附加　　3 000

（2）实际缴纳税费时：

借：应交税费——应交城市维护建设税　　7 000

　　　　　　——应交教育费附加　　3 000

　　贷：银行存款　　10 000

第四节　房产税会计

一、房产税的计税原理

（一）房产税的纳税人

凡在我国境内拥有房屋产权的单位和个人均为房产税的纳税人。其中：

（1）产权属于国有的，其经营管理的单位和个人为纳税人。

（2）产权出典的，承典人为纳税人。

（3）产权所有人、承典人不在房屋所在地的，或者产权未确定及租典纠纷未解决的，房产代管人或者使用人为纳税人。

（二）房产税的征税范围

房产税在城市、县城、建制镇和工矿区征收。

（1）城市是指经国务院批准设立的市。城市的征税范围为市区、郊区和市辖县城，不包括农村。

（2）县城是指未设立建制镇的县人民政府所在地。

（3）建制镇是指经省、自治区、直辖市人民政府批准设立的镇。建制镇的征税范围为镇人民政府所在地，不包括所辖的行政村。

（4）工矿区是指工商业比较发达，人口比较集中，符合国务院规定的建制镇标准，但尚未设立镇建制的大中型工矿企业所在地。开征房产税的工矿区须经省、自治区、直辖市人民政府批准。

知识点滴

农村房屋不纳入房产税的征税范围

房产税的征税范围不包括农村房屋，这主要是为了减轻农民的负担。因为农村的房屋，除农副业生产用房外，大部分是农民居住用房。对农村房屋不纳入房产税的征税范围，有利于农业发展，繁荣农村经济，促进社会稳定。

（三）房产税的计税依据和税率

房产税依照房产原值一次减除 10%～30%后的余值计算缴纳。具体减除幅度，由省、自治区、直辖市人民政府规定。

没有房产原值作为依据的，由房产所在地税务机关参考同类房产核定。

房产出租的，以房产租金收入为房产税的计税依据。

依照房产余值计算缴纳的，税率为 1.2%；依照房产租金收入计算缴纳的，税率为 12%。自 2008 年 3 月 1 日起，对个人出租住房，不区分用途，按 4%的税率征收房产税。

二、房产税的计算

（一）房产税的计税依据

1. 房产余值

从价计征的房产税，计税依据为房产余值。所谓房产余值，是指依照房产原值一次减除 10%～30%损耗价值后的余额。具体减除幅度由省、自治区、直辖市人民政府规定。房产原值是指纳税人按照财务会计制度规定，在账簿记载的房产原值。对纳税人未按财务会计制度规定记载，房产原值不实和没有原值的房产，由房产所在地税务机关参考同时期的同类房产核定。

2. 租金收入

房屋出租的，以房产租金收入为房产税的计税依据。房产的租金收入包括货币收入或实物收入。如果纳税人对出租房屋的租金收入申报不实或申报数与同一地段同类房屋的租金收入相比明显不合理，税务部门可以核定其应纳税额。

3. 特殊情况

（1）投资联营房产的计税依据。对以房产投资联营，投资者参与投资利润分红，共担风险的，按房产余值作为计税依据计征房产税；对只收取固定收入，不承担联营风险的，应按租金收入计征房产税。

（2）对居民住宅区内业主共有的经营性房产，由实际经营（包括自营和出租）的代管人或使用人缴纳房产税。其中自营的，依照房产原值减除 10%～30%后的余值计征，没有房产原值或不能将业主共有房产与其他房产的原值准确划分开的，由房产所在地地方税务机关参照同类房产核定房产原值；出租的，依照租金收入计征。

（3）对出租房产，租赁双方签订的租赁合同约定有免收租金期限的，免收租金期间由产权所有人按照房产原值缴纳房产税。

（4）对融资租赁房屋计征房产税时，应以房产余值计算征收。

案例 7.1

房屋出租缴纳房产税勿忽视地下室

税务机关人员在对企业的日常管理检查中发现某企业在账簿中反映“其他业务收入——租赁收入”科目中取得租赁收入 50 000 元，经和企业财务人员核实，已经缴纳了增值税及附加税费，并出具完税凭证，但税务人员询问其具体收入项目内容，财务人员含糊其辞，经账务凭证核实，其为企业对外出租其地下室的租赁收入。国家税收相关法律规定“从 2006 年 1 月 1 日起，凡在房产税征收范围内的具备房屋功能的地下建筑，包括与地上房屋相连的地下建筑以及完全建在地面以下的建筑、地下人防设施等，均应当依照有关规定征收房产税”，其中“对于与地上房屋相连的地下建筑，如房屋的地下室、地下停车场、商场的地下部分等，应将地下部分与地上房屋视为一个整体按照地上房屋建筑的有关规定计算征收房产税；对于出租的地下建筑，按照出租地上房屋建筑的有关规定计算征收房产税。”经税务机关工作人员的政策解释和辅导，企业财务人员认识到其取得地下室租赁收入应按国家规定缴纳房产税，其按规定主动补缴了相关房产税和滞纳金。

启发思考

企业出租地下室应当如何确定房产税的计税依据？

（二）应纳税额的计算

1. 从价计征

从价计征按房产的原值减除一定比例后的余值计征，其计算公式为：

应纳税额=应税房产原值×（1−扣除比例）×1.2%

【实例 7.13】某企业生产经营用房原值为 800 万元，当地规定房产税允许扣除的比例为 20%。计算该企业应缴纳的房产税。

应缴纳的房产税=800×（1−20%）×1.2%=7.68（万元）

2. 从租计征

从租计征按房产的租金收入计征，其计算公式为：

应纳税额=租金收入×12%（或 4%）

出租地下建筑物，按照出租地上房屋建筑物的有关规定计算缴纳房产税。

【实例 7.14】某公司出租房屋一间，年租金收入为 20 万元。计算该企业应缴纳的房产税。

应缴纳的房产税=20×12%=2.4（万元）

三、房产税的会计处理

企业按规定应缴纳的房产税，通过“应交税费——应交房产税”明细科目进行核算。该科目贷方反映企业应交纳的房产税，借方反映企业实际已经缴纳的房产税，余额在贷方表示企业应缴而未缴的房产税。企业计算应缴纳的房产税时，借记“管理费用”科目，贷记“应交税费——应交房产税”科目。实际缴纳税款时，借记“应交税费——应交房产税”科目，贷记“银行存款”科目。

【实例 7.15】某企业生产经营用房原值为 1 000 万元，当地规定房产税允许扣除的比例为30%，当地政府规定房产税分季度缴纳。则该企业做会计分录如下：

全年应缴纳的房产税=1 000×（1−30%）×1.2%=8.4（万元）

每季度预缴的房产税=8.4÷4=2.1（万元）

（1）每季度计提房产税时：

借：管理费用　　21 000

　　贷：应交税费——应交房产税　　21 000

（2）每季度实际缴纳房产税时：

借：应交税费——应交房产税　　21 000

　　贷：银行存款　　21 000

第五节　城镇土地使用税会计

一、城镇土地使用税的计税原理

（一）城镇土地使用税的纳税人

在城市、县城、建制镇、工矿区范围内使用土地的单位和个人，为城镇土地使用税的纳税人。具体规定如下：

（1）城镇土地使用税由拥有土地使用权的单位和个人缴纳。

（2）拥有土地使用权的纳税人不在土地所在地的，由代管人或实际使用人纳税。

（3）土地使用权未确定或权属纠纷未解决的，由实际使用人纳税。

（4）土地使用权共有的，由共有各方分别纳税。

问与答

问：某投资公司拥有一块土地，由于没有实际经营项目，将土地给了相关联企业使用，那么城镇土地使用税应当由谁来缴纳？

答：根据相关规定，应当由实际使用土地的企业缴纳城镇土地使用税。

（二）城镇土地使用税的计税依据和税率

城镇土地使用税以纳税人实际占用的土地面积为计税依据，依照规定税额计算征收。土地占用面积的组织测量工作，由省、自治区、直辖市人民政府根据实际情况确定。

城镇土地使用税采用有幅度的差别定额税率，按大、中、小城市和县城、建制镇、工矿区分别规定每平方米年应纳税额，具体税率如下：

（1）大城市 1.5 元至 30 元。

（2）中等城市 1.2 元至 24 元。

（3）小城市 0.9 元至 18 元。

（4）县城、建制镇、工矿区 0.6 元至 12 元。

政策链接

为规范和加强城镇土地使用税征收管理工作，提高税收管理科学化水平，推进征管信息化与现代化深度融合，国家税务总局印发了关于《城镇土地使用税管理指引》的通知（税总发[2016]18 号），其中涉及到城镇土地使用税的减免税申请及管理相关规定。

二、城镇土地使用税的计算

城镇土地使用税的应纳税额可以通过纳税人实际占用的土地面积乘以该土地所在地段的适用税率求得，其计算公式为：

应纳税额=实际占用应税土地面积×单位适用税额

【实例 7.16】某企业实际占用土地 5 000 平方米，其中企业自己办的医院占地 1 000 平方米，企业自己办的托儿所占地 500 平方米。当地人民政府规定的城镇土地使用税单位税额为 10 元/平方米。计算该企业应缴纳的城镇土地使用税。

应缴纳的城镇土地使用税=（5 000−1 000−500）×10=35 000（元）

三、城镇土地使用税的会计处理

企业缴纳的城镇土地使用税应通过“应交税费——应交城镇土地使用税”明细科目核算。该科目贷方反映企业应缴纳的城镇土地使用税，借方反映企业已经缴纳的城镇土地使用税。余额在贷方表示企业应缴而未缴的城镇土地使用税。企业计算应缴纳的城镇土地使用税时，借记“管理费用”“待摊费用”等科目，贷记“应交税费——应交城镇土地使用税”科目。实际缴纳税款时，借记“应交税费——应交城镇土地使用税”科目，贷记“银行存款”科目。

【实例 7.17】某城市内的一家企业适用土地面积为 10 000 平方米，每平方米城镇土地使用税年税额为 5 元。当地税务机关规定城镇土地使用税按半年分两次预缴。则该企业做会计分录如下：

全年应缴纳的城镇土地使用税=5×10 000=50 000（元）

半年预缴的城镇土地使用税=50 000÷2=25 000（元）

（1）每半年计提城镇土地使用税时：

借：管理费用　　25 000

　　贷：应交税费——应交城镇土地使用税　　25 000

（2）实际缴纳城镇土地使用税时：

借：应交税费——应交城镇土地使用税　　25 000

　　贷：银行存款　　25 000

第六节　契税会计

一、契税的计税原理

（一）契税的纳税人

在我境内转移土地、房屋权属，承受的单位和个人为契税的纳税人。土地、房屋权属，是指土地使用权、房屋所有权。承受，是指以受让、购买、受赠、交换等方式取得土地、房屋权属的行为。单位是指企业单位、事业单位、国家机关、军事单位和社会团体以及其他组织；个人是指个体经营者及其他个人。

（二）契税的征税对象

（1）国有土地使用权出让。国有土地使用权出让，是指土地使用者向国家交付土地使用权出让费用，国家将国有土地使用权在一定年限内让予土地使用者的行为。

（2）土地使用权转让，包括出售、赠与和交换，但不包括农村集体土地承包经营权的转移。土地使用权转让，是指土地使用者以出售、赠与、交换或者其他方式将土地使用权转移给其他单位和个人的行为。土地使用权出售，是指土地使用者以土地使用权作为交易条件，取得货币、实物、无形资产或者其他经济利益的行为。土地使用权赠与，是指土地使用者将其土地使用权无偿转让给受赠者的行为。土地使用权交换，是指土地使用者之间相互交换土地使用权的行为。

（3）房屋买卖。房屋买卖，是指房屋所有者将其房屋出售，由承受者交付货币、实物、无形资产或者其他经济利益的行为。

（4）房屋赠与。房屋赠与，是指房屋所有者将其房屋无偿转让给受赠者的行为。

（5）房屋交换。房屋交换，是指房屋所有者之间相互交换房屋的行为。

（6）土地、房屋权属以下列方式转移的，视同土地使用权转让、房屋买卖或者房屋赠与征税：

① 以土地、房屋权属作价投资、入股。

② 以土地、房屋权属抵债。

③ 以获奖方式承受土地、房屋权属。

④ 以预购方式或者预付集资建房款方式承受土地、房屋权属。

（三）契税的计税依据

（1）国有土地使用权出让、土地使用权出售、房屋买卖，为成交价格。成交价格，是指土地、房屋权属转移合同确定的价格，包括承受者应交付的货币、实物、无形资产或者其他经济利益。

（2）土地使用权赠与、房屋赠与，由征收机关参照土地使用权出售、房屋买卖的市场价格核定。

（3）土地使用权交换、房屋交换，为所交换的土地使用权、房屋的价格的差额。土地使用权交换、房屋交换，交换价格不相等的，由多交付货币、实物、无形资产或者其他经济利益的一方缴纳税款；交换价格相等的，免征契税。

（4）以划拨方式取得土地使用权的，经批准转让房地产时，应由房地产转让者补缴契税。其计税依据为补缴的土地使用权出让费用或者土地收益。

（5）房屋买卖的契税计税价格为房屋买卖合同的总价款。

（四）契税的税率

契税税率为 3%～5%。具体适用税率，由省、自治区、直辖市人民政府在规定的幅度内按照本地区的实际情况确定，并报财政部和国家税务总局备案。

二、契税的计算

契税应纳税额的计算公式为：

应纳税额=计税依据×适用税率

【实例 7.18】某公司接受其他公司赠与房屋一栋，赠与契约上未标明价格。经主管税务机关核定房屋现值为 500 万元（假设评估价值与此相同），契税适用税率为 3%。计算该公司应缴纳的契税。

应缴纳的契税=500×3%=15（万元）

三、契税的会计处理

企业取得土地使用权、房屋所有权按规定缴纳的契税，可以通过“应交税费——应交契税”明细科目核算。计算应缴纳的契税时，借记“固定资产”“无形资产”等科目，贷记“应交税费——应交契税”科目；实际缴纳税款时，借记“应交税费——应交契税”科目，贷记“银行存款”科目。

企业也可以不通过“应交税费——应交契税”明细科目核算，将按规定缴纳的契税计入所取得土地使用权和房屋所有权的成本。企业缴纳的契税，借记“固定资产”“无形资产”等科目，贷记“银行存款”科目。

【实例 7.19】某公司以 800 万元购得一块土地的使用权，当地政府规定契税税率为 5%。则该企业做会计分录如下：

应缴纳的契税=800×5%=40（万元）

借：无形资产——土地使用权　　400 000

　　贷：银行存款　　400 000

第七节　耕地占用税会计

一、耕地占用税的计税原理

（一）耕地占用税的纳税人

占用耕地建房或者从事非农业建设的单位或者个人，为耕地占用税的纳税人。单位，包括国有企业、集体企业、私营企业、股份制企业、外商投资企业、外国企业以及其他企业和事业单位、社会团体、国家机关、部队以及其他单位；个人，包括个体工商户以及其他个人。

（二）耕地占用税的征税范围

耕地占用税的征税范围包括为建房或者从事非农业建设而占用的国家所有和计提所有的耕地。

（三）耕地占用税的计税依据和税率

耕地占用税以纳税人实际占用的耕地面积为计税依据，按照规定的适用税额一次性征收。

耕地占用税的税额规定如下：

（1）人均耕地不超过 1 亩的地区（以县级行政区域为单位，下同），每平方米为 10 元至 50 元。

（2）人均耕地超过 1 亩但不超过 2 亩的地区，每平方米为 8 元至 40 元。

（3）人均耕地超过 2 亩但不超过 3 亩的地区，每平方米为 6 元至 30 元。

（4）人均耕地超过 3 亩的地区，每平方米为 5 元至 25 元。

各省、自治区、直辖市耕地占用税平均税额如表 7.3 所示。

表 7.3　各省、自治区、直辖市耕地占用税平均税额表

地区	每平方米平均税额（元）
上海	45
北京	40
天津	35
江苏、浙江、福建、广东	30
辽宁、湖北、湖南	25
河北、安徽、江西、山东、河南、重庆、四川	22.5
广西、海南、贵州、云南、陕西	20
山西、吉林、黑龙江	17.5
内蒙古、西藏、甘肃、青海、宁夏、新疆	12.5

二、耕地占用税的计算

耕地占用税以纳税人实际占用的耕地面积为计税依据，以每平方米为计量单位，按适用的定额税率计税，其计算公式为：

应纳税额=实际占用耕地面积×单位适用税额

【实例 7.20】某公司占用 2 万平方米耕地用于建设厂房和仓库，当地政府规定的耕地占用税税额为 25 元/平方米。计算该公司应缴纳的耕地占用税。

应缴纳的耕地占用税=2×25=50（万元）

三、耕地占用税的会计处理

由于耕地占用税是在实际占用耕地之前一次性缴纳的，不存在与征税机关清算和结算的问题，因此企业按规定缴纳的耕地占用税，可以不通过“应交税费”科目核算，直接计入有关项目的成本费用之中。企业征用耕地获得批准后，按规定缴清耕地占用税，应借记“在建工程”“无形资产”等科目，贷记“银行存款”科目。

【实例 7.21】某工厂经批准征用耕地 3 000 平方米用于建设厂房，当地政府规定的耕地占用税税额为 20 元/平方米。则该工厂做会计分录如下：

应缴纳的耕地占用税=20×3 000=60 000（元）

借：在建工程　　60 000

　　贷：银行存款　　60 000

第八节　印花税会计

一、印花税的计税原理

（一）印花税的纳税人

在我国境内书立、领受按规定列举凭证的单位和个人，都是印花税的纳税人。按照书立、使用、领受应税凭证的不同，可以分别确定为立合同人、立据人、立账簿人、领受人和电子应税凭证的签订人。

特别提示

对应税凭证，凡由两方或两方以上当事人共同书立的，其当事人各方都是印花税的纳税人，应分别就其所持凭证的计税金额履行纳税义务。

（二）印花税的征税范围

应缴纳印花税的凭证分为五类，即经济合同、产权转移书据、营业账簿、权利许可证照和经财政部门确认的其他凭证。

（三）印花税的税目和税率

印花税的税目具体划定了印花税的征税范围。一般来说，列入税目的就要征税，未列入税目的就不征税。印花税共有 13 个税目。印花税的税率有两种形式，即比例税率和定额税率。

印花税税目和税率的具体情况见表 7.4。

表 7.4　印花税的税目税率表

税目	范围	税率	纳税人
1．购销合同	包括供应、预购、采购、购销结合及协作、调剂、补偿、易货等合同	按购销金额 0.3‰贴花	立合同人
2．加工承揽合同	包括加工、定做、修缮、修理、印刷、广告、测绘、测试等合同	按加工或承揽收入 0.5‰贴花	立合同人
3．建设工程勘察设计合同	包括勘察、设计合同	按收取费用 0.5‰贴花	立合同人
4．建筑安装工程承包合同	包括建筑、安装工程承包合同	按承包金额 0.3‰贴花	立合同人
5．财产租赁合同	包括租赁房屋、船舶、飞机、机动车辆、机械、器具、设备等	按租赁金额 1‰贴花。税额不足 1 元的按 1 元贴花	立合同人
6．货物运输合同	包括民用航空、铁路运输、海上运输、内河运输、公路运输和联运合同	按运输收取的费用 0.5‰贴花	立合同人
7．仓储保管合同	包括仓储、保管合同	按仓储收取的保管费用 1‰贴花	立合同人
8．借款合同	银行及其他金融组织和借款人（不包括银行同业拆借）所签订的借款合同	按借款金额 0.05‰贴花	立合同人
9．财产保险合同	包括财产、责任、保证、信用等保险合同	按保险费收入 1‰贴花	立合同人
10．技术合同	包括技术开发、转让、咨询、服务等合同	按所载金额 0.3‰贴花	立合同人
11．产权转移书据	包括财产所有权和版权、商标专用权、专利权、专有技术使用权等转移书据	按所载金额 0.5‰贴花	立据人
12．营业账簿	生产经营用账册	记载资金的账簿，按实收资本和资本公积合计金额 0.5‰贴花。其他账簿按件贴花 5 元	立账簿人
13．权利、许可证照	包括政府部门发给的房屋产权证、工商营业执照、商标注册证、专利证、土地使用证	按件贴花 5 元	领受人

二、印花税的计算

纳税人应缴纳的印花税，根据应纳税凭证的性质，分别按比例税率或定额税率计算。

（一）按比例税率计算

应纳税额=应税凭证计税金额×比例税率

【实例 7.22】某企业与其他企业订立产品购销合同一份，所载金额为 300 万元。计算该企业应缴纳的印花税。

应缴纳的印花税=3 000 000×0.3‰=900（元）

【实例 7.23】某公司记载资金的账簿，实收资本和资本公积的合计金额为 500 万元。计算该公司应缴纳的印花税。

应缴纳的印花税=5 000 000×0.5‰=2 500（元）

（二）按定额税率计算

应纳税额=应税凭证件数×单位适用税额

【实例 7.24】某新开业的企业领受工商营业执照、房屋产权证和土地使用证各一件。计算该企业应缴纳的印花税。

应缴纳的印花税=5×3=15（元）

三、印花税的会计处理

企业在核算缴纳印花税时，一般是自行计算、购买、贴花、注销，不会形成税款债务。为了简化会计处理，可以不通过“应交税费”科目核算。企业于购买印花税票或者以缴款书汇总缴纳印花税时，直接借记“管理费用”等科目，贷记“银行存款”等科目。

【实例 7.25】某建筑公司承包某企业建筑工程一项，订立建筑承包工程合同时建筑公司缴纳印花税 2 万元。则该建筑公司做会计分录如下：

借：管理费用　　　　20 000

　　贷：银行存款　　　　20 000

【实例 7.26】某工厂与其他企业签订一份委托加工合同，合同总标 200 万元。则该工厂做会计分录如下：

应缴纳的印花税=2 000 000×0.5‰=1 000（元）

借：管理费用　　　　1 000

　　贷：银行存款　　　　1 000

第九节　车船税会计

一、车船税的计税原理

（一）车船税的纳税人

车辆、船舶的所有人或管理人为车船税的纳税人。车船的所有人或管理人未缴纳车船税的，使用人应当代为缴纳车船税。

从事机动车第三者责任强制保险业务的保险机构为机动车车船税的扣缴义务人，应当在收取保险费时依法代收车船税。

知识点滴

为何将车辆管理人列为车船税的纳税人

管理人是指对车船具有管理使用权，不具有所有权的单位。如国家机关拥有所使用车船的管理使用权，其所有权属于国家所有，这样就出现了车船的所有人与车船的管理人不一致的情况。因此，将车船的管理人也规定为车船税的纳税人。

（二）车船税的征税范围

车船税的征税范围，是指依法应当在我国车船管理部门登记的车船。车辆、船舶是指：

（1）依法应当在车船登记管理部门登记的机动车辆和船舶。

（2）依法不需要在车船登记管理部门登记的在单位内部场所行驶或者作业的机动车辆和船舶。

（三）车船税的税目税额

车船的适用税额依照《车船税税目税额表》执行，车辆的具体适用税额由省、自治区、直辖市人民政府依照规定的税额幅度和国务院的规定确定。船舶的具体适用税额由国务院在规定的税额幅度内确定。具体税目税率见表 7.5。

表 7.5　车船税的税目税额表

税目		计税单位	年基准税额	备注
乘用车（按发动机汽缸容量分档）	1.0 升（含）以下的	每辆	60 元至 360 元	核定载客人数 9 人（含）以下
	1.0 升以上至 1.6 升（含）的		300 元至 540 元	
	1.6 升以上至 2.0 升（含）的		360 元至 660 元	
	2.0 升以上至 2.5 升（含）的		660 元至 1 200 元	
	2.5 升以上至 3.0 升（含）的		1 200 元至 2 400 元	
	3.0 升以上至 4.0 升（含）的		2 400 元至 3 600 元	
	4.0 升以上的		3 600 元至 5 400 元	
商用车	客车	每辆	480 元至 1 440 元	核定载客人数 9 人以上，包括电车
	货车	整备质量每吨	16 元至 120 元	包括半挂牵引车、三轮汽车和低速载货汽车等
挂车		整备质量每吨	按照货车税额的 50%计算	
其他车辆	专用作业车	整备质量每吨	16 元至 120 元	不包括拖拉机
	轮式专用机械车		16 元至 120 元	
摩托车		每辆	36 元至 180 元	
船舶	机动船舶	净吨位每吨	3 元至 6 元	拖船、非机动驳船分别按照机动船舶税额的 50%计算
	游艇	艇身长度每米	600 元至 2 000 元	

二、车船税的计算和会计处理

车船税应纳税额的计算公式为：

应纳税额=应税车船计税单位×单位适用税额

购置的新车船，购置当年的应纳税额自纳税义务发生的当月起按月计算，计算公式为：

应纳税额=（年应纳税额÷12）×应纳税月份数

企业缴纳的车船税，应通过“应交税费——应交车船税”明细科目进行核算。该科目贷方反映企业应缴纳的车船税税额，借方反映企业已经缴纳的车船税税额。余额在贷方表示企业应缴而未缴的车船税。企业应缴纳的车船使用税，借记“管理费用”科目，贷记“应交税费——应交车船税”科目；实际缴纳税款时，借记“应交税费——应交车船税”科目，贷记“银行存款”科目。

【实例 7.27】某运输公司拥有商用货车 20 辆（整备质量 20 吨），车船税单位税额 100 元；拥有商用客车 5 辆，车船税单位税额为 600 元。则企业做会计分录如下：

应缴纳的车船税=20×100+5×600=5 000（元）

（1）计提车船税时：

借：管理费用　　5 000

　　贷：应交税费——应交车船税　　5 000

（2）实际缴纳车船税时：

借：应交税费——应交车船税　　5 000

　　贷：银行存款　　5 000

第十节　车辆购置税会计

一、车辆购置税的计税原理

（一）车辆购置税的纳税人

在我国境内购置应税车辆的单位和个人为车辆购置税的纳税人。单位，是指国有企业、集体企业、私营企业、股份制企业、外商投资企业、外国企业及其他企业，事业单位、社会团体、国家机关、部队以及其他单位。个人，是指个体工商户及其他个人，既包括中国公民又包括外国公民。

知识点滴

车辆购置税的“购置”内涵

购置不仅包括购买使用行为，还包括进口使用行为、受赠使用行为、自产自用行为、获奖使用行为以及拍卖、抵债、走私、罚没等方式取得并使用的行为，这些行为都属于车辆购置税的应税行为。

（二）车辆购置税的征税范围

车辆购置税以列举的车辆为征税对象，未列举的车辆不征税。其征税范围包括汽车、摩托车、电车、挂车、农用运输车。

（三）车辆购置税的计税依据和税率

车辆购置税的税率为 10%。车辆购置税税率的调整，由国务院决定并公布。

车辆购置税实行从价定率、价外征收的方法计算应纳税额，应税车辆的价格即计税价格就是车辆购置税的计税依据。车辆购置税的计税价格根据不同情况，按照下列规定确定：

（1）购买自用的应税车辆的计税依据，为购买应税车辆而支付给销售者的全部价款和价外费用，不含税增值税税款。

（2）进口自用的应税车辆的计税价格的计算公式为：

计税价格=关税完税价格+关税+消费税

纳税人购买自用或者进口自用应税车辆，申报的计税价格低于同类型应税车辆的最低计税价格，又无正当理由的，按照最低计税价格征收车辆购置税。

（3）自产、受赠、获奖或者以其他方式取得并自用的应税车辆的计税价格，由主管税务机关按照规定的最低计税价格核定。

二、车辆购置税计算和会计处理

车辆购置税应纳税额的计算公式为：

应纳税额=计税价格×适用税率

作为固定资产成本构成的车辆购置税，在车辆使用期间，以计提折旧的方式，分期计入费用，即通过资本化的方式计入固定资产原值，然后分期摊销。企业按规定应缴纳的车辆购置税，借记“固定资产”科目，贷记“应交税费——应交车辆购置税”科目。企业购置的减税、免税车辆改制后用途发生变化的，按规定应补缴的车辆购置税，借记“固定资产”科目，贷记“应交税费——应交车辆购置税”科目。实际缴纳税款时，借记“应交税费——应交车辆购置税”科目，贷记“银行存款”科目。

【实例 7.28】某公司购进一辆小汽车，汽车价款 23.4 万元（含增值税），车辆购置税税率10%，款项已通过银行存款支付。则该公司做会计分录如下：

应缴纳的车辆购置税=23.4÷（1+17%）×10%=2（万元）

（1）计提车辆购置税时：

借：固定资产　　254 000

　　贷：银行存款　　234 000

　　　　应交税费——应交车辆购置税　　20 000

（2）实际缴纳车辆购置税时：

借：应交税费——应交车辆购置税　　20 000

　　贷：银行存款　　20 000

本章小结

企业按规定计算出对外销售应税产品应缴纳的资源税时，借记“税金及附加”科目，贷记“应交税费——应交资源税”科目。

企业缴纳的土地增值税，应通过“应交税费——应交土地增值税”明细科目核算。企业对房地产核算方法不同，企业应缴纳的土地增值税的会计处理也有所区别。

企业每月计提应缴城市维护建设税时，借记“税金及附加”科目，贷记“应交税费——应交城市维护建设税”科目。

企业计算应缴纳的房产税时，借记“管理费用”科目，贷记“应交税费——应交房产税”科目。

企业缴纳的契税、耕地占用税、印花税可以不通过“应交税费”科目核算，直接计入有关成本费用之中。

企业计算应缴纳的车船使用税，借记“管理费用”科目，贷记“应交税费——应交车船税”科目；应缴纳的车辆购置税，借记“固定资产”科目，贷记“应交税费——应交车辆购置税”科目。

练习题

一、单项选择题

1. 土地增值税采用（　　）税率形式。

A. 比例　　B. 超额累进　　C. 超率累进　　D. 定额

2. 下列各税种中，采用比例税率和定额税率两种税率形式的是（　　）。

A. 房产税　　B. 契税　　C. 城市维护建设税　　D. 印花税

3. 下列各税种中，企业在核算应纳税额时可以不通过“应交税费”科目核算的是（　　）。

A. 房产税　　B. 契税　　C. 城市维护建设税　　D. 车辆购置税

二、多项选择题

1. 以下属于土地增值税征税范围的有（　　）。

A. 出让国有土地使用权

B. 转让国有土地使用权

C. 地上的建筑物及连同国有土地使用权一并转让

D. 存量房地产的买卖

2. 城市维护建设税的计税依据包括（　　）。

A. 增值税　　B. 消费税　　C. 关税　　D. 企业所得税

3. 企业按规定缴纳的（　　），应在“管理费用”科目中列支。

A. 房产税　　B. 土地增值税　　C. 城镇土地使用税　　D. 车船税

三、计算题

1. 某公司拥有自用房产原值100万元，当地规定房产税允许扣除的比例为20%；拥有小汽车2辆，车船税单位税额300元；载重汽车3辆，计净吨位15吨，车船税单位税额60元；占用土地面积为2 000平方米，城镇土地使用税税额6元。计算该公司应缴纳的房产税、车船税和城镇土地使用税。

2. 某新开业的企业，当年发生以下有关业务事项：领受房屋产权证、工商营业执照各一件；订立产品购销合同一份，所载金额为300万元；订立借款合同一份，所载金额为100万元；企业记载资金的账簿，“实收资本”“资本公积”为500万元；其他营业账簿8本。计算该企业应缴纳的印花税。

四、实训题

某房地产开发公司出售一幢写字楼，开发该写字楼有关支出为：支付地价款及各种费用1 000万元；房地产开发成本3 000万元；财务费用中的利息支出为500万元（可按转让项目计算分摊并提供金融机构证明）；转让环节缴纳的有关税费共计为500万元。该写字楼采取预售房地产方式取得收入8 000万元，需要预缴土地增值税800万元。项目竣工后，实现全部收入1亿元。计算该公司应缴纳的土地增值税。对预售时和项目竣工后缴纳土地增值税进行相关会计处理。

五、拓展阅读指南

1.《中华人民共和国资源税暂行条例》

2.《中华人民共和国土地增值税暂行条例》

3. 关于印发《土地增值税清算管理规程》的通知

4.《上海市房产税实施细则》

5.《重庆市关于开展对部分个人住房征收房产税改革试点的暂行办法》

下篇

税收筹划篇

第八章　税收筹划概述

【学习目标】

了解国内外文献关于税收筹划概念的表述；掌握税收筹划的概念和特点；熟悉税收筹划的基本类型；理解税收筹划的主要方法与操作步骤。

引导案例

在中央电视台著名的大型电视纪录片《大国崛起》中，荷兰北方航海博物馆馆长维歇尔·克尔克迈尔先生曾经这样描述荷兰的海运船只："17 世纪荷兰商船……一个典型的例子是那时的一种船，它的设计很独特，它的船肚子很大，所以船身很大很圆，而甲板很小。这样做是因为，它要把货物运到斯堪的纳维亚半岛、欧洲和亚洲。而在斯堪的纳维亚半岛，船所缴纳的税取决于甲板的宽度，甲板越窄，付的钱越少，所以，荷兰人造的船甲板很小，船肚子很大，这样利润就提高了……在很大程度上，就是靠着这种船，荷兰人赢得了享誉世界的'海上马车夫'的称号。"可见，税收筹划并不是市场经济的产物——它源于人类的本性，而不受时间、空间、社会制度等因素的限制。

启发思考

1. 税收筹划的主体是谁？
2. 税收筹划的目标是什么？
3. 是不是减少了纳税义务就是实现了税收筹划？

第一节　税收筹划的概念和特点

税收筹划是由英文 Tax Planning 意译而来的，从字面理解也可以称之为"税收计划"，但由于长期以来我国将税务部门对于税收征收任务的安排叫作"税收计划"，为避免与之混淆，在从国外文献中引进这一术语之初，将其译为"税收筹划"，以体现税收筹划所具有的事先策划和安排的特点。

一、前人对于税收筹划概念的研究

通过对国内外文献的考察，关于税收筹划概念的表述大致有以下几种。

（一）认为税收筹划是一种制度安排

荷兰国际财政文献局（International Bureau of Fiscal Documentation，IBFD）编写的《国际税

收词汇》(IBFD，International Tax Glossary，Amsterdam，1988)中将税收筹划表述为："税收筹划是使私人的经营及(或)私人事务缴纳尽可能少的税收的安排。"又如，美国南加州大学 W.B. 梅格斯博士在其《会计学》一书中也提出，"在纳税发生之前，有系统地对企业经营或投资行为做出事先安排，以尽量少缴所得税，这个过程就是税收筹划"。

(二)强调税收筹划是经营管理中的一种税收利益

例如，印度税务专家 E·A. 史林瓦斯在其《公司税收筹划》一书中指出，"税收筹划是经营管理整体中的一个组成部分……税务已成为重要的环境要素之一"。另一位印度税务专家 N.J.雅萨斯威则认为，税收筹划是"纳税人通过财务活动的安排，以充分利用税收法规所提供的包括税收减免在内的一切优惠，从而享有最大的税收利益"。我国学者唐腾翔也认为，"税收筹划指的是在法律规定许可的范围内，通过对经营、投资、理财活动的事先筹划和安排，尽可能地取得节税的税收利益"。

(三)突出税收筹划是一项纳税人权益

该种观点认为，任何人都有权安排自己的事业，当然包括依据法律可以少缴税款的权利。为了保证任何经济个体能够从这些安排中得到利益，政府当局不得强迫任何人多缴税。这种将税收筹划视为一种纳税人权益的观点，凸显了现代民主法治社会所崇尚的税收法定主义的立法宗旨。在现代税收理念中，税收课征源自社会成员的同意而非国家暴力的强制。通过税收筹划实现纳税人税收负担的合理减轻，无疑体现了现代政府公共治理中的公民民主权与"非赞同毋纳税"的现代税收原则。同时，在税收筹划过程中，税收征纳双方的互动影响与彼此制约，也体现了"在任何运行状况良好的社会秩序中，财政权力必须受到遏止"的税收立宪思想。

知识点滴

英、美国家税收筹划的奠基性判例

1935 年，英国上议院"税务局长诉温斯特大公"案是税收历史上最重要的事件之一。当时参与此案的陪审团成员中有四人支持纳税人的诉求。他们对税收筹划作了这样的表述："任何一个人都有权安排自己的事业。如果依据法律所做的某些安排可以少缴税，那就不能强迫他多缴税。"这是世界税制发展史上第一次对税收筹划合法性的认定，成为奠定税务筹划史的基础判例。此后，英国、澳大利亚、美国的税收判例中也经常援引这一判例的原则精神。

另一重要判例是 1945—1947 年期间的美国国税局长诉 Newman 案件。在二审中，法官汉德(Hand)提出，"人们安排自己的活动，以达到降低税负的目的是不可指责的。每个人都可以这样做，不论他是富人，还是穷人。而且这样做是完全正当的，因为他无须超过法律的规定来承担国家的税收。税具有强制性，不是自愿的贡献。以道德的名义要求多缴税是不对的。"*。

这两则判例，不仅对英国和美国自身产生了重要影响，也在世界范围内奠定了税收筹划的合法地位。

二、本书对税收筹划的概念界定

上述各种对税收筹划内涵的界定，从不同侧面阐述了税收筹划的本质。综合各种有关税收筹划的概念，我们认为，税收筹划是指纳税人或其代理机构在遵守税收法律法规的前提下，通过对企业或个人涉税事项的预先安排，实现"合理减轻税收负担目的"的一种自主理财行为。与税收征管部门的征收管理权相对应，税收筹划是纳税人的一项重要权利。

（一）税收筹划的主体

税收筹划的主体是纳税人或其代理机构。需要强调的是，税收筹划主体仅包括纳税人一方。从目前我国学术界的主流观点看，不论称其为税务筹划，还是税收筹划、纳税筹划，大多是以纳税人为主体的“筹划”。同时，随着时代的发展，以注册税务师为代表的中介行业发展迅速，执业水平不断提高，尤其是2005年《注册税务师管理暂行办法》出台，标志着中国税务代理行业进入了一个规范发展的时期，由中介机构代理纳税人的纳税与筹划事宜，也就成为顺理成章的事情。

从税收义务履行过程看，与纳税一方相对应的就是征税机关。他们只能依法征管、依法治税、依率计税；如果征管方也可以进行“筹划”，同时又有税法的解释权，则不可避免地会造成对公法的滥用。至于税务部门如何改进并完善税收征管，本来就是一个税收经济学和税务管理学的研究范畴，而不应属于税收筹划的范围。

（二）税收筹划的“不违法”原则

这里的“不违法”包括两个层次的含义：一方面，相关的行为可能是顺应国家法律、法规的立法意图的，因而是相关法规所鼓励的；另一方面，现实中也存在某些行为，虽然其发生并不符合相关法规的立法意图，但是客观地讲，也并不违反相关的法规。

（三）税收筹划是一种预先安排

税收筹划需要根据企业的具体情况、税法规定及相关政策，提前做出具有预见性的、全局性的纳税方案，以减少企业税收成本和纳税成本，从而达到利益最大化的目标。或者说，税收筹划是针对纳税人的涉税事项，在纳税事务发生之前进行的一系列预先安排。

（四）税收筹划的目标是实现纳税人整体利益的最大化

这一目标的实现，包括两个层面的含义。

第一，不能仅仅关注个别税种的税负变化。有时，某一税种税收负担的降低会增加其他税种的税收负担。比如，有企业认为借款利息可以税前扣除，就可以通过拆入资金的方式增加企业的财务费用，以减少企业所得税；同时通过将资金拆出弥补有关利息成本。殊不知，企业拆出资金所获得的利息收入也是需要缴纳所得税的，如果借入资金的利息支出等于拆出资金的利息收入，这样做不仅没有降低企业所得税，反而使企业多承担了资金拆借过程中涉及的流转税（目前为收入总额的5%）及其附加（税额的10%左右），还有印花税（0.5‰）。因此，企业应超越单一税种的税收筹划，而是按照企业生产经营活动的规律，通盘考虑不同税种、不同课税环节税收负担正反方向的变化。

第二，税收筹划立足于企业的整体利益。也就是说，要防止税收筹划的成本超过税收筹划的收益。比如，企业采用贷款方式筹集资金比使用自有资金具有更强的税收筹划效应，因为它可以使企业列支更多的财务费用，降低企业所得税。但是，在25%的税率下，企业少纳25元的所得税需要多支出100元的利息，成本远高于收益。可见，在整体效益最大化目标下，纳税人应通过全面的成本—效益分析，综合考虑税收负担与企业经营活动的变化，才能制订出最佳的税收筹划方案。

（五）税收筹划具有长期性的特点

好的税收筹划是一种战略安排，需要较为长远的经营战略，甚至贯穿企业的整个生存周期。这与企业经营的周期性是相吻合的。企业的经营活动包括采购、生产、销售、投资、财务成果分配等过程，与之相对应的资金运动包括筹（融）资、投资、成本费用发生与核算、利润形成、利润分配等方面。这些资金运动在空间上并存、在时间上继起，是周而复始进行的。企业在制定长期发展战略时，将税收负担的因素考虑进来，才能更好地实现利润最大化和税收负担最小化的双重经营目标。

第二节 税收筹划的基本类型

衡量税收筹划方案是否有效的重要标准，就是能否降低纳税人的税收负担。但是有时候，纳税人的纳税义务数额并没有减少，纳税人也可以从中获益。例如，将纳税义务发生时间向后推迟，可以使纳税人获得更多的流动性。这就是所谓的相对税收筹划。

从广义上讲，纳税人税收负担的降低有两种表现形式：第一种是纳税人应缴纳税款的绝对数额的减少；第二种是纳税人应缴纳税款的绝对数额并没有减少，但是由于其他税收要素的变化，使纳税人获得了其他的可以用货币度量的经济利益。与以上两种表现形式相对应，税收筹划也可以被分为两种基本类型：绝对税收筹划和相对税收筹划。

一、绝对税收筹划

（一）绝对税收筹划的含义

绝对税收筹划是与纳税金额减少相联系的税收筹划，即指纳税人或其代理人（机构）在遵守税收法律法规的前提下，通过对企业或个人涉税事项的预先安排，使纳税人应缴纳税款的绝对数额有所减少的一种理财行为。

（二）利用税制要素，实现绝对税收筹划

1. 争取享受减免税优惠

通过享受减免税待遇实现税收筹划，是低成本、低风险的一种筹划方法。

运用这一筹划方法时发生的成本，可能体现在以下几个方面：一是税收筹划方案的设计成本。比如委托中介机构的服务费，或内部员工的人工成本。二是为了满足相关的优惠条件，对业务本身进行调整，或对业务的性质等方面进行鉴定等业务的成本。例如，进行高新技术企业认定过程中发生的支出。整体而言，这一税收筹划方式下，纳税人不需要很高的投入。

同时，由于减免税政策通常有明确的适用范围，很多优惠还需要税务管理部门预先审核，因此，纳税人可以比较明确地掌握政策的适用范围，因而可以最大限度地降低违法风险。

2. 在同一税种存在多个税率的情况下，争取适用较低的税率

目前我国开征的所有税种，均规定了高低不同的多档税率，纳税人在实际经济活动中，首先应对不同的税率进行充分的了解，并在此基础上创造条件，争取适用较低的税率。

（1）增值税

增值税贯穿于产品生产和流通的各个环节。为了尽量地保持税收中性，实行增值税的各个国家基本上都没有设置过多的税率档次，有的国家甚至基本达到了增值税的单一税率。我国实际使用的增值税税率（不含免税和零税率）共分三档[①]：一是一般纳税人适用的基本税率，即 17%；

① 随着 2012 年 1 月 1 日起“营改增”改革的启动，其地域范围逐渐由上海推广至全国，行业范围也不断扩大。在此过程中，新制定了 11%、6%等多档税率。2014 年颁布的《财政部、国家税务总局关于简并增值税征收率政策的通知》（财税[2014]57 号）也将原有的 6%和 4%征收率简化为 3%，但仍保留了“按 2%征收”的实际征收率。但这些税率或征收率，应该被理解为此项改革中的阶段性政策，不具有长期性特征。

二是一般纳税人适用的低税率13%，适用于粮食、食用植物油、自来水、书、报、杂志等特殊商品；三是小规模纳税人适用的征收率，即 3%。面对以上三档税率，纳税人首先可以对自己的纳税身份进行选择，即在“一般纳税人”和“小规模纳税人”之间进行选择。其次，一般纳税人应选择所经营的商品种类，以决定是否能够适用低税率。

（2）企业所得税

从 2008 年 1 月 1 日起实施的现行《中华人民共和国企业所得税法》规定，企业所得税率统一为 25%，但同时确立了“产业优惠为主、区域优惠为辅”的新税收优惠体系。对纳税人从事农、林、牧、渔业项目的所得、从事国家重点扶持的公共基础设施项目投资经营的所得、从事符合条件的环境保护或节能节水项目的所得、符合条件的技术转让所得，可以免征、减征企业所得税。

（3）争取更多的税前“扣除”

这里的“扣除”，是指通过各种合法手段减少纳税人的有关课税对象。这种税收筹划手段主要适用于对某种“净额”征收的税收。最典型的是所得税中有关成本、费用的扣除。

比如，《企业所得税法》第八条规定：“企业实际发生的与取得收入有关的、合理的支出，包括成本、费用、税金、损失和其他支出，准予在计算应纳税所得额时扣除。”这种扣除，有些是按照实际发生额扣除的，但有些是按照税法规定的方法、比例和范围扣除的，如固定资产折旧费用、存货发出成本计量、利息支出、业务招待费、广告费和业务宣传费、公益性捐赠支出的税前扣除范围和标准等。企业也可以充分利用相关规定，争取更多的税前扣除。

再比如，我国现行的“分类课征”的个人所得税，大多数项目也涉及“费用扣除”问题。例如，个体工商户的生产经营所得、对企事业单位的承包经营、承租经营所得、劳务报酬所得、稿酬所得、特许权使用费所得、财产租赁所得、财产转让所得，甚至工资、薪金所得，都允许纳税人在缴纳税款之前扣除一定的费用。争取更多的扣除，是降低有关税收负担的有效途径。

除所得税之外，还有一些税种可能涉及有关“扣除”问题，比如采用“从价计征”的房产税，其计税基础为房产原值的 70%～90%。纳税人设法提高有关的“扣除比例”，就可以有效地降低应缴纳的房产税。

（4）充分利用税额抵扣

这里主要包括以下三种情况。

一是增值税进项税额的抵扣。我国现行的增值税实行的是以当期销项增值税减去当期进项增值税计算应缴纳增值税的方法，而且当期未抵扣完的进项增值税，还可以结转下期，继续抵扣。因此，纳税人应在日常经营中，特别注意获取合格的增值税抵扣凭证。例如，当从增值税小规模纳税人处购买货物或劳务的时候，虽然对方不具有开具增值税专用发票的资格，但企业应督促其委托税务机关代开增值税专用发票，以获取相应的进项增值税。

二是消费税已纳税款的抵扣。我国消费税有关法律规定，纳税人用委托加工收回的应税消费品连续生产应税消费品的，其已由委托方代收代缴的消费税，可以按照规定从连续生产的应税消费品应缴纳的消费税税额中抵扣。有关消费品包括卷烟、高尔夫球杆、实木地板、木制一次性筷子、贵重首饰及珠宝玉石、鞭炮焰火、汽车轮胎、摩托车等。

三是企业应纳税所得额的抵扣。例如，《企业所得税法》第三十一条规定：创业投资企业从事国家需要重点扶持和鼓励的创业投资，可以按投资额的一定比例抵扣应纳税所得额。第三十四条规定：企业购置用于环境保护、节能节水、安全生产等专用设备的投资额，可以按一定比例实行税额抵免。第二十三条规定：企业取得的下列所得，即居民企业来源于中国境外的应税所得，或者非居民企业在中国境内设立机构、场所，取得发生在中国境外但与该机构、场所有实际联系的应税所得，已在境外缴纳的所得税税额，可以从其当期应纳税额中抵免。

（5）争取退税

充分利用国家的退税政策，是降低纳税人实际税收负担的有效手段。我国现行税法中涉及的

"退税"，主要体现在以下两个方面。

一是增值税的出口退税。我国对出口商品实行增值税的"零税率"政策，即有关产品在出口后，可以退还其在国内已经缴纳的增值税。在完全的"零税率"政策下，有关产品的出口退税率应该等于其原来所实际适用的增值税税率，但目前我国有些商品的退税率还低于其征税率。纳税人可以在不违反税法的前提下争取适用较高的退税率。

二是消费税的出口退税。与增值税的出口退税不同，我国消费税实行的是完全的退税政策，即：出口有关消费品所适用的退税率，等于其实际纳税时所适用的税率。

二、相对税收筹划

（一）相对税收筹划的含义

所谓相对税收筹划，是纳税人应缴纳税款的绝对数额并没有减少，但是由于其他税收要素的变化，使纳税人获得了其他形式的利益。比如，将纳税义务发生时间向后推移，使纳税人获得货币时间价值；或者降低涉税风险，都属于相对税收筹划的范畴。

1. 货币时间价值

一定数量的货币资金，由于所处时间点的不同而具有不同的价值。年初的 1 万元，经过 1 年时间的运作，到年末时的价值应高于 1 万元（按社会平均利润率计算）；把资金存入银行，在贷款年利率 8%的情况下，年初的 1 万元到年末时将变为 1.08 万元，两者之间的差额 800 元，就是所谓的货币时间价值。其实质，是资金周转使用后的增值额。

货币时间价值可以用绝对数表示，比如上例中的 800 元；也可以用相对数表示，比如上例中的 8%。为了方便获取数据，并兼顾衡量标准的科学性和权威性，一般选用 1 年期的银行贷款利率作为计算货币时间价值的依据。

对于纳税人而言，如果通过税收筹划方案的实施，使本应在 T 时刻缴纳的税收被推迟到了 T 时刻以后，就可以说是实现了相对税收筹划。

2. 降低涉税风险

降低涉税风险的最理想状态是实现涉税零风险。所谓涉税零风险，是指纳税人账目清楚，纳税申报正确，缴纳税款及时、足额，不出现任何关于税收方面的处罚，即在税收方面没有任何风险，或风险极小可以忽略不计的一种状态。

现代社会的经济结构和企业经营方式都日趋多样化，税法对经济行为的解释能力受到极大的挑战。当纳税人面对既定的税法，可能会发生法律运用上的困惑：该如何按照税法的口径界定自己的经济行为和纳税义务？自己的理解是否与税收执法部门相一致？解决这种一致性，是企业降低税收风险的重要途径之一，也是避免涉税损失、实现税收筹划的重要形式。

总的来说，涉税零风险有以下几方面好处：第一，可以避免不必要的经济损失，避免非主观的逃避缴纳税款行为，避免滞纳金、罚款等非正常支出；第二，可以建立良好的企业信誉，形成企业的无形资产；第三，可以提高企业的财务管理水平，做到企业内部账目清晰，成本核算便利，纳税申报合理，最终降低管理成本。

（二）相对税收筹划效果的度量

1. 社会声誉的积极影响

以下案例可以说明涉税零风险的社会意义。

某市决定在全市范围内评选一批"诚信企业"，初步推荐了 50 家民营企业为候选企业。在评审过程中，还要过纳税关，看是否有纳税违规行为。通过该市税务机关确认，依照“近两年内有偷、逃、抗、骗税行为的取消参评资格”的规定，最终有15家民营企业痛失参选机会。此后，在开展的“诚信企业”活动座谈会上，某获得“诚信企业”牌子的知名企业经理高兴地说：“我们这是三喜进门：一喜有了金字招牌，使企业名声大噪；二喜经济发展，将促使企业再上一个台阶；三喜税收过关，说明我们企业有良好的纳税信誉。”而另一家也是某知名民营企业的经理却感叹道：“我们企业就因为曾有过偷税3万元的经历而被取消‘诚信企业’参评资格，这真是因小失大，得不偿失，这个教训太深刻了。”可见，诚信企业似乎没有直接获得税收筹划的好处，但却成功避免了某些损害利益现象的发生，取得了“三喜”效果，为企业赢得了宝贵的社会地位。

2. 货币时间价值的收益

由于货币时间价值的存在，不同时间的税款金额不能直接相互比较，所以为了度量相对税收筹划的效果，就需要按照货币的时间价值，把纳税人在不同时间缴纳的税收，折算到同一个时间点。一般来说，为了方便起见，会将这一时间点选择在纳税人计划实施税收筹划方案的时刻。

假设某一纳税人有三种纳税方案可以选择，可以用 T_i $(i=1,2,3)$ 表示这三种纳税方案下该纳税人需要缴纳的税收总额。同时假设，该纳税人可以选择的各种纳税方案中，最多需要在 j(j=1,2,…, n) 个时期（一般是年度）内缴纳有关的税收。那么，我们可以用 T_{ij} 表示该纳税人在每一种纳税方案下，每一个时期所需要缴纳的税收。这样我们可以得到以下等式：

$$T_i = T_{i1}+ T_{i2}+ T_{i3}+\cdots+T_{in}$$

由于相对税收筹划下纳税人缴纳的税收总量不变，因此有：

$$T_1 = T_2 = T_3$$

我们需要做的，就是分别把每个方案的 T_{ij}，折算成有关纳税方案执行前的时刻的价值（现值，用 T_{ij}'表示），并加总计算各方案所需缴纳的税款的现值（用 T_{i0} 表示这一现值），即：

$$T_{i0}=\Sigma T_{ij}'$$

最后将各方案的 T_{i0} 进行比较，其中 T_{i0} 最小的一个纳税方案为最优。

需要注意的是，纳税人在计算 T_{ij}' 时，应按照复利进行折算，即：

$$T_{ij}' = \frac{T_{ij}}{(1+r)^j}$$

其中，r 表示用相对数表示的货币时间价值，即有关的折算利率。

【实例8.1】假设社会平均资金利润率 r 为10%。某企业现有三种纳税方案可供选择，各方案的纳税总额相等，但纳税义务发生时间存在差异，见表8.1。

表8.1 相对税收筹划的效果

单位：万元

	第1年（j=1）	第2年（j=2）	第3年（j=3）	第4年（j=4）	合计
方案1（i=1）	10	10	10	10	40
方案2（i=2）	0	10	15	15	40
方案3（i=3）	15	15	10	0	40

在方案1下，纳税人在第1、2、3、4年年末所缴纳的税款的现值分别为：

$$T_{11}' = \frac{T_{11}}{(1+r)^1} = \frac{10}{(1+10\%)} =9.09\text{（万元）}$$

$$T'_{12}=\frac{T_{12}}{(1+r)^2}=\frac{10}{(1+10\%)^2}=8.26\text{（万元）}$$

$$T'_{13}=\frac{T_{13}}{(1+r)^3}=\frac{10}{(1+10\%)^3}=7.51\text{（万元）}$$

$$T'_{14}=\frac{T_{14}}{(1+r)^4}=\frac{10}{(1+10\%)^4}=6.83\text{（万元）}$$

因此，方案 1 的全部纳税义务的现值为：

$$T_{10}=T'_{11}+T'_{12}+T'_{13}+T'_{14}=31.69\text{（万元）}$$

同理，方案 2 和方案 3 下该纳税人应承担的全部纳税义务的现值分别为：

$$T_{20}=\frac{0}{(1+10\%)}+\frac{10}{(1+10\%)^2}+\frac{15}{(1+10\%)^3}+\frac{15}{(1+10\%)^4}=29.77\text{（万元）}$$

$$T_{30}=\frac{15}{(1+10\%)}+\frac{15}{(1+10\%)^2}+\frac{10}{(1+10\%)^3}+\frac{0}{(1+10\%)^4}=33.535\text{（万元）}$$

可见，在以上三种纳税方案中，方案 2 纳税义务的现值最低。方案 3 承担的纳税义务现值最高，应尽量避免。

第三节　税收筹划的主要方法与操作步骤

一、利用税收优惠政策进行税收筹划

税收优惠（Tax Privileges/Preferences）又称税式支出，是政府为了达到一定的政治、社会或经济目的，而对纳税人实行的税收鼓励（Tax Incentives）。税收优惠是通过政策导向影响纳税人生产和消费偏好来实现的，所以也是国家调控经济的重要杠杆。无论是发达国家还是发展中国家，都把税收优惠政策作为其引导投资、调整产业结构、扩大就业、刺激经济增长的重要手段。它是税收原则性与灵活性相结合的一种具体体现。

（一）运用税收优惠进行税收筹划的技术要点

利用税收优惠政策进行税收筹划，需要注意以下几方面的问题。

第一，应以符合国家的宏观调控目标为前提。税收优惠体现了国家的宏观调控目标，纳税人只有顺应国家政策意图进行税收筹划，才能够确保税收筹划的效果。税收优惠实际上是国家的一种税式支出，是国家以减少税收收入为代价，扶持相关的地区、产业、企业或个人。从本质上讲，税收优惠与财政支出的性质是一样的，都是国家宏观调控的成本。为使相关的成本产生最大的收益，国家必然对有关成本的发生进行严格的限制。因此，纳税人在利用税收优惠政策进行税收筹划之前，首先应理解国家税收优惠政策的意图，符合国家政策意图的筹划措施，纳税人应尽可能地采用；虽然看似可以适用税收优惠，但不符合政府政策意图的，则应慎重决策，防止因筹划不当而造成偷税，得不偿失。

第二，应及时掌握税法的最新动态。原有的税收优惠政策到期或不复存在时，应及时调整纳税方案，申报应缴纳的税收；当新的税收优惠政策出台后，应及时了解有关政策的具体规定及相关的认定标准，争取获得有关的税收优惠待遇。

目前，我国每年都要出台数百个有关税收的法规或文件，涉及税收负担和税收管理工作的方方面面。及时了解并掌握这些规定，对许多纳税人来讲都不是一件容易的事。也正是由于这个原因，越来越多的纳税人选择中介机构为自己进行专业的税收筹划方案设计。

第三，税收优惠政策的灵活运用。这是纳税人税收筹划水平的重要体现。首先，及时、全面地了解相关税收政策，是运用优惠政策进行税收筹划的基本前提。随着社会信息化水平的逐渐提高，税收管理部门与纳税人之间的信息沟通日益便捷、全面。纳税人可以通过加强内部管理，建立税收优惠政策管理的日常工作机制，为税收筹划工作奠定基础。其次，面对既定的税收优惠政策，纳税人应提高其信息分析水平，寻找自身的生产经营或其他经济行为与税收优惠政策的契合点，力争将自身的纳税义务，融合于税收优惠政策之中。

拓展阅读

加拿大政府鼓励学生家长用好税收优惠

新学年开始了。近日，加拿大国家税务部部长和财政部部长提醒学生家长，用好一系列旨在帮助家庭省钱的减税计划。

部长们发起的减税措施之一是儿童健康税收抵免计划。该计划规定父母为每个小孩参加规定的体育活动项目支付的费用，允许申请最高达 500 加元（512 美元）的税收抵免。与此相似，儿童艺术课程税收减免计划为儿童参加艺术、文化、娱乐或发展活动项目提供相同的减税优惠。

除了儿童健康税收抵免计划，加拿大学生家长还有其他几个与教育有关的减税优惠可以获得：支付学费和书本费享受的税收抵免；免征奖学金、学术奖金所得税的政策；学生贷款利息税收抵免计划，依据加拿大学生贷款法案、加拿大学生财政救助法案或相似的省或地区政府的法律规定，为取得高等教育贷款而支付的利息也可提供税收抵免。

加拿大国家税务部部长和财政部部长还强调了另外两个税收减免计划：一个是公共交通税收抵免，用于给公交卡支出充值的费用可享受税收抵免；另一个是教育储蓄计划。这个计划鼓励父母为儿童教育进行储蓄，每年用于该计划的支出没有限额，但为每名受益人用于教育储蓄的终生限额是 5 万加元。

"自 2006 年以来，哈珀政府一直在努力减少加拿大家庭的税收负担，确保他们将更多辛苦挣的钱留在自己的口袋里。"加拿大财政部部长弗拉赫蒂说，"事实上，政府采取的这些措施使加拿大平均每个家庭每年节省税收 3 100 加元（3 200 美元）。我们鼓励所有的加拿大人利用这些税收优惠。"

——摘自 2012 年 10 月 17 日《中国税务报》第 6 版，作者：宋庆明

第四，利用税收优惠政策进行税收筹划的现实障碍。虽然税收优惠政策对纳税人的税收筹划具有重要的价值，但现实中，也存在纳税人由于种种原因，不能享受优惠政策的情况。例如，中国税务报记者对山东国税 12366 纳税服务热线监控中心所做的分类调查显示，小微企业优惠政策落实难主要有以下几方面原因。

① 资格认定和备案登记程序烦琐，使得小微企业在享受优惠政策时付出的成本与优惠的所得不成正比。很多小微企业呈微利经营，年度汇算清缴下来，企业每年只能少缴几百元钱，往往造成很多小微企业没有精力去争取这种政策。

② 小型微利企业账证不健全。由于账簿记录不规范，而且存在发生业务不开具发票的现象，一些小微企业申报时难以做到如实准确地核算应缴税款，同时税务机关也难以进行查对。

③ 相关政策缺乏操作性。国家税务总局公告 2014 年第 57 号文规定：增值税小规模纳税人月销售额不超过 3 万元（按季纳税 9 万元）的，当期因代开增值税专用发票（含货物运输业增值税专用发票）已经缴纳的税款，在专用发票全部联次追回或者按规定开具红字专用发票后，可以

向主管税务机关申请退还。但实际工作中，纳税人代开发票后一般情况下都已经把发票联交付给受票方以便于结账，所以相当多的纳税人不可能再收集齐全发票全部联次，主管税务机关因此无法为其办理退税。

（二）我国税收优惠的主要形式

目前，我国的税收优惠政策主要倾向于鼓励农、林、牧、渔、水利等行业的发展，促进技术创新和科技进步，鼓励基础设施建设，鼓励环境保护与节能，支持安全生产，统筹区域发展，促进公益事业和照顾弱势群体，体现国家的民族政策和扶持社会福利事业等方面。

目前，我国的税收优惠政策主要有以下几种形式。

1. 减（免）税

减税是对纳税人按税法规定的税率计算的应纳税额给予减征一部分的措施；免税是对纳税人按税法规定的应纳税额不予征税的措施。

（1）税率的减征

① 比例减征法，即按计算出来的应纳税额减征一定的比例。比如，我国的个人所得税法规定，对稿酬所得适用20%的比例税率，并按应纳税额减征30%。也就是说，我国个人的稿酬所得实际上适用的是14%的比例税率。

② 税率减征法，即用减低税率的办法来体现减征税额。比如，我国《企业所得税法》规定：符合条件的小型微利企业，减按20%的税率征收企业所得税；国家需要重点扶持的高新技术企业，减按15%的税率征收企业所得税。

（2）课税对象的减征

课税对象是与各税种的性质紧密相连的：所得税的课税对象是纳税人的应税所得额，流转税的课税对象是有关商品或劳务的流转额，财产税的课税对象是纳税人有关财产的价值或数量等。在其他因素不变的情况下，课税对象的减少将直接降低纳税人的应纳税额。

我国现行税制中有许多通过减少课税对象给予纳税人的税收优惠，其减征方式可分为以下两种：

① 直接对课税对象进行减免。比如，我国印花税有关法律规定，对财产所有人将财产赠给政府、社会福利单位、学校所书立的书据，免征印花税。

② 通过对与课税对象有关的其他项目的调整，间接地实现税收减免。比如企业所得税中的有关加计成本、费用的规定。我国《个人所得税法》也规定，个人的工资薪金所得，应按月减除3 500元费用，但对一些情况特殊的纳税人，可以适用附加减除费用标准，即每月的工资、薪金所得在减除3 500元费用的基础上，再减除1 300元。

2. 出口退税

出口退税是指税务部门根据税法规定，对出口企业已经出口的商品在出口以前所承担的流转税予以退还的措施。

企业出口货物以不含税价格参与国际市场竞争是国际上的通行做法。我国《增值税暂行条例》和《消费税暂行条例》规定了有关的出口退税政策。

其中，增值税实行出口货物税率为零的优惠政策。所谓实行零税率，是指货物在出口时整体税负为零。也就是说，所出口的货物不但在出口环节不必纳税，而且还可以退还该货物在以前纳税环节已经缴纳的增值税。当然，由于各种货物出口前所涉及的征免税情况有所不同，而且国家对少数商品还有出口限制政策，同时考虑到税收征收管理工作的实际情况，我国目前仍对不同的货物规定了不同的出口退税政策。

（1）出口免税并退税。绝大多数出口货物都适用这一政策，但退税率有所不同。

（2）出口不退税。第一，增值税免税商品，在出口环节不征税也不退税。第二，对国家禁止出口的某些货物，在出口环节视同内销，征收增值税，并且不退还其在以前环节已经缴纳的增值税。这些货物主要包括天然牛黄、麝香、铜及铜基合金、白金等。

（3）先征后退。增值税的先征后退是指对生产企业在货物报关出口并在财务上作销售的当期先按增值税有关规定征税，然后由企业凭有关退税单证按月报主管税务机关根据国家出口退税政策的规定办理退税。

二、通过分散税基实现税收筹划

所谓税基，是指在税制设计中确定的据以计算应纳税额的依据，也称为“计税依据”或“课税基础”。所得税的税基就是应纳税所得额，流转税的税基就是有关的流转额。通过分散税基，累进税制下的纳税人可以适用较低的税率，以降低应纳所得税额；一些税种的纳税人还可以通过分散税基改变自身的纳税身份。比如，当 1 万元的应纳税所得适用 10%的税率，而 2 万元的应纳税所得适用 20%的税率时，将 2 万元的一项所得分散为两项 1 万元的所得后，就可以将税收负担从 4 000 元（即 20 000 元×20%）降低到 2 000 元（即 10 000 元×10%×2 次）。

（一）分散税基进行税收筹划的技术要点

通过分散税基进行税收筹划，应特别注意筹划方案的合法性。

1．筹划方法应针对特别的法律规范

通过分散税基进行税收筹划，应以特别的法律规范为基础和出发点，并且在进行具体的筹划操作之前，就应该可以准确预期有关筹划方案给纳税人带来的税收筹划收益。

【实例 8.2】怀特夫妇所在国实行分遗产税制，税率为 40%。怀特夫妇了解到，根据遗产税规定，住所在本国境内的夫妇之间继承的遗产不需要缴纳遗产税。出于税收筹划的目的，他们计划分别订立一份遗嘱，如果自己先去世，就将全部共同财产留给对方，待对方去世后，再将全部的财产留给他们唯一的女儿（已成年）。这对夫妇目前拥有 200 万元的共同财产，每人的遗产预计为 100 万元。

筹划剖析：当他们就以上的计划咨询律师时，律师却否定了他们的方案。原因是，其所在国家实行分遗产税制，且继承人可以享受 80 万元的免征额，只有超过免征额的部分适用才适用 40%的比例税率。这样，当他们 20 岁的女儿继承这 200 万元的遗产时，需要缴纳巨额的遗产税：

应纳遗产税 =（200−80）×40% = 48（万元）

筹划操作：税务专家建议，从税收筹划的角度，他们应在各自的遗嘱中，将财产分为两部分，比如其女儿继承 80 万元，配偶继承 20 万元。

筹划结果：这样，其配偶继承的遗产仍旧可以免税，而其女儿所继承的遗产也由于没有超过免征额而不必缴纳遗产税。即使将来继承遗产的配偶再去世，其女儿还可以再享受一次 80 万元的免征额。

第一次继承时：

女儿继承额＜免征额，不纳税

配偶继承，不纳税

第二次继承时：

女儿继承额=120 万元

女儿应纳遗产税=（120−80）×40% = 16（万元）

基于对有关税收法规的了解，这个家庭通过将有关财产分割，有效地分散了遗产税的税基，节约了 32 万元的遗产税。

知识链接

由于税收筹划方案的确定到实施之间会间隔较多年，这一案例可能面临一些制度上的变化，如遗产税的税率变化，或免征额可能会进一步提高。例如，英国是欧洲实行遗产税较早的国家之一，早在 1796 年英格兰和威尔士就开始征收遗产税。1987 年 3 月时的免征额为 7.1 万英镑，随后多次调高，目前已经达到 32.5 万英镑，夫妻两人继承则为 65 万英镑。

2. 筹划方法是否符合反避税条款

由于一些国家的税务当局已经注意到某些纳税人通过分散税基进行税收筹划，因此有针对性地出台了一些反避税的条款。比如，针对企业有计划地通过分散税基，适用小企业的税收优惠，一些国家针对企业的所得分割制订了反避税条款。这时如果纳税人没有考虑到有关的反避税条款，其结果不仅是劳而无功，甚至还有可能受到一定的惩罚。

（二）分散税基的现实制度基础

既然通过分散税基进行的税收筹划应针对特别的法律规范，那么就有必要了解，在目前中国的税收制度环境下，纳税人可以利用哪些具体的税收制度，进行分散税基式的税收筹划。

1. 累进税率

累进税率是最方便使用分散税基进行税收筹划的制度之一。例如：

（1）个人所得税法对多种所得规定了超额累进税率。工资薪金所得适用 7 级超额累进税率；个体工商户的生产经营所得和对企事业单位的承包经营和承租经营所得，适用 5 级超额累进税率；劳务报酬所得实际上适用 3 级超额累进税率。如果纳税人能将有关的所得额进行分散，就可以适用较低的税率纳税。

（2）土地增值税中的超率累进税率。我国土地增值税规定，纳税人的增值额占扣除项目金额 50%、100%、200%以及超过 200%的部分，分别就其超额部分，适用 30%、40%、50%和 60%的税率。

2. 分散扣除

分散税基可以使纳税人更有效地利用费用扣除、起征点或免征额。

（1）定额费用扣除。在定额的费用扣除制度下，纳税人将本应一次纳税的税基分散为两次或多次，就可以进行两次或多次费用扣除。比如，个人所得税的工资薪金所得、对企事业单位的承包经营和承租经营所得、劳务报酬所得、稿酬所得、特许权使用费所得、财产租赁所得等的费用扣除，都与所得的“次”数有关。

（2）起征点。所谓“起征点”是指税法对征税对象规定的开始征税的数量界限。税基未达到起征点的不征税，达到或超过起征点的，应就全部税基计税。

我国《增值税暂行条例实施细则》规定，增值税的起征点规定仅适用于个人。起征点的幅度为：①销售货物的起征点为月销售额 5 000～20 000 元；②销售应税劳务的起征点为月销售额 5 000～20 000 元；③按次纳税的起征点为每次（日）销售额 300～500 元。这样，一个适用 6%增值税的纳税义务人，如果一次的营业额为 500 元，就需要缴纳 30 元（500×6%）的增值税，而如果该纳税人将 500 元的营业额分散为两个 250 元的营业额，他就根本不必纳税。

（3）免征额。所谓"免征额"指税法对征税对象给予的免予征税的数额。它意味着，任何纳税人的征税对象，都可以按照规定减除免征额，只需要就全部税基中超过免征额的部分征税。免征额的规定最常见于遗产税的课征制度中，比如上文所介绍的遗产税案例，有 80 万元的免征额。

3. 分散税基与增值税纳税人身份认定

在增值税方面，我国规定将全部纳税人按照其规模的大小，划分为一般纳税人和小规模纳税人，分别承担不同的纳税义务。如果增值税纳税人本身规模较大，应被认定为一般纳税人，但实际上如果按照小规模纳税人的计税方法可以降低税收负担，那么纳税人就可以通过分散税基，使自己免于被认定为一般纳税人。

三、利用税法弹性进行税收筹划

（一）基本原理

虽然每个国家（或地区）都很强调税法的刚性，但现实中没有完全无弹性的税收制度。在制度允许的弹性范围内，通过对经济活动的预先安排，使纳税人承担弹性"下限"的税收，就成为一种可行的税收筹划思路。

比如，美国的《联邦个人所得税法》规定，每一个报税的人都有基本的免税收入额，超过这个免税收入的部分，才开始收税。而免税收入的计算方法，主要分成不同的两类：第一类是标准扣除额（Standard Deduction），第二类是递减扣除额（Itemized Deduction），报税者只可在两者中选择一种，不能同时并用。由于第二种方法比较复杂，据国税局估计，约 2/3 的美国纳税人选择第一种免税方法。2014 年收入在 2015 年申报时，标准扣除额是单身每人 6 200 美元，夫妻 12 400 美元，户主 9 100 美元。这里对于两种扣除方式的选择，就是一种典型的税法弹性。

（二）利用税法弹性进行税收筹划的可行性

税法的弹性可以体现在很多方面，充分了解税法中的各种弹性空间，是利用税法弹性进行税收筹划的基本条件。

1. 税率中的税法弹性

（1）幅度税率。比如，《中华人民共和国契税暂行条例》第三条规定，契税税率为 3%—5%，由省、自治区、直辖市人民政府在前款规定的幅度内按照本地区的实际情况确定，并报财政部和国家税务总局备案。

（2）差别税率。市场经济条件下税收被各国政府用做调控宏观经济的最重要手段之一，而政府调控经济的一个重要手段就是运用差别性税率政策。比如，我国的资源税实行的就是典型的差别税率，纳税人开采同一种资源，由于其资源开采条件的不同，所适用的税率也不相同。

我国的城镇土地使用税，也实行差别性税率政策。假设某企业欲在北京市设立一个生产基地，预计将占用 0.5 平方公里的土地。如果将厂址选择在经税务机关认定的四级土地，企业需要按照每年每平方米 12 元的定额税率缴纳城镇土地使用税，每年的税收支出为 600 万元（即 0.5×1 000 000×12 元）；如果企业将厂址选择在五级土地，企业所适用的城镇土地使用税税率就将降低为每年每平方米 3 元，企业每年的城镇土地使用税也将相应降低为 150 万元（即 0.5×1 000 000×3 元）。两种方案相比，仅城镇土地使用税一项，每年就可以为企业节约 450 万元。并且，这一税收筹划的效果，在企业的存续期间将一直持续，每年都可以为企业降低 450 万元的支出。

2. 税基中的税法弹性

税基中同样存在税法弹性。我国的房产税法规定，对纳税人拥有的非出租的房产，计税依据

（即税基）是房产的原值一次减除10%～30%后的余值。具体的扣除比例由当地省、自治区、直辖市人民政府确定。如果能够将原值2 000万元房产的减除比例由10%提高到30%，那么其纳税义务就将从21.6万元（即2 000×（1-10%）×1.2%）降低到16.8万元（即2 000×（1-30%）×1.2%），降幅超过原税收负担的22%。

3. 税收征管中的税法弹性

充分利用税收征管中的制度弹性同样能够带来税收筹划的空间。

（1）税收处罚弹性

当纳税人在经营活动中存在违反税收相关法律法规的行为时，税务机关有权依法给予一定的处罚。但我国《税收征管法》中的处罚力度是具有弹性空间的，针对不同性质、不同程度的违法行为，税务机关在进行处罚时往往都有一定的浮动范围，这便是税收筹划的空间。这时，纳税人应可以尽量与执法部门协调，使得各种处罚可以最小化。

以《税收征管法》第六十五条规定：纳税人欠缴应纳税款，采取转移或者隐匿财产的手段，妨碍税务机关追缴欠缴的税款的，由税务机关追缴欠缴的税款、滞纳金，并处欠缴税款50%以上5倍以下的罚款；构成犯罪的，依法追究刑事责任。这里的罚款力度范围为50%以上5倍以下，上限与下限相差10倍。类似的法律规定，在税收征管法中还有很多体现。

（2）税收程序弹性

根据我国《行政诉讼法》和《行政复议法》的规定，当出现行政争议时，大多数行政案件的当事人，都可以自由选择行政复议或者行政诉讼程序中的一种途径解决；即使已经进行了行政复议，如果当事人对行政复议决定不服，也可以进一步向法院提起行政诉讼。可见，行政程序的选择权，是掌握在纳税人手中的。

当然税务争议也有其特殊之处。我国《税收征管法》第八十八条规定：纳税人、扣缴义务人、纳税担保人同税务机关在对税务机关作出的征收税款、加收滞纳金、审批减免税和出口退税、委托扣缴义务人代扣代缴税款等征税行为上发生争议时，必须先依照税务机关的纳税决定缴纳或者解缴税款及滞纳金或者提供相应的担保，然后可以依法申请行政复议；对行政复议决定不服的，可以依法向人民法院起诉。但对于因税务处罚、保全措施及强制执行引起的争议，纳税人具有自主选择空间，可以选择税务行政复议，也可以选择税务行政诉讼。

综上所述，我们通过税收征管弹性进行税收筹划的原则，就是充分利用税收征纳双方的自由裁量权，通过征纳双方良好的沟通与协调，争取纳税人最大的收益、最小的风险。

四、利用税法空白进行税收筹划

（一）实质是一项两人动态博弈

利用税法中的空白进行税收筹划，是许多纳税人最为本能的一种税收筹划方式。

从规范的角度讲，税法空白是指在税收的有关法律条文中，没有明确地通过文字进行规范的一些具体内容。税收的征收和缴纳的过程，实际上是由征纳双方所进行的一个两人动态博弈：纳税人作为参与博弈的一方，以追求自身效用最大化为原则，寻找税法中的空白之处，并加以利用；税务当局作为参加博弈的另一方，在观察到纳税人的选择和行动后，也将发现被利用的税法空白，并对其进行补充和完善；纳税人在此后的博弈中，就需要针对税务当局的行动，修订自己的税收策略，或通过寻找其他的税法空白，进行新的税收筹划操作。

这种对税法空白“寻找——完善——再寻找——再完善……”的过程，一方面促使税务机关不断优化税收法制，另一方面也要求纳税人必须不断关注税法变化，提高税收筹划水平。

（二）税法空白的种类

税法空白可以从税收实体法空白和税收程序法空白两个角度进行分析。

1. 税收实体法空白

所谓税收实体法，主要是指确定税种的立法，税收实体法具体规定各税种的征收对象、征收范围、税目、税率、纳税地点等。各个税种的相关法规都属于税收实体法的范畴。

利用税收实体法的空白进行税收筹划，一方面需要筹划者对有关的实体法有深入的了解，另一方面还需要筹划者有独特的思维角度。比如，美国的进口关税规定，对进口纺织残次品按吨征收进口关税，并且税率很低。很多纳税人都将注意力集中在一般商品的贸易中，并没有注意到这一规定。即使是一些纳税人知道这一规定，也通常认为自己出口到美国的产品不属于残次品，而没有进行更深层次的考虑。但一家中国纺织品企业在注意到这一规定后，却实施了一项十分有效的税收筹划，为企业节省了大量的税款。原来这家企业的主要业务是向美国出口毛线手套。由于其售价较低，被美国政府征收了反倾销关税，适用 100%的进口关税税率。当了解前述规定后，该企业改变了销售方式，首先将大批手套的左手单独出口，由于这批手套没有独立的使用价值，因而被认定为废品，使用了前述的低税率。而后，该企业又将同样数量的右手手套出口，并在美国的其他海关报关进口，同样适用了残次品的低税率。

特别提示

需要特别说明的是，按照严格的法律含义，“税收实体法”中并不包含没有上升到“法律”级次的法律规范，比如税收“暂行条例”就不属于“税收实体法”的范畴。但目前我国的实际情况是，税收领域内的大多数法律规范都是以“暂行条例”的形式颁布的，比如众所周知的《增值税暂行条例》《消费税暂行条例》等。为了分析的完整性，这里可以将我国现行税种的征收对象、征收范围、税目、税率等内容的有关法律规范，全部列入考察范围。

2. 税收程序法空白

所谓税收程序法，是指税务管理方面的法规，主要包括税收管理法、纳税程序法、发票管理法、税务机关组织法、税务争议处理法等。《中华人民共和国税收征收管理法》（以下简称《税收征管法》）就属于税收程序法的范畴。与我们前面对税收实体法的分析相类似，这里我们也将立法级次较低的有关税收程序方面的法律规范，作为税收程序法加以考察。

例如，我国《税收征管法》第三十五条第四款规定，纳税人“虽设置账簿，但账目混乱或者成本资料、收入凭证、费用凭证残缺不全，难以查账的”，税务机关可以采取核定税额的方式征收税款。但税法中并没有区别以上情况的发生是由于纳税人能力所限，还是出于税收筹划的目的。这样，如果一个纳税人预计自己可以获得高于平均利润率的盈利水平，而这一信息税务机关并不掌握（纳税人和税务机关之间存在严重的信息不对称），那么纳税人就可以利用这一信息优势，简化账簿设置（至少是不按照税务机关的要求建立完整、准确的账簿）。通过按照平均利润率纳税，实现税负降低。

纳税人在利用税法空白进行税收筹划时需要特别注意的是，当面临有关税收法律或法规变化时，应遵循“实体法从旧，程序法从新”的原则。所谓“实体法从旧”，是指税制不溯及既往，当税制发生变动时，新税制所确定的纳税人、征税对象、计税依据、税率等实体要素，不具有溯及既往的效力。在新税制实施之前所发生的纳税义务行为，在实体上应适用应税行为发生当时的旧税制；只有在新税制实施后所发生的应税行为，才适用新的税制。所谓“程序法从新”，是指税收程序法的新法优于旧法，当税收程序法发生变动时，无论纳税义务发生在新的程序法实施之前还是之后，只要履行有关纳税手续等税务程序的时间，发生在新法实施之后，就应该适用新的税收程序法。因此，当有关税收法律发生变动后，纳税人应特别关注自己所利用的税法空白是否依然存在，必要时应对原有的税收筹划方案进行及时的调整。

五、通过转让定价实现税收筹划

（一）转让定价概述

转让定价（Transfer Pricing）又称为转移定价、转移价格，是指经济主体在商品或劳务的交易过程中，出于转移成本或利润的目的，而有意识地调整双方的交易价格的行为。

1. 转让定价的外部条件

转让定价是最基本和最常用的税收筹划方法之一。凡是在经济生活当中发生业务关系、财务关系，甚至行政关系的经济主体，都有可能出于规避纳税义务的目的，而达成某种一致，通过改变双方的交易价格，降低自身税收负担，实现税收筹划。但纳税人的这种主观愿望，还需要在一定的客观环境下才可以实现。

（1）纳税人拥有自主定价权。这是市场经济条件下的经济主体所拥有的一项基本的权利。但如果经济主体没有自主的市场定价权，那么通过转让定价进行税收筹划就无从谈起。

（2）税收负担差别的客观存在。与前文所讨论的绝对税收筹划和相对税收筹划相对应，我们这里所说的“税收负担差别”也包括“绝对税收负担的差别”和“相对税收负担的差别”两大类。

转让定价实现税收筹划的基本原理是，转让定价带动了计税依据（对于流转税而言，计税依据是指有关的资金流转额；对于所得税来讲，计税依据是指有关的应税所得额）的转移。

从绝对税收筹划角度讲，如果不存在税负差别，那么这些计税依据从一个纳税人转移到另一个纳税人，税收负担的绝对金额就不会有任何减少，绝对税收筹划也就不可能实现。同样的道理，在某些（而不是全部）情况下，由于交易时差的存在，或纳税时点的差异（比如，何时确认收益的实现），不同纳税人的纳税义务发生时间可能是不同的，这种“相对税收负担差别”的存在，使纳税人有可能实现相对税收筹划。

（3）存在适当的转让定价交易主体。转让定价是否可行，取决于是否存在关联关系，而关联关系是依托于交易主体，即关联企业的。首先，关联方之间的许多交易，在非关联方之间可能不会发生，例如关联方之间的资金借贷。其次，企业与非关联方之间的交易一般是按照公允价进行的，但是由于投资企业可以对被投资企业的经营决策产生重大影响，在关联方之间交易的定价较为灵活，在以企业集团利益最大化为目标的前提下，就有可能以高于或低于公允市价进行交易。

美国学者曾经对164家美国跨国公司进行调查，发现只有35%的内部交易采取了正常的市场交易价格。可见，关联企业之间转让定价是普遍存在的。适当的转让定价交易主体，为转让定价操作提供了条件。

2. 转让定价的“零和”性质

如果从企业集团整体的角度考虑，关联交易和转让定价是一种“零和”的交易：它并没有创造新的价值，也没有影响企业集团整体获利的总额，只是将利润在内部机构之间进行了分配或调剂。但如果这些内部机构处于不同的税收制度或税收政策之下，这种利润转移就会对企业集团的纳税总额产生影响；同时也会导致其中高税地区的税基受到侵蚀。这时，被侵蚀税基的国家或地区，就会采取一定的反避税措施，以维护自身的税收权益。

3. 转让定价的原理

转让定价方式不仅是纳税人在一国范围内进行税收筹划的重要手段，同时更为许多跨国纳税人所热衷。例如，北京某生产家用电器的公司A，在开曼群岛（国际避税地）注册了一个销售公司B，向其他国家（如美国）销售其产品。通过降低北京公司A向销售公司B销售电器的价格，该公司可以把全部利润转移到位于开曼群岛的销售公司,而这个公司是不需要缴纳任何所得税的，如图8.1所示。

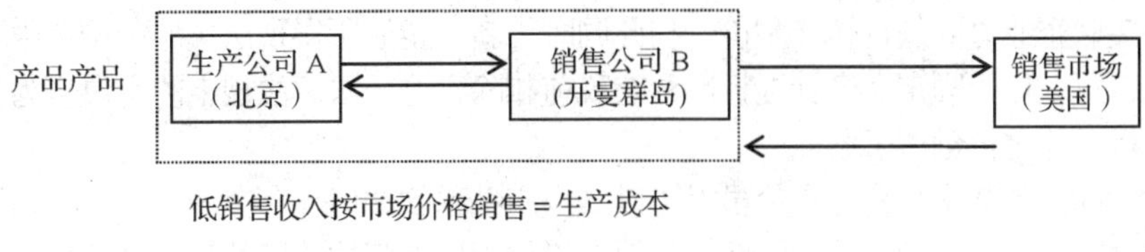

图8.1 利用国际销售公司进行转让定价

以上转让定价操作的结果是：如果把A和B作为一个整体，那么这个整体向市场提供了产品，并按照市场价格获得了销售收入，收入总额没有改变；同时通过转让定价，这个整体中税负较高的北京生产公司A所获得的销售收入较低，仅能够弥补其生产成本，因此在利润为零的情况下，不再需要缴纳所得税。同时流转税也被有效地减少了。而开曼群岛的销售公司，则在“高出低进”的转让定价策略下，聚集了大量不需要缴纳任何税收的利润。因此，A和B作为一个整体，通过转让定价，实现了有效的税收筹划。

当然，由于转让定价策略的广泛应用，目前已经有很多国家陆续出台了一些针对转让定价的反避税措施。跨国纳税人在运用转让定价策略时，应充分考虑到这些措施对纳税人的约束作用。

（二）转让定价税收筹划的主要形式

转让定价可以有效地降低跨国纳税人的税收负担。新西兰朗伊桥公司为躲避本国的所得税，将其年度利润的70%转移到巴哈马群岛的某一信托公司——因为巴哈马群岛是世界著名的自由港和避税港，税率比新西兰低35%～50%，因此朗伊桥公司每年可以有效地躲避300万～470万美元的所得税。纳税人进行转让定价操作的主要形式及相应税收筹划效果有三种。

1. 关联企业之间有形商品交易的转让定价

关联企业之间的商品交易，通常会涉及原材料、产成品及固定资产。比如，一个企业的产品销售给另一企业作为原材料或固定资产，或销售给独立的销售公司进行销售，或一个企业将原来自用的固定资产转让给关联企业作为固定资产。在以上的各种关联企业之间的经济交往中，交易双方可以通过交易价格的调整，使关联双方作为一个统一主体，减少所承担的税收总额。具体来讲：

（1）当关联交易的双方所适用的企业所得税税率不同时，可以通过转让定价转移利润。假设A企业适用25%的企业所得税税率，而B企业适用15%的企业所得税税率，那么A销售给B的原材料、产成品、无形资产或固定资产应压低售价，使A企业的利润向B企业转移；反之，如果是B销售给A的原材料、产成品、无形资产或固定资产，则应提高售价，同样可以使A企业的利润向B企业转移。这样，虽然利润总额不变，但由于利润从高税地区转移到了低税地区，A和B所承担的纳税义务的总和被有效地减少了。

（2）当关联交易的一方需要缴纳消费税时，可以通过适当的转让定价降低纳税义务。我国现行消费税所实行的单环节课征制度（除金银首饰在零售环节征收外，其余均在生产、委托加工或进口环节），纳税人只要在"生产环节"，也是唯一的课税环节，降低了计税价格，就可以降低消费税负担。比如从事消费税应税货物生产的纳税人，可以向关联企业销售应税商品时，可以通过降低出厂价格，实现减少消费税的纳税义务。

（3）应选择价格弹性空间较大的交易对象，如艺术品，进行交易。艺术品虽然形式上是有形商品，但其价格很大程度上并不取决于其物理属性，而是取决于其艺术价值，如作者的知名度、作品质量、作品时间的久远和存世量等，因此价格的弹性空间非常之大。而价值越高的艺术品，就越有利于关联企业之间进行转让定价。与此同时，新《企业所得税法实施条例》中并未说明艺术品投资是否可以作为固定资产计提折旧并在税前扣除，这一法律法规上的空白也为关联企业利用艺术品进行转让定价创造了条件。

值得注意的是，艺术品转让定价虽然可以减少应纳税款，但也存在一定的风险。首先，关联企业间艺术品交易价格波动过大，因而容易引起税收管理部门的特别关注，面临较大的税务稽查风险；其次，由于艺术品的价值容易产生波动，高价买入后会有大幅度减值的风险；再者，艺术品市场上充斥着各种仿制品，鉴定不当会使企业蒙受巨额损失。

2. 关联企业间各种费用等无形商品的转让定价

关联企业间费用的转移主要体现在所得税的筹划上。由于各种费用的增减可以直接造成企业应纳税所得额的反方向变化，所以，按照前文所介绍的企业商品交易中转让定价原理，关联企业之间应尽可能地使费用发生在所得税税率较高的企业，降低其应纳税所得额，实现税收筹划。

（1）价格调控原则

当低税率企业向高税率企业提供劳务、出租固定资产，或提供资金时，应尽可能提高相应的价格；反之，当高税率企业作为供给方时，应在合理的范围内，尽量压低相关的价格。

如果关联企业同属一个企业集团，可能会涉及管理费用、财务费用、销售费用等期间费用项目在集团内的分配，这时应尽可能将相关费用向高税率企业转移。

通过以上的操作，高税的企业增加了成本（或费用），并因此而降低了应纳税所得额；而低税的企业增加了收益。从整体角度看，虽然应纳税所得额的总量没有改变，但适用低税率的应纳税所得额提高，适用高税率的应纳税所得额减少，企业在整体上实现了税收筹划。

（2）特征与优势

与关联企业之间有形商品的转让定价相比，无形商品的转让定价具有更强的隐蔽性和更低的可比性。一方面，劳务等无形商品的数量难以准确量化，另一方面，无形商品的质量也难以度量，因此其价格空间更为灵活。许多跨国公司正是利用了劳务等无形商品的这一特性，大规模地进行转让定价。

当然，在跨国交易中，跨越国境的劳务费支出，通常应由费用支付方为获取劳务收入的另一方代扣预提所得税（例如，当一家中国内地公司向香港的企业进行相关支付，需要代扣 7%的预提所得税。但这与一般的企业所得税相比，税收负担还是降低了许多。

拓展阅读

星巴克的避税"妙招'

2012 年被曝隐瞒盈利避税丑闻后，咖啡连锁巨头星巴克遭受广泛批评。星巴克在进军英国 15 年后，称其除在2006年稍有盈利外，在英国市场连年亏损。但英国下议院公共账目委员会公布的数据显示其所言不实。此事引起英国公众对星巴克等大型跨国公司税务问题的关注，并引发了大规模抵制星巴克的运动。民众指责这些大的跨国公司利用复杂的跨境会计措施，把利润转移到低税率的司法管辖区，导致其在英国经营亏损或利润微薄，缴纳最低的公司税。

星巴克的英国财务报告连续多年显示亏损，没有支付所得税。但市场分析师宣称星巴克在英国的业务是“可盈利的”。据统计，星巴克自1998年在英国开业以来，一共开设了735家分店．通过使用合法的避税策略，实现30亿英镑销售收入，却仅支付了860万英镑所得税。星巴克能够在英国如此明目张胆地避税，主要利用了以下避税手段。

第一招，星巴克总部规定，在英国以及所有海外经营的星巴克，每年需要向星巴克集团公司的“星巴克”品牌支付年销售额6%的知识产权费。这笔支出一方面减少了星巴克英国公司的应纳税所得额，另一方面又把知识产权费用转移到税率很低的国家，纳入该国星巴克公司的应纳税所得额，从而支付相对较低的税费。

第二招，英国星巴克所用的咖啡豆，均来自在瑞士的星巴克咖啡贸易有限公司。在咖啡豆运抵英国前，需经过星巴克在荷兰阿姆斯特丹设立的烘培公司进行烘培加工。在此过程中，英国星巴克会支付超额的费用给瑞士和荷兰两家公司，这样就降低了星巴克在英国的应纳税所得额，同时把资金转移到税率极低的瑞士和荷兰两国。

第三招，英国星巴克利用公司间借贷，把利润转移到低税率国家避税。英国星巴克曾经在财务上实现其所有的经费几乎都来自借款，并且支付了星巴克集团旗下所属公司200万英镑的利息。

六、通过延期纳税实现税收筹划

顾名思义，“延期纳税”就是纳税人在税收法律和法规允许的范围内，将缴纳税款的时间向后延缓一段时间缴纳。显然，这是一种典型意义上的相对税收筹划。

“延期纳税”的概念有广义和狭义之分：狭义的延期纳税仅指纳税人按照国家有关延期纳税的法律规定进行的延期纳税；广义的延期纳税除了包含狭义延期纳税的内容之外，还包括纳税人根据国家其他方面的法律或法规的规定，对有关经济行为进行事先的安排，以达到延期纳税的目的。比如，纳税人通过采取加速折旧、存货计价方式选择等，都可以将前期的应纳税款递延到以后的时期。但由于广义延期纳税概念中超出狭义延期纳税的部分，都涉及其他的税收筹划方法，并且已经在有关部分进行了讨论，所以在这里仅讨论狭义的延期纳税。

（一）延期纳税的特点

首先，延期纳税的目的是实现相对税收筹划，而不是绝对税收筹划。延期纳税只是使纳税人获得了有关税款的货币时间价值，并没有降低纳税人应缴纳税款的总金额。

其次，延期纳税的特点还体现在它的低风险性。因为延期纳税的决策是根据确定的事实做出的，又有确定的法律规范作为税收筹划依据，一般还要经过税务机关的审批，所以通过延期纳税实现的税收筹划，一般在筹划方案运作之初，就可以预期到未来可以获得的收益（即货币时间价值）。

（二）延期纳税的内容

从各国的税收实践上看，有关狭义延期纳税的规定主要体现在以下几个方面。

第一，出于简便征收的目的，为避免先征后退而允许延期纳税。比如，我国关税有关法律规定，企业采用“三来一补”方式进境的料件不予征税，准许在境内保税加工为成品后返销出口。剩余料件或增产的产品，经批准转为内销时，除制度规定可以免税的以外，应照章缴纳进口时需缴纳的关税；企业为“进料加工”出口商品而进口的料件，在进口时暂不征收关税，加工的成品出口，免征有关的进口及出口关税，但内销料件及成品，不仅应照章征收出口关税，还应补缴有关的进口关税。我国增值税和消费税税中，也对进入保税区的进口货物有类似的规定。

第二，针对纳税人的特殊困难而采取的照顾性措施。比如，我国《税收征管法》第二十七条规定“纳税人、扣缴义务人不能按期办理纳税申报或者报送代扣代缴、代收代缴税款报告表的，经税务机关核准，可以延期申报”，“延期缴税的期限不得超过三个月，在延期缴税期限内不加收滞纳金。同一纳税人应纳的同一税种的税款在一个纳税年度内只能申请延期缴纳一次”。可见，运用这一政策，纳税人可以延期纳税三个月。三个月后，如果条件允许，还可以继续申请其他税种的延期纳税。

第三，为鼓励和促进投资而允许延期纳税。比如，有的国家规定，对有海外子公司的企业，如果海外子公司的利润被留在海外继续经营，就不必缴纳任何税收；但如果海外子公司的利润被汇回国内，就需要纳税。还有的国家对纳税人在处置一项营业资产后又重新购置营业资产的行为，允许纳税人对处置资产所获得的利得暂时免税，直至该纳税人最后不再购置营业资产时为止。

纳税人可以积极创造条件，争取适用有关的延期纳税规定，实现相对税收筹划。

本章小结

税收筹划是由英文 Tax Planning 意译而来的，国内外文献对税收筹划的概念表述大致有三种，本书认为，税收筹划是指纳税人或其代理机构在遵守税收法律法规的前提下，通过对企业或个人涉税事项的预先安排，实现“合理减轻税收负担目的”的一种自主理财行为。

对税收筹划的概念从以下几方面理解：其一，税收筹划的主体是纳税人或其代理机构；其二，应遵守“不违法”原则；其三，税收筹划是一种预先安排；其四，应以实现纳税人整体利益最大化为目标；其五，税收筹划具有长期性的特点。

税收筹划可以被分为两种基本类型：绝对税收筹划和相对税收筹划。绝对税收筹划是使纳税人应缴纳税款的绝对数额有所减少的一种理财行为。相对税收筹划是指由于其他税收要素的变化，使纳税人获得了其他形式的利益。最典型的是利用纳税义务发生时间向后推移，使纳税人获得货币时间价值。还有一种重要的形式是涉税零风险，即通过纳税人的自我核查，使缴纳的税款及时、足额，达到在税收方面没有任何风险，或风险极小可以忽略不计的一种状态。

利用税制要素，实现绝对税收筹划的手段有：争取享受减免税优惠；在同一税种存在多个税率时，争取适用较低税率；争取更多的税前“扣除”；充分利用税额抵扣；争取退税。

税收筹划的主要方法有：利用税收优惠政策进行税收筹划；通过分散税基实现税收筹划；利用税法弹性进行税收筹划；利用税法空白进行税收筹划；通过转让定价实现税收筹划；通过延期纳税实现税收筹划。

练习题

一、单项选择题

1. 以下关于税收筹划的表述，不正确的是（　　）。

A. 税收筹划应遵循“不违法”的原则

B. 税收筹划的目标是实现纳税人整体利益的最大化

C. 税收筹划是纳税事务发生时进行的全面规划和安排

D. 税收筹划的主体可以是纳税人，也可以是其代理机构

2. 下列选项中，不属于绝对税收筹划的是（　　）

A. 同一税种存在多个税率档次时，适用较低的税率

B. 充分利用税额抵扣

C. 获取时间价值

D. 争取退税

3. 使用分散税基进行税收筹划的制度中，最方便的是（　　）。

A. 累进税率　　B. 起征点　　C. 免征额　　D. 比例税率

4. 企业通过争取更多的“税前扣除”而实现的税收筹划，属于（　　）。

A. 利用税收优惠政策进行税收筹划　　B. 利用税法弹性进行税收筹划

C. 通过分散税基进行税收筹划　　D. 利用税法空白进行税收筹划

5. 关于相对税收筹划的表述中，错误的是（　　）

A. 在相对税收筹划中，纳税人应缴纳税款的绝对数额也相应减少

B. 降低涉税风险属于相对税收筹划

C. 通过降低涉税风险可避免缴纳滞纳金、罚款等非正常支出

D. 降低涉税风险可提高企业的财务管理水平，促进纳税合理申报，最终降低管理成本

二、多项选择题

1. 下列说法正确的是（　　）。

A. 税收筹划的发生时间为应税行为发生之前

B. 税收筹划可贯穿于企业生产经营全过程

C. 税收筹划的目标是力图实现当年利润最大化

D. 利用税收优惠进行税收筹划，是政府所容许的行为

2. 影响相对税收筹划效果的因素包括（　　）。

A. 纳税人需要缴纳的税款总额

B. 纳税人是否享受税收优惠

C. 社会平均资金利润率

D. 推迟纳税的时间长度

3. 我国的税收优惠政策的主要形式包括（　　）。

A. 免税　　B. 减税　　C. 先征后退　　D. 出口退税

4. 以下操作中属于绝对税收筹划的有（　　）。

A. 争取更多的税前“扣除”　　B. 谨慎操作，降低财务风险

C. 争取退税　　D. 充分利用增值税进项税额抵扣

5. 运用税收优惠进行的筹划操作中，正确的是（　　）。

A. 应以符合国家的宏观调控目标为前提　　B. 税收优惠政策需要灵活运用

C. 应不惜代价成为税收优惠的适用主体　　D. 应及时掌握税法的最新动态

三、计算题

1. 郑先生计划用 500 000 元人民币投资债券进行理财，现有以下两种方案：（1）年利率为 4.5%的国家债券；（2）年利率为 5.5%的企业债券。请从税收筹划的角度分析，郑老师应做怎样的方案选择？（假设个

人所得适用单一比例税率 25%）

2. 李老师主持翻译一部外文原著，参译人员共 5 人，预计稿酬所得 60 000 元，如何安排才能使总体税负最小？

3. 某高档手表生产企业为增值税一般纳税人，按月申报缴纳增值税和消费税，2017 年 4 月因计算失误，少计含税销售额 468 000 元，已知其生产的手表适用 20%的消费税税率，试问：

（1）该企业少计税额行为的性质应如何界定？

（2）计算应补缴的增值税和消费税应纳税额。

四、实训题

某生产企业 2016 年应纳增值税销售额 70 万元（不含税），符合一般纳税人确认条件，适用增值税税率为 17%。由于该企业可抵进项税额较少，仅为销项税额的 13%。若将其分立为两个小规模纳税人企业，分立后，两个单位各自的应纳税销售额为 40 万元和 30 万元，适用 3%的征收率。试从税收筹划的角度分析，分立为两个小规模纳税人企业是否对该生产企业更为有利？

五、拓展阅读指南

1. 中国税务报网络版　　2. 中国税务网

第九章　税收筹划及风险防范

【学习目标】

了解税收风险的概念和内容；掌握税收筹划风险的概念和表现形式；理解政策认识风险、筹划管理风险、制度风险、业务“实质”判断风险；熟悉税收筹划风险的防范方法。

引导案例

冒牌高新——优惠恐“落空”

奥康在2010年获得了高新企业认定，享受15%的优惠税率，优惠期为3年。

疑点1：数据显示，在36家服装鞋帽上市公司中，在2010年能享受15%税率的企业仅有12家。考虑到这些企业中不乏新材料类企业，如宜科科技等，若剔除这些企业，传统的服装鞋帽类高新企业没有几家。拥有更高盈利能力的星期六并不是高新企业，其企业所得税率是25%。在中国香港上市的百丽国际、达芙妮国际等鞋企也均不享受高新企业15%的所得税优惠税率。与《国家重点支持的高新技术领域》规定的扶持领域一一核对，没有一条能够与奥康股份从事的皮鞋、皮具生产挂钩。这就在经济实质内容上严重不符，高新企业的资格认定也就缺乏实质内容的支撑。

疑点2：奥康股份招股书显示，截至2011年6月30日，研发人员，即技术人员的人数为242人，占公司总人数的3.21%；学历方面，奥康股份拥有本科以上学历的人数只有250人，占公司总人数的3.32%。值得注意的是，公司并没有披露“专科及以上”学历的人数，而是披露了“专科及以下”学历的人数。

疑点3：奥康股份招股书写明，公司2008年至2011年上半年，研发费用占营业收入的比例分别为0.16%、0.79%、1.05%和0.88%。由于2008年以来，奥康股份的营业收入均超过10亿元。《高新技术企业认定管理办法》第三条规定：高新企业须“具有大学专科以上学历的科技人员占企业当年职工总数的30%以上，其中研发人员占企业当年职工总数的10%以上”。而奥康的研发人员，即技术人员占公司总人数的3.21%，这与高新企业要求的10%相去甚远。《高新技术企业认定管理办法》第四条规定：最近一年销售收入在2亿元以上的企业，比例不低于3%。由于2008年以来，奥康股份的营业收入均超过10亿元，而近三年研发费用占营业收入的比例远低于3%，严重不符合规定。《高新技术企业认定管理办法》规定的六大条件需同时符合才能申请高新企业，然而，奥康股份至少有三条严重不符。奥康鞋业面临税务追缴危机。

启发思考

1. 如何理解税收筹划风险？上述案例涉及的是哪种筹划风险？
2. 如何防范税收筹划风险？

第一节　税收风险

一、税收风险的概念

税收风险，或称税务风险，通常指纳税人在涉税行为中，由于不确定因素而使纳税主体产生利益损失的可能性。国家税务总局大企业司曾在解读《大企业税务风险管理指引（试行）》时提出："企业税务风险主要包括两个方面，一方面是企业的纳税行为不符合税收法规的规定，企业应纳税而未纳税、少纳税，从而面临补税、罚款、加收滞纳金、刑罚处罚以及声誉损害等风险；另一方面是企业经营行为适用税法不准确，没有用足有关优惠政策，多缴纳了税款，承担了不必要的税收负担"。这一解释，可以理解为税收管理者对税收风险的界定。

而从纳税人角度讲，税收风险主要表现在两个方面，一是企业未按规定缴纳税款或履行其他税收义务而遭受惩罚，二是由于税收政策变动或自身原因导致企业未能充分利用税收优惠等相关政策而多付出纳税成本。

二、税收风险的内容

税收风险可以表现为税收遵从风险、税收行政执法风险，以及税收筹划风险。

（一）税收遵从风险

税收遵从风险既产生于税收实体法的遵从过程，也产生与税收程序法的遵从过程。大多表现为纳税人对税务事项的会计处理不当而导致的风险。例如，由于会计准则和税法规定存在差异性，企业不能全面把握这种差异导致的会计处理偏颇。这种风险还经常产生于法律变动过程中。特别是我国税收政策更新比较频繁，企业财务人员对新政策的理解不到位，实际操作与税法要求或有出入。特别是当企业财务人员针对涉税事项与税务机关沟通不足时，更容易忽略一些具体的税务处理细节，而导致企业适用的税收政策不正确：有时是应该享受优惠政策未享受，因此而多交了税款；有时则因未完整履行纳税义务而受到税务执法部门的处罚。

（二）税收行政执法风险

税收法律法规由税务行政机关进行执法，并在其权限范围内进行税法的解释。由于纳税人所处经济环境的多样性，以及经营行为的多样性，即便是在同一项税法的约束下，纳税人对税法的理解也可能存在差异，税务机关执行税法的政策口径也可能有所差异。有时同一个税法在不同地区执行口径不一致；或者同一个税务机关根据同一个税法规定，在不同时期的执行口径也会有所调整。

（三）税收筹划风险

税收筹划风险是在税收筹划过程中发生的、所有造成税收筹划结果不确定性的各种因素的总和。此类风险是由企业主观和客观环境相互作用的结果，不是由企业单方面意志决定的。忽视税收筹划的风险，极易造成企业难以预期的损失。后文将对税收筹划风险作详细的说明。

第二节　税收筹划风险

如前文所述，税收筹划风险通常形成于税收筹划收益偏离纳税人预期的税收筹划结果，通常是由纳税人主观因素和外部客观因素共同作用产生的，通常表现为政策认识风险、税收筹划管理风险、制度风险及业务"实质"判断风险。

一、政策认识风险

政策认识风险是由税收筹划方案制定者对税收法律、法规的认识不足所引起的税收筹划风险。这种认识不足，可能是由于对税收相关法律的解读不足所引起的，通常表现为对相关法规的理解不足，没有理解税收相关法规的制度含义；也可能是出于税收筹划的目的，有意识地扩大、缩小或变通理解法律条文内涵所引起的。政策认识风险具体包括政策误读风险及过度筹划风险。

（一）政策误读风险

该种风险的产生主要是筹划人对政策精神的认识不足，理解不透，把握不准所致。

案例 9.1

企业应准确把握税法精神

某杂志社为公司制企业，为达到"节税"目的，将本社编辑的工资收入分解为基本工资收入和稿酬收入，基本工资收入按照工资薪金所得代扣个人所得税，而稿酬收入则按照稿件使用数量发放，并按照稿酬收入项目代扣个人所得税。从表面上看，企业已经将其员工的所有收入纳入代扣个人所得税范围，并履行了税款缴纳义务。但该企业对于"稿酬所得"项目的理解，显然是不符合税法规定的——《国家税务总局关于个人所得税若干业务问题的批复》（国税函[2002]146号）第三条第一款规定：任职、受雇于报刊、杂志等单位的记者、编辑等专业人员，因在本单位的报刊、杂志上发表作品取得的所得，属于因任职、受雇而取得的所得，应与其当月工资收入合并，按"工资、薪金所得"项目征收个人所得税。除上述专业人员以外，其他人员在本单位的报刊、杂志上发表作品取得的所得，应按"稿酬所得"项目征收个人所得税。因此，本例中的杂志社编辑人员，其"稿酬所得"并不属于税法意义上的"稿酬所得"的范畴，而应按"工资、薪金所得"项目缴纳个人所得税。

（二）过度筹划风险

纳税人的税务筹划操作，必须是在法律的边界之内进行运作的，如果不能准确把握其合法与非法的界限，一旦超越法律许可的范围，纳税人就将发生过度筹划的风险。

例如，为了充分发挥税收在经济、社会等领域的宏观调控职能，我国的税收法规中制定了大量的税收优惠政策。充分利用税收优惠政策，也成为纳税人进行税收筹划运作的重要途径。但在利用各种税收优惠政策的时候，纳税人必须严格遵守各项税收优惠政策的限制条件——因为任何一项税收优惠都不可能是普适的，如果所有纳税人都能适用税收优惠政策，那么其"优惠"也就无从谈起了。对于任何一项税收优惠政策而言，必然是有一部分纳税人可以适用，而另一些纳税人，即使经过了税收筹划的"运作"，也不能够属于其适用范围。

即使是合法适用的税收优惠政策，也可能会面临不同的税收风险。

拓展阅读

企业享受税收优惠需关注五大风险点

青岛市国税局日前发布《2012—2013年纳税遵从风险管理年报》(以下简称年报)，向社会各界及纳税人通报了税务机关本年度所关注的重点税收风险领域。该年报显示，很多纳税人在享受税收优惠时多有不合规行为，主要集中在增值税和企业所得税两大税种，存在较高的税收风险。具体来看，享受增值税优惠企业和企业所得税优惠企业应该重点关注并警惕的税务风险点主要有以下五个方面。

第一，享受优惠前未履行备案手续。某商品混凝土企业综合利用资源生产各类混凝土产品，按规定可以享受增值税减免。但由于其未对其生产的三种应税混凝土产品履行减税备案手续，2009—2011年期间，均自行按减免税政策申报纳税。税务机关在2012年的纳税评估中发现了该企业的这一问题，认定其不能享受增值税优惠，并需要补缴相关增值税款。其实，不仅增值税优惠企业，包括企业所得税优惠企业等其他税收优惠企业也同样存在这样的风险。根据税法规定，我国大多数税收优惠已经由过去的审批制改为备案制，企业在享受税收优惠前无需报税务机关审批，只需按照规定履行备案手续即可。但“国税发[2005]129号”文件明确规定，纳税人未按规定备案的，一律不得减免税。纳税人不履行备案手续即自行享受税收优惠，存在很大的税收风险。

第二，不能分别核算优惠与非优惠项目，而擅自享受税收优惠。税法规定，增值税一般纳税人随同计算机网络、计算机硬件和机器设备等一并销售其自行开发生产的嵌入式软件，如果能够分别核算嵌入式软件与计算机硬件、机器设备等的销售额，可以享受软件产品增值税优惠政策。凡不能分别核算销售额的，不予退税。某软件科技公司在销售的硬件设备中包含有嵌入式软件，该公司在申报纳税时一直按照嵌入式软件增值税政策减免了增值税。但是税务机关在税务检查中，认为该公司并未分别核算免税销售额，决定追回其上年度已经享受的37.6万元退税款，并加收了滞纳金。企业所得税优惠也存在着这样的情形。实际上，很多企业普遍存在兼营、混业经营等情况，如果既有税收优惠项目，也有非优惠项目，一般都需要单独核算优惠项目的销售额或所得额，以及相应的减免税金额。

第三，不符合增值税优惠资格。某环保科技公司2010年8月按照相关规定备案，享受以垃圾为原料生产的电力和热力增值税优惠，但备案资料中没有规定要求的资源综合利用认定证书。另外，该公司2012年2月备案享受垃圾处理劳务征前减免增值税政策，但并未取得由环保机关出具的相关证明材料。据此，税务部门取消了该公司的增值税减免资格，并要求其依法补缴税款。可见，一些企业虽然按照程序履行了增值税减免税备案手续，但如果手续并不完备，也有骗取税收优惠之嫌。这种现象在资源综合利用企业比较常见，因为这一行业的纳税人要享受税收优惠，需要事先取得由技术、质量、环保等主管机关出具的相关证明，门槛较高，因此风险也较大。

第四，不符合企业所得税法规定的加计扣除条件。某机械有限公司年度所得税纳税申报显示，对新技术、新产品、新工艺发生的研究开发费用的加计扣除额为40万元。经查，该企业在核算工资时未能按工时要求正确划分技术开发人员的工资，因此其工资之加计扣除的22.8万元，应按税法规定全额纳税调增。企业所得税法对于企业安置残疾人员的，也有类似的加计扣除政策：在对支付给残疾职工的工资据实扣除的基础上，可以在计算应纳税所得额时按照支付给残疾职工工资的100%加计扣除。对于上述两种情况的加计扣除，税法都有严格的条件限制，特别是研发费用的加计扣除更加严格，企业在这一事项处理中出现失误的情况也相对较多。具体表现有：有的企业在加计扣除中没有严格区分正式聘用人员与临时外聘人员的工资；有的企业误把展示新产品支付的展位费计入扣除范围；有的企业故意多记研发人员工资；甚至有的企业甚至根本就没有研发项目的开发和设计。

第五，不符合创业投资企业抵扣条件。税法规定，创业投资企业采取股权投资方式投资于未上市的中小高新技术企业2年（24个月）以上，并符合以下条件的，可以按照其对中小高新技术企业投资额的70%，在股权持有满2年的当年抵扣该创业投资企业的应纳税所得额；当年不足抵扣的，可以在以后纳税年度结转抵扣。实践中，很多企业要么不满足创业投资企业的主体要求，要么投资对象不是未上市的中小高新技术企业，要么投资期不到24个月等，导致最终无法享受这一税收优惠。例如，某创投企业2011年3月以股权方式投资一家高新企业，2012年10月即以部分投资额抵扣了部分应纳税所得额。税务机关认为，其投资年限不符合24个月的时间要求，不能以投资额抵扣应纳税所得额。但实践中，有不少创业投资企业在享受所得税优惠方面存在问题，主要就在于未能满足税法规定的抵扣条件。

——引自《享受税收优惠　勿忘纳税风险》，《中国税务报》2013年12月9日，记者刘云昌等，由本书作者进行了编辑整理

二、筹划管理风险

税收筹划的管理风险，是指税收筹划方案运作过程中，由于企业相关部门的管理规章，或相关部门工作人员的业务管理能力未能有效支撑相关的税务管理工作，而导致税收筹划方案执行失败，或由于税收筹划方案操作不当而给企业带来损失。

（一）会计制度与税法差异的协调失败

会计制度与税法的差异，是困扰许多企业财务管理部门的一个普遍问题。企业的日常会计核算需要遵循会计制度，而纳税申报时又必须按照税法进行申报纳税，二者之间的差异，成为纳税人内部税务管理的重要内容。但由于会计核算的目标与税收规范的目标在根本上存在不同，二者的差异既有其存在的必然性，又必将在今后长期存在。无论是企业日常的税务管理，还是专业的税收筹划运作，都需要很好地协调二者之间的差异，否则企业的经营将面临频繁的税收风险。

按照税法的原则，当会计制度与税收法规产生差异时，如果产生了纳税争议，在纳税时应以税收法规为准。因此，企业在进行纳税申报时，需要进行很多纳税项目的调整。但即便如此，还有一些其他的差异，需要特别引起企业的关注。

案例9.2

纳税人应关注会计制度和税法的差异与协调

企业M向企业N销售一批商品，双方商定以托收承付方式结算。虽然M企业明知N企业资金周转困难，且未收到N企业的货款，但考虑到对方是自己的长期客户，且为了占领其所在地区的市场，M企业仍旧在没有收到货款的情况下，开具了销售发票，发出货物，并向银行办妥托收手续。但考虑到会计制度中的“谨慎性原则”和“权责发生制原则”，M企业并未申报纳税，并将这一处理，视为一项税收筹划——因为税收法规也是遵循“权责发生制”原则的。殊不知按照企业所得税法的规定，这项交易是应该在业务发生时就确认销售收入，并计算缴纳税款的。M企业的这一处理，已经属于逃税的范畴。

再如，近年来房地产企业迅速发展，已经成为各地经济增长的重要支柱。由于其资金流量巨大，房地产企业的税收筹划通常可以带来巨额的税收筹划收益，因而其筹划需求也相应增长。但如果不能处理好会计制度与税收制度的差异，企业就会面临税收风险。某税务机关曾在纳税评估中发现，某房地产企业开发的楼盘，仅销售了80%，但在纳税申报时将全部计税成本进行了结转。而按照国税发[2009]31

号文件第11条的规定，企业在进行成本、费用的核算与扣除时，必须按规定区分期间费用和开发产品计税成本、已销开发产品计税成本与未销开发产品计税成本。根据相关制度，该企业被要求补缴相关税金、缴纳相应滞纳金，并被处以一倍的罚款①。

由此可见，纳税人对会计和税法的差异处理失当，不仅会面临税务处罚，产生经济损失，甚至会降低企业的纳税信誉，乃至社会声誉。

（二）精巧的税收筹划与内部管理环境不相契合的风险

税收筹划运作对企业内部协调性的需求，主要基于以下两个原因：

首先，随着税收制度的不断完善，税收筹划方案的设计也随之越来越复杂，并通常需要精巧的内部配合。特别是在企业的经营业务比较复杂的情况下，税收筹划方案的实施，需要多个部门的通力配合。这时，特别需要一个强大的企业团队和完善科学的管理控制，否则，如果管理层决策不够科学或是全局观念不强，内部分工不明确，团队成员间不能协调配合，将很难达到一个理想的税收筹划结果。

其次，为了提高税收制度的可操作性，税务管理部门通常会出台相应的约束性条款。这些条款通常是用于辅助税收执法者，帮助其更清晰地界定经济行为的税收性质。但如果税收筹划方案仅注重业务经济特性而忽视这些辅助性制度约束，就可能使企业陷入被动。

案例 9.3

企业税收筹划需要精巧的内部配合

企业B的主要业务是经营煤炭，其煤炭主要由A企业购入，并销售给C企业。但由于销售额中相当部分都是代客户支付的运费，为了降低增值税以及相应的附加税，该企业设计并实施了如下的税收筹划操作：将以往的煤炭购销业务，转变为煤炭代购业务，即B企业与C企业签订代购合同，每吨煤炭收取20元中介费，以及50元运费。年终结算发现，这一税收筹划操作，当年度即为企业节省了8 000万元的纳税义务。

但税务部门认为，该企业的行为涉嫌偷税，因为该企业对这些新业务按照代购行为申报纳税，但该企业提供的财务会计资料，并不能支持其“代购”行为的界定，按照税法的要求，其经营行为仍属于一般的购销业务。税务部门的主要理由是，根据《财政部、国家税务总局关于增值税、营业税若干政策规定的通知》([1994]财税字第026号）第5条规定，代购货物行为，凡同时具备以下条件的，不征收增值税……：（一）受托方不垫付资金；（二）销货方将发票开具给委托方，并由受托方将该项发票转交给委托方；（三）受托方按销售方实际收取的销售额和增值税额（如系代理进口货物则为海关代征的增值税额）与委托方结算货款，并另外收取手续费。本案中，虽然B企业与A企业、C企业均有稳定的资金往来，但无法证明A企业与C企业的业务之间，具有怎样的对应关系。B企业向A企业支付的货款，以及B企业向煤炭运输企业支付的运费，均无法证明是源于C企业的支付。因此，无法证明B企业没有为C企业垫付资金。

这一税收筹划操作的失败，就源于财务核算工作中，没有按照税收制度的约束性条款，进行相应的调整。要规避相关风险，获得税务部门的认可，就需要财务部门进行相应的调整：其核心内容就是，需要有相应的会计记录，可以证明其没有为客户C企业垫付资金。例如，可以在收到C企业的货款之后，再向A企业和运输企业支付货款和运费，并在数量上注意其对应关系。同时，还可以在会计科目的设置上进行细化，例如为C企业的代收款设置专门的明细科目。

① 李沧. 企业税务风险案例分析. 注册税务师，2011年第7期。

可见，税收筹划要求企业高层管理人员具备相应的高素质和高能力，以及很强的前瞻性和统筹规划能力。只有企业各部门之间能有效合作、团队充分协调，才可以保证整个税收筹划操作的各环节紧密相扣，既不违背相关法律法规的要求，又能使税收负担最优化，收益最大化。

三、制度风险

税收筹划运作中的制度风险产生于税制本身，如税制不清晰导致纳税人税收遵从尴尬、税收制度的不确定性导致纳税人税收筹划方案不适用等。

（一）税制本身不清晰的风险

税制本身不清晰的风险是由于税制本身不明确引起多种不同理解的风险。由于税收法规的制定和调整均需要一定的周期，这种风险特别常见于某类新业务或某类新兴行业。

同时，我国现行的税收制度体系，是由全国人民代表大会及其常务委员会制定的法律和有关规范性文件、国务院制定的行政法规和有关规范性文件、国务院财税主管部门制定的规章及规范性文件、省级地方人民代表大会及其常务委员会以及省级地方人民政府制定的地方性法规和有关规范性文件，以及省以下税务机关制定的规范性文件等众多法律级次的文件所组成的，但即便如此，税收执法机关在税收行政执法中，也经常面临税制本身不清晰的状况。

为了推动税收工作的开展，有时基层税务部门也会在现有税法框架内，制定具有可操作性的税收工作规程。虽然这一方式具有较高的必要性和普遍性，但对于纳税人而言，也会造成纳税遵从过程中的认知混乱：特别是当纳税人在不同地区设有分支机构、面临不同税务机关的税收执法时，甚至可能会由于不同税务机关的执法程序不同，或对税法的具体解释不同，面临税收遵从尴尬。

对于这类容易出现理解偏差的税收政策，还应该特别注意税收制度的调整变化。当某一税收具体制度中存在制度不清晰时，一般而言，政府会在一定时间之后，经过对税收空白的发现、认知、判断、处理等过程，对相关的税收制度进行优化。一旦政府出台了相应的税收政策，纳税人应及时了解，并及时进行相应的调整。

（二）税收制度的不确定性风险

合法的税收筹划固然可以在一定程度上降低企业当期税负，但是目前由于我国正处在经济转型期，税收制度作为政府宏观调控的重要工具，必然需要进行频繁的相机抉择。因而，税法变化频率高，税法的变动较大，变动时间也难以准确预期。特别是，如果企业的业务周期相对较长，相关制度在一个业务周期内变化的概率就会增加，更加剧了企业前期筹划结果的不确定性。如果在税法调整后，原来的业务安排来不及调整，或者业务重调以适应新政策会造成各种资源的极大耗费，无形中又加大了企业的成本。这就需要企业在税收筹划运作中，制定相应的防范预案，从而将企业的可能的损失降到最低。

例如，出口退税是我国政府频繁调整的一项税收政策，对于应对国际金融危机、维持人民币汇率稳定，发挥了重要的作用。但同时，这一政策调整之频繁，也是各国税收政策运用中非常少见的。尚不论在制度实施初期的适应性调整过程，即便在制度依然比较成熟之后，仍旧变化频繁，甚至在 2008 年金融危机后，曾创下 10 个月 7 次上调出口退税率的惊人频率。

不仅出口退税政策，其他税收政策，也会在国家的宏观调控需求下，频繁地进行调整，以适应经济发展和经济安全的整体需求。在这样的政策背景下，企业的税收筹划操作，就必须准确预期，并随时关注相关政策的变化，避免企业陷入税收风险。

四、业务“实质”判断风险

（一）税法中的“实质重于形式”原则

“实质重于形式”原则得到普遍关注，源于 2006 年 2 月财政部发布的《企业会计准则》。作为一条会计领域的核算原则，它强调企业应该按照业务的经济实质进行会计核算，而不应仅仅依据外在的形式。随着该原则在会计领域得到越来越普遍的应用与认可，税收领域也逐渐引入了“实质重于形式”的立法原则。

例如，我国《企业所得税法》规定，纳税人与其关联企业之间的业务往来，应当按照独立企业之间的业务往来收取或者支付价款、费用。否则，如果减少应纳税所得额，税务机关有权进行合理调整。这显然是为了反映纳税人的真实所得，防止纳税人过度转让定价，体现了课税中的“实质重于形式”原则。

（二）“实质重于形式”在会计与税法中的区别

会计核算是计算纳税义务的基础，而实践中许多企业纳税人的税收筹划工作也是由财会人员承担的。虽然“实质重于形式”原则在会计与税收领域都得到一定程度的接受，但在这两大领域中，这一原则还是有所区别的。因此，必须对这一原则在会计体系与税法体系下的区别进行辨别，防止因认识不足，产生纳税风险。

该原则在会计领域的应用，一般不会对会计主体的经济利益产生直接影响，它只是帮助企业更深入地理解会计准则、对企业的经营行为进行更准确的计量。因此可以看做是一项指导性原则。但是在税收领域，正如前述的相关制度，它直接影响纳税人的税收利益，也直接影响政府的税收收入。因此，具有更高的强制性。特别是对于纳税人有意识地通过改变经济业务的外在形式，追求更低的纳税义务时，税法会通过强制性的条款，对相关业务的经济“实质”进行认定。由于税收征纳双方的立场截然相反，税法必须强调其强制性，以维护国家的税收权益。

可见，纳税人的税收筹划，必须以税法为唯一的依据，不能以其他领域中的类似原则，直接套用在纳税过程中。

（三）“实质重于形式”原则下的税收风险

如果一项经济业务的“实质”与其外在“形式”不一致，那么，纳税人应该按照哪个进行纳税呢？如果按照“实质重于形式”的字面理解，应该以“实质”为标准。但在经济管理实践中，恰恰是因为对一些“实质”的判断有太多的主观性，难以进行刚性操作，才选择依据客观性较强的“形式”要件，执行相关的法律——如果在税收执法中，主观性较强的“实质”要素占优，而客观性较强的“形式”要素位于从属地位，税收征纳过程中的争议就在所难免。而这种争议，对于纳税人而言，就是税收风险。如果这种争议是由于税收筹划而产生的，这种税收风险，就是税收筹划风险。

案例 9.4

征纳双方不同认定原则下的税收筹划风险

这一原则下的税收风险，可能发生在纳税人按照“形式”要件进行税收筹划，而税收执法部门，则按照他们对业务“实质”进行的认定来征税。

例如[1]，某公司是中国法人，由大陆一家民营企业与香港一家企业合资成立，香港企业占有股权49%，香港企业又由海外某投资集团持有100%股权。2009年1月14日，海外投资集团将其持有香港企业100%的股权转让，从而间接转让了合资公司49%的股权。从本交易的法律形式来看，海外投资企业转让香港股权，不属于中国境内所得，该项所得中国并没有征税权。但大陆主管税务机关提出，海外的投资集团名为转让香港子公司，实为转让合资企业股权。依据《关于加强非居民企业股权转让所得企业所得税管理的通知》（国税函[2009]698号）第六条："境外投资方（实际控制方）通过滥用组织形式等安排间接转让中国居民企业股权，且不具有合理的商业目的，规避企业所得税纳税义务的，主管税务机关层报税务总局审核后可以按照经济实质对该股权转让交易重新定性，否定被用作税收安排的境外控股公司的存在"，要求该企业缴纳该项预提所得税1.73亿元。这里所依据的国税函[2009]698号文件，就是在立法过程中充分考虑了"实质重于形式"的原则。纳税人由于只考虑了经济业务的法律形式，忽视了"实质"性判断，在专门的税收法规下，就产生了税收违规行为。

这一原则下的税收风险，还可能发生在相反的情况：纳税人的经济业务，其"形式"并不能客观反应其"实质"，但税务部门的执法，是以其"形式"要件为依据的。

例如，在"营改增"之前，运输企业不能开具增值税专用发票。运费发票可以抵扣进项增值税的条件之一，就是"纳税人购进货物或应税劳务，支付运输费用，所支付款项的单位，必须与开具抵扣凭证的销货单位、提供劳务的单位一致，才能够申报抵扣进项税额，否则不予抵扣。"（国税发[1995]192号）但实践中有的企业因此遇到了麻烦。A企业向B企业销售产品，并开具了增值税专用发票。由于A企业此前向C企业购买的商品尚未进行支付，A企业要求B直接将货款支付给C企业。从"实质"角度分析，A、B、C三家企业都进行了真实、完整的交易。但按照前述文件，B企业的专用发票不符合抵扣进项税的"形式"要求，相关进项税不能抵扣。

那么，税务执法部门的执法应以"实质"为主还是"形式"为主？前面的分析似乎各有道理。理论上讲，无论是税收执法，还是其他法律的执行，都应该注重维护法规的严肃性。如果执法者可以依据自己的主观判断，就否定客观存在的证据（"形式"要素），那么纳税人应遵循什么样的准则呢？为了维护税法的严谨性，所谓"实质重于形式"的原则，只应适用于税收的立法过程。而在税收的执法中，应以客观的法律形式作为唯一的判断标准。所谓"有法必依"。如果发现有纳税人以某种"形式"表象去掩盖经济业务的"实质"，在相关法规没有修订之前，也必须按照现行法规执行。纳税人在进行税收筹划时，也应该按照这一原则，维护自身的合法权益。

第三节　税收筹划风险的防范

一、严格遵守税收及相关法律，谨防过度筹划

税收筹划应当在法律法规允许的范围内进行，切不可因为过度追求税收筹划收益而踏入法律的禁区、触犯法律的底线。同时，由于税务筹划的合法性、合理性具有明显的时空特点，因此税务筹划人员首先必须了解和把握好尺度，尽量避免过分打"擦边球"。

恰当的税收筹划可达到为企业降低税收成本、提高企业经营效益的目的；反之，通过不合法方式进行筹划会让企业面临较大的法律风险，以致影响企业的声誉，使企业陷入恶性循环中。所

① 案例来源：张伟：《"实质重于形式"原则在税收中的运用》，http://www.cntaotax.net/forum。由本书作者进行了整理。

以，企业要避免以法律风险作为追求税收筹划收益的途径。

当企业面对各种各样的税收优惠政策时，例如地方政府开出各种优惠条件招商引资，企业一定要在事先做必要的风险评估，因为这种形式的优惠并不总能增加企业的总体收益。在评估时，首先要考虑优惠政策的稳定性与可靠性。一般而言，越是立法级次高的法律文件，其稳定性越强；越是法律条文无歧义的制度，其违规风险越低。其次要考虑实务操作中企业能否达到优惠政策规定的条件。一方面是企业的现实状况是否与立法精神相一致，另一方面是企业能否达到法规所要求的形式要件。

二、注重前期规划，全面评估税收风险

有些企业项目周期长、政策调整频率高，必须要在项目启动前做足合理精巧的筹划功课。例如通过各种形式的资产重组所进行的税收筹划，不仅涉及较长的运作周期，而且通常涉及企业人、财、物，乃至企业集团分工的全面调整，项目一旦启动，就难以进行大规模的调整。而如果项目启动前的规划不够全面，一个很小的疏忽，都可能演化为一个很大的税务风险。因此在前期的税收筹划方案设计时，一定要精心规划，万不可怀有侥幸心理，否则将埋下很大的税收风险隐患。而在税收筹划方案运作前期进行系统科学的全面规划，则可达到事半功倍的效果。

而现实当中，企业生产经营的最终目标是经济效益最大化，许多企业的内部管理，都将重点锁定于市场开拓、降低成本等方面，而对于税收的管理，则置于生产经营过程之后，认为税收是生产经营过程所产生的结果，而忽视了税收对企业收入和成本费用项目的能动性影响。而现实情况是，当企业的生产经营过程已经完成之后，其所应承担的纳税义务，就已经确定了，这是由法律所约束的，既定的经营行为和经营结果，就应该承担确定税种、确定数量的纳税义务。不仅税收筹划方案应当筹划在生产经营过程之前，就连企业面临的税收风险，也是在企业生产经营过程中，就已经预定了。

三、关注整体效益，降低税收类经营风险

税收筹划作为企业财务管理的一个组成部分，它的目标是企业整体效益最大化。在设计筹划税收方案时，不能一味的考虑税收成本的降低，而忽略因该筹划方案的实施所引发的其他费用的增加或收入的减少。决策者在选择筹划方案时，必须遵守成本效益原则，更多地考虑整体利益而非局部利益。

案例 9.5

企业税收筹划应关注整体利益

某书店在实体店面经营的基础上，为了扩大销售而开设了网上书店，销售各种图书，并采取包邮方式，以销售总价与客户结算。为了降低图书销售业务的增值税，该书店计划采用单独计算运费的方式。假设原来售价 20 元的图书，在新方案下的销售价格仅为 15 元，同时客户需另外支付 5 元运费。从书店角度讲，其总收入不变，但增值税销售价格下降了 25%，并因此可以节省 25%的增值税销项税额，扣除增值税进项税后，增值税纳税义务的降低远超 25%。但该方案实施后，网络销售的总额产生显著的下降。通过对客户在线咨询的分析，该书店发现，一些客户在咨询后放弃购买，原因是，客户的 20 元支付额，只能取得 15 元的书费发票。由于 5 元的运费支付不能取得合法的财务票据，仅个人客户可以接受新的销售方式。

可见，任何一项筹划方案都有其两面性，即使是再巧妙的筹划方案，纳税人最大限度获得税收利益的同时，必然会为该筹划方案的实施付出一定的代价，或由于实施此筹划方案而损失掉其他利益，即机会成本。因此，企业应将收益和成本综合分析，当发生的费用或损失总和小于取得的利益时，该项筹划方案才是合理的。若费用或损失大于或接近取得的利益时，该项筹划方案就是失败的，企业要及时调整方案或采取战略性放弃。所以一定要在筹划前充分考虑税收筹划方案的各项成本效益，以及对企业生产经营所可能产生的各种影响，从而做出最优的实施方案。

四、保持适度灵活性，为应对风险预留空间

由于企业所处的经济环境千差万别，加之税收筹划的制度性风险于企业而言属于难以掌控的外部风险，无论是外部市场环境的变化、政策环境的变化，乃至国际政治与经济环境的变化，都可能对企业的经营带来冲击。而税收筹划方案，必须是基于企业的经营业务之上的。无论何种原因导致的企业经营性调整，抑或税收制度调整，都要求税收筹划方案进行相应的应对策略。

为此，在税收筹划方案设计之初，就需要为今后的调整预留空间。例如，首先要建立税收风险的发现机制，在方案运行过程中，预先设计有对税收筹划方案进行重新审查和评估的程序，适时更新筹划内容，采取措施分散风险，趋利避害，保证税收筹划目标的实现。同时，应建立税收风险防范与化解的协调机制。一旦发生税收风险预警，应有一套能够有效运转的机制，对企业的生产经营行为，进行及时、有效的调控。

五、建立税收筹划风险的发现与化解机制

既然税收筹划风险于纳税人而言是伴随税收筹划业务的开展而客观存在的，那么纳税人在进行税收筹划运作时，除了力求在税收筹划方案设计中力求风险最小化与收益最大化的平衡，还需要在税收筹划风险发生时，力求及早发现，并建立有效的机制进行化解。

（一）税收筹划风险的发现机制

纳税人的风险预警与化解机制，应该能够实现对税收筹划的潜在风险的预警、对现实风险的监控与评估，以及对风险的快速反应与处理。

风险预警是应对税收筹划风险最基础的工作环节。早期的风险预警，可以为纳税人赢得更多的分析、处理时间，甚至可以在经营周期完成之前，对业务流程或其他经营事项，进行相应的调整。

当现实的税收筹划风险发生的时候，就需要及时了解其最新动向，并准确预期其对企业整体业绩的影响。例如，预先设定若干标志性指标，如果这些可能引起发生税收筹划风险的关键因素发生了某种预定的警示性反应，风险发现系统应能够发出警告，提醒纳税人及早进行深入分析，必要时采取应对策略。

（二）税收筹划风险的化解机制

税收筹划风险的化解能力，也是企业税收管理水平的重要标志。

首先，需要企业内部的税务管理职能部门具有很强的税收业务能力，能够在最短的时间内，对税收风险的性质、程度等做出准确的分析，并制定出如何应对税收筹划风险的方案设计。

其次，还需要企业的管理系统，能够在税收筹划风险发生后，能够有效协调各部门之间的业务协作机制，通过内部管理各环节的有效配合，将相关风险的冲击，降低到最小。在很多情况下，税务风险的有效化解，不仅是为了应一时之急，更可以从根本上优化企业管理系统的相关环节，提高企业的长期抗冲击能力。

最后，税务风险的化解，还需要纳税人加强与税务执法者的信息沟通。特别是纳税人与税务管理部门对税收法规的理解出现分歧的时候，良好的沟通不仅可以使纳税人自身加深对税收制度的理解，更可以使税收执法者更加深入地理解纳税人的具体情况，从而能使税收征纳双方，在彼此加深理解的基础上，寻求政策平衡点。

案例 9.6

税收“实质重于形式”典型案例

“实质重于形式”在税收实践中广泛被采用，经济上的实质内容和法律上的形式条件孰重孰轻一直都是税收稽查与反稽查争论的焦点。现将与之相关的实践税案整理如下：

一、股权转让——要“有法可依”

案情陈述：A 公司持有 A1 公司 100%股权，A1 公司 90%以上的资产由不动产组成。A 公司将其 100%股权转让给 B 公司，作价 1 亿元。当地税务机关认定 A 公司名为转让 A 公司股权，实为转让 A1 公司的不动产，因此要求将 A 公司转让 100%股权的行为，判定为实质性转让不动产，并按照不动产转让征税。从分析可以看出，A 公司该项股权转让其实质确实是在转让不动产，但是其外在法律形式是转让股权。那么当地税务机关是否有权依据“实质重于形式”原则，按照转让不动产行为，对 A 公司征税呢？

税务解读：税务机关根据“国税函[2000]687 号”文件，可以要求 A 公司缴纳土地增值税，但执法理由不是“实质重于形式”，而是有法可依。“国税函[2000]687 号”文件是国家税务总局对广西壮族自治区地税局的个案批复，从该文件可以看出，总局针对企业名义上转让 100%股权，实质上是转让土地和房产的实际情况，根据“实质重于形式”的立法原则，将该问题以税收立法的形式加以明确，税务机关可以依照总局的文件对 A 公司征税。假如总局没有明确的文件依据，则地方税务机关无权仅仅根据“实质重于形式原则”对 A 公司改变征税依据。但在业务实质相同的情况下，营业税同土地增值税处理结果不同。深能源案件广西壮族自治区地税局专门请示了国家税务总局，总局以国税函[2000]961 号文件的形式给予了批复，明确不征收营业税；财政部和国家税务总局进一步在财税[2002]191 号文件中明确股权转让不属于营业税的征税范围。对于不同的股权转让交易中应税所得的确定，处理结果不同，地方税务机关要严格按照国家现行税法依法征税。“实质重于形式”用于处理会计问题，更加公允地反映经济成果，甚为恰当，但是用于行政执法领域，则同“法无明文不得征税”“有法必依”的规则发生了一定碰撞。

二、费用超支——“乱计”不明智

案情陈述：某市中央国有金融企业营业部每年的业务招待费用都远远超过税前扣除的标准，其财务负责人便将 89 万元业务招待费让宾馆开发票时开作“会议费”在税前列支。当年 6 月，当地国税稽查局在对该营业部年度企业所得税进行专项检查，很快发现其违法行为，该企业最终不得不补缴了税款并接受罚款。

税务解读：所谓的“形式重于实质”行不通。通常经济业务的实质内容会通过留下发票、合同、自制凭证及外部凭证等外部形式来表现，因此，所谓形式就是发票、合同、自制凭证及外部凭证等，实质就是对应的真实经济业务。许多人认为，形式是鉴定纳税义务的重要依据，而且税务稽查一般情况靠这些外部形式作为证据，税务稽查因为人力物力，或人员水平的限制，稽查人员不可能对每笔证据都进行鉴定，因此，最“简便”的税收筹划是针对外部形式的筹划，而不用理会实质的真实的经济业务。但“形式重于实质”算不上是税收筹划，税收筹划是在合法的前提下进行的，而“形式重于实质”是在违法的前提下进行的，尽管此行为被貌似合法的外衣所掩盖，但是还是无法改变其违法的实质。

三、资格不符——既补税又受挫

案情陈述：贝因美（2011 年 4 月 22 日上市）于 2011 年 9 月 29 日披露：公司于近日收到杭州滨江区国家税务局的通知，由于不符高新技术企业资格条件，需补缴 2008 年、2009 年税款 5 892.7 万元。该事项将减少公司净资产及资金 5 892.7 万元，影响 2008 年、2009 年度净利润分别为 1 082.2 万元、4 810.5 万元。这不仅意味着当时的发行价很可能被高估，甚至关系到该公司是否符合上市条件等问题。更有市场人士认为，该公司有故意冒充高新企业、欺骗投资者的嫌疑。当日，贝因美股价跳低 1.49%开盘，盘中一路震荡下行，并创下 29.00 元的历史新低，最终报收于 29.30 元，跌幅高达 5.12%。该收盘价已较其 IPO 发行价 42.00 元“破发”超过 30%。

税务解读：根据《审计署关于浙江省国家税务局 2009 年至 2010 年税收征管情况的审计决定》，审计署认定，贝因美在 2008 年申报高新技术企业资格时，前三年实际投入的研发费用占销售收入的比重仅为 0.65%；且申报的发明专利与其主要产品的核心技术不直接相关。财报显示，其 2008 年、2009 年的净利润分别为 10 934.54 万元和 37 578.13 万元，如果没有高新企业资格，其 2008 年、2009 年净利润要分别减少 1 082.2 万元和 4 810.5 万元，占比高达 9.8%和 12.8%。是否造假有争议“这不仅影响上市时的估值，也关系到该公司是否符合上市条件。”贝因美现仅将补税按会计差错进行财务处理，尚未提及相关监管部门是否将对此进行处罚、公司高新技术资格是否已取消、若未取消会否对 2011 年复审造成影响等事项。由于高新资格可为企业带来 10%的所得税减免，一旦失去，将较大程度地影响贝因美往后三年的利润水平。

本章小结

税收风险，或称税务风险，通常指纳税人在涉税行为中，由于不确定因素而使纳税主体产生利益损失的可能性。

税收风险可以表现为税收遵从风险、税收行政执法风险，以及税收筹划风险。

税收筹划风险通常形成于税收筹划收益偏离纳税人预期的税收筹划结果，通常是由纳税人主观因素和外部客观因素共同作用产生的，通常表现为政策认识风险、税收筹划管理风险、制度风险以及业务“实质”判断风险。

政策认识风险包括政策误读风险以及过度筹划风险。

税收筹划管理风险具体有两方面的表现：一是会计制度与税法差异的协调失败，二是精巧的税收筹划与内部管理环境不相契合的风险。另外，制度风险产生于税制本身，如税制不清晰导致纳税人税收遵从尴尬、税收制度的不确定性导致纳税人税收筹划方案不适用等。

加强企业对税收筹划风险的防范，就需要严格遵守税收及相关法律，谨防过度筹划；注重前期规划，全面评估税收风险；关注整体效益，降低税收类经营风险；保持适度灵活性，为应对风险预留空间；建立税收筹划风险的发现与化解机制。

练习题

一、单项选择题

1. 税收筹划风险不包括（　　）。

A. 业务“实质”判断风险　　B. 制度风险

C. 政策误读风险　　D. 会计制度与税法差异协调失败的风险

2. 税收风险不包括（　　）。

A. 税收遵从风险　　B. 税收行政执法风险

C. 企业债务风险　　D. 税收筹划风险

3. 下列说法中，表述错误的是（　　）。

A. 税收遵从风险可以产生于税收实体法的遵从过程

B. 税收遵从风险不会产生于税收程序法的遵从过程

C. 税收遵从风险大多表现为纳税人对税务事项的会计处理不当而导致的风险

D. 在同一项税法的约束下，由于纳税人对税法的理解的差异、税务机关执法的政策口径的差异，都会带来税收行政执法风险

4. 出口退税政策的频繁调整，而对造成纳税人的纳税决策及筹划产生影响属于（　　）。

A. 制度风险　　B. 税收筹划管理风险　　C. 经营风险　　D. 税收行政执法风险

5. 下列表述中，不正确的是（　　）。

A. 在税收筹划方案设计完成后，需要考虑今后可能进行的筹划调整

B. 要建立税收风险的发现机制，在方案运行中，预先设计对税收筹划方案进行重新审查和评估的程序

C. 企业应建立税收风险防范与化解的协调机制

D. 企业应有一套能够有效运转的机制，对企业的生产经营行为，进行及时有效的调控

二、多项选择题

1. 进行税收筹划风险的防范，具体措施包括（　　）。

A. 注重前期规划，提前对风险进行全面评估　　B. 关注企业整体利益，降低税收类经营风险

C. 保持筹划适度的灵活性　　D. 避免触及税收相关法律的“红线”

2. 税收筹划的管理风险，包括的内容有（　　）。

A. 会计制度与税法差异的协调失败

B. 精巧的税收筹划与内部管理环境不相契合的风险

C. 制度风险

D. 政策误读风险

3. 税收风险表现为（　　）。

A. 税收遵从风险　　B. 税收行政执法风险　　C. 制度风险　　D. 税收筹划风险

4. 代购货物行为，凡同时具备以下条件的，不征收增值税（　　）。

A. 受托方不垫付资金

B. 受托方垫付资金

C. 受托方按销售方实际收取的销售额和增值税额与委托方结算货款，并另外收取手续费

D. 销货方将发票开具给委托方，并由受托方将该项发票转交给委托方

5. 下列行为中，属于视同销售行为的是（　　）。

A. 将外购的货物用于本企业集体福利　　B. 将外购的货物分配给投资者

C. 将外购的货物无偿赠送给其他个人　　D. 将外购的货物作为投资提供给其他单位

三、实训题

2017 年 3 月，某房地产开发企业与存在重要业务往来的王先生签订商铺买卖合同。合同约定：房地产开发公司以 5 万元/平方米的优惠价格将面积为 200 平方米的自建商铺销售给王先生，销售总额为 1 000 万

元，该地段同期同类型商铺的平均售价为 8 万元/平方米，王先生须一次性付清全款；由于在该销售业务中，房地产开发商给予王先生较大让利，王先生还需与某物业公司签订以下无偿使用合同，作为享受优惠的前提：自交房之日起 9 年内，该商铺无偿租赁给物业公司使用（同期，该地段平均租赁价格为 36 万元/年）。购房者王先生认为，由于未取得租赁收入，因此无需对租赁收入进行纳税申报。房地产开发企业作了如下会计处理：

（1）收到价款时：

借：银行存款　　1 000 000

　　贷：主营业务收入　　1 000 000

（2）缴纳税费时（假设适用于增值税简易计税方法，暂不考虑其他税费）：

借：应交税费——简易计税　　50 000

　　贷：银行存款　　50 000

根据该案例中买卖双方的税务处理，分析操作中面临的税务风险。

四、拓展阅读指南

1. 中国财税法网

2. 中国税收筹划网

第十章　企业购销中的税收筹划

【学习目标】

熟悉企业采购固定资产业务中的税收筹划；理解代销方式的选择与流转税筹划；掌握应税消费品的相关筹划问题，包括包装物和成套销售；掌握土地增值税的税收筹划；理解折扣促销的税收筹划；了解“以旧换新”促销的税收筹划。

引导案例

某日用化妆品厂，将生产的化妆品、护肤护发品、小工艺品等组成成套消费品销售，每年的生产和销售量为100万套。每套消费品由下列产品组成：化妆品包括一瓶高档香水、一瓶指甲油、一支口红；护肤护发品包括两瓶浴液、一瓶摩丝、一块香皂；化妆工具及小工艺品、塑料包装盒。高档化妆品适用的消费税率为15%，上述价格均不含税。

启发思考

1. 该化妆品厂将以上产品各销售一件（分别销售）和销售以上一套礼品套装，两种情况下缴纳的消费税有什么不同？

2. 该化妆品厂选择哪种销售方式的税负更低？提出你的税收筹划方案。

第一节　企业采购固定资产的税收筹划

采购固定资产是最常见的采购行为。一般来说，企业通过投资固定资产，可能从以下几方面获得税收筹划收益。

一、固定资产可以享受折旧抵税的政策

固定资产折旧是企业的一种重要的经营成本，折旧额的增加将直接导致企业应纳税所得额的减少，并因此降低企业的所得税纳税义务。在企业利润额较高的年度进行大规模的固定资产投资，可以用新增加的折旧额抵减企业的当期应纳税额，帮助企业实现相对税收筹划。

特别提示

我国《企业所得税法》第十一条规定，下列固定资产不得计算折旧扣除：（1）房屋、建筑物以外未投入使用的固定资产；（2）以经营租赁方式租入的固定资产；（3）以融资租赁方式租出的固定资产；（4）已足额提取折旧仍继续使用的固定资产；（5）与经营活动无关的固定资产；（6）单独估价作为固定资产入账的土地；（7）其他不得计算折旧扣除的固定资产。

【实例 10.1】某企业年应纳税所得额 2 000 万元，适用 25%的企业所得税税率。该企业 2016 年 12 月投资 1.2 亿元购买一大型设备，预计折旧期限为 20 年。

筹划剖析：我国税法规定，企业应在购买固定资产的次月提取折旧并在企业所得税前扣除。这样，该企业可以从 2017 年 1 月开始，对该项固定资产计提折旧并在税前扣除。

2017 年该项资产折旧费用=12 000÷20=600（万元）

由于该项折旧费用而减少的应纳税所得额 600 万元，小于该企业年应纳税所得额 2 000 万元，因此：

企业 2017 年度减少纳税=600×25%=150（万元）

筹划操作：该筹划操作的关键在于，企业用新购置的大型设备的折旧，抵减了原来的应纳税所得额。

筹划结果：如果该企业今后每年都能保持一定的盈利规模，那么该项固定资产的投资可以在 20 年的折旧期限内，为企业减少纳税 3 000 万元（即 150 万元×20 年）。

特别提示

这一策略对于企业的意义在于，当企业计划购买固定资产时，应选择具有税收筹划效应的时间点：同样的固定资产投资行为，如果发生在企业利润较多的时期，就可以进行税前扣除；但如果发生在亏损时期，就不能产生这种税收筹划收益。

二、投资特定国产设备可以部分抵免投资当年的所得税

税收抵免政策是我国政府引导企业固定资产投资方向的行之有效的重要工具。我国《企业所得税法实施条例》第一百条规定，企业购置并实际使用《环境保护专用设备企业所得税优惠目录》、《节能节水专用设备企业所得税优惠目录》和《安全生产专用设备企业所得税优惠目录》规定的环境保护、节能节水、安全生产等专用设备的，该专用设备的投资额的 10%可以从企业当年的应纳税额中抵免；当年不足抵免的，可以在以后 5 个纳税年度结转抵免。

根据以上相关文件，可以从以下三方面理解现行的固定资产投资抵税政策：

第一，享受抵免所得税政策的设备范围。根据 2008 年起执行的标准，包括以下三大类：一是节水节能设备，其中包括中小型三相电动机等 13 类节能专用设备，以及洗衣机等 5 类节水专用设备；二是水污染治理设备等 5 类环境保护专用设备；三是煤矿等 8 个行业的 50 种安全生产专用设备。随着社会经济环境的发展变化，这些专用设备的范围及标准也会调整变化，纳税人需要及时关注优惠目录的调整情况。

第二，相关设备必须由本企业实际使用。《企业所得税暂行条例》明确规定，享受前款规定的企业所得税优惠的企业，应当实际购置并自身实际投入使用前款规定的专用设备；企业购置上述专用设备在 5 年内转让、出租的，应当停止享受企业所得税优惠，并补缴已经抵免的企业所得税税款。

第三，与 2008 年之前的制度相比，抵扣比例下降，但抵扣基数增加。抵扣比例方面，现行制度下，企业可以享受的抵扣比例由 40%降为 10%。但抵扣基数从“增量”变为“总量”：现行制度中的抵免额是从“企业当年的应纳税额”中抵免，而原制度规定，只能从“企业技术改造项目设备购置当年比前一年新增的企业所得税”中抵免。如果企业当年没有新增企业所得税或当年新增企业所得税不足，即使有相关的固定资产投资，也无法享受或无法足额享受税收抵免。显然新制度的抵免起点更低。

【实例 10.2】某企业年应纳税所得额 3 000 万元，适用 25%的企业所得税税率，该企业 2016 年 6 月投资 1 亿元购买一大型设备并投入使用。该设备列入《环境保护专用设备企业所得税优惠目录》。

筹划剖析：我国税法规定，该项设备投资，可以按专用设备投资额的 10%抵免当年企业所得税应纳税额；企业当年应纳税额不足抵免的，可以向以后年度结转，但结转期不得超过 5 个纳税年度。因此，该企业可以从 2017 年 1 月开始，按该专用设备投资额的 10%抵免企业所得税应纳税额。

该专用设备投资额可抵免企业所得税应纳税额=10 000×10%=1 000（万元）

该企业 2016 年企业所得税应纳税额=3 000×25%=750（万元）

750<1 000，所以该企业 2016 年可抵免的企业所得税应纳税额为 750 万元，余下 250 万元（即 1 000 万元-750 万元），可以向后年度结转。

筹划操作：该筹划操作在于投资专用设备的投资额可以抵免当年企业所得税应纳税额。

筹划结果：如果该企业自 2017 年起的 5 年内盈利总额不低于 1 000 万元（即 250 万元÷25%），投资这项专用设备，就可以为企业减少缴纳企业所得税 1 000 万元。

特别提示

应该注意的是，企业利用“自筹资金”和“银行贷款”购置专用设备的，可以按以上规定抵免企业应纳所得税额；但企业利用“财政拨款”购置专用设备的投资额，不得抵免企业应纳所得税额。

第二节　代销方式的选择与流转税筹划

一、不同代销方式下纳税义务的基本规范

随着企业市场范围的不断扩大，代销成为许多企业低成本迅速扩张的便利途径。目前，企业实行“代销”通常有两种方式，但两种代销方式的纳税义务有很大区别：

一是收取手续费方式代销，即受托方按照委托方委托的价格出售商品，并根据销售数量或价格向委托方收取手续费，获得劳务报酬。在这种代销方式下，受托方获得的是劳务报酬，需要按照服务业收入纳税；委托方销售了商品，应按照商品的销售价格和适用的税率计算销项增值税。

二是买断方式代销，即由委托方和受托方签订协议，受托方按协议价格买断有关商品，并按照协议中规定的销售价格或受托方自主决定的价格销售商品，最终由受托方获得差价收入。但与一般销售不同，买断代销中没有实现最终销售的商品并不属于受托方所有，因此这还是一种代销而不是一般销售。这时，委托方获取收益的形式也是买卖价差，因此也应缴纳增值税；受托方销售了商品当然还是应该缴纳增值税。

两种代销方式下双方的纳税义务可用表 10.1 来表示。

表 10.1　两种代销方式下双方的纳税义务

	收取手续费方式		买断方式	
	委托方	受托方	委托方	受托方
增值税（商品销售）	√	×	√	√
增值税（服务业）	×	√	×	×

显然，在两种代销方式下，双方的税收负担是不同的。但无论对于委托方还是受托方来讲，都存在进行税收筹划的余地。

二、纳税人身份与税收筹划选择

在前述基本规范的框架下，纳税人身份的不同还会导致纳税人做出不同的选择。下面分两种情况具体说明。

（一）代销双方都是增值税一般纳税人的情况

【实例 10.3】假设 A 和 B 两企业均为增值税一般纳税人，且均适用 17%的税率。现 A 企业拟委托 B 企业代销一批商品。该商品在 A 企业的相关进项增值税可以用 X 表示，其市场销售单价为 100 元。现在有两种代销方式可供双方选择：方案一是 B 以每件 100 元的售价向市场销售该产品，并收取代销商品销售收入 10%的手续费，即每销售一件商品获得 10 元手续费；方案二是 B 企业以每件 90 元的价格向 A 企业买断该商品，再按照每件 100 元的价格对外销售，获得 10 元的价差收入。

筹划剖析：在两个代销方案下，A、B 两企业的税收负担见表 10.2。

表 10.2　在两个代销方案下，A、B 两企业的税收负担　　单位：元

	方案一		方案二	
	A 企业	B 企业	A 企业	B 企业
增值税（商品销售）	销项税额=100×17%=17 进项税额=X 应纳税额=17-X	0	销项税额=90×17%=15.3 进项税额=X 应纳税额=15.3-X	销项税额=100×17%=17 进项税额=15.3 应纳税额=1.7
增值税（服务业）	0	增值税=10×6%=0.6	0	0
税负总计	17-X	0.6	15.3-X	1.7
	17.6-X		17-X	

方案二与方案一相比较，A 企业的税收负担降低了 1.7 元，B 企业的税收负担升高了 1.1 元。但二者税收负担的总额还是下降了 0.6 元，相当于 B 企业在方案一中的流转税负担。

筹划操作：该案例中，双方应根据自身地位，参考表 10.2 中的分析结果进行选择。

特别提示

在买断方式下，虽然委托双方的总体税收负担下降了，但作为受托方的 B 企业的税负却有所上升。B 企业的税负变化主要表现在两方面：一是避免了代理费收入的流转税，使税负降低了 0.6 元；二是就买卖价差缴纳了 1.7 元的增值税。这部分税收负担，实际上可以理解为是从 A 企业转嫁过来的。因此，B 企业税收负担的上升与 A 企业税收负担的下降是有本质联系的，B 企业完全可以要求 A 企业对其进行一定的补偿，使双方能够分享买断代销方式下的税收筹划收益。

（二）代销双方中有一方是小规模纳税人的情况

这里，我们仍以前述的代销业务为例，分别不同情况进行分析。

【实例 10.4】其他条件与【实例 10.3】相同，但 A 企业是生产性小规模纳税人，适用 3%的征收率，而 B 企业是一般纳税人。

筹划剖析：本例中，A、B 两企业的税收负担见表 10.3。

表 10.3　代销业务中一方是生产性小规模纳税人，另一方是一般纳税人　　单位：元

	方案一		方案二	
	A 企业	B 企业	A 企业	B 企业*
增值税（商品销售）	应纳增值税=100×3%=3	0	应纳增值税 90×3%=2.7	销项税额=100×17%=17 进项税额=2.7 应纳税额=17−2.7=14.3
增值税（服务业）	0	营业税=10×6%=0.6	0	0
税负总计	3	0.6	2.7	14.3
	3.6		17	

*假设 B 企业能够取得税务机关代开的增值税发票抵扣进项税。

筹划操作：双方应根据自身地位，参考表 10.3 中的分析结果进行选择。

特别提示

如果双方是同属于一个集团内的两个企业，则集团应从整体角度出发，选择方案一。

【实例 10.5】其他条件与【实例 10.5】相同，但 A 企业是一般纳税人，而 B 企业是商业性小规模纳税人，适用 3%的征收率。

筹划剖析：本例中，A、B 两企业的税收负担见表 10.4。

表 10.4　代销业务中一方是一般纳税人，另一方是商业性小规模纳税人　　单位：元

	方案一		方案二	
	A 企业	B 企业	A 企业	B 企业*
增值税（商品销售）	销项税额=100×17%=17 进项税额=X 应纳税额=17−X	0	销项税额=90×17%=15.3 进项税额=X 应纳税额=15.3−X	应纳税额=100×3%=3
增值税（服务业）	0	营业税=10×6%=0.6	0	0
税负总计	17−X	0.6	15.3−X	3
	17.6−X		18.3−X	

*假设 B 企业能抵扣进项税额。

筹划操作：双方应根据自身地位，参考表 10.4 中的分析结果进行选择。

第三节　包装物的消费税筹划

我国《消费税暂行条例实施细则》第十三条规定，纳税人将实行从价定率办法计算应纳税额的应税消费品连同包装物销售的，无论包装物是否单独计价，也不论在会计上如何核算，均应并

入应税消费品的销售额征收消费税。但对于逾期未收回的包装物不再退还的和已经收取一年以上的押金，应并入应税消费品的销售额，按照应税消费品的适用税率征收消费税。对既作价随同应税消费品销售，又另外收取押金的包装物的押金，凡纳税人在规定的期限内不予退还的，均应并入应税消费品的销售额，按照应税消费品的适用税率征收消费税。根据以上规定，可以从以下两个角度进行消费税的筹划。

一、对于能够周转使用的包装物，尽量不随产品作价销售

对于能够周转使用的包装物，可以通过收取包装物押金的方式降低产品销售额，进而降低销售时的消费税纳税义务。

【实例 10.6】某企业 2016 年 7 月销售高尔夫球及球具 400 万元，其中价值 4 万元的包装物随同产品一起销售，未单独计价。月末，该企业经计算应缴纳消费税 40 万元（即 400 万元×10%，其中 10%为高尔夫球及球具适用的消费税税率）。

筹划操作：收取包装物押金，并适当提高押金标准。如高尔夫球及球具售价 396 万元，包装物押金 6 万元。

筹划结果：

（1）应纳消费税=396×10%=39.6（万元），比原来降低了 0.4 万元。

（2）可以免费使用 6 万元的资金。

特别提示

虽然押金迟早要退还，但对于企业来讲，由于生产和销售是循环进行的，一笔销售的押金被退还时，总应有新的押金收取进来。这样，从长期来看，销售方企业将获得数量相对稳定的一笔沉淀资金。

对于购货方来讲，新的销售方案降低了其购货价格，对其显然具有一定的吸引力。

二、预计不易回收的包装物，也可以收取押金

（一）获取货币时间价值

即使是预计不易回收的包装物，也可以根据税法在收取押金后一年再缴纳消费税，这实际上是通过税收筹划获取了货币的时间价值。

案例 10.1

高尔夫球具厂巧妙利用包装物押金推迟纳税义务

假设该高尔夫球具厂预计以上包装物不易回收，为了不影响产品的销售，企业在销售球具时，可以不提高包装物的押金，即将销售方案设定为：高尔夫球及球具销售价值 396 万元，另外向对方收取 4 万元押金。这样，企业在 2014 年 7 月只需要缴纳 39.6 万元的消费税，当 2015 年 7 月以上包装物押金逾期没有退还时，企业可以再按高尔夫球具适用的税率，就 4 万元押金缴纳 0.4 万元（即 4 万元×10%）的消费税。

与筹划前相比，企业缴纳的消费税总额虽然仍为 40 万元，但其中有 0.4 万元税款被推迟了一年的时间，相当于企业无偿使用了 1 年的资金。

特别提示

运用以上税收筹划方法的例外情况是，根据财税字[1995] 192 号《关于加强增值税征收管理若干具体问题的通知》，从 1995 年 6 月 1 日起，对酒类产品生产企业销售酒类产品（不含啤酒、黄酒）而收取的包装物押金，无论押金是否返还，也无论会计上如何核算，均需并入酒类产品销售额中，依酒类产品的适用税率征收消费税。因此，对于有类似规定的产品而言，以上的税收筹划方法就不太适用。而对于啤酒和黄酒，所收取的押金，按一般押金的规定处理。

（二）包装物及包装物押金应缴纳的增值税、消费税

现行增值税及消费税对于包装物的计税问题规定相同，即无论包装物是否单独计价，也不论会计上如何核算，均应并入应税销售额中征收增值税和消费税。但对于包装物押金收入，两税的规定则有所不同，有的押金收入计税时要考虑是否逾期，而有的不考虑；有的押金收入只征增值税，有的押金收入既征增值税又征消费税。

1. 包装物押金收入征税范围的认定

根据现行增值税及消费税的有关规定，一般来说，包装物押金收入单独记账核算的，时间在一年以内又未逾期的，不并入销售额征税，但对逾期（指超过合同约定的期限或超过一年的期限）未收回包装物不再退还的押金，无论是否退还，均应并入销售额征税。

对于逾期的包装物押金，如果不是消费税应税产品，只需要缴纳增值税；如果是消费税的应税产品，则需要同时缴纳增值税和消费税。但对于酒类产品，其纳税比较特殊：对于啤酒、黄酒的包装物押金收入，无论是否逾期，均不计征消费税（因为啤酒、黄酒从量计征消费税）；但在逾期的前提下，啤酒、黄酒包装物押金则应计征增值税；对于其他酒类产品包装物押金收入，在收取当期应计征增值税和消费税。

2. 包装物押金收入的计税方法及计算公式

根据税收法规的规定，包装物押金收入视为含税收入，再计征增值税。消费税时，应先换算成不含税收入再并入销售额计税，其计算公式为：

不含税押金收入=含税押金收入÷（1+增值税税率或征收率）

其中，公式中的增值税税率同销售货物的增值税税率；公式中的征收率为采用简易征税办法的应税货物的征收率。

应纳增值税=不含税押金收入×增值税税率或征收率

应纳消费税=不含税押金收入×消费税税率

其中，公式中的消费税税率，与所包装应税消费品的消费税税率相同。

第四节　运用适当的销售价格筹划土地增值税

我国《土地增值税暂行条例》规定，纳税人建造普通标准住宅出售，增值额未超过扣除项目金额 20%的，免征土地增值税。也就是说，“增值额占扣除项目金额的 20%”是纳税人是否缴纳土地增值税的临界点，如果不超过 20%，就全额免税，但如果超过 20%，就要全额纳税。显然，这一规定给纳税人的税收筹划提供了空间。

一、纳税人获得免税待遇时的最高售价

纳税人可以获得免税待遇时的最高售价，应保证纳税人在转让国有土地使用权、地上建筑物及其附着物时取得的价值增值，在其扣除项目金额的20%以下。

【实例 10.7】某企业（非房地产开发企业）在转让房地产前已经发生的允许扣除项目金额（不含各种税金）为100万元，该企业计划将该项房地产以129万元的价格出售，那么：

转让环节有关税金=129×5%×（1+7%+3%）=7.095（万元）

全部允许扣除项目金额=100+7.095=107.095（万元）

增值额=129−107.095=21.905（万元）

增值额÷允许扣除项目金额=21.905÷107.095=20.45%

因此，该纳税人不符合免税条件，应按照30%的税率缴纳土地增值税。

应纳土地增值税=21.905×30%=6.571 5（万元）

筹划剖析：如果该企业此项转让的增值额低于20%，就可以获得免税待遇。

如果纳税人在转让房地产前已经发生的允许扣除项目金额为100元，那么纳税人的允许扣除项目金额还应包括有关的税金：流转税为销售额的5%[①]、城市维护建设税和教育费附加分别是流转税的7%[②]和3%。此外，签订有关合同时缴纳的印花税，需要视纳税主体而定：如果转让主体是房地产开发企业，那么其转让房地产时缴纳的印花税已列入管理费用，不允许再作为税金扣除。只有非房地产企业缴纳的印花税（5‱）可以作为扣除项目。为简便起见，这里不再考虑印花税的扣除。

这样，当纳税人转让房地产所获得的全部价款及有关经济收益价值为X时：

销售税金及附加=X×5%×（1+7%+3%）=5.5%X

其中5%、7%和3%分别为流转税税率、城市维护建设税税率和教育费附加的征收率。加上纳税人此前已经发生的允许扣除项目，纳税人的全部允许扣除项目金额为：

允许扣除项目=100+5.5%X

要获得免税资格，纳税人转让有关房地产的增值额就不能高于允许扣除项目的20%，即：

$$\frac{X-(100+5.5\%X)}{100+5.5\%X}\leqslant 20\%$$

$$X\leqslant 128.48$$

筹划操作：该纳税人可以享受免税待遇的售价应不高于128.48万元。

筹划结果：这时该纳税人少获得了0.52万元（即129万元−128.48万元）的销售收入，却降低了6.600 1万元的税收——包括土地增值税6.571 5万元，以及由于收入增加而多缴纳的流转税及其附加0.028 6万元（即0.52万元×5.5%）。

二、纳税人需要纳税时销售价格的选择

上面讨论的是纳税人为获得免税待遇，所应选择的最高销售价格。实际上，如果纳税人在此基础上增加的销售收入可以弥补由此增加的税收负担，那么提高售价就可以为纳税人带来更多的利润。

【实例 10.8】【实例 10.7】中的企业，如果想通过提高房屋的售价实现更高的利润，最低售价应是多少？

① 在现行税制下，企业应按照销售额的5%缴纳营业税。"营改增"后，需要按照新的税率（据估算为11%）计算销项增值税，同时允许抵扣进项增值税。

② 按照《城市维护建设税暂行条例》的规定，其税率有7%、5%和1%三档，分别针对纳税人所在地为市区、县城和镇，以及其他地区三种情况。这里仅以7%税率为例。

筹划剖析：假设以上纳税人计划在以上最高售价 128.48 万元的基础上，将销售价格提高 Y，达到（128.48+Y）万元的水平。那么，

（1）纳税人适用 30%税率[①]的情况

首先，使纳税人按照第一档税率 30%纳税的前提条件，是增值额不超过扣除项目金额的 50%。即：

21.41+94.5%Y≤（107.066 4+5.5%Y）×50%

这时，有 Y≤35.01

其次，纳税人的各项纳税义务如下：

① 营业税及其附加将在原来的基础上增加 5.5%Y；

② 允许扣除项目金额将增加到（107.066 4+5.5%Y）；

③ 销售该项房地产的增值额=128.48+Y-（107.066 4+5.5%Y）=21.41+94.5%Y

④ 应纳土地增值税=（21.41+94.5%Y）×30%

⑤ 纳税人新增税收负担，包括土地增值税、营业税及其附加，一共是：（21.41+94.5%Y）×30%+5.5%Y。

如果要保证纳税人提高房地产销售价格的决策能为其带来更多的经济效益，就应使纳税人增加的销售收入，足以弥补其为此而负担的税款。

Y≥（21.41+94.5%Y）×30%+5.5%Y，即：

Y≥9.709 8

同时，结合约束条件 Y≤35.01，因此有：

9.709 8≤Y≤35.01

（2）纳税人适用更高税率的情况

由于土地增值税采取超率累进的税率形式，当增值率超过以上的 50%而继续增加时，纳税人只需就其超过部分按较高的税率纳税，因此，当增值额超过扣除项目金额 50%以上时，纳税人新增加的税款必然少于其新增加的收入。即纳税人应有：

21.41+94.5%Y≥（107.066 4+5.5%Y）×50%

Y≥35.01

也就是说，当售价提高到 35.1 万元以上时，纳税人也可以实现更高的利润。

结合前述"9.709 8≤Y≤35.01"的条件，纳税人只需要确保"Y≥9.709 8"即可。

筹划操作：该纳税人将房地产的销售价格在 128.48 万元的基础上提高至少 9.709 8 万元，就可以从中获得净收益，否则提高售价得不偿失。

特别提示

以下规定，有助于纳税人进一步提高税收筹划收益。第一，我国《土地增值税暂行条例实施细则》规定，对从事房地产开发的纳税人，除可扣除有关成本费用外，还可按照取得土地使用权所支付的金额、开发土地的成本、新建房及配套设施的成本三项支出之和加计 20%的费用扣除。第二，根据《关于房地产开发企业土地增值税清算管理有关问题的通知》（国税发[2006]187 号），土地增值税以房地产开发项目为单位进行清算，"对于分期开发的项目，以分期项目为单位清算。开发项目中同时包含普通住宅和非普通住宅的，应分别计算增值额"。如果纳税人开发的房地产项目中既普通住宅也有非普通住宅，分别核算，将有助于普通住宅项目单独享受税收优惠政策。

①《土地增值税暂行条例》规定的税率为超率累进税率，增值部分占成本支出为 50%以下、50%～100%、100%～200%、200%以上四种情况时，税率分别为 30%、40%、50%和 60%。2007 年 2 月国税发[2006]187 号文件执行之前，各地因成本确定困难等原因，多采用预征土地增值税的做法，预征额为销售总额的 1%～2%。

第五节　分散销售收入筹划土地增值税

我国《土地增值税暂行条例》规定，纳税人转让房地产取得的收入，指的是纳税人转让国有土地使用权、地上建筑物及其附着物所取得的各项收入，而随同土地使用权、地上建筑物及其附着物一并转移所有权的其他物质的售价，是不需要计入“收入”总额的。纳税人在核算时应注意将不必要的收入从应税收入中扣除。

【实例 10.9】企业 A 欲转让一家饭店。经合格房地产评估机构评估，该饭店的房屋及其附着物（指饭店内不能移动，或一经移动即遭损坏的所有物品）为八成新，重置成本为 1 000 万元。现另一家企业 B 欲以 900 万元购买该饭店，并继续在原地址经营新的饭店，同时要求 A 将原饭店内的全部电器、桌椅等无偿赠送。

这样，A 企业将成为土地增值税的纳税义务人。该企业转让饭店过程中涉及的有关支出项目包括：

流转税及其附加=900×5%①×（1+7%+3%）=49.5（万元）

印花税=900×5‱=0.45（万元）

允许扣除项目金额=1 000×80%+49.5+0.45=849.95（万元）

增值额=900−849.95=50.05（万元）

由于该项转让所获得的增值额占扣除项目金额的比例为 5.9%（即 50.05 万元÷849.95 万元），小于 50%，所以 A 企业应按照 30%的税率缴纳土地增值税。

应纳土地增值税=50.05×30%=15.015（万元）

A 企业转让饭店获得的净收入=900−49.5−0.45−15.015=835.035（万元）

筹划剖析：该案例中，企业 A 随同饭店赠送给 B 企业的电器、桌椅等，既不属于地上建筑物也不属于其附着物，更不是土地使用权的组成部分，因此其价值完全可以不计入房地产合同的转让价值。

筹划操作：该 A 企业可以和 B 企业协商，将以上转让分别签订两份合同。假设 A 企业原饭店中的电器、桌椅的市场价值为 20 万元，那么合同总额仍为 900 万元，但其中 880 万元作为饭店及其附着物的价值，其余 20 万元是电器、桌椅等的价值。

筹划结果：该 A 企业转让饭店及其附着物过程中涉及的有关支出项目包括：

流转税及其附加=880×5%×（1+7%+3%）=48.4（万元）

印花税=880×5‱=0.44（万元）

允许扣除项目金额=1 000×80%+48.4+0.44=848.84（万元）

增值额=880−848.84=31.16（万元）

由于该项转让所获得的增值额占扣除项目金额的比例为 3.7%（即 31.16÷848.84），小于 50%，所以 A 企业仍应按照 30%的税率缴纳土地增值税。

应纳土地增值税=31.16×30%=9.348（万元）

另外，A 企业转让原饭店中电器、桌椅等需要缴纳的印花税，也从原来的 5‱降低为 3‱，节省的印花税为：

印花税=20×（5‱−3‱）②=0.004（万元）

A 企业转让饭店获得的净收入=880+20−48.4−0.44−9.348+0.004=841.816（万元）

---

① “营改增”后，需要缴纳增值税。如果增值税的税率为 11%，另有部分抵扣项目，实际税负可能仍会保持在销售额 5%左右的水平。

② 此处的印花税税率为“购销合同”所适用的 3‱，房地产转让合同应按照“产权转移书据”适用 5‱。

与筹划前相比，A企业净收入增加了6.781万元（即841.816万元-835.035万元）。

特别提示

如果进一步提高原饭店中的电器和桌椅的作价，还可以实现更多的税收筹划，但切不可使交易价格过分偏离市场正常的交易价格。

第六节 “折扣销售”与“现金折扣”促销中的税收筹划

在企业的销售活动中，采取折扣方式销售已经日益为众多企业所采用。其实，在企业采取折扣方式销售的过程中，折扣方式的选择对企业的税收负担也会产生直接的影响。通常所说的“折扣”，主要包括“折扣销售”与“现金折扣”两种方式。

一、折扣销售的纳税方式

我国税法中所谓的“折扣销售”，即会计中所指的“商业折扣”，是指销货方在销售货物或应税劳务时，给予购买方价格上的优惠。由于折扣是在实现销售的同时发生的，因此税法规定，如果销售额和折扣是在同一张发票上分别注明的，可以折扣后的余额作为销售额计算增值税。这里需要注意一下几个问题：

第一，上面所说的分别注明是将销售金额和折扣金额分别注明在同一张发票上的“金额”栏中，才可以按照折扣后的销售价格计征增值税。如果仅仅是将折扣金额在发票的“备注”栏中注明，而没有在同一张发票中的“金额”栏中注明的，只能以折扣前的销售价格计征增值税。

第二，如果将折扣额另开发票，则无论其在财务上如何处理，均不得从销售额中扣减折扣额。

第三，这里所说的折扣销售或商业折扣，仅限于对货物价格的折扣，如果销货者将自产、委托加工和购买的货物用于实物折扣的，则该实物款额不仅不能从货物销售额中扣除，而且还应对用于折扣的实物按照增值税条例中“视同销售货物”中的“赠送他人”项目，计算征收增值税。

【实例10.10】某大型商场（增值税一般纳税人）在活动期间推出购物满100元，可以享受八折优惠的促销活动。假设该商场销售的商品平均成本率为60%。即标价为100元的商品，其成本为60元。以上价格均为含税价，增值税税率为17%，城建税为7%，教育费附加为3%。

筹划剖析：

方案一：商场将销售金额和折扣额开在同一张发票上，则该商场应缴税费为：

增值税销项税额=80÷（1+17%）×17%=11.62（元）

增值税进项税额=60÷（1+17%）×17%=8.72（元）

应纳增值税=11.62-8.72=2.90（元）

应纳城建税及教育费附加=2.90×（7%+3%）=0.29（元）

企业应纳税所得额=（80-60）÷（1+17%）-0.29=16.8（元）

应纳企业所得税=16.8×25%=4.2（元）

税负总额=2.91+0.29+4.2=7.4（元）

方案二：企业没有将销售额和折扣额开于一张发票，而是将折扣额另开发票。这时该商场应缴税费：

增值税销项税额=100÷（1+17%）×17%=14.53（元）

增值税进项税额=60÷（1+17%）×17%=8.72（元）

应纳增值税=14.53−8.72=5.81（元）

税及教育费附加=5.81×（7%+3%）=0.58（元）

税所得额=（100−60）÷（1+17%）−0.58=33.61（元）

所得税=33.61×25%=8.4（元）

税负总额=5.81+0.58+8.4=14.79（元）

以上两种方案的对比差异如表 10.5 所示。

表 10.5　折扣销售不同发票处理方式的税负比较

单位：元

	增值税	城建税及教育费附加	企业所得税	税负总额
同一发票	2.90	0.29	4.2	7.4
不同发票	5.81	0.58	8.4	14.79

从表 10.5 可以看出，如果将折扣额开在同一发票，销售方企业的各项应纳税收（包括增值税及其附加、企业所得税）都远小于将折扣额开在不同发票。

筹划操作：企业在选择商品折扣形式进行促销的时候，一定要注意发票的处理方式，税法规定，未在发票的金额栏注明折扣额而是仅在发票备注栏注明折扣额的，折扣额不允许在销售额中扣除。

筹划结果：如果将销售额与折扣金额在同一发票注明后，每销售一件产品，实现 100 元的销售额，可节约的税负为 7.39 元（即 14.79 元−7.4 元）。

二、现金折扣的纳税方式

现金折扣又称销售折扣。根据我国企业会计准则，现金折扣是指债权人为鼓励债务人在规定的期限内付款，而向债务人提供的债务扣除。比如，“2/10，1/20，*n*/30”，即 10 天内付款，货款折扣 2%；20 天内付款，货款折扣 1%；30 天内全价付款。由于现金折扣发生在销售货物之后，本身不属于销售行为本身，而是一种融资性质的理财费用，因此，现金折扣不得从销售额中减除，企业应按照全部销售额计算纳税。

可见，现金折扣下，可能发生企业的实际收入低于名义销售收入的情况。这时，企业的实际收入扣除折扣之后的金额，但仍需要按照折扣之前的大口径销售收入计算纳税。为了降低税收负担，如果企业面对的是一个信誉良好的客户，销售货款回收风险较小，那么企业可以考虑通过修改销售合同，将现金折扣方式转换为折扣销售。

【实例 10.11】某企业销售产品，与客户签订的合同金额为 5 万元，合同中约定的付款期为 40 天，如果对方可以在 20 天内付款，将给予对方 3%的销售折扣，即 1 500 元。由于企业采取的是销售折扣方式，折扣额不能从销售额中扣除，企业应按照 5 万元的销售额计算销项增值税，即：

销项增值税=50 000×17%=8 500（元）

筹划操作：该企业主动压低该批货物的价格，将合同金额降低为 4.85 万元，相当于给予对方 3%折扣之后的金额。同时双方在合同中约定，对方企业应在 20 天之内付款，如果超过 20 天付款则需要加收 1 500 元违约金。

筹划结果：该企业的收入并没有受到实质的影响，但在对方享受折扣时降低了销项增值税。

（1）当对方在20天之内付款时：

全部价款=4.85（万元）

销项增值税=48 500×17%=8 245（元）

（2）当对方在20天之后付款时：

全部价款和价外费用=4.85+0.15 =5（万元）

销项增值税=50 000×17%=8 500（元）

由于现金折扣在本质上属于企业的理财费用，与其他促销方式存在较大差异，因此，这里暂不将其与其他折扣方式进行比较。

第七节 “以旧换新”促销中的税收筹划

“以旧换新”也是商场近几年来比较常用的促销手段之一。它是指顾客在购买新商品时，可以用指定范围的旧商品，折抵一定数量的购物款。从经济性质上讲，这种促销手段实质上属于价格折扣，但与传统意义上的打折销售又有所不同，其折扣是有一定前提条件的。

一、以旧换新的纳税方式

以旧换新销售货物和有偿的进行旧物回收是两种不同的业务。对于以旧换新而言：

增值税方面，根据国税发[1993]154 号规定，企业采用以旧换新的手段销售商品的，应该按照新商品的价格，以商品抵扣前的价格计税，开具普通发票①。同时，可以用所收取的旧货所取得的增值税专用发票来抵扣进项税额。但零售业务中的购买方通常是自然人，不具备开具增值税专用发票的资格，因此销售企业一般很难取得旧物的增值税发票，这时，增值税的进项税额就很难得到抵扣。

企业所得税方面，国税函[2008]875 号规定，企业采用以旧换新的形式销售货物的，应当按照销售新商品的收入确定销售收入，以抵扣前的全价进行计税；而回收的旧产品应作为购进商品进行处理。

二、以旧换新的税收筹划

以旧换新方式下，一方面企业销售商品时扣减的销售额得不到扣减，另一方面许多零售企业购入旧货的行为也没有能够增加相应的进项增值税。可见，企业会承担相对较重的税负。

由于法律已经明确规定了应当“以商品抵扣前的价格计税”，从销售额角度，已经没有税收筹划空间。所以，以旧换新的税收筹划，主要体现在增值税进项税额的抵扣。

根据财政部、国家税务总局 2008 年 12 月颁布的《关于再生资源增值税政策的通知》（财税[2008]157 号），自 2009 年 1 月 1 日起，取消“废旧物资回收经营单位销售其收购的废旧物资免征增值税”和“生产企业增值税一般纳税人购入废旧物资回收经营单位销售的废旧物资，可按废旧物资回收经营单位开具的由税务机关监制的普通发票上注明的金额，按 10%计算抵扣进项税额”的政策。单位和个人销售再生资源，应当依照《增值税暂行条例》《增值税暂行条例实施细则》及财政部、国家税务总局的相关规定缴纳增值税。但个人（不含个体工商户）销售自己使用过的废

① 但金银首饰例外。《关于金银首饰等货物征收增值税问题的通知》财税[1996]74 号明确规定，对于金银首饰的以旧换新业务，以销售方实际收取的全部价款（不含增值税）缴纳增值税。

旧物品免征增值税。增值税一般纳税人购进再生资源，应当凭取得的《增值税暂行条例》及《增值税暂行条例细则》规定的扣税凭证抵扣进项税额，原印有“废旧物资”字样的专用发票停止使用，不再作为增值税扣税凭证抵扣进项税额。

企业可以考虑设立独立核算的废旧物资回收公司，专门回收旧货。在财务处理上，消费者将旧物卖给废旧物资公司，而后再由废旧物资回收公司将旧货按回收价销售给商业企业，以抵扣部分进项税额。

【实例 10.12】某商场促销活动，采取“以旧换新”方式销售空调，已知空调的销售价格为 3 000 元，可抵扣增值税的各项购入价值为 1 000 元。某顾客的旧空调被作价 500 元，从销售额中扣除。但该顾客无法提供相应的增值税专用发票。以上价格均为含税价，增值税率为 17%。

筹划剖析：由于无法取得相应的增值税专用发票，消费者获得的旧货抵偿款，不得从销售额中扣除。

增值税销项税额=3 000÷（1+17%）×17%=435.90（元）

增值税进项税额=1 000÷（1+17%）×17%=145.23（元）

应纳增值税=435.90−145.30=290.60（元）

筹划操作：甲企业将回收部门分立出来，设立独立核算的废旧物资回收公司，专门回收旧货。消费者先将旧货以 500 元的价格卖给废旧物资回收公司，再以 3 000 的价格购买新货。商场以 3 000 元的价格实现销售，同时以 500 元的价格买入旧货。

筹划结果：进行以上操作之后，该商场纳税义务如下：

增值税销项税额=3 000÷（1+17%）×17%=435.90（元）

增值税进项税额=145.30+500×17%=230.30（元）

应纳增值税=435.90−230.30=205.60（元）

企业可节约增值税 85 元（即 290.60 元−205.60 元），相当于旧货折价金额的 17%。

第八节　消费税应税产品的“成套”销售应慎重

随着人们生活和消费水平的提高，“成套”消费品的市场需求日益扩大。但这里需要注意两种情况：

一是《财政部、国家税务总局关于调整和完善消费税政策的通知》（财税[2006]33 号）规定，纳税人将自产的应税消费品与外购或自产的非应税消费品组成套装销售的，以套装产品的销售额（不含增值税）为计税依据。

二是纳税人将不同税率的应税消费品组成成套消费品销售的，应以应税消费品中适用的高税率与混合在一起的销售额、销售数量相乘，得出应纳消费税额，即从高适用税率。

一、“成套”环节后移

由于我国的消费税采取单环节课征制度，除金银首饰、钻石等少数商品在零售环节征收（参见财税[1994]095 号）、卷烟在批发环节加征一道消费税外，其余均只在生产、委托加工或进口一个环节征税。因此，避开了出厂环节，就避开了纳税环节。

【实例 10.13】某厂生产并销售某品牌高档手表。2016 年春节期间，该企业计划推出礼品装，礼盒中包括一只该品牌女装手表，以及一只精美化妆盒（也可放置该手表）。其中该型号手表原来的单价为 20 000 元（不含税价），化妆盒为外购，外购成本为每只 1 000 元（不含税价）。该礼盒售价为 21 000 元。

按照财税[2006]33 号文件，该企业每销售一个该礼盒，应纳税额为：

应纳消费税=21 000×20%=4 200（元）

增值税销项税额=21 000×17%=3 570（元）

如果只销售手表，不用礼盒，则企业应纳税额为：

应纳消费税=20 000×20%=4 000（元）

应纳增值税=20 000×17%=3 400（元）

两种方案比较，销售礼盒时，企业的收入并没有增加（名义上增加的 1 000 元即是采购化妆盒的成本），增值税也可以认为没有增加（因为按成本价销售时，销项增值税等于进项增值税），但消费税负担增加了 200 元。

但是出于营销上的考虑，该企业又希望能够通过这一方案刺激市场上的销售。

筹划操作：该企业可以将“成套”环节安排在出厂之后。

筹划剖析：如果该企业在手表出厂时仍旧按照原有的包装销售，那么就可以按照原来的售价，即 20 000 元计算缴纳消费税。

至于营销计划，完全可以安排在出厂之后的某个环节，例如，向经销商提供礼盒包装物，以及化妆盒，由经销商组合；甚至可以在零售环节由最终消费者进行选择。通过将“成套”环节后移，企业避免了就礼盒中非消费税应税产品缴纳消费税。

筹划结果：企业可以避免就包装盒的价格缴纳消费税，降低了 200 元（即 4 200 元-4 000 元）的消费税纳税义务。

特别提示

对于由不同消费税税率产品组成成套消费品，也可以运用类似的方法进行税收筹划。

二、提高销售价格

对于一些市场需求具有一定刚性的消费品来讲，还可以通过适当提高销售价格的方法弥补企业增加的税收负担，即所谓“税负转嫁”。

【实例 10.14】某企业生产的产品 A 和 B 均应缴纳消费税的产品，消费税税率分别为 10% 和 20%。两种产品的成本（不含各种费用）均占产品销售收入的约 40%。如果该企业考虑将价值 50 元的 A 与价值 100 元的 B 组合成礼盒销售，礼盒应定价为多少？

筹划剖析：

（1）分别销售 A 和 B 时，企业的税后毛利可通过以下步骤计算：

企业每销售一件 A 和 B 的生产成本=（100+50）×40%=60（元）

企业销售一件 A 需缴纳的消费税=50×10%=5（元）

企业销售一件 B 需缴纳的消费税=100×20%=20（元）

因此，企业的税后毛利=150-60-5-20=65（元）

（2）成套销售 A 和 B 时，企业应适当提高总售价。假设提高后的总售价为 X，那么 X 应能够使企业获得更高的税后毛利。这时，

企业销售一套产品的成本=60 元

企业销售一套产品需缴纳的消费税=20%X

企业销售一套产品的税后毛利=X-60-20%X

因此，应有 X-60-20%X≥65，即 X≥156.25 元。

筹划操作：只有当企业能够将 A、B 套装的出厂价提高到 156.25 元以上时，成套销售对于企业来讲才是有利可图的。

一般而言，套内不同消费品适用税率的差别越大，或套内低税率产品（如上述 A 产品）的比例越高，成套销售就会增加更多的税负，企业因此需要更多地提高销售价格。

本章小结

企业采购固定资产，可以享受折旧抵税的政策；投资特定国产设备可以部分抵免投资当年的所得税。

目前企业实行"代销"通常有两种方式。"代销"中纳税人身份的不同还会导致不同的税收筹划效果。如果代销双方都是增值税一般纳税人，在买断方式代销条件下，会发生委托方部分税负向受托方转移的情况。因此，受托方可以要求委托方对其进行一定的补偿，使双方能够分享买断代销方式下税收筹划收益。

对于能够周转使用的包装物，尽量不随产品作价销售，可以通过收取包装物押金的方式降低产品销售额，进而降低销售时的消费税纳税义务。即使是预计不易回收的包装物，也可以根据税法在收取押金后一年再缴纳消费税，这实际上是通过税收筹划获取了货币的时间价值。

纳税人可通过设定适当的销售价格，筹划土地增值税。例如，规划可以获得免税待遇的最高售价；提高售价时，只有当纳税人增加的销售收入可以弥补由此增加的税收负担，才可以为纳税人带来更多利润。

折扣销售（商业折扣）仅限于对货物价格的折扣，如果销货者将自产、委托加工和购买的货物用于实物折扣的，则该实物款额不仅不能从货物销售额中扣除，而且应对用于折扣的实物按照增值税条例中"视同销售货物"中的"赠送他人"项目，计算征收增值税。销售折扣（现金折扣）是一种融资性质的理财费用，其折扣额不得从销售额中减除。但企业可以考虑通过修改销售合同实现税收筹划。

通过"以旧换新"方式销售商品企业的税收筹划，主要体现在增值税进项税额的抵扣。企业可以考虑设立独立核算的废旧物资回收公司，专门回收旧货。在财务处理上，消费者将旧物卖给废旧物资公司，而后再由废旧物资回收公司将旧货按回收价销售给商业企业，以抵扣部分进项税额。

企业在销售成套消费品时，可以考虑避开出厂环节，通过将"成套"环节后移，避免成套消费品中非消费税应税产品缴纳消费税，从而降低流转税负担。对于一些市场需求具有一定刚性的消费品来讲，可以通过适当提高销售价格的方法弥补企业增加的税收负担，即所谓"税负转嫁"。

练习题

一、单项选择题

1. 两种代销方式的纳税义务描述中，错误的是（　　）。

   A. 收取手续费方式代销，受托方获得的是劳务报酬，需要按照服务业收入纳税

   B. 收取手续费方式代销，委托方销售了商品，应按照商品的销售价格和适用的税率计算销项税

   C. 买断方式代销，是一种代销而不是一般销售

   D. 买断方式代销，委托方获取收益应缴纳营业税；受托方销售了商品应缴纳增值税

2. 下列消费税应税品的说法中，正确的是（　　）。

   A. 纳税人将实行从价定率办法计算应纳税额的应税消费品连同包装物销售的，包装物单独计价的，应单独缴纳增值税

B. 纳税人将实行从价定率办法计算应纳税额的应税消费品连同包装物销售的，无论包装物是否单独计价，也不论在会计上如何核算，均应并入应税消费品的销售额征收消费税

C. 对已经收取一年以上押金的包装物，待包装物退回时并入应税消费品的销售额，缴纳消费税

D. 纳税人将实行从价定率办法计算应纳税额的应税消费品连同包装物销售的，只有在包装物不单独计价的情况下，才能并入应税消费品的销售额征收消费税

3. 关于包装物押金收入征税范围的表述中，错误的是（　　）。

A. 包装物押金收入单独记账核算的，时间在一年以内又未逾期的，一般不并入销售额征税

B. 对于除啤酒、黄酒以外的其他酒类产品包装物押金的收入，在收取当期应计征增值税和消费税

C. 啤酒的包装物押金收入，无论是否逾期，均应计征消费税

D. 逾期的包装物押金，如果是消费税的应税产品，则需要同时缴纳增值税和消费税

4. 下列关于利用土地增值税进行筹划的表述中，错误的是（　　）。

A. 纳税人可以获得免税待遇时的最高售价，应保证纳税人在转让国有土地使用权、地上建筑物及其附着物时取得的价值增值，在其扣除项目金额的20%以下

B. 纳税人为获得免税待遇，可以选择免税上限的销售价格

C. 如果纳税人开发的房地产项目中既有普通住宅也有非普通住宅，采取分别核算方式将有助于普通住宅项目单独享受税收优惠政策

D. 随同土地使用权、地上建筑物及其附着物一并转移所有权的其他物质的售价，需要计入“收入”总额

5. 企业在销售成套消费品时，可以考虑在（　　）环节组装成套，以降低税负。

A. 出厂环节　　B. 零售环节　　C. 出口环节　　D. 生产环节

二、多项选择题

1. 在计算转让旧房的土地增值税时，以下可作为扣除项目的有（　　）。

A. 房屋及建筑物的评估价格

B. 取得土地使用权支付的地价款和按国家规定缴纳的有关费用

C. 房地产开发成本

D. 房地产开发费用

2. 关于“以旧换新”的说法中，正确的是（　　）。

A. 在经济性质上，这种促销手段属于价格折扣，但其折扣有一定前提条件

B. 增值税方面，企业采用以旧换新的手段销售商品的，应该按照新商品的价格，以商品抵扣前的价格计税，同时，可以用所收取的旧货所取得的增值税专用发票来抵扣进项税额

C. 以旧换新的税收筹划，主要体现为企业所得税的筹划

D. 以旧换新销售货物和有偿的进行旧物回收是两种不同的业务

3. 下列说法中，错误的是（　　）。

A. 商业折扣又称销售折扣

B. 现金折扣是指债权人为鼓励债务人在规定的期限内付款，而向债务人提供的债务扣除

C. 现金折扣发生在销售货物之后，本身不属于销售行为本身，而是一种融资性质的理财费用

D. 现金折扣可以从销售额中减除，依据销售净额计算纳税

4. 按消费税的规定，下列情形的应税消费品，以纳税人同类应税消费品的最高销售价格作为计税依据计算消费税的有（　　）。

A. 用于抵债的应税消费品　　B. 用于赠送他人的应税消费品

C. 用于发放职工福利的应税消费品　　D. 用于换取生产资料的应税消费品

5. 某企业生产的某系列化妆用品，用于下列（　　）用途时应征收消费税。

A. 促销活动中赠送品　　B. 本企业职工运动会奖品

C. 加工生产其他系列化妆用品　　D. 电视广告的样品

三、计算题

1. 某化妆品公司新研制出一款高档化妆水，为促进该新产品的销售，公司把几种销路比较好的产品和该款化妆水组套销售，其中包括：售价 80 元的面霜、售价 50 元的睫毛膏、售价 60 元的唇彩以及售价 800 元的新化妆水，包装盒费用为 30 元，另附赠一盒售价为 50 元的面膜。该套化妆品销售定价为 1 000 元。（以上均为不含税价款，根据现行消费税税法规定，高档化妆品的税率为 15%，护肤护发品免征消费税）。计算分析该公司应如何进行消费税的筹划？

2. 2017 年 1 月，出于高档手表生产需要，国内某手表生产企业进口手表零件 5 000 只，海关审定的完税价格为 0.5 万元/只，关税税率为 30%。当月该企业手表生产过程中，该批进口手表零件领用了全部数量的 80%。当月销售零售价（不含税）为 1.8 万元的手表 3 000 只。已知高档手表消费税税率为 20%，试计算 2017 年 1 月该手表生产企业国内销售环节应纳的增值税和消费税税额。

四、实训题

1. 某礼花厂 2016 年 12 月发生以下业务：

（1）月初库存外购已税礼炮的金额为 24 000 元，当月购进已税礼炮 600 箱，增值税专用发票上注明的每箱购进金额为 600 元。月末库存外购已税礼炮的金额为 16 000 元，其余为当月生产领用。

（2）当月生产 A 类礼炮 240 箱，销售给具有关联性质的甲商贸公司 200 箱，每箱不含税销售价格为 800 元，该类礼炮每箱不含税销售市价为 1 700 元。

（3）当月生产 B 类礼炮 400 箱，将 300 箱换取火药厂的火药，双方按易货价格开具了增值税专用发票；剩余的 100 箱作为职工福利发给员工。（已知礼炮的消费税税率为 15%）。

要求：根据上述资料，分析并计算：

（1）以上材料中哪些交易事项需缴纳增值税和消费税？

（2）计算该月礼花厂应缴纳的消费税税额。

（3）计算该月礼花厂应缴纳的增值税税额。

2. 某化妆品有限公司为增值税一般纳税人，2017 年 3 月发生以下业务。

（1）3 月初，该公司采取委托加工方式，将库存成本为 30 万元的原材料发往甲加工厂（处于工业区内），委托其加工散装 B 型高档化妆品，当月收回 B 型化妆品成品，收到增值税专用发票上注明的加工费 10 万元，并由甲加工厂代收代缴了相关税金（甲加工厂无同类化妆品）。收回后该公司将全部散装化妆品分装成精品套装，加价后准备将套装化妆品对外销售。

（2）从国外进口 A 型高档化妆品一批，货物成交价为 200 万元，进口前发生运输保险费及相关费用 4 万元；货物进口后发生不含税运输费用 2 万元，已取得货运增值税专用发票。

请回答：

（1）从税收筹划角度分析，该公司将散装化妆品组成套装的时点是否合理，并阐明理由；

（2）计算该公司当月应缴纳的增值税和消费税税。

五、拓展阅读指南

税收分析家网站

第十一章　企业会计核算中的税收筹划

【学习目标】

了解金融资产的会计核算方式对企业所得税的影响；掌握非现金销售中的纳税问题，如增值税“视同销售”行为等；掌握卷烟厂的消费税筹划；理解小型微利企业专享优惠政策的税收筹划；熟悉企业所得税税率突变年度的税收筹划；了解预缴所得税问题；熟悉折旧费用的税收筹划；掌握企业所得税费用扣除标准的相关筹划以及利息扣除标准与土地增值税筹划。

引导案例

甲化妆品生产厂（以下简称甲厂）现需将一批高档化妆品原材料加工成成品销售，可选择的加工方式有以下三种。

（1）部分工序委托加工方式（委托方对委托加工的应税消费品收回后，继续加工成另一种应税消费品）。甲厂委托乙厂将一批价值 360 万元的应税化妆品原料加工成半成品，协议规定加工费 160 万元（假设乙厂没有同类产品）。甲厂将加工后的半成品收回后继续加工成化妆品成品，加工成本费用合计 145.5 万元，该批成品售价（不含增值税）1 200 万元（该应税化妆品的消费税税率为 30%）。

（2）完全委托加工方式（委托加工的应税消费品收回后直接对外销售）。假设甲厂委托乙厂将该批原料加工成化妆品成品，原料价格仍为 360 万元，支付乙厂加工费为 320 万元；甲厂收回后直接对外销售，售价仍为 1 200 万元。

（3）完全自行加工方式。甲厂将购入的价值为 360 万元的原料自行加工成化妆品成品，加工费共计 340 万元，售价仍为 1 200 万元。

启发思考

不同加工方式的税务处理也不同。分析上述案例中，哪种加工方式税负最低，利润最大？

第一节　金融资产的会计核算方式对企业所得税的影响

无论是对于资产、负债还是所有者权益，不同的会计核算方式下，其账面价值可能会产生差异——在此基础上，企业的利润和应纳税所得额也难免受到影响。比较典型的情况，就是金融资产的会计核算方式对企业所得税的影响。

一、金融资产的会计核算方式

我国企业金融资产的会计核算，主要依据是财政部 2006 年发布的《企业会计准则第 22

号——金融工具确认和计量》(财会[2006]3 号),以下简称 CAS22。

(一)金融资产的分类

CAS22 第二章中,将初始确认时的金融资产,按照“持有目的”(交易意图)划分为四类:一是“以公允价值计量且其变动计入当期损益的金融资产”,包括交易性金融资产和指定为以公允价值计量且其变动计入当期损益的金融资产(概括为交易类金融资产);二是“持有至到期投资”;三是“贷款和应收款项”;四是“可供出售的金融资产”。

(二)金融工具的会计计量

金融工具会计计量的相关规定,主要在 CAS22 第四章。

1. 初始计量相同

对于金融工具的会计计量,初始计量时均应当按照公允价值计量。

2. 公允价值变动时的区别

但如果在资产负债表日,相关金融资产的公允价值发生了变动,那么不同种类的金融资产,其会计处理方式是不同的。

对于第一类金融资产(即“以公允价值计量且其变动计入当期损益的金融资产”),其公允价值变动形成的利得或损失,应当计入当期损益。

而对于第四类金融资产(即“可供出售金融资产”),其公允价值变动形成的利得或损失,除减值损失和外币货币性金融资产形成的汇兑差额外,应当直接计入所有者权益。日后当该金融资产终止确认时,从所有者权益项目转出,计入当期损益。

(三)会计核算方式对企业利润和所得税的影响

对于公允价值变动的不同计量方式,最直接的影响,是企业是否需要在资产负债表日将有关资产的价值变动计入当期损益:同样的金融资产,如 K 公司的股票,如果在 A 公司被认定为第一类金融资产,其股价波动就会被计入当期损益;而如果在 B 公司被认定为“可供出售金融资产”,其股价波动仅会对所有者权益产生影响,而不会对当期损益带来冲击。

可见,金融资产会计核算方式对企业利润的影响,是按照图 11.1 所示的路径传导。

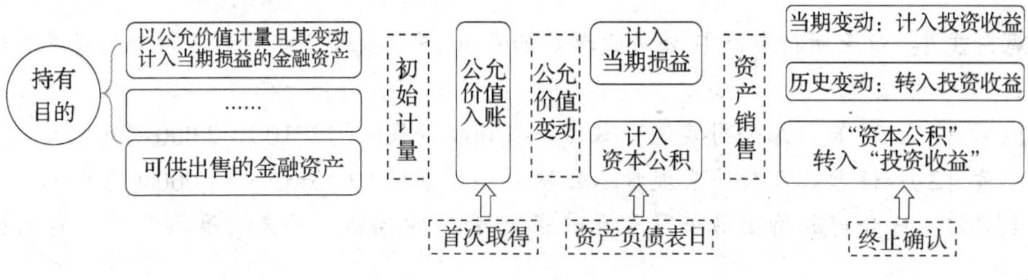

图 11.1 金融资产会计核算方式对企业利润的影响路径

从图 11.1 中可以发现,不同种类金融资产的会计计量,在首次取得时,都是按公允价值入账;在终止确认时,都会将价值变化计入“投资收益”——其区别只是在于,在金融资产的持有期间内,每个资产负债表日的时候,对当期的公允价值变化,应该如何计量:有的计入当期损益,并由此对当期的所得税产生影响;有的计入资本公积,因此不会影响当期的企业利润以及所得税义务。

当然,这种区别只是一种时间性差异:当资产最终被销售或转让时,其投资收益的总额是相等的。只是纳税时间的早晚不同而已。

二、会计核算方式的税收筹划策略

如果希望从图 11.1 中找出更多的不同，可能就会发现，从根本上讲，是企业对相关金融资产“持有目的”的不同，导致了以上会计计量方式，乃至各年度所得税的区别。换言之，企业各年度纳税义务的不同，从根本上讲，取决于企业持有金融资产的目的：如果是为了长期持有，那么相关资产的价值变动就不会影响当期损益，以及所得税纳税义务；但如果是出于短期目的，如近期内会进行出售、回购，那么这项金融资产的价值变动，就会对当期损益和所得税义务产生直接影响。简言之，“持有目的”影响了“当期损益”。

在这样的会计制度下，税收筹划的策略就变得比较清晰：如果希望将金融资产的价值变动计入当期损益，就按照短期资产进行管理；反之，如果不希望将金融资产的价值变动计入当期损益，也许是为了递延纳税，就可以按照长期资产进行管理。

三、会计核算方式税收筹划的衍生效应：对股票市值的影响

从前述分析可知，运用金融资产的不同会计核算方式，可以对企业的年度盈利水平产生影响。对上市公司而言，其年度盈利水平对市场信心和股票价格的影响，可能比所得税负担的轻重，更加受到董事会和市场的关注。因此，对于金融资产会计核算方式的选择，也可以应用于上市公司的全面战略当中。

例如，将相关金融资产按照“可供出售的金融资产”进行核算，其价值变动在会计期末被计入资本公积，就相当于掌握了控制企业盈利水平的弹性空间：假设企业所持有的金融资产是其他上市公司的股票，且该股票的市场价值稳定上升。当企业自身经营项目的盈利状况比较乐观时，股票资产的增值计入资本公积，不影响当期利润水平；当企业盈利水平低于预期，对市场信心带来负面冲击时，出售这些金融资产，就可以迅速提高本企业的盈利水平，进而实现重塑市场信心、稳定公司股价的目的。

【实例 11.1】A、B 均为上市公司，A 公司 2011 年 12 月 31 日购入 B 公司股票 1 000 万股，市场价值为 10 元/股，2012 年 12 月 31 日上升至 12 元/股，2013 年 12 月 31 日又进一步上升为 13 元/股。

核算方式 1：对于所持有的 B 公司股票，如果 A 公司按照“可供出售的金融资产”进行核算，那么：

2012 年 12 月 31 日，A 公司实现资本公积=1 000 万股×（12−10）=2 000（万元）

2013 年 12 月 31 日，A 公司实现资本公积=1 000 万股×（13−12）=1 000（万元）

截至此时，B 公司股价上涨并没有反映在 A 公司的损益，而是“暂存”在“资本公积”当中。

假设 2013 年 A 公司市场销售不佳，欲通过在市场中出售 500 万股 B 公司股票，提升企业盈利水平。这时，A 公司需要将相应的资本公积，转入“投资收益”。

A 公司投资收益=500 万股×（13−10）=1 500（万元）

在出售 500 万股 B 公司股票后，A 公司的年度盈利水平提高了 1 500 万元，有效地缓解了本年度销售下滑对企业盈利水平带来的冲击，通过稳定盈利水平，稳定了市场信心和本公司股票的市场价格。

核算方式 2：对于所持有的 B 公司股票，如果 A 公司按照“以公允价值计量且其变动计入当期损益的金融资产”进行核算，那么：

2012 年 12 月 31 日，A 公司实现盈利=1 000 万股×（12-10）=2 000（万元）

以上 2 000 万元盈利，将被反映在 A 公司 2012 年度的会计报告当中，构成 A 公司 2012 年盈利的一部分。即使 A 公司在 2012 年的主营业务盈利水平很高，也必须加入这 2 000 万元盈利。

2013 年 12 月 31 日，A 公司实现盈利=1 000 万股×（13-12）=1 000（万元）

以上 1 000 万元盈利，将被反映在 A 公司 2013 年度的会计报告当中，构成 A 公司 2013 年盈利的一部分。

仍旧假设 2013 年 A 公司市场销售不佳。但这时 A 企业无法通过在市场中出售 B 公司股票而提升 A 企业当年度盈利水平——B 公司股票（即金融资产）的增值，必须按照会计制度的要求，在每一个会计年度结束时，计入 A 公司的当期损益。A 公司无法实现弹性盈利的目标。

第二节　关注非现金销售中的纳税制度

一、关注增值税“视同销售”行为，避免额外税收负担

为保证增值税税款抵扣制度的连续性，我国《增值税暂行条例实施细则》规定了几种视同销售行为，属于增值税应税范围。

（1）将货物交由其他单位或者个人代销，以及代销他人的货物；

（2）设有两个以上机构并实行统一核算的纳税人，将货物从一个机构移送其他机构用于销售，但相关机构设在同一县（市）的除外；

（3）将自产或者委托加工的货物，用于非增值税应税项目、集体福利或者个人消费；

（4）将自产、委托加工或者购进的货物，用于以下用途：作为投资，提供给其他单位或者个体工商户；分配给股东或者投资者；无偿赠送其他单位或者个人。

增值税一般纳税人应充分了解这些视同销售行为，避免增加不必要的支出。比如，当企业将自产、委托加工或购买的货物作为对其他单位的投资时，由于企业应就该项投资缴纳增值税，因此投资金额应按照货物的含税价格计算；如果将以上货物无偿赠送给购货方时，也要考虑相应的增值税支出。了解以上规定，不仅可以帮助纳税人更加准确地核算生产经营活动的有关成本，更可以防止纳税人因少缴了税款而受到税务机关的处罚。

二、“以物易物”时应关注消费税负担

根据“国税发[1993]156 号”文件规定，纳税人用于换取生产资料和消费资料，投资入股和抵偿债务等方面的应税消费品，应当以纳税人同类应税消费品的最高销售价格作为计税依据计算消费税。在以下的分析中，姑且将以上经营行为通称为“以物易物”。以上规定显然更多地考虑了防止国家税收流失的问题，却很容易导致企业税收负担的增加。

现实中，许多企业在进行以上“以物易物”交易中，双方协商的基础是相关商品现实的市场价格，当某一方商品的历史价格呈下降趋势时，就很容易发生计税基础偏高的问题。例如新款汽车的售价通常比较高，电子产品的市场价格也通常呈下降趋势。如果以物易物交易中包含了价格已经下降的商品，这时再按照最高销售价格计算缴纳消费税，显然对纳税人有失公平。

【实例 11.2】某汽车制造厂以 10 辆自产 A 型小汽车换取某钢铁厂生产的钢板 600 吨，钢材的市场售价为 3 000 元/吨。该汽车厂生产的 A 型小汽车对外销售单价分为 20 万元、18 万元和 16 万元。该小汽车适用 9%的消费税税率。

按照我国现行税法的要求，该汽车制造厂用于换取生产资料的产品，即 A 型小汽车，应按其最高销售价格作为计算依据计算缴纳消费税。因此，该汽车制造厂应按 20 万元单价计税，即：

应纳消费税=10×20×9%=18（万元）

筹划操作：该汽车制造厂完全可以通过一个简单的操作实现税收筹划：首先与钢铁厂签订一份销售小汽车的合同，然后再与钢铁厂签订一份购买钢板的合同，且使两份合同的金额相等，形成形式上的一购一销，然后按双方约定的价格进行双向的资金划拨。比如，经计算，两企业前述以物易物交易的市场价值为 180 万元，那么两企业可以一方面签订一份价值 180 万元的小汽车购销合同，另一方面签订一份价值 180 万元的钢板购销合同。然后双方各自向对方划转 180 万元的资金，使每一份合同都形成事实上的履约。

筹划结果：该方案实施后，汽车制造厂就可以按照 180 万元的销售额缴纳消费税，这样：

应纳消费税=180×9%=16.2（万元）

比筹划前降低了 1.8 万元消费税纳税义务。

特别提示

在某些特殊情况下，汽车制造厂还可能更多地节省税款。比如，在钢材市场价格波动较大的情况下，每吨钢板的市场售价可能会低于 3 000 元/吨，这时，汽车厂可以与钢材厂协商，将合同的价值适当降低，比如降低到按照 A 型小汽车的最低销售价格计算的合同金额，即 160 万元。这样，合同金额又降低了 20 万元，汽车制造厂就可以在前面筹划方案的基础上再节省 1.8 万元（即 20 万元×9%）的消费税。

但这里纳税人还需要注意两个问题：

一是切不可贪图小利而将合同金额定得过低。当合同金额没有正当理由而过低时，税务机关就可以对计税金额做出纳税调整。这样企业不仅要按照较高的价格重新计算应纳税款，而且还可能被认定为偷税，承担名誉和经济上的双重损失。

二是双方签订的一购一销两个合同必须形成事实上的履约，即存在相应的资金周转，否则双方的交易仍可能被认定为“以物易物”交易，按照应税消费品的最高销售价格计算应纳消费税。

特别提示

在上面的案例中，税收筹划方案只是给汽车制造厂带来了节约税款的效果，而对钢材厂来讲，由于不需要缴纳消费税，只是使交易过程变得更加烦琐，而没有带来任何经济利益。从汽车制造厂的角度讲，为了使税收筹划方案得以实施，可以在一定程度上让对方分享自己税收筹划的收益，如打折销售自己的产品等，以获得对方的配合。

三、“组成计税价格”中的税收筹划

在一些特殊情况下纳税人虽然发生了消费税的应税行为，但却没有相应的交易价格，或交易价格不能被直接用做计税的依据，如纳税人自产自用应税消费品、委托加工应税消费品、进口应税消费品等。这时，组成计税价格的高低，将直接影响纳税义务。

（一）自产自用应税消费品

在消费税应税产品的生产厂家，自产自用应税消费品是很常见的现象。其中，纳税人自产自用的应税消费品，用于连续生产应税消费品的，不纳税；用于其他方面的，于移送使用时纳税。这时，计税的基础就是组成计税价格。根据我国《消费税暂行条例》，实行从价定率办法计算纳税的组成计税价格计算公式为：

组成计税价格=（成本+利润）÷（1-比例税率）

实行复合计税办法计算纳税的组成计税价格计算公式为：

组成计税价格=（成本+利润+自产自用数量×定额税率）÷（1-比例税率）

其中，“利润”由国家税务总局 1991 年 12 月 28 日颁发的财税[2006]33 号文中确定的应税消费品全国平均成本利润率确定①。

可见，当企业运用组成计税价格公式时，无论是从价定率还是复合计税，“成本”都是决定组成计税价格的唯一关键因素——而“成本”是企业自身财务核算的结果。因此，只要企业在会计核算过程中，在制度允许的范围内，尽量不多计该产品相关的成本，尤其是费用项目，就可以有效降低该产成品的组成计税价格。

【实例 11.3】某卷烟厂春节期间特制了 200 万支甲类卷烟，发放给本企业职工。月底企业将本月发生的成本平均结转到本月全部产品。按企业原核算结果，该批卷烟的产成品账面成本为 50 万元，据此，企业应缴消费税为：

组成计税价格=[50×（1+10%）+200×0.003]÷（1-45%）=101.09（万元）

应纳消费税=101.09×45%+200×0.003=46.09（万元）

筹划剖析：如果企业在进行税收筹划的过程中发现，这批产品中有 10 万元的加班费。而实际上企业加班主要是为了完成一笔在本月 10 日之前必须交货的订单，与这批特制的甲类卷烟并没有直接联系，但却被平均分摊到了本月的全部产品中。也就是说，这批卷烟的实际成本，应该是 40 万元。

筹划操作：剥离不必要成本，降低组成计税价格。

筹划结果：以 40 万元成本为基础，企业财务人员重新核算企业应就这批自产自用卷烟应缴纳的消费税：

组成计税价格=[40×（1+10%）+200×0.003]÷（1-45%）=81.09（万元）

应纳消费税=81.09×45%+200×0.003=37.09（万元）

与筹划前相比，企业减少了 9 万元（即 46.09 万元-37.09 万元）的税收负担。

特别提示

该纳税人将这 10 万元的人工成本计入前述订单的产品中，并不会增加该批产品的应纳消费税。因为该批产品实现销售后，计算应纳消费税的基础，是其实际的出厂价格。生产成本的增加，不会影响消费税的金额。

（二）委托加工应税消费品

企业、事业单位或个人由于设备、技术、人力等方面的局限，或其他方面的原因，常常要委

① 以上平均成本利润率为：（1）甲类卷烟 10%；（2）乙类卷烟 5%；（3）雪茄烟 5%；（4）烟丝 5%；（5）粮食白酒 10%；（6）薯类白酒 5%；（7）其他酒 5%；（8）酒精 5%；（9）化妆品 5%；（10）鞭炮、焰火 5%；（11）贵重首饰及珠宝玉石 6%；（12）高尔夫球及球具 10%；（13）高档手表 20%；（14）游艇 10%；（15）木制一次性筷子 5%；（16）实木地板 5%；（17）汽车轮胎 5%；（18）摩托车 6%；（19）乘用车 8%；（20）中轻型商用客车 5%。

托其他单位代为加工应税消费品。而委托加工的应税消费品，应由受托方在向委托方交货时代收代缴税款。这样，在委托加工过程中，也会涉及与前面问题类似的有关“组成计税价格”问题。根据我国《消费税暂行条例》第八条，委托加工的应税消费品，按照受托方的同类消费品的销售价格计算纳税；没有同类消费品销售价格的，按照组成计税价格计算纳税。

实行从价定率办法计算纳税的组成计税价格计算公式为：

组成计税价格=（材料成本+加工费）÷（1-比例税率）

实行复合计税办法计算纳税的组成计税价格计算公式为：

组成计税价格=（材料成本+加工费+委托加工数量×定额税率）÷（1-比例税率）

在委托加工数量不变的情况下，决定组成计税价格的就是“材料成本”和“加工费”两个因素，但由于加工费已经在加工合同中进行明确，所以这里进行税收筹划的关键就是“材料成本”。

我国《消费税暂行条例实施细则》规定，这里的“材料成本”指委托方所提供加工材料的实际成本。委托加工应税消费品的纳税人，必须在委托加工合同上如实注明（或者以其他方式提供）材料成本，凡未提供材料成本的，受托方主管税务机关有权核定其材料成本。

由于材料成本的增加将直接导致纳税人消费税的增加，因此纳税人在核算委托方材料成本时，一定要格外小心，防止将不必要的金额列入材料成本。当然，委托方也不能任意压低材料成本，否则可能被主管税务机关重新核定其价格。

《消费税暂行条例实施细则》还明确了以上“加工费”的含义，是指受托方加工应税消费品向委托方所收取的全部费用，包括代垫辅助材料的实际成本。由于加工费的多少也会直接影响企业的应纳税额，因此也应注意不要多计此项费用。

（三）进口应税消费品

进口应征消费税的消费品，应于报关进口时由海关代征消费税。由于商品进口方在报关进口时所申报的商品价值中不包含关税和消费税，而关税和消费税都是价内税，应作为商品价值的一部分，因此在商品进口环节也需要通过“组成计税价格”计算纳税人应纳消费税。这时，实行从价定率办法的组成计税价格计算公式为：

组成计税价格=（关税完税价格+关税）÷（1-消费税比例税率）

实行复合计税办法的组成计税价格计算公式为：

组成计税价格=（关税完税价格+关税+进口数量×消费税定额税率）÷（1-消费税比例税率）

其中，以上所称“关税完税价格”，是指海关核定的关税计税价格，并不包括关税，也不包括消费税。与前两种组成计税价格的分析方法类似，这里进行税收筹划的关键是确定“关税完税价格”。纳税人应注意尽量不要将不必要的金额计入关税完税价格。

第三节　卷烟厂可以针对差别税率进行消费税筹划

在消费税的各税目中，卷烟是唯一根据销售价格的不同实行差别税率的商品。我国自 1994 年实行消费税以来，卷烟的消费税税率几经调整。现行的消费税税率是由 2009 年 5 月 26 日颁布实施的《国家税务总局关于调整烟产品消费税政策的通知》（财税[2009]84 号）确定，并于 2009 年 5 月 1 日开始实施的。此后至今，甲类卷烟的税率由 45%调整为 56%；乙类卷烟的税率由30%调整为36%；雪茄烟的从价税税率，由25%调整为36%。卷烟的从量定额税率不变，即仍为0.003/支。

该通知还规定，在卷烟批发环节加征一道从价税，凡是在中华人民共和国境内从事卷烟批发业务的单位和个人，其批发销售的所有牌号规格的卷烟，均应按照其批发卷烟的销售额（不含增值税），缴纳5%的消费税。但纳税人之间销售的卷烟不缴纳消费税。该税应由卷烟批发企业在其机构所在地缴纳，总机构与分支机构不在同一地区的，由总机构申报纳税。卷烟消费税在生产和批发两个环节征收后，批发企业在计算纳税时不得扣除已含的生产环节的消费税税款。

【实例11.4】某卷烟厂生产的卷烟现调拨价格为每标准条70元（不含增值税）。某月该厂共销售该种卷烟50万条（每条200支），计3 500万元。按照以上规定，该厂应缴纳消费税：

定额税=50×200×0.003=30（万元）

比例税=3 500×56%=1 960（万元）

应纳消费税合计=30+1 960=1 990（万元）

筹划操作：如果该厂能够设法将调拨价格稍稍降低，降至70元以下，那么该厂就可以适用36%的低税率。比如，该厂设法将以上卷烟的调拨价降至每标准条69.9元。

筹划剖析：如果以上卷烟的调拨价降至每标准条69.9元，那么该厂应缴纳消费税变为：

定额税=50×200×0.003=30（万元）

比例税=50×69.9×36%=1 258.2（万元）

应纳消费税合计=30+1 258.2=1 288.2（万元）

筹划结果：进行以上的税收筹划安排之后，该企业的消费税纳税义务将大大减少，但卷烟的销售收入也有所降低。

消费税纳税义务降低=1 990−1 288.2=701.8（万元）

卷烟销售收入减少=50×0.1=5（万元）

税收筹划效益=701.8−5=696.8（万元）

第四节　小型微利企业专享优惠政策的税收筹划

对小型企业实施税收优惠是我国税法的一贯政策。其原因在于中小企业对于国民经济的重要作用。据统计，目前我国小微企业规模已近5 000万家，解决了大量的就业人口并提供了全国近三分之二的所得税，在国民经济中的支撑作用日益显著。

一、我国企业所得税制度中关于小企业适用低税率的有关规定

我国现行的企业所得税率为25%，但为了减轻众多利润水平较低的小微企业的税收负担以促进其健康发展，相关部门陆续出台了一系列针对小微企业的税收优惠政策。

（一）小微企业减按20%缴纳所得税

我国《企业所得税法》第二十八条规定：符合条件的小型微利企业，减按20%的税率征收企业所得税。《企业所得税法实施条例》对以上“小型微利企业”的认定标准进行了细化，所谓“小型微利企业”是指从事国家非限制和禁止行业，并符合下列条件的企业：（1）工业企业，年度应纳税所得额不超过30万元，从业人数不超过100人，资产总额不超过3 000万元；（2）其他企业，

年度应纳税所得额不超过30万元，从业人数不超过80人，资产总额不超过1 000万元。

根据财税[2009]69号文件，其中“从业人员”，是指与企业建立劳动关系的职工人数和企业接受的劳务派遣用工人数之和。从业人数和资产总额指标，按企业全年月平均值确定。即：

月平均值=（月初值+月末值）÷2

全年月平均值=全年各月平均值之和÷12

年度中间开业或者终止经营活动的，以其实际经营期作为一个纳税年度，确定上述相关指标。

【实例11.5】某工业企业从业人数为80人，资产总额为3 050万元。预计2016年应纳税所得额为25万元。

企业应缴纳企业所得税=25×25%=6.25（万元）

筹划剖析：该企业规模不大，按照我国《企业所得税法》中对于小型微利企业的认定标准，该企业的从业人数和应纳税所得额均符合相关标准，只有资产总额超过小型微利企业所需条件50万元，且仅占其资产总额1/7的比例。如果该企业可以通过进行资产的减值测试、整顿清查、资产提前报废等手段，使资产总额降低至3 000万元以内，就可以适用20%的税率。这时：

企业应缴纳企业所得税=25×20%=5（万元）

筹划操作：对企业的现有资产进行减值、处置等，使企业的资产总额降低到3 000万元以下。

筹划结果：筹划后，企业少交所得税1.25万元（即6.25万元−5万元），由此增加了1.25万元净利润。

特别提示

通过资产整顿使企业达到小型微利企业的标准并享受小型微利企业的税收优惠政策，只是实现企业效益最大化的手段之一。同时企业也要考虑保证生产经营的正常运转。

如果企业在筹划前，“从业人数”或“应纳税所得额”不符合小型微利企业的认定标准，且相差不大，企业也可以比照本例中的筹划思路，灵活进行筹划。例如，如果工业企业的从业人数为105人，就可以通过裁员5人，达到税法的相关要求。当然企业在进行裁员时，要充分考虑企业的合理运作、社会效益和相关员工的承受能力，防止负面影响。

（二）年应纳税所得额低于20万元（含）的小微企业减按10%缴纳所得税

根据《财政部、国家税务总局关于小型微利企业所得税优惠政策有关问题的通知》（财税[2015]34号），自2015年1月1日至2017年12月31日，对年应纳税所得额低于20万元（含20万元）的小型微利企业，其所得减按50%计入应纳税所得额，按20%的税率缴纳企业所得税。与原政策相比，年应纳税所得额的标准从6万元提高到20万元，扩大了优惠政策的适用范围。

【实例11.6】企业A的从业人数不超过80人，资产总额不超过1 000万元。预计其2016年全年应纳税所得约为20万元左右。试比较其全年应纳税所得为200 000元与200 001元时企业的税后收益。

筹划剖析：根据财税[2015]34号文件，当该企业2016年全年应纳税所得额为200 000元时，该企业的所得可以减按50%计入应纳税所得额，并按照20%的税率缴纳企业所得税，这时：

企业的税后利润=20×50%×（1−20%）=8（万元）

当全年应纳税所得额为200 001元时，那么就应按照20%的税率缴纳企业所得税，这时企业的税后利润总额为：

企业的税后利润=200 001×（1−20%）=16（万元）

后一种情况下企业仅增加了1元的应纳税所得额，但税后收益下降了8万元（即16万元-8万元）。

筹划操作：该企业应设法将其2016年度应纳税所得控制在20万元以内，以降低应纳税所得额。

企业运用以上政策进行税收筹划时，也应该注意相关的具体要求。

1. 适用税收优惠的主体限定

从企业的主体资格角度看，这一优惠政策，不适用于定额征收企业、非居民企业。

根据国家税务总局2014年4月18日颁布的《关于扩大小型微利企业减半征收企业所得税范围有关问题的公告》（国家税务总局公告2014年第23号）第一条规定，"符合规定条件的小型微利企业（包括采取查账征收和核定征收方式的企业），均可按照规定享受小型微利企业所得税优惠政策"。第三条进一步明确，查账征收、定率征收的小型微利企业，都可以按条件享受小型微利企业优惠政策，但"定额征税的小型微利企业，由当地主管税务机关相应调整定额后，按照原办法征收"。而此前的"财税[2009]69号"文件第八条规定，小型微利企业的优惠税率应适用于具备建账核算自身应纳税所得额条件的企业。按照《企业所得税核定征收办法》（国税发[2008]30号）缴纳企业所得税的企业，在不具备准确核算应纳税所得额条件前，暂不适用小型微利企业适用税率①。

另外《国家税务总局关于非居民企业不享受小型微利企业所得税优惠政策问题的通知》（国税函[2008]650号）明确规定，《企业所得税法》第二十八条规定的小型微利企业是指企业的全部生产经营活动产生的所得均负有我国企业所得税纳税义务的企业。因此，仅就来源于我国所得负有我国纳税义务的非居民企业，不适用该条规定的对符合条件的小型微利企业减按20%税率征收企业所得税的政策。

2. 适用税收优惠的行业限定

根据《企业所得税法实施条例》，可以适用税收优惠政策的"小型微利企业"，首先应满足的条件是"从事国家非限制和禁止行业"。

3. 适用税收优惠的程序要求

（1）审批改备案

"财税[2014]34号"文件的一个重要变化是，改革了小型微利企业税收优惠的管理方式，把"审批"改为"备案"。企业享受税收优惠后，年度终了报送年度所得税申报表时，同时将小型微利企业从业人员和资产总额情况报税务机关备案。而此前，享受优惠政策需要提前向税务机关申请，经税务机关审核批准后才能享受优惠政策。新政策促进了小型微利企业优惠的应享尽享。

备案时报送的材料也仅有两项。由于"年度应纳税所得额"数据已经包括在企业报送的年度汇算清缴申报表中，因此可以不再重复申报。小型微利企业需要备案的资料，仅为企业"从业人员"和"资产总额"。

（2）预缴与汇算清缴

"公告2014年第23号"中明确规定，符合条件的小型微利企业，在预缴所得税的时候就可以享受优惠政策，年度结束后再统一汇算清缴，多退少补。优惠前置节约了企业的流动资金，进一步提升了优惠力度。

①《企业所得税核定征收办法》第四条规定，税务机关应根据纳税人具体情况，对核定征收企业所得税的纳税人，核定应税所得率或者核定应纳所得税额。可见，核定征收包括定率征收和定额征收两种情况。根据"财税[2009]69号"文件，这两种情况的企业都不能享受小型微利企业的优惠政策；但2014年第23号公告明确规定，"本公告发布之日起，财税[2009]69号文件第八条废止"。因此，2014年及以后年度，定率征收的企业可以享受这一优惠政策，只有定额征收的企业不具有主体资格，不能享受。也就是说，2014年第23号公告扩大了小型微利企业税收优惠政策的适用范围。

即使预缴时未享受税收优惠的，也可以在年度终了汇算清缴时，统一计算享受。

同时参照“国税发[2005]129 号”的规定，纳税人享受减免税的条件发生变化的，应自发生变化之日起 15 个工作日内向税务机关报告。纳税年度终了后，主管税务机关应核实企业情况，对不符合规定条件、已经按照小型微利企业条件减免企业所得税预缴的，在年度汇算清缴时补缴企业所得税。

二、运用有关规定，实现企业税收筹划的具体选择

从【实例 11.6】中可以看出，企业应尽量避免以上税收增加超过收入增加现象的发生。但追求利润是企业经营的最主要目标。如果企业的应纳税所得额增加得足够多，能够弥补因此所增加的税收，那么对企业来讲也是有利可图的。所以下面要讨论的问题就是，在全额累进税率下，企业的应纳税所得一旦突破 30 万元，那么至少应达到多少。

【实例 11.7】假设企业 B 应纳税所得额恰好为 30 万元，目前为小型微利企业，适用 20%的企业所得税税率。该企业计划通过扩大销售来增加利润。试分析，在适用 25%税率的情况下，企业的应纳税所得额至少应达到多少，可以使企业获得更多的税收收益？

筹划剖析：如果前面的企业，其扩大销售规模后，应纳税所得额可以在 30 万元的基础上再增加 X 万元。这样在扩大销售额后，企业应按照 25%的税率缴纳企业所得税。即：

筹划后企业的税后利润总额=（30+X）×（1−25%）

而进行税收筹划前，该企业的税后利润总额为：

筹划前企业的税后利润总额=30×（1−20%）=24（万元）

要想使企业的税后利润因收入的增加而增加，就应有：

（30+X）×（1−25%）≥24

经计算可知，X≥2

筹划操作：当企业的年应纳税所得额已经达到 30 万元以后，只有当企业的应纳税所得额在 30 万元的基础上再增加 2 万元以上时，企业才可以从中获得更高的利润。也就是说，当企业的应纳税所得额在 30 万～32 万元的区间时，企业通过增加利润和减少利润都可以实现税收筹划。

特别提示

本例中讨论了企业应纳税所得额在 30 万元左右时的情况。根据“财税[2009]133 号”文件，当企业应纳税所得额在 3 万元左右时，也有类似的税收筹划思路。这时，以上的“30 万～32 万元”的区间，变为“3 万～3.2 万元”的区间。即，当企业的应纳税所得额在 3 万～3.2 万元的区间时，企业通过增加利润和减少利润也都可以实现税收筹划。

三、创造条件使企业适用较低税率的可行选择

企业通过适用较低的税率实现税收筹划，虽然在理论上讲是可行的，但在企业的实际纳税活动中，其界限却不易把握。尤其是企业的应纳税所得额是在利润总额的基础上通过纳税调整计算出来的。这时，不仅企业的生产经营活动已经完成，无法进行事先的筹划，而且企业的有关财务会计核算工作也已经完成。而企业也只有到了这时，才可以知道企业是否恰好处于不同税率级次的边缘，是否需要调整企业的应纳税所得额。那么，企业可以通过哪些途径，在以上的条件下有

效降低应纳税所得额呢？

（一）增加 12 月的有关费用

到了 12 月，企业当年的生产经营状况已经基本确定，企业基本可以预计当年的应纳税所得额。当然这里所说的“增加”并不是无中生有的增加，必须以符合税法和相关法规的有关规定为前提。比如，企业可以为管理部门购买一些办公用品，以增加当年的管理费用；或及早确认企业的一些损失项目，如流动资产盘亏损失。

这一方法的好处是，不会给企业带来额外的支出（如办公用品，即使当年不买，下一年也需要购买），企业不必过于谨慎，因此也不要求企业必须对应纳税所得额有十分准确的估计。

（二）运用捐赠

由于许多捐赠可以从企业应纳税所得额中扣除，因此这一方法的使用成本比较低。但企业也应特别注意捐赠的数量，不应超过由此带来的税收筹划效益。

对于可以全部在所得税前列支的捐赠支出[①]，我们可以进行以下分析。

【实例 11.8】某企业从业人数 80 人，资产总额 1 000 万元。其全年应纳税所得额 31.5 万元，适用 25%的企业所得税税率。

筹划剖析：假设企业可以通过捐赠 X 万元实现税后收益的增长，那么应有：

X≥31.5−30

31.5×（1−25%）≤（31.5−X）×（1−20%）

经计算可得，1.5≤X≤1.97。

筹划操作：该企业可以通过捐赠的方法进行税收筹划，捐赠额为 1.5 万～1.97 万元。

特别提示

并不是所有的企业都可以通过捐赠实现税收筹划。

假设企业的应纳税所得额是（30+Y）万元，那么企业需要捐赠其中的 Y 万元才可以适用较低的税率。要想使企业通过捐赠实现更多的税后利润，那么应有：

（30+Y）×（1−25%）≤30×（1−20%）

经计算可得，Y≤2。

因此，只有当企业预计应纳税所得额处于 30 万～32 万元的区间时，企业通过捐赠超出低税率级次的应纳税所得（应是允许从应纳税所得额中扣除的捐赠），降低税率，才可以增加企业的利润。

运用这一方法进行税收筹划时，应特别注意有关税前扣除政策。最好是选择可以全部在税前扣除的捐赠方向。对于满足一定条件才可以从应纳税所得额中扣除的捐赠，企业需要注意其使用范围与扣除比例限制。

（三）技术开发费、科技开发费和技术改造国产设备投资

这里主要包括“新产品、新技术、新工艺研究的开发费用”“资助技术开发费用”和“技术改造国产设备投资”三个项目。通过对这些项目的支出来降低企业所得税税率时，应特别注意有关的税前扣除的条件和数量，尽量选择可以尽可能多地在企业所得税前扣除的投资项目。同时有关的投资决策一定要考虑到企业的整体利益，不作对企业长远利益无助的投资。

① 新《企业所得税法》对企业公益性捐赠支出的税前扣除比例进行了调整：将内资企业和单位的捐赠税前扣除比例提高至 12%，将现行对外资企业捐赠税前扣除从无比例限制统一到 12%。

（四）资产清查

通过对企业的存货、固定资产、货币资产等各向财产进行清查，不仅可以规范企业的管理，而且当资产“缩水”时，还能够达到税收筹划的效果。

对于存货清查中记录的“待处理财产损益”，查明原因后，分别计入“管理费用”“营业外支出”或“其他应收款”等科目。当然也会发生盘盈的固定资产，大多数都是企业自制设备交付使用后，未能及时入账所造成的。这时经核准应列作企业的“营业外收入”。无论哪一种，通常会导致企业应纳税所得额降低或增加。

第五节　企业所得税税率突变的年度应注重收入和成本的确认时间

企业所得税税率突变比较典型的两种情况是：①企业进行亏损弥补的过程中；②企业享受税收优惠的情况下。这时，企业销售（营业）收入和成本费用的确认时间，即在哪个年度确认，会直接影响到企业的应纳税所得额。下面以收入确认为例，说明这一筹划思路。

《企业所得税法》第十八条规定：企业纳税年度发生的亏损，准予向以后年度结转，用以后年度的所得弥补，但结转年限最长不得超过 5 年。5 年内不论是盈利或亏损，都作为实际弥补期限计算。

按照以上规定，如果把纳税人发生亏损的年度作为第 1 年，那么企业可以用第 2～6 年的盈利弥补亏损而不必缴纳企业所得税。而如果第 2～6 年的全部盈利都不足以弥补第 1 年的亏损，那么第 7 年的盈利也不能再弥补第 1 年的亏损中未予弥补的部分。因此，如果企业在第 6 年的年底仍无法全部弥补第 1 年的亏损，就可以考虑设法在制度允许的前提下，在第 6 年增加确认一部分销售（营业）收入，或提前计算第 7 年的一部分销售（营业）收入。比如，企业可以改变有关销售合同的付款方式，争取提前收取销售收入，甚至可以通过销售折扣的方式，鼓励对方赶在年底之前付款。

【实例 11.9】某企业适用 25%的所得税税率。假设其成立后第 1～5 年应纳税所得额的情况见表 11.1。

表 11.1　企业各年度应纳税所得额　　单位：万元

年度	1	2	3	4	5
应纳税所得额	-800	100	100	150	200

第 6 年 1—11 月，该企业共实现利润 200 万元。12 月中旬，该企业洽谈了一项业务，销售收入 200 万元，预计可以实现 20 万元的利润。

筹划剖析：该企业在第 1 年发生的亏损直到第 5 年年底仍有 250 万元没有弥补，至第 6 年 11 月底，也仍有 50 万元未弥补亏损。如果该企业 12 月中旬进行的这项销售业务所创造的利润，能够在第 6 年度得到确认，就可以用于弥补该企业第 1 年度发生的亏损；如果拖延到第 7 年，就必须缴纳企业所得税。

筹划操作：该企业可以给予对方一定的现金折扣，鼓励其在年底前签约。例如，与对方商定，如果对方能够在 12 月 31 日之前签约，或向该企业交付收取货款的有关凭证，就可以给予对方企业 1%的现金折扣。

筹划结果：如果能够在 12 月 31 日之前确认这项交易，该企业这笔业务的有关经济指标为：

现金折扣=200×1%=2（万元）

销售收入=200−2=198（万元）

销售利润=20−2=18（万元）

应纳所得税=0（销售利润全部用于弥补亏损，不必缴纳所得税）

税后利润=18−0=18（万元）

但如果该业务不能在年底前进行会计确认，那么有关利润只能计入第 7 年。由于第 7 年产生的利润已经不能弥补第 1 年产生的亏损，因此有关利润应照章缴纳企业所得税。有关经济指标将变为：

销售收入=200（万元）

销售利润=20（万元）

应纳所得税=20×25%=5（万元）

税后利润=20−5=15（万元）

两种方案相比，给予对方销售折扣时，企业虽然多支出了 2 万元的折扣款，但同时更节约了 5 万元的企业所得税，并因此使企业的税后收益增加了 3 万元（即 18 万元−15 万元）。

特别提示

为了鼓励对方在年底之前付款，企业可以给予对方更大力度的优惠，但优惠幅度不能高于自身节省的税款，即 5 万元。

企业享受税收优惠时的情况与此非常类似，也应注意有关收益的确认年度。比如，企业在某年享受减半征税的优惠政策，到下一年就将恢复 25%的税率，那么企业也应在这一年的年底进行类似的税收筹划操作。

第六节　规避预提所得税实现税收筹划

我国《企业所得税法》规定，非居民企业在中国境内未设立机构、场所的，或者虽设立机构、场所但取得的所得与其所设机构、场所没有实际联系的，应当就其来源于中国境内的所得缴纳企业所得税。实际执行的税率为 10%。可见，预提所得税并不是一个独立的税种，而是从属于企业所得税。

该税的税收筹划一般是由有关的购销双方合作完成的。基本的税收筹划思路是，力求减少在中国境内没有设立机构、场所的外国企业来源于中国境内的利润（股息）、利息、租金、特许权使用费、财产转让收益等项目的所得，并通过其他方式对外国企业因此而遭受的损失予以弥补。

【实例 11.10】外国企业 A 向我国境内企业 B 销售一条加工服装的流水线。合同约定，B 企业每年可以使用 A 企业服装的品牌生产 20 万件服装，其中 10 万件服装按照每件 100 元的价格销售给 A 企业，另外 10 万件服装用于内销，并向 A 企业支付每年 100 万元的商标使用费。按照我国《企业所得税法》的规定，A 企业应就商标使用权所得向中国缴纳预提所得税，并由 B 企业代扣代缴，税额为每年 10 万元（即 100 万元×10%）。结果是，A 企业每年收购服装需支付 1 000 万元价款，同时每年还取得商标使用权所得 100 万元，并需要向中国缴纳预提所得税 10

万元，总共支出 910 万元。而 B 企业每年可以取得销售服装收入 1 000 万元，并支付商标使用权费用 100 万元，共计收入 900 万元。上述过程如图 11.2 所示。

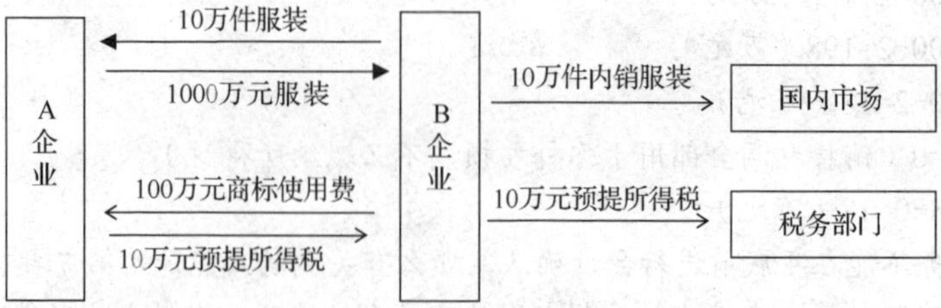

图 11.2　预提所得税的产生

筹划操作：A 企业可以不再向 B 企业收取内销服装的商标使用费，但同时将收购价格适当下浮。比如，可以约定每件服装按照 90 元的价格收购。

筹划结果：在这一筹划方案下，B 企业的收入并没有受到任何影响，仍旧为 900 万元，但 A 企业却因此而节约了预提所得税，并将总支出降低到 900 万元，比筹划前降低了 10 万元。上述过程如图 11.3 所示。

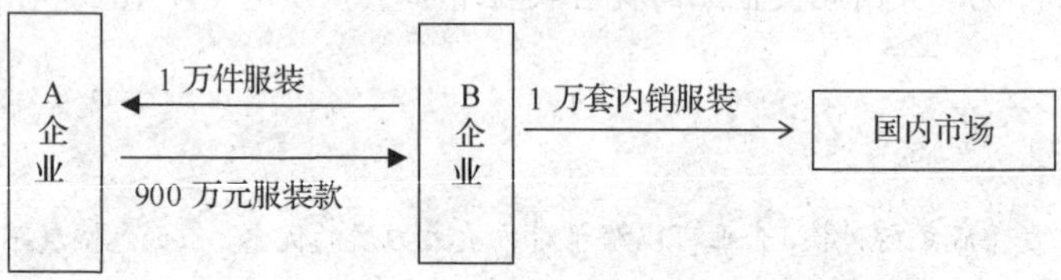

图 11.3　规避预提所得税的途径

特别提示

如果想积极争取 B 企业的配合，A 企业还可以适当提高收购价格，与 B 企业分享税收筹划的收益，当然价格浮动的区间限于每件服装 90 万～91 万元。价格过低，B 企业的收入将无端受到影响，因此不可能配合 A 企业；价格过高，A 企业的支出将超过税收筹划前的支出，没有筹划的意义。

【实例 11.11】外国公司 K 欲与我国的 C 企业设立合作企业 H。K 公司的投资中包括一项价值 500 万元的设备，同时随同设备还有一项价值 80 万元的特许权。按照我国所得税法的规定，K 公司应就 80 万元的特许权使用费收入缴纳预提所得税。

预提所得税=80×20%÷2=8（万元）

筹划操作：K 公司在与 C 企业签订合资协议时，将特许权使用费并入设备价值一并计算，即设备价值 580 万元，不单独计算特许权使用费。

筹划结果：K 企业可以不必缴纳预提所得税，相当于为 K 企业节约了 8 万元的税收支出。

第七节　利用折旧费用进行企业所得税筹划

我国《企业所得税法》第五条的规定：企业每一纳税年度的收入总额，减除不征税收入、免税收入、各项扣除以及允许弥补的以前年度亏损后的余额，为应纳税所得额。因此，在企业所得税的筹划中，成本费用的筹划是很重要的一环，而折旧是企业成本费用项目中的重要内容。

一、利用折旧费用的时间价值

（一）有关固定资产折旧方法的基本规定

所谓利用折旧费用的时间价值，就是利用缩短固定资产折旧期限，或将直线法提取折旧转换为加速折旧法等方法，力争在固定资产投入使用的早期多计折旧费用，实现延迟缴纳企业所得税的目的。

1.《企业所得税法》及其实施细则的规定

我国《企业所得税法》第三十二条规定：企业的固定资产由于技术进步等原因，确需加速折旧的，可以缩短折旧年限或者采取加速折旧的方法。因此，纳税人可以根据自身条件进行选择。

（1）加速折旧的固定资产的范围。《企业所得税法实施条例》第九十八条规定，《企业所得税法》第三十二条所称可以采取缩短折旧年限或者采取加速折旧的方法的固定资产，包括：由于技术进步，产品更新换代较快的固定资产；常年处于强震动、高腐蚀状态的固定资产。

（2）加速折旧的方法。采取缩短折旧年限方法的，最低折旧年限不得低于普通折旧年限的60%；采取加速折旧方法的，可以采取双倍余额递减法或者年数总和法。

（3）固定资产计算折旧的最低年限。《企业所得税法实施条例》第六十条规定，除国务院财政、税务主管部门另有规定外，固定资产计算折旧的最低年限如下：房屋、建筑物，为20年；飞机、火车、轮船、机器、机械和其他生产设备，为10年；与生产经营活动有关的器具、工具、家具等，为5年；飞机、火车、轮船以外的运输工具，为4年；电子设备，为3年。

2. “国税发[2009]81号”文件

《国家税务总局关于企业固定资产加速折旧所得税处理有关问题的通知》（国税发[2009]81 号）对前述条例中的制度进行了细化：

（1）符合加速折旧条件的固定资产，企业过去没有使用过与该项固定资产功能相同或类似的固定资产，但有充分的证据证明该固定资产的预计使用年限短于《企业所得税法实施条例》规定的计算折旧最低年限的，企业可根据该固定资产的预计使用年限和本通知的规定，对该固定资产采取缩短折旧年限或者加速折旧的方法。

（2）符合加速折旧条件的固定资产，企业在原有的固定资产未达到《企业所得税法实施条例》规定的最低折旧年限前，使用功能相同或类似的新固定资产替代旧固定资产的，企业可根据旧固定资产的实际使用年限和本通知的规定，对新替代的固定资产采取缩短折旧年限或者加速折旧的方法。

（3）加速折旧的固定资产，最低折旧年限一经确定，一般不得变更。

（4）加速折旧的固定资产，加速折旧方法一经确定，一般不得变更。

3. “财税[2014]75号”文件

财政部和国家税务总局于 2014 年 10 月 20 日发布《关于完善固定资产加速折旧企业所得税政策的通知》（财税[2014]75 号）文件，自 2014 年 1 月 1 日起执行如下政策：

（1）对生物药品制造业，专用设备制造业，铁路、船舶、航空航天和其他运输设备制造业，计算机、通信和其他电子设备制造业，仪器仪表制造业，信息传输、软件和信息技术服务业等 6 个行业的企业 2014 年 1 月 1 日后新购进的固定资产，可缩短折旧年限或采取加速折旧的方法。对上述6个行业的小型微利企业2014年1月1日后新购进的研发和生产经营共用的仪器、设备，单位价值不超过100万元的，允许一次性计入当期成本费用在计算应纳税所得额时扣除，不再分年度计算折旧；单位价值超过100万元的，可缩短折旧年限或采取加速折旧的方法。

（2）对所有行业企业2014年1月1日后新购进的专门用于研发的仪器、设备，单位价值不超过100万元的，允许一次性计入当期成本费用在计算应纳税所得额时扣除，不再分年度计算折旧；单位价值超过100万元的，可缩短折旧年限或采取加速折旧的方法。

（3）对所有行业企业持有的单位价值不超过5 000元的固定资产，允许一次性计入当期成本费用在计算应纳税所得额时扣除，不再分年度计算折旧。

（二）将直线法提取折旧转换为加速折旧

将直线法提取折旧转换为加速折旧，也是通过获取货币时间价值实现的企业所得税筹划。

【实例11.12】某设备价值200万元，目前按照直线法提取折旧，折旧期限为20年；如果按照加速折旧法，该固定资产可以在5年内提完全部折旧。假设两种方案下该固定资产各年的折旧费用如表11.2所示。

表11.2 两种方案下固定资产各年的折旧费用 单位：万元

年度	1	2	3	4	5	6～20	合计
直线法折旧费用	10	10	10	10	10	每年10	200
加速折旧法折旧费用	60	50	40	30	20	0	200

筹划剖析：

① 当采用直线法提取折旧时，全部折旧的现值为：

100 000×8.514[①]=851 400（元）

②当采用加速折旧法提取折旧时，全部折旧的现值为：

600 000×0.909+500 000×0.826+400 000×0.751+300 000×0.683+200 000×0.621

=1 587 900（元）[②]

按照前文的分析，加速折旧法可以在未来为企业减少736 500元（即1 587 900元-851 400元）的应纳税所得额。

筹划结果：在25%的税率下，以上加速折旧方法可以为企业降低184 125元（即736 500万元×25%）的企业所得税。

（三）缩短固定资产折旧期限

在直线折旧法下，如果企业可以在制度允许的前提下将1 000万元固定资产的折旧期限从20年缩短为10年[③]，就可以近似地认为，该企业将500万元的折旧费用提前列支了10年[④]，导致该企业相应的企业所得税向后顺延了10年。其货币时间价值，取决于市场利率。

【实例11.13】假设市场年利率水平是10%。某企业固定资产原值1 000万元，按照直线法提取折旧，折旧期限为20年。为方便起见，这里假设该固定资产残值为零。

当折旧期限为20年时，每年提取的折旧为50万元，其全部折旧的现值为：

50×8.514=425.7（万元）

筹划剖析：如果将折旧期限缩短为10年，则每年提取的折旧为100万元，其全部折旧的现

① 此处的8.514是年利率10%时，第20年的年金现值系数。

② 此处的0.909、0.826、0.751、0.683和0.621分别是年利率10%时，第1～5年的复利现值系数。

③ 方便起见，这里暂时不考虑《企业所得税法实施条例》中“最低折旧年限不得低于……规定的折旧年限的60%”的规定。

④ 即第11年的折旧提前到第1年提取，第12年的折旧提前到第2年提取……以后各年依此类推。

值为：

100×6.145①=614.5（万元）

两者比较，后者折旧的现值多 188.8 万元。这也就意味着应纳税所得额的现值少 188.8 万元。

筹划结果：当企业所得税税率为 25%时，对于价值 1 000 万元的固定资产来说，缩短 10 年的折旧期限，可以为企业实现节税 47.2 万元（即 188.8 万元×25%）。

二、慎用加速折旧法的情况

以上方法固然能为企业带来货币时间价值，但是当企业可以在一定期限内享受税收优惠时，应慎用加速折旧和缩短折旧期限等筹划方法。

《企业所得税法实施条例》第八十七条规定，企业从事国家重点扶持的公共基础设施项目的投资经营的所得，自项目取得第一笔生产经营收入所属纳税年度起，第一年至第三年免征企业所得税，第四年至第六年减半征收企业所得税。第八十八条规定，企业从事符合条件的环境保护、节能节水项目的所得，自项目取得第一笔生产经营收入所属纳税年度起，第一年至第三年免征企业所得税，第四年至第六年减半征收企业所得税。当企业可以享受这类定期减免的税收优惠时，要综合考虑税收优惠与固定资产折旧的时间价值，合理选择企业适用的减免税政策。

【实例 11.14】假设【实例 11.12】中的企业为从事符合条件的环境保护、节能节水项目，如果不扣减折旧费用，每年可以实现 110 万元的应纳税所得额。假设企业的折旧费用如表 11.3 所示。

表 11.3 采用加速折旧法企业每年应纳税所得额、应纳税额以及税后所得 金额单位：万元

年度	1	2	3	4	5	6	7～20	合计
折旧费用	60	50	40	30	20	0	每年 0	200
应纳税所得额	50	60	70	80	90	110	每年 110	2 000
税率	0	0	0	12.5%	12.5%	12.5%	25%	—
应纳税额	0	0	0	10	11.25	13.75	每年 27.5	420
税后所得	50	60	70	70	78.75	96.25	每年 82.5	1 580

企业每年的应纳税所得额、应纳税额以及税后所得为：

当年息为 10%时，该企业 20 年中全部税后所得的现值等于：

50×0.909+60×0.826+70×0.751+70×0.683+78.75×0.621

+96.25×0.565+82.5×7.367×0.513

=610.5②（万元）

筹划剖析：本例中纳税人享受“免三减三”的所得税优惠，而企业实际享受税收优惠的年度恰恰是企业折旧费用很高的年度。但当企业税收优惠期满，需要正常纳税时，企业的折旧费用反而很少。

筹划操作：如果按照直线法提取折旧，在 20 年期间内，企业每年提取 1 万元的折旧费用。

企业每年的应纳税所得额=110−10=100（万元）

每年的折旧费用、应纳税所得额、应纳税额以及税后所得见表 11.4。

① 此处的 6.145 是年利率 10%时，第 10 年的年金现值系数。

② 算式中，0.909、0.826、0.751、0.683、0.621、0.565 和 0.513 分别是年利率 10%时，第 1～7 年的复利现值系数；7.367 是年利率 10%时，14 年的年金现值系数。

表 11.4　采用直线法每年的折旧费用、应纳税所得额、应纳税额以及税后所得　　单位：万元

年度	1～3	4～6	7～20	合计
折旧费用	每年 10	每年 10	每年 10	200
应纳税所得额	每年 100	每年 100	每年 100	2 000
税率	0	12.5%	25%	—
应纳税额	每年 0	每年 12.5	每年 25	387.5
税后所得	每年 10	每年 87.5	每年 75	1 612.5

假设市场利率仍为年息 10%。当考虑货币的时间价值时，该企业 20 年全部税后所得的现值为：

100×1.736+87.5×2.487×0.826+75×7.606×0.621=707.6[①]（万元）

筹划结果：企业 20 年中全部税后所得的现值，在直线法下比加速折旧法多了 97.1 万元（即 707.6 万元-610.5 万元）。

特别提示

本案例并不说明享受税收优惠的企业提取加速折旧就一定会多纳税；关键要避免在企业享受税收优惠的年度提取过高的折旧费用。反之，如果企业能够在享受税收优惠的年度缩减折旧费用（如本例中企业享受税收优惠的年度从第 1 年开始，变为从第 7 年开始），还可以起到更好的税收筹划效果。

第八节　用足费用扣除标准进行企业所得税筹划

一、借款利息支出

无论是按照企业财务会计制度，还是税收制度，企业的借款利息都是可以在所得税前扣除的。但税法与会计制度的区别在于，其利息费用的税前列支有严格的范围和标准。纳税人应严格按照税法规定的范围和幅度在税前列支利息费用，否则就可能触犯法律构成违法行为。具体来讲，纳税人可以在所得税前作为费用列支的利息费用主要包括以下几方面：

（1）纳税人在生产经营期间向金融机构的借款利息支出，按照实际发生数扣除；向非金融机构借款的利息支出，按照不高于金融机构同类、同期贷款利率计算的数额以内的部分，准予扣除。但建造、购进的固定资产在尚未竣工决算投产前的利息，应全部计入该项固定资产原值，不得扣除。

（2）纳税人经批准集资的利息支出，凡不高于金融机构同类、同期贷款利率的部分，允许扣除；超过部分不得扣除。

（3）从事房地产开发业务的纳税人，为开发房地产而借入资金，所发生的借款费用，在房地产完工之前发生的，应计入有关房地产的开发成本。

（4）纳税人从关联方取得的借款金额超过其注册资本 50%的，超过部分的利息支出，不得在

① 算式中，1.736、2.487 和 7.367 分别是年利率 10%时，第 2 年、第 3 年和第 14 年的年金现值系数；0.826、0.621、0.565 和 0.513 分别是年利率 10%时，第 2 年、第 5 年、第 6 年和第 7 年的复利现值系数。

税前扣除。

纳税人可以在以上规定的范围内，尽可能多地列支有关利息费用，以减少企业的应纳税所得额。但超标准、超范围的费用，一律不能扣除。

二、工资、薪金支出及相关费用

充分列支工资薪金支出，也是企业有效降低税收负担的重要途径。现行有关规定如下，企业应在政策限度内充分列支。

（一）工资薪金支出据实扣除

企业发生的合理的工资、薪金支出，准予扣除。这里所说扣除是指据实扣除；所称工资薪金，是指企业每一纳税年度支付给在本企业任职或者受雇的员工的所有现金形式或者非现金形式的劳动报酬，包括基本工资、奖金、津贴、补贴、年终加薪、加班工资，以及与员工任职或者受雇有关的其他支出。

（二）对于职工福利费、工会经费、职工教育经费税前扣除的规定

对于职工福利费、工会经费、职工教育经费税前扣除问题，2008 年之后的企业所得税法有所变化。

原内资所得税法在扣除标准方面规定，对企业的职工福利费、工会经费、职工教育经费支出分别按照计税工资总额的 14%、2%和 1.5%计算扣除。新制度实施后有两大变化：一是由于计税工资已经放开，其作为扣除基准的“计税工资”已改为“工资薪金总额”，扣除额也就相应提高；二是将职工教育经费的当期税前扣除标准提高到 2.5%，且对于超过标准的部分，准予在以后纳税年度结转扣除。

（三）对于社会保险费的规定

企业依照国务院有关主管部门或者省级人民政府规定的范围和标准为职工缴纳的基本养老保险费、基本医疗保险费、失业保险费、工伤保险费、生育保险费等基本社会保险费和住房公积金，准予扣除。

企业为投资者或者职工支付的补充养老保险费、补充医疗保险费，在国务院财政、税务主管部门规定的范围和标准内，准予扣除。除企业依照国家有关规定为特殊工种职工支付的人身安全保险费和国务院财政、税务主管部门规定可以扣除的其他商业保险费外，企业为投资者或者职工支付的商业保险费，不得扣除。

企业要做好职工的福利方案，各种保险配合使用，达到税收筹划的目地。

（四）安置残疾人员所支付工资的加计扣除

2008 年实施的《企业所得税法》增加了安置残疾人员所支付工资的加计扣除：企业安置残疾人员的，在按照支付给残疾职工工资据实扣除的基础上，按照支付给残疾职工工资的 100%加计扣除。残疾人员的范围适用《中华人民共和国残疾人保障法》的有关规定。可见，企业雇佣残疾人员，具有税收筹划效应。

三、业务招待费

我国《企业所得税法实施条例》第四十三条规定，企业发生的与生产经营活动有关的业务招

待费支出，按照发生额的60%扣除，但最高不得超过当年销售（营业）收入的5‰。

也就是说，任何企业的任何业务招待费，至少有40%是不允许抵扣的。因此，财务人员要严格审查业务招待费的列支范围。对于与建造固定资产有关的，应记入“在建工程”科目；对于与产品（或商品）销售有关系的，应记入“产品（商品）销售费用”科目。同时还要区分公司经费、咨询费、诉讼费、技术转让费等相似费用，防止本应计入以上项目的费用被计入业务招待费，徒增企业的应纳税所得额。

四、技术开发费、科技开发费和技术改造国产设备投资问题

（一）技术开发费

《企业所得税法》第三十条规定：企业开发新技术、新产品、新工艺发生的研究开发费用，可以在计算应纳税所得额时加计扣除。《企业所得税法实施条例》明确，研究开发费用的加计扣除，是指企业为开发新技术、新产品、新工艺发生的研究开发费用，未形成无形资产计入当期损益的，在按照规定据实扣除的基础上，按照研究开发费用的50%加计扣除；形成无形资产的，按照无形资产成本的 150%摊销。企业年度实际发生的技术开发费当年不足抵扣的部分，可在以后年度企业所得税应纳税所得额中结转抵扣，抵扣的期限最长不得超过5年。

企业可以充分利用这一费用扣除，将有关费用尽可能地列入有关管理费用科目，减少应纳税所得额，降低税收负担。

（二）资助技术开发费用

根据“财税[2001]5号”文件，自2001年1月1日起，对社会力量，包括企业单位（不包括外商投资企业和外国企业）、事业单位、社会团体、个人和个体工商户，资助非关联的科研机构和高等学校研究开发新产品、新技术、新工艺所发生的研究开发经费，经主管税务机关审核确定，其资助支出可以全额在当年度应纳税所得额中扣除。当年度应纳税所得额不足抵扣的，不得结转抵扣。

纳税人可以按照以上规定，资助相关领域的非关联科研机构或高等院校从事研究开发。与将研究经费投资于企业本身的研究部门相比，其投资同样可以在企业所得税前扣除，却更多地利用了企业外部的研究资源。

当纳税人因应纳税所得额超过一定的标准而必须适用较高的税率时，运用这一方法还可以有效地降低企业适用的税率。

五、通过计提准备金实现税收筹划

为了使企业资产的账面价值能够真实地反映资产的实际价值，同时也为了避免集中确认有关资产的价值损失给企业带来的经营风险，我国的财务会计制度允许企业对某些资产提取损失准备。在提取相应的损失准备时，并不会带来企业现金的实际支出。因此，企业应充分利用提取准备金的机会，降低企业当年应缴纳的所得税。

（一）对于坏账损失的处理，备抵法比直接冲销法更具有税收筹划效应

对于无法收回或收回可能性极小的应收账款，企业可以确认为坏账。对于坏账损失的确认，企业可以采用直接冲销法，在坏账发生时计入管理费用；也可以采用备抵法，在坏账发生之前，按照一定的标准，提取坏账准备。会计分录为：

借：资产减值损失——计提的坏账准备

贷：坏账准备

待坏账实际发生时，只需要冲销已经提取的“坏账准备”，不需要再记录成本、费用或损失。如果计提的坏账准备超过了税法允许税前扣除的金额，则应调增应纳税所得额。但在税法许可的范围内，可以不作调整。

显然，备抵法可以提前记录企业发生的坏账损失，因此可以将企业缴纳所得税的时间向后推移。

按照财务会计制度的规定，采用备抵法估计坏账损失具体有四种计算方法：应收账款余额百分比法、账龄分析法、赊销百分比法、个别认定法。

（二）会计制度与税收法规的差异

在应用以上原则通过计提坏账准备进行税收筹划时，企业应特别注意会计制度与税收制度的差异。

首先是扣除比例的差异。我国企业会计制度中，并没有对企业计提坏账准备的数额进行限定。但税法的规定是，按照年末余额法，对从事信贷、租赁行业的企业，可以根据实际需要，按照年末放款余额（不包括银行间拆借），或者年末应收账款、应收票据等应收款项的余额，计提不超过3%的坏账准备，从该年度的应纳税所得额中扣除。对信贷、租赁行业以外的其他企业，需要计提坏账准备的，需要报经税务机关批准，且不得超过末应收账款余额的 5‰。因此，纳税人超额提取的部分不允许在所得税前扣除。

其次是扣除基数的差异。企业会计制度中规定的可提取坏账准备的应收款项包括“应收账款”、“其他应收款”和“预付账款”，对于“应收票据”只有企业有确凿证据证明不能够收回或收回的可能性不大时，将其账面余额转入应收账款，计提坏账准备。

（三）保险类企业的特殊规定

《财政部、国家税务总局关于保险公司准备金支出企业所得税税前扣除有关政策问题的通知》（财税[2012]45 号）明确，自 2011 年 1 月 1 日至 2015 年 12 月 31 日期间：

（1）保险公司按下列规定缴纳的保险保障基金，准予据实税前扣除：第一，非投资型财产保险业务，不得超过保费收入的 0.8%；投资型财产保险业务，有保证收益的，不得超过业务收入的 0.08%，无保证收益的，不得超过业务收入的 0.05%。第二，有保证收益的人寿保险业务，不得超过业务收入的 0.15%；无保证收益的人寿保险业务，不得超过业务收入的 0.05%。第三，短期健康保险业务，不得超过保费收入的 0.8%；长期健康保险业务，不得超过保费收入的 0.15%。第四，非投资型意外伤害保险业务，不得超过保费收入的 0.8%；投资型意外伤害保险业务，有保证收益的，不得超过业务收入的 0.08%，无保证收益的，不得超过业务收入的 0.05%。

（2）保险公司有下列情形之一的，其缴纳的保险保障基金不得在税前扣除：第一，财产保险公司的保险保障基金余额达到公司总资产 6%的。第二，人身保险公司的保险保障基金余额达到公司总资产 1%的。

（3）保险公司按国务院财政部门的相关规定提取的未到期责任准备金、寿险责任准备金、长期健康险责任准备金、已发生已报案未决赔款准备金和已发生未报案未决赔款准备金，准予在税前扣除。

（4）保险公司实际发生的各种保险赔款、给付，应首先冲抵按规定提取的准备金，不足冲抵部分，准予在当年税前扣除。

金融保险类企业，可以围绕准备金的计提进行纳税筹划，通过在纳税早期多扣除准备金，而获得应纳税款的时间价值。

六、广告费、业务宣传费问题

（一）广告费、业务宣传费的税前扣除规定

1. 基本规定

2008 年 1 月 1 日后，我国的企业所得税对于“广告费”和“业务宣传费”不再区别对待：企业发生的符合条件的广告费和业务宣传费支出，除国务院财政、税务主管部门另有规定外，不超过当年销售（营业）收入 15%的部分，准予扣除；超过部分，准予在以后纳税年度结转扣除。

2. 特殊行业的规定

根据“财税 [2012] 48 号”文，部分行业广告费和业务宣传费支出可以适用特别的税前扣除政策，自 2011 年 1 月 1 日起至 2015 年 12 月 31 日期间：

（1）对化妆品制造、医药制造和饮料制造（不含酒类制造，下同）企业发生的广告费和业务宣传费支出，不超过当年销售（营业）收入 30%的部分，准予扣除；超过部分，准予在以后纳税年度结转扣除。

（2）对签订广告费和业务宣传费分摊协议（以下简称分摊协议）的关联企业，其中一方发生的不超过当年销售（营业）收入税前扣除限额比例内的广告费和业务宣传费支出可以在本企业扣除，也可以将其中的部分或全部按照分摊协议归集至另一方扣除。另一方在计算本企业广告费和业务宣传费支出企业所得税税前扣除限额时，可将按照上述办法归集至本企业的广告费和业务宣传费不计算在内。

（3）烟草企业的烟草广告费和业务宣传费支出，一律不得在计算应纳税所得额时扣除。

【实例 11.15】甲企业预计全年销售（营业）收入为 12 000 万元，实际发生广告费为 600 万元、业务宣传费为 400 万元、业务招待费为 200 万元，其他可税前扣除的支出（含各项成本、费用和损失等）为 8 000 万元。该企业缴纳企业所得税的情况为：

（1）广告费和业务宣传费支出的税前扣除：

扣除限额=12 000×15%=1 800（万元）

实际发生额=600+400=1 000（万元）

实际发生额<扣除限额 1 800，可据实扣除。即，

税前实际扣除额=1 000（万元）

（2）业务招待费支出的税前扣除：

扣除限额 1=12 000×5‰=60（万元）

扣除限额 2=业务招待费的 60%=200×60%=120（万元）

税前实际扣除额=60（万元）

由于业务招待费实际发生额为 200 万元，需调增应纳税所得额 140 万元（即 200 万元-60 万元）。

应交企业所得税=（12 000-600-400-200+140-8 000）×25%=735（万元）

净利润=12 000-600-400-200-8 000-735=2 065（万元）

筹划操作：对该企业的所得税纳税方案进行分析后可以发现，企业业务招待费过高，导致大量支出不能在税前列支。同时，企业广告费和业务宣传费支出较少，有 800 万元的扣除限额

没有充分利用。企业可以对这两类支出项目进行分析，在法律允许的前提下，将一部分业务招待费转化为广告费或业务宣传费，则可以实现更多的税前费用扣除。

筹划剖析：假设在法律和法规允许，且不影响企业经营的前提下，将100万元的业务招待费转化为业务宣传费。那么：

（1）广告费和业务宣传费

扣除限额=12 000×15%=1 800（万元）

实际发生额=600+（400+100）=1 100（万元）

实际发生额<扣除限额1 800，可据实扣除。即，

税前允许扣除额=1 100万元

（2）业务招待费

扣除限额1=12 000×5‰=60（万元）

扣除限额2=业务招待费的60%=（200-100）×60%=60（万元）

税前实际扣除额=60（万元）

由于业务招待费实际发生额为100万元，需调增应纳税所得额40万元（即100万元-60万元）。

应交企业所得税=[12 000-600-（400+100）-（200-100）+40-8 000]×25%=710（万元）

净利润=12 000-600-（400+100）-（200-100）-8 000-710=2 090（万元）

筹划结果：筹划后，企业少交所得税25万元（即735万元-710万元），多获净利润25万元（即2 090万元-2 065万元）。

（二）增加广告费与业务宣传费的方法

如前所述，我国现行的广告费与业务宣传费的扣除标准是企业销售（营业）收入的一定比例。如果能够通过分支机构人为“增加”企业的销售（营业）收入，企业就可以扣除更多的广告费和业务宣传费。

企业还可以将巨额的广告费用分解使用到日常的营销方面。按照税法的规定，用于单位人员的佣金支出可全额扣除；用于外聘人员的佣金，只要取得符合税法规定的凭证，可以按照营销收入的5%作税前扣除。在企业的广告费用存在巨额超标，而又不能及时在后期补扣的情况下，分解部分费用至佣金支出，招聘奖励营销业绩突出的营销员，也是一种可行的办法。

七、为中小企业提供相关服务的企业，可享受税收优惠

鼓励中小企业发展，是我国今后一段时期的重要政策内容之一。税收政策方面，也给予了相关企业更宽松的费用扣除标准。企业可以在充分了解相关政策的基础上，用足政策，实现税收筹划。

（一）中小企业信用担保机构准备金税前扣除办法

《财政部、国家税务总局关于中小企业信用担保机构有关准备金税前扣除问题的通知》（财税[2009]62号）规定，自2011年1月1日起至2015年12月31日期间，中小企业信用担保机构可按照不超过当年年末担保责任余额1%的比例计提担保赔偿准备，不超过当年担保费收入50%的比例计提未到期责任准备，并在企业所得税税前扣除，同时上年度计提的未到期责任准备余额可转为当期收入。对于中小企业信用担保机构实际发生的代偿损失，在依次冲减已在税前扣除的担保赔偿准备和在税后利润中提取的一般风险准备后，不足冲减部分仍可据实在企业所得税税前扣除。

（二）金融机构与小微型企业签订借款合同免征印花税

按照财政部和国家税务总局《关于金融机构与小型微型企业签订借款合同免征印花税的通知》（财税[2014]78 号），自 2014 年 11 月 1 日至 2017 年 12 月 31 日，对金融机构与小型、微型企业签订的借款合同免征印花税。按照此前"财税[2011]105 号"文，2011 年 11 月 1 日起至 2014 年 10 月 31 日止，对金融机构与小型、微型企业签订的借款合同也享受免征印花税政策。

（三）应关注相关政策的最新变化

前述的几个文件，一个共同的特点是，其法规的立法层次不高。究其原因，可能更多是为了实现税法的阶段性调节目标，因而都是以部门规章的形式发布。也正是由于这个原因，前述的政策都规定有一定适用期限。因此，企业首先要关注其原有政策的截止日期，不要使用过期的税收优惠政策。其次，许多阶段性政策到期后，如果原有的宏观调控方向不变，可能还会有更新的政策出台。新的政策也许会沿用原有的优惠政策，但也许会在优惠的范围、力度等方面进行调整。

第九节 利息扣除标准的选择与土地增值税

按照我国《土地增值税暂行条例实施细则》，纳税人在转让房地产过程中发生的利息费用可以作为计算增值额时的扣除项目，但其具体计算有两种方式可以选择：

第一，财务费用中的利息支出，凡能够按转让房地产项目计算分摊并提供金融机构证明的，允许据实扣除，但最高不能超过按商业银行同类同期贷款利率计算的金额。这时：

允许扣除的房地产开发费用=利息[①]+（取得土地使用权所支付的金额+房地产开发成本）×5%

第二，财务费用中的利息支出，凡不能按转让房地产项目计算分摊，或不能提供金融机构证明的，房地产开发费用按不超过取得土地使用权所支付的金额和房地产开发成本之和的 10%计算扣除。这时：

允许扣除的房地产开发费用 =（取得土地使用权所支付的金额+房地产开发成本）× 10%（或小于 10%）

此外，《财政部、国家税务总局关于土地增值税一些具体问题规定的通知》（财税 [1995] 048 号）规定：①利息的上浮幅度按国家的有关规定执行，超过上浮幅度的部分不允许扣除；②对于超过贷款期限的利息部分和加罚的利息不允许扣除。

这样，当纳税人无法按转让房地产项目计算分摊利息支出，或无法提供金融机构证明时，纳税人只能按照第二种方法计算有关费用扣除。但如果纳税人有条件按转让房地产项目计算分摊利息支出，且有条件提供有关金融机构证明，那么纳税人在计算有关费用扣除时，实际上就可以有两种选择，关键是看哪种选择的税收负担更低。

【实例 11.16】某房地产开发企业进行一个房地产开发项目，为取得土地使用权花费了 200 万元，有关房地产开发成本为 400 万元。

筹划剖析：如果该企业可以按转让房地产项目计算分摊利息支出，且有条件提供有关金融机构证明，它应该按照第一种方法计算有关费用扣除，即：

① 利息不能超过按商业银行同类同期贷款利率计算的金额。

允许扣除的房地产开发费用=利息+（200+400）×5%=利息+30 万元

如果该企业无法按转让房地产项目计算分摊利息支出，或无法提供金融机构证明，它应该按照第二种方法计算有关费用扣除，即：

允许扣除的房地产开发费用=（200+400）×10%=60（万元）

筹划操作：对于该企业的这个项目，如果企业预计利息费用高于 30 万元，企业就应该争取采用第一种方法计算有关费用；如果该企业预计利息费用会低于 30 万元，那么企业就应创造条件，争取按照第二种方法计算有关费用，即不必按转让房地产项目计算分摊利息支出，也不必提供有关金融机构证明。

特别提示

上述的税收筹划方案，是仅从土地增值税角度进行的考虑。如果企业还需要缴纳企业所得税（只有当企业享受免税政策，或企业产生亏损且无法弥补时，可以不考虑企业所得税问题），就需要考虑以上利息费用对企业所得税的影响——当选择第二种方法进行利息费用扣除时，由于相关的利息费用不能提供金融机构证明，因此也无法在企业所得税前进行扣除。假设本案例中的企业的实际利息费用总额为 20 万元，选择按第二种方法进行扣除，可以比第一种方法中的据实扣除多列支 10 万元的利息；但同时，由于企业所得税前减少了 20 万元的利息费用，将导致企业所得税增加 5 万元（即 20 万元×25%）。

本章小结

在现行会计制度下，金融资产会计核算方式的税收筹划策略是：如果希望将金融资产的价值变动计入当期损益，就按照短期资产进行管理；反之，如果不希望将金融资产的价值变动计入当期损益，也许是为了递延纳税，就可以按照长期资产进行管理。

会计核算方式税收筹划的衍生效应是对股票市值产生影响。运用金融资产的不同会计核算方式，可以对企业的年度盈利水平产生影响。因此，对于金融资产会计核算方式的选择，也可以应用于上市公司的全面战略当中。

在纳税人自产自用应税消费品、委托加工应税消费品、进口应税消费品等情况下，纳税人使用“组成计税价格”计税。这时，组成计税价格的高低，将直接影响纳税义务。

我国对小型微利企业有特殊的税收优惠。企业运用优惠政策进行税收筹划时，应该注意适用税收优惠的主体限定、行业限定、程序要求等相关政策条件。

企业所得税税率突变的年度应注重收入和成本的确认时间。企业进行税收筹划时，应该注意两个节点：亏损弥补的过程中和享受税收优惠的情形。这时，企业销售（营业）收入和成本费用的确认时间，即在哪个年度确认，会直接影响到企业的应纳税所得额。企业可以改变有关销售合同的付款方式，争取在亏损阶段和享受税收优惠时期收取销售收入，甚至可以通过销售折扣的方式，鼓励对方赶在突变前付款。

企业可以通过用足费用扣除标准进行所得税的筹划。企业应关注各项费用，如借款利息、工资、薪金支出、业务招待费、技术开发费、科技开发费、计提准备金、广告费和业务宣传费等的扣除标准，既要充分利用扣除限额，又要防止因超限额扣除而给企业带来损失。

纳税人在转让房地产过程中发生的利息费用可以作为计算增值额时的扣除项目，但其具体计算有两种方式可以选择。纳税人可以选择税负更低的一种。

练习题

一、单项选择题

1. 关于应税消费品的说法中，错误的是（　　）。

A. 当企业运用组成计税价格公式核算自产自用应税消费品时，无论是从价定率还是复合计税，销售价格都是决定组成计税价格的唯一关键因素

B. 在制度允许的范围内，企业尽量不多计该产品相关的成本，尤其是费用项目，以降低该产成品的组成计税价格

C. 委托加工的应税消费品，按照受托方的同类消费品的销售价格计算纳税

D. 委托加工的应税消费品，没有同类消费品销售价格的，按照组成计税价格计算纳税

2. 以下说法中，正确的是（　　）。

A. 小型微利企业减按15%缴纳所得税

B. 通过资产整顿使企达到小型微利企业的标准并达到享受小型微利企业税收优惠的政策标准的同时，企业也要考虑生产经营能否正常运转

C. 年应纳税所得额低于30万元（含）的小微企业减按10%缴纳所得税

D. 通过资产整顿使企业享受小型微利企业的税收优惠，是大多数企业降低税负的首选

3. 下列行为中，属于视同销售行为征收增值税的是（　　）。

A. 企业将购进的酒发给职工作为福利

B. 企业将上月购进用于生产的钢材现用于建房

C. 企业将委托加工的卷烟赠送给客户

D. 将自产的产品用于抵偿债务

4. 有关企业的固定资产折旧，以下说法正确的是（　　）。

A. 由于技术进步，产品更新换代较快的固定资产，可以使用加速折旧法提取折旧

B. 采取缩短折旧年限方法提取的，最低折旧年限不得低于普通折旧年限的40%

C. 采取加速折旧方法的，只能采取双倍余额递减，不能使用年数总和法计算

D. 除另有规定外，电子设备的最低年限为5年

5. 下列费用扣除的表述中，错误的是（　　）。

A. 企业安置残疾人员的，可以在按照支付给残疾职工工资据实扣除的基础上，按照支付给残疾职工工资的100%加计扣除

B. 企业发生的与生产经营活动有关的业务招待费支出，按照发生额的60%扣除，但最高不得超过当年销售（营业）收入的5‰

C. 研究开发费用中，未形成无形资产计入当期损益的，应按实际发生金额据实扣除，不得加计扣除

D. 研究开发费用中，形成无形资产的，按照无形资产成本的150%摊销

二、多项选择题

1. 按照交易意图不同，金融资产可分为（　　）。

A. 交易性金融资产　B. 持有至到期投资　C. 贷款和应收款项　D. 可供出售金融资产

2. 根据消费税的相关规定，下列各项中应计算缴纳消费税的有（　　）。

A. 进口高档化妆品　　B. 生产企业销售自产高档化妆品

C. 商贸企业批发高档化妆品　　D. 零售高档化妆品

3. 企业可通过以下途径，创造条件使企业适用较低税率（　　）。

A. 增加12月的有关费用

B. 运用捐赠

C. 使用技术开发费、科技开发费和技术改造国产设备投资等支出

D. 资产清查

4. 企业所得税税率突变通常发生在（　　）。

A. 企业进行亏损弥补的过程中

B. 企业购进政府补贴的大型设备

C. 企业偿还银行贷款结束的时点

D. 企业享受税收优惠的情况下

5. 有时使用加速折旧法反而会加重企业的税收负担，其中包括（　　）。

A. 企业购入固定资产的初期恰好能享受定期免税政策

B. 企业的固定资产数额相当巨大

C. 企业处于亏损弥补的早期

D. 企业的固定资产平均折旧年限很长

三、计算题

1. 2016年12月，某酒厂将自产的3吨粮食白酒作为职工福利发给生产工人，依据生产成本22 000元计算应纳消费税5 500元。当月该规格粮食白酒对外销售1 800吨，合计实现销售收入2 880万元（不含税），计算用作职工福利的粮食白酒应纳消费税额。

2. 某卷烟厂为增值税一般纳税人，2017年1月有关生产经营情况如下：

（1）从供应商购进已税烟丝400吨，每吨不含税单价2万元，并从烟丝供应商处取得了增值税专用发票，注明货款800万元、增值税136万元，烟丝已验收入库。

（2）卷烟厂生产领用外购已税烟丝300吨，生产卷烟40 000标准箱（每条调拨价在50元以上），当月销售给卷烟专卖商36 000箱，取得不含税销售额72 000万元。

要求：

（1）计算卷烟厂1月应缴纳的增值税。

（2）计算卷烟厂1月应缴纳的消费税。

3. 某公司为增值税一般纳税人，2016年1月18日，自行安装生产经营用设备一台，购入的设备价款为500万元，进项税额为85万元；领用生产用原材料的成本为3万元；领用库存商品的成本为90万元；支付相关人员工资薪金5万元。2016年10月16日设备安装完工投入使用，预计使用年限为5年，预计净残值为40万元。在采用直线法计提折旧的情况下，该项设备2016年应提的折旧额为多少？

四、实训题

某房地产开发公司从事普通住宅开发销售业务，2016年11月15日，该公司出售一栋普通住宅楼，总面积为15 000平方米，单位平均售价为2 000元/平方米，取得销售收入总额为3 000万元，该住宅楼支付土地出让金为330万元，房屋开发成本为1 500万元，利息支出为90万元，其中的35万元不能提供金融机构借款费用证明。当地政府规定房地产开发允许的费用扣除比例为10%。

若将每平方米售价调低到1 965元，使总售价为2 947.5万元，而保持其他资料不变，试对比计算该房地产开发公司在这两种方案下应缴纳的土地增值税税额，并对其收益进行分析。

第十二章　企业战略经营中的税收筹划

【学习目标】

了解企业设立地点对税收负担的影响；熟悉企业设立形式及税收筹划的一般规律；掌握利用增值税纳税人身份认定进行税收筹划的技巧；理解企业不同筹集方式的税收特征及筹划要点；能够对企业分立、并购行为运用相关税法知识进行税收筹划。

引导案例

自由贸易区的区域性税收优惠

2013 年 9 月上海自由贸易区举行挂牌仪式，正式启动运作。2014 年 12 月国务院确定，在广东、天津、福建特定区域再设三个自由贸易园区。这些“自贸区”的设立，虽然没有普遍实行低税率的税收优惠政策，但是细心梳理，还是可以发现一些政策优惠。

例如，有关部门曾梳理上海自由贸易区涉及的税收政策，七项税收优惠中，两项鼓励投资，五项鼓励贸易。促进投资的两项政策，一是注册在试验区内的企业或个人股东，因非货币性资产对外投资、资产重组行为而产生的资产评估增值部分，可在不超过 5 年时间内分期交纳所得税，简称为“非货币性资产投资政策”。二是对试验区的企业以股份或出租比例等股权形式给予企业的高端人才和紧缺人才的奖励，实行已经在中关村等地区试点的股权激励所得税纳税的政策，也简称为“股权激励政策”。五项促进贸易的政策，一是将在试验区内注册的融资租赁企业或金融租赁公司在试验区内设立项目子公司，纳入融资租赁出口退税试点范围；二是对试验区内注册的国内租赁公司或租赁公司设立项目子公司，经国家有关部门批准，从境外购买的空载在 25 吨以上的给航空公司使用的飞机，享受进口环节的增值税政策；三是对设立在试验区内的生产企业加工的货物，根据企业的申请，试行对内销货物，按照对应的关税政策，简称为“选择性征税政策”；四是在现行的政策框架下，对试验区内的生产企业和生产性服务企业，进口所需的机器设备等货物予以免税，但生活性的服务企业进口的货物，以及法律法规和相关规定明确不以免税的政策除外。五是完善起运港退税的政策。

启发思考

1. 自由贸易区的税收优惠政策具体有哪些特点？
2. 这些区域性税收优惠政策会给企业税收负担带来哪些影响？
3. 企业应如何利用这些税收优惠政策保证自身税后收益最大化？

第一节　企业设立地点对税收负担的影响

一、相关税收优惠

虽然《企业所得税法》已转向以“产业优惠为主、区域优惠为辅”的新税收优惠体系，但出于区域经济调控的需要，所得税的区域性优惠必将在今后长期存在。企业通过梳理区域性税收优惠空间，仍可实现税收筹划的目标。

目前我国企业所得税中的区域性优惠措施主要包括以下几项：

1. 经国务院批准的高新技术产业开发区内的高新技术企业，减按15%的税率征收所得税。

2. 民族自治地方的企业所得税地方分享部分可以减征或免征。

我国《企业所得税法》第二十九条规定：民族自治地方的自治机关对本民族自治地方的企业应缴纳的企业所得税中属于地方分享的部分，可以决定减征或者免征。自治州、自治县决定减征或者免征的，须报省、自治区、直辖市人民政府批准。所称民族自治地方，是指依照《中华人民共和国民族区域自治法》的规定，实行民族区域自治的自治区、自治州、自治县。

3. 经济特区和上海浦东新区的政策

自2008年1月1日起，对经济特区和上海浦东新区①内在2008年1月1日（含）之后完成登记注册的国家需要重点扶持的高新技术企业，在经济特区和上海浦东新区内取得的所得，自取得第一笔生产经营收入所属纳税年度起，第一年至第二年免征企业所得税，第三年至第五年按照25%的法定税率减半征收企业所得税。其中，国家需要重点扶持的高新技术企业，是指拥有核心自主知识产权，同时符合《中华人民共和国企业所得税法实施条例》（以下简称《企业所得税法实施条例》）第九十三条规定的条件，并按照《高新技术企业认定管理办法》认定的高新技术企业。

【实例12.1】企业a是生产高科技通信设备的企业，符合“国家需要重点扶持的高新技术企业”的条件。由于其客户主要集中于A地区，企业设立时，注册地和实际生产经营地均选择在A地（A地区不属于享受特殊政策的范围）。年终a企业利润表主要项目金额见表12.1。

表12.1　利润表　　单位：万元

项目	本年累计数	
一、产品销售收入	1 000	
二、产品销售利润	200	
三、营业利润	100	
加：其他利润	20	
四、利润总额	120	
减：所得税（%）	25	
五、净利润	90	

由于现行企业所得税中A地区不属于享受特殊政策的范围，因此a企业应适用15%的企业所得税。即a企业全年共缴纳企业所得税为：

应纳企业所得税=120万元×15%=18（万元）

筹划操作：通过对企业自身的经营范围进行分析，a企业符合“国家需要重点扶持的高新技术企业”的条件，如果能够在经济特区或上海浦东新区注册，或设立分支机构，根据“国发[2007]40号”文件，就可以享受“免二减三”的企业所得税优惠政策。

以设立分支机构为例，a企业可以综合考虑各低税地的投资环境、人工成本等因素，

①《关于经济特区和上海浦东新区新设立高新技术企业实行过渡性税收优惠的通知》（国发[2007]40号）中第一条规定：法律设置的发展对外经济合作和技术交流的特定地区，是指深圳、珠海、汕头、厦门和海南经济特区；国务院已规定执行上述特殊政策的地区，是指上海浦东新区。

选择一个经济特区或上海浦东新区，假设为 B，设立一个独立核算的 b 企业。在业务的分离方面，考虑到销售网络的连贯性，可以将生产业务转移到 b 企业，其余业务留在原 a 企业。

筹划剖析：假设 a 企业于下一年年初选择在可以享受优惠政策的地区 B 设立 b 企业，并将生产业务转移到 b 企业。考虑到 b 企业与 a 企业之间产品价格的确定、相关费用的分摊、总分支机构间的管理费用、b 企业产品运费的增加等问题，可以简单地假设，a、b 两企业可以通过各种合法手段将 a 企业的利润总额调整到近似于零的水平，而将全部利润转移到 b 企业。

这样，按照 a 企业上年的经营状况不变，b 企业设立后每年仍将创造 120 万元的利润。假设 5 年内该企业的年利润总额均为 120 万元，比较新旧两种方案下该企业的纳税义务：

原方案下：

年应纳所得税=18（万元）

5 年应纳企业所得税合计=18×5=90（万元）

新方案下：

a 企业：年利润=0

缴纳企业所得税=0

b 企业：年利润总额=120（万元）

第 1～2 年免税，应纳企业所得税=0

第 3～5 年减半征收，3 年企业所得税合计=（120×25%÷2）×3=45（万元）

企业纳税合计=0+0+45=45（万元）

筹划结果：经过以上筹划，a 企业在 5 年内实现节税 45 万元（即 90 万元−45 万元），占其原应纳税额的 50%。

特别提示

实际操作中，由于各种运作成本的存在，实际节税效果可能会有所降低，但这一税收筹划方法仍不失为一种可行的选择。

二、企业的注册地与经营地

纳税人还应该注意的是，企业的实际生产经营地不一定就是企业的纳税地点。若欲通过企业地点的选择使企业享受减免税优惠，还应注意我国企业所得税中关于纳税地点的判断。

我国《企业所得税法》第五十条规定："除税收法律、行政法规另有规定外，居民企业以企业登记注册地为纳税地点；但登记注册地在境外的，以实际管理机构所在地为纳税地点。"大型企业集团应分别以核心企业、独立经济核算的其他成员企业为纳税人。纳税人应比照以上规定，将其登记注册地设置在享受税收优惠的地区。

由于我国当前实行的是分税制财政管理体制，在税收管理实务中，如果纳税人的实际经营地与注册地不一致，那么经营地与注册地的税务主管部门，可能会由于各自争取税源的考虑，同时将纳税人列入核查的对象。因此，采取这一方法进行税收筹划的纳税人，必须能够妥善协调与两地主管税务机关的关系。如果纳税人无法解决两地税务机关同时介入征管稽查的不利局面，就不宜机械地采用这一筹划方法，而应更加灵活地采用"清算注销，整体迁移"的方法。

第二节　企业设立形式与税收筹划的一般规律

“设立”是企业以独立身份所进行的第一项活动，也是企业所得税筹划的开始。企业在设立过程中需要考虑的问题包括资金来源、行业选择、地域选择、企业形式选择等诸多方面。而在各方面的选择过程中，都会涉及企业所得税问题。比如，不同的资金来源（如债务、股票）决定了企业所支付的资金回报在成本列支方面的不同待遇；不同的行业选择决定了企业能否适用国家有关的所得税行业性优惠政策；不同的地域选择决定了企业能否适用国家有关的所得税区域性优惠政策；企业形式的选择决定了企业纳税身份的不同等。

一、股份制企业、独资企业与合伙企业的形式选择

2008年的《企业所得税法》及其实施条例改变了过去内资企业所得税以“独立核算”等三个条件来判定纳税人标准的做法，将以公司制和非公司制形式存在的企业和取得收入的组织确定为企业所得税纳税人，具体包括国有企业、集体企业、私营企业、联营企业、股份制企业、中外合资经营企业、中外合作经营企业、外国企业、外资企业、事业单位、社会团体、民办非企业单位和从事经营活动的其他组织。

根据以上规定，个人独资企业和合伙企业在取得生产经营所得后，不缴纳企业所得税，只在企业的利润分配到各所有者个人名下后，才需要缴纳个人所得税。而其他形式的企业，需要在企业利润分配环节之前，首先缴纳一道企业所得税，然后在利润分配给各投资者之后，再根据投资者身份的不同缴纳企业所得税或个人所得税。显然，这里存在典型的经济性重复课税现象，投资者承担双重税负。

因此，对于即将设立企业的投资者来讲，避免经济性重复课税，是实现税收筹划的有效途径——个人投资者投资设立个人独资企业和合伙企业就可以避免重复纳税；法人投资者，也可以通过设立有限合伙制企业避免经济性重复课税。

2006年1月1日开始实施的《中华人民共和国公司法》(以下简称《公司法》) 第二章第三节首次规定，一名自然人股东或一名法人股东可以设立“一人有限责任公司”。一人有限责任公司，是指只有1名自然人股东或者1个法人股东的有限责任公司。按照现行税法的规定，“一人有限责任公司”如果注册性质是企业法人，其所得税政策同设立其他有限公司的税收政策是没有区别的，即需要按照企业经营所得缴纳相应比例的企业所得税。同时，还要就企业的税后利润分红缴纳个人股息红利所得，即个人所得税也要同时缴纳。也就是说必须同时缴纳企业所得税和个人所得税。而个人独资企业或者合伙企业，仅需要缴纳个人所得税，不需缴纳企业所得税。从这个角度讲，一人有限责任公司与个人独资企业或者合伙企业，在所适用的所得税政策上，有着本质的不同。这一点在筹划中应该引起足够的重视。

【实例 12.2】某个人独资商业企业在设立时为经营方便而以企业名义注册。经核算，该企业年度应纳税所得额为40万元。

按照税法规定，有关应纳税金分别为：

企业应缴纳企业所得税=40×25%=10（万元）

投资者个人应按照“股利所得”税目的20%缴纳个人所得税。

应纳个人所得税=（40−10）×20%=6（万元）

该投资者承担税负总额=10+6=16（万元）

筹划操作：该企业在设立时重新进行选择，按照个人独资企业形式设立。

筹划剖析：我国税法规定，个人独资企业不需要缴纳企业所得税，只需要就 40 万元利润，按照“利息股息红利所得”缴纳个人所得税。

应纳税总额=40×20%= 8（万元）

筹划结果：比筹划前降低了 8 万元的税收负担。

二、子公司与分公司的选择

所谓“子公司”是与“母公司”相对应的一个概念。母公司是一种控制性公司，凡积极拥有另一公司半数以上股票并直接掌握其经营的公司，就是一般意义上的母公司，而相应的被掌握经营的公司就是所谓的子公司。

由于各国公司法存在差异，对母公司与子公司的认定标准也不尽一致。比如，A 拥有 B 股权的 60%，B 拥有 C 股权的 60%，有的国家认为 A 拥有 C 股权的 36%（即 60%×60%），所以 A 不是 C 的母公司，C 也不是 A 的子公司；但在另一些国家，认为 A 企业拥有对 B 企业的绝对控制力（持股超过 50%），而 B 企业拥有对 C 企业的绝对控制力（持股超过 50%），因此 A 实质上拥有对 C 的绝对控制能力，A 和 C 为母、子公司。我国采用的是后一标准。

从法律地位上讲，子公司必须具备独立的法人资格，这是子公司与分公司的根本区别所在。子公司和母公司之间是一种法律上财产权益关系，没有直接的隶属关系，子公司应当以其全部财产独立地承担民事责任，当然也包括独立纳税的义务。母公司不对子公司的债务承担直接责任，仅以其投入子公司的资本额为限，依法承担民事责任。

而“分公司”是一个完全不同的概念。分公司没有独立的法律地位，不具有法人资格。具体表现在：第一，分公司没有自己的公司名称和独立的公司章程，因而只能以总公司的名义进行活动；第二，分公司一般不设置董事会等整套管理机构，而只有业务管理人；第三，分公司没有自己独立的财产，其实际占有、使用的财产是作为总公司的财产而列入总公司的资产负债表中；第四，分公司业务活动的结果由总公司承受，总公司应以自己的全部财产对分公司所产生的债务承担责任。此外，分公司的设立也无需经过一般公司设立的许多法律程序，只是在当地履行简单的登记和营业手续即可。[①]因此，分公司一般不独立履行纳税义务，而是将全部的经营成果都汇总到总公司一并纳税。

整体而言，子公司与分公司各自的优点，可以用表 12.2 概括表示。由于优缺点总是相对而言的，所以某一种组织形式的优点，实际上就体现出另一种组织形式的劣势。

表 12.2　子公司与分公司的优点

子公司优点	分公司优点
（1）可以与母公司进行一定幅度的转让定价	（1）便于经营，财务会计制度要求比较简单
（2）若东道国适用税率低于居住国，子公司利润可以递延纳税。有时子公司适用税率比分公司低	（2）设立和经营的成本低于子公司
（3）可享受东道国居民公司的优惠政策	（3）总公司拥有分公司资本，在东道国不缴纳资本税和印花税
（4）许多国家允许境内企业集团内部盈亏互抵，子公司可加入该集团得到好处	（4）分公司交付给总公司的利润通常不必缴纳预提税
（5）向母公司支付的特许权使用费、利息、其他间接费等，更易得到税务当局认可	（5）不需要东道国的投资者参加
（6）在东道国只负有限债务责任，母公司无连带责任	（6）经营亏损可以冲抵总公司的利润，减轻税负
（7）可得到更多东道国客户	（7）分公司与总公司之间的资本转移不涉及所有权变动，不必纳税

① 需要说明的是，在我国，“分公司”名称并不是严格按照以上的法律意义加以使用的。比如，“中国非金属矿工业总公司××分公司”，实际上是独立的法人实体，在法律意义上属于“子公司”范畴，而不是总公司的一部分，只是与总公司存在上下级的管理关系。

从表 12.2 中可以看出，无论是分支机构还是子公司，都有其各自的税收利弊。企业可以根据具体情况进行选择。

如果总机构可以长期享受更优惠的税收政策，比如总机构设立在可以享受税收优惠的地区，而分支机构设立在不能享受税收优惠的地区，那么为了使分支机构与总机构合并纳税，当然是选择分公司的形式比较好；反之，如果总机构不能享受税收优惠而分支机构可以享受，那无疑应选择子公司的形式。

如果预计分支机构或子公司在设立的初期会产生亏损，那么总机构可以先选择设立非独立的分支机构，这样不仅分支机构不必缴纳所得税，总机构还可以用这些亏损抵减其盈利，进而减少应缴纳的所得税。但跨国公司还需要考虑其长远利益。如果分支机构或子公司经过一段时期的运营已经进入盈利期，那么以上的税收优势将不复存在，反而由于跨国公司无法有效地进行国际转让定价，很可能无法进行跨国税收筹划。因此，现实中许多跨国公司选择在营业初期预计产生亏损时，先以分支机构的形式设立，开展有关业务；当分支机构扭亏为盈后，再将其转变为子公司形式。

第三节　设立独立核算的销售机构筹划消费税

我国《消费税暂行条例》规定，在中国境内生产、委托加工和进口应税消费品的单位和个人，为消费税的纳税义务人。也就是说，我国的消费税采取单环节课征制度。由于绝大多数应征消费税的产品都应在出厂环节纳税，因此出厂环节是实现消费税筹划的最关键所在——如果能有效降低产品的出厂价，就可以实现消费税的税收筹划。而设立独立核算的销售部门，就是在确保利润水平的前提下，实现消费税筹划的最有效途径。

【实例 12.3】A 汽车工业总公司（以下简称 A 公司）控股（占其 50%以上的股份）拥有 B 汽车制造公司（以下简称 B 公司）。在销售过程中，B 公司生产的全部汽车都销售给 A 公司下设的一个全资子公司——C 汽车销售公司（以下简称 C 公司）。B 公司自生产销售以来的近十年间，没有向 C 公司以外的任何一家单位或个人直接销售汽车的历史记录，其全部产品由 C 公司加价后对外直接销售。C 公司的全部业务，也只有销售 B 公司生产的汽车，并提供相应的服务。

在企业计算应纳税款的过程中，B 公司以其向 C 公司销售汽车的价格作为应税消费品计税价格计算申报并缴纳了消费税。上一年度，销售公司 C 从 B 公司购入 80 000 万元汽车，再以 100 000 万元的价格对外销售。B 企业按照 9%的税率计算并申报缴纳消费税。

应纳消费税=80 000×9%=7 200（万元）

然而，在有关纳税检查过程中，执法部门认为 B 公司和 C 公司具有“直接或间接地同为第三者所拥有或者控制”的特征，属于关联企业，且无独立企业之间的业务往来可供参考，二者之间的交易被认定为关联方交易。因此，应以 C 公司对外销售价格计算缴纳消费税。

应纳消费税=100 000×9%=9 000（万元）

应补消费税=9 000−7 200=1 800（万元）

按此计算，A 公司被要求补缴了近两千万元人民币消费税，并按规定加收了滞纳金。

筹划剖析：设立独立核算的销售机构，是许多消费税应税产品的生产厂家都曾考虑或实施过的税收筹划方法。但从这个案例可以看出，如果忽视消费税纳税环节的具体安排，一旦被执法部门认定为违法，失败的税收筹划将导致巨额税收损失。综合本例中征纳双方的立场与原则，相关企业在此类税收筹划操作中必须注意：

第一，在企业性质的认定上，应使B公司和C公司符合“独立企业”的认定标准。例如，在股权设置上，要注意销售公司股权的适度分散化，避免生产企业与销售公司在股权结构上单一地成为其总公司的全资子公司；在分销渠道上，要尽可能避免采用单一经销商的分销模式。在单一分销商模式下，一旦就其最终销售环节与税务部门出现争议，企业则没有任何回旋的余地。如果确实无法避免以上两种情况的出现，也应确定每一纳税年度内，由生产厂家以一定比例的应税产品对独立企业或用户直接销售，以作为独立交易价格的参照指标，佐证其对销售公司的销售价格的独立公允性。

第二，B公司与C公司之间的交易价格，应符合独立企业之间的价格标准。如果二者之间的交易价格明显低于未设立独立销售公司之前的对外销售价格，那么这一交易就很容易被认定为关联交易，进而面临价格调整。

第四节　增值税纳税人身份认定中的税收筹划

我国的增值税纳税人有两种身份，即一般纳税人和小规模纳税人。对增值税一般纳税人采取从销项税额中抵扣进项税额的基本方法计算应纳税额，同时对小规模纳税人实行按销售额一定比例征收的简易办法，降低了对纳税人管理水平的要求。但由于小规模纳税人不能使用增值税专用发票，因此容易增加产品购买方的税收负担，产品销售也可能因此而受到影响。

通常情况下，人们认为增值税一般纳税人的税收负担低于小规模纳税人。实际上，如果满足一定的条件，小规模纳税人的税收负担也可能会低于一般纳税人。

如何判断特定条件下二者税收负担孰轻孰重，以及如何创造条件满足或规避这一条件，就是我们通过增值税的纳税人身份认定进行税收筹划时所要考虑的问题。

一、增值税纳税人身份认定的基本制度规范

（一）一般纳税人认定的一般规范

2009年1月1日起实施的《增值税暂行条例实施细则》第二十八条规定，增值税小规模纳税人的标准为：①从事货物生产或者提供应税劳务的纳税人，以及以从事货物生产或者提供应税劳务为主，并兼营货物批发或者零售的纳税人，年应征增值税销售额（以下简称应税销售额）在50万元以下（含本数，下同）的；②除上述规定以外的纳税人，年应税销售额在80万元以下的。以上第①款所称“以从事货物生产或者提供应税劳务为主”，是指纳税人的年货物生产或者提供应税劳务的销售额占年应税销售额的比重在50%以上。

也就是说，工业企业年销售额达到50万元、商贸企业年销售额达到80万元，即可申请认定为增值税一般纳税人。

（二）“营改增”后增值税一般纳税人资格认定

根据《国家税务总局关于营业税改征增值税试点增值税一般纳税人资格认定有关事项的公告》（国家税务总局公告2013年第75号），“营改增”范围内的纳税人，应按以下制度进行纳税人资格认定：

1. 试点实施前已取得增值税一般纳税人资格并兼有应税服务的试点纳税人，不需要重新申

请认定。

2. 试点实施前应税服务年销售额（不含增值税）超过 500 万元的试点纳税人，应向国税主管税务机关申请办理增值税一般纳税人资格认定手续。

3. 试点实施前应税服务年销售额未超过 500 万元的试点纳税人，如符合相关规定条件，也可以向国税主管税务机关申请增值税一般纳税人资格认定。

4. 试点纳税人兼有销售货物、提供加工修理修配劳务以及应税服务的，应税货物及劳务销售额与应税服务销售额分别计算，分别适用增值税一般纳税人资格认定标准。

5. 兼有销售货物、提供加工修理修配劳务以及应税服务，且不经常发生应税行为的单位和个体工商户可选择按照小规模纳税人纳税。

（三）增值税一般纳税人资格认定中的操作性制度

除了以上制度以外，纳税人在实践中，还需要关注，应如何进行相关的认定操作。

首先，从政策可操作性角度出发，税务部门可能会出台一些具体的制度文件，其中既可能涉及销售金额认定等实体法解释，也可能会涉及税务管理中的程序性要求。

其次，应关注制度的变化。例如，2015 年 2 月 24 日《国务院关于取消和调整一批行政审批项目等事项的决定》（国发[2015]11 号）将“对增值税一般纳税人资格认定审批”列为“取消性项目”。此后，税务部门对一般纳税人的认定管理程序，必然会进行相应调整。

二、增值率是纳税人身份选择的重要指标

（一）产品增值率较高时，小规模纳税人更具有税收筹划效应

由于增值税是对商品生产和流通中各环节的新增价值或商品附加值进行征税，所以产品增值率是影响企业增值税负担的最根本因素。增值率可用如下公式进行定义（其中销售收入和购进项目价值均为不含税价值）：

增值率=（销售收入-购进项目价值）÷购进项目价值

假设某企业的产品全部适用 17%的增值税税率，且其购进项目全部可以抵扣进项税，那么当该企业是增值税一般纳税人时，其应缴纳的增值税为：

一般纳税人应纳增值税=购进项目价值×（1+增值率）×17%-购进项目价值×17%

当该企业是增值税小规模纳税人时，其应缴纳的增值税为：

小规模纳税人应纳增值税=购进项目价值×（1+增值率）×3%

经计算可知，当产品增值率为 21.4%时，该企业作为一般纳税人与小规模纳税人增值税负担相等；当增值率高于 21.4%时，该企业作为小规模纳税人增值税负担较低。也就是说，增值率较低时企业作为的一般纳税人税收负担较轻，增值率越高，小规模纳税人的优势越显著。

（二）产品增值率的其他衡量方式

以上根据产品增值率对增值税纳税人身份进行的选择，虽然有充分的理论依据，但很难进行准确应用：实践中企业的购进项目往往十分庞杂，其价值不易被准确衡量，而且企业的购进项目中，有些并不允许抵扣相应的进项增值税。为了便于纳税人操作，我们可以直接将企业全部的“销售收入”与企业被允许抵扣进项增值税的“可抵扣项目金额”进行比较。

考虑增值税一般纳税人销售产品的不含税销售价格及不含进项增值税的可抵扣项目购进金额，有：

一般纳税人应纳增值税=销售收入×17%-可抵扣项目金额×17%

对于小规模纳税人来讲，其应缴纳的增值税为：

小规模纳税人应纳增值税=销售收入×3%

二者税负相等时，有：

销售收入×17%-可抵扣项目金额×17%=销售收入×3%

可抵扣项目金额/销售收入=82.4%

可见，当企业可抵扣项目金额占销售收入的比例为 82.4%时，企业作为一般纳税人和小规模纳税人的税收负担相等。这一比例越高，该企业作为一般纳税人的税收负担越轻。

三、应关注企业的原材料种类及其采购途径

在以上的分析中，有一个重要的隐含假设，就是当企业作为一般纳税人时，其全部购进项目金额或可抵扣项目金额都可以按照 17%的比例计算进项增值税。但实际中有许多例外：

（1）企业从小规模纳税人处购入的原材料。这时即使能够取得税务机关代开的专用发票，也只能按照含税价格的 3%计算进项增值税。

（2）企业向农业生产者或向小规模纳税人购买的农业产品。这些购入项目只能按照含税价格的 13%计算进项增值税。

（3）企业的运费。“营改增”之后，交通运输业适用 11%的增值税。

（4）企业购入的自来水、天然气、粮食、食用植物油等商品。这些项目只能按购入不含税价格的 13%计算进项增值税。

【实例 12.4】某糕点厂为增值税一般纳税人，主要购进项目为粮食、食用植物油等，相应的增值税率均为 13%，而其产品适用 17%的增值税税率。试分析该类企业作为增值税一般纳税人与增值税小规模纳税人两种情况下，税收负担状况的优劣。

筹划剖析：当该类企业作为一般纳税人和小规模纳税人时，其增值税负担分别为：

一般纳税人应纳增值税=销售收入×17%-可抵扣项目金额×13%

小规模纳税人应纳增值税=销售收入×3%

仍旧假设企业可抵扣项目金额占企业销售收入的比例为 K，如果想达到该企业作为小规模纳税人税负比一般纳税人的税负更轻，则：

K=可抵扣项目金额÷销售收入<107.7%

由于企业正常经营状况下，其销售收入必然高于成本，因此，以上不等式将永远成立。这就意味着，对于该类企业而言，企业作为增值税一般纳税人要比小规模纳税人税收负担轻，小规模纳税人应当尽量争取成为一般纳税人。

特别提示

本例的原理，也适用于其他企业购入其他税率（或征收率）可抵扣项目的情况。整体而言，企业的低税率（征收率）购入项目越多、购入项目的税率（征收率）越低，企业作为一般纳税人的税收优势就越小。甚至当企业的主要购进项目全部从小规模纳税人处购入时，无论可否取得增值税专用发票，企业均应选择小规模纳税人方式，才可实现税收负担的最小化。

四、创造条件通过纳税人身份认定进行税收筹划的可行选择

通过以上分析后，企业可以基本确定自己在增值税一般纳税人与小规模纳税人之间的选择。

但随之而来的问题是，有些企业明明作为小规模纳税人负担较轻，但在现行制度下需要被认定为一般纳税人，而有的企业如果被认定为一般纳税人将减轻税负，但实际上却应该认定为小规模纳税人。这就需要纳税人进行更深入的税收筹划。

例如，当企业作为一般纳税人增值税负担较轻时，企业可以创造条件进行适当的合并，以符合一般纳税人的认定条件。再比如，如果企业被认定为一般纳税人后，某个年度预计销售额不足80万元，企业可以通过与关联企业间平价销售等手段人为增加企业销售额。当然采用各种税收筹划方法时，必须符合独立企业之间业务往来的标准，否则将面临纳税调整。

【实例12.5】某商业批发企业主要从小规模纳税人处购入服装进行批发，年销售额150万元，其中可抵扣进项增值税的购入项目金额约100万元，由税务机关代开的增值税专用发票上载明的进项增值税为3万元。

筹划剖析：按照一般纳税人认定标准，该企业年销售额超过 80 万元，应被认定为一般纳税人。

应纳增值税=150×17%−3=22.5（万元）

该企业可抵扣进项增值税的购进项目虽然比例较大，但大多来源于小规模纳税人，虽然取得了税务机关代开的专业发票，但允许抵扣的进项增值税数额仍旧比较小。如果该企业被认定为小规模纳税人，则可以按照商业企业适用3%的征收率，这时：

应纳增值税=150×3%=4.5（万元）

筹划操作：该企业可以将原企业分设为两个批发企业，年销售额均控制在80万元以下。在符合相关程序性要求的情况下，两个企业将分别被重新认定为小规模纳税人。

也就是说，假设新分设的两家企业年营业额分别为 X 和 Y，则应有 X<80 万元，且 Y<80 万元，且 X+Y=150 万元。

筹划结果：新分设的两家企业均符合增值税小规模纳税人条件，因此增值税纳税义务为：

应纳增值税=X×3%+ Y×3%=（X＋Y）×3%=150×3%=4.5（万元）

企业的增值税降低=22.5−4.5=18（万元）。

意外收获：采用此种分立，还有可能通过降低每个企业的应税所得额，满足小型微利企业的认定标准，适用更优惠的企业所得税政策。

第五节　企业筹资中的税收筹划

一、企业筹资的途径

（一）企业的主要筹资途径

筹集资金是任何一个企业进行生产经营活动的先决条件。企业的经营资金一般有以下几个来源：

（1）债权性资金。这包括银行贷款、债券。这些资金的共同特点是，资金的所有权并不属于企业所有，企业为取得资金的使用权，需要支付一定的利息。而这些利息通常是可以在企业所得税前扣除的。

（2）股权性资金。这部分资金的共同特点是，资金注入企业后，形成企业的所有者权益，原来的资金所有人变为企业的股东，拥有分享企业经营业绩的权利。

（3）结算过程中的资金。严格地讲，这些资金也属于债权性资金，但与前面所说的债权性资金有很大不同。它本质上是市场主体在商品交易中的结算资金，但由于结算程序或交易双方的认可，而沉淀在结算过程中。因此企业使用这一类型的资金，是不需要支付利息的。

（4）企业内部积累。以自我积累推动企业发展，是企业不断壮大最基本的途径。其资金来源于企业的经营业绩，会计上体现为企业的盈余公积等所有者权益。

（5）其他筹资途径。随着市场化进程的不断深入，企业的筹资途径也日益多样。例如，当企业需要筹集资金采购设备时，可以采用融资租赁的方式。

（二）税收对企业筹资的影响

在分析企业筹资的税收筹划时，要考察以下两方面的问题：一是筹资结构的变动对企业经营绩效与整体税负的影响；二是企业应如何合理调整筹资结构，以同时实现节税与所有者总体收益最大化的双重目标。

不同的筹资方式，将形成不同的税前、税后资金成本。从税收筹划的角度，可以将上述筹资方式分为负债筹资（包括向银行借款、向非金融机构或企业借款、企业内部筹资、发行债券）和权益筹资（包括企业自我积累、发行股票）和其他筹资（如租赁）三种类型。

二、不同筹资方式的税收特征

（一）债权方式筹资具有成本优势

从相关费用抵减所得税的角度考虑，借款和发行债券的相关利息，可以在企业所得税前扣除，因此可以使企业筹资成本降低。这种在所得税前扣除债务筹资成本的做法，也同样符合国际惯例。可以说，债权方式筹资具有成本优势。我国现行税收制度规定，企业借款利息不高于金融机构同类同期贷款利息的部分，可在所得税前予以扣除，债券利息支出也允许计入财务费用，作为利润总额的扣减项，这样就减少了企业的应纳税所得额。其他筹资方式则无此优势，如股息只能在所得税后的净利润中列支。因此，在筹资费率和利息（股息）率相等时，借款和发行债券等债权筹资的成本更低。

（二）股权筹资有利于分散收益

无论是采取公募还是私募方式，当公司发行股票后，公司股东的数量都是很大的。如果是上市公司，则是成千上万的股东。这不仅是寻求降低融资成本、提高投资规模效益的途径，而且有利于企业利润的平均分摊，以避免利润过分集中而带来较重的税收负担。

（三）结算资金操作灵活

由于结算资金所依托的交易行为千差万别，因此可以根据不同的需要灵活进行安排。例如，可以通过付款时间的长短调节筹资期限，通过交易折扣（或溢价）调节资金使用成本。而在税收上，只要最终的交易价格不过分偏离市场正常交易价格，所有的资金成本，是很难被单独计量的。

（四）内部积累税负不减但成本低

企业以自我积累方式的筹资，是企业在很长时间内逐渐完成的。对企业而言，它是企业实力的体现。然而，若单从税收负担的角度而言，这种筹资方式却不尽如人意。因为这种筹资方式只涉及企业自身，即资金的占有和使用融为一体，由这笔投资所带来的利润难以分割或抵消，虽然没有节税效应，但其资金成本也为零。

大量的企业筹资实践也表明，在筹资方式选择上，许多企业以内部集资或公开发行股票为首选，企业及经济组织之间的资金拆借次之，而向金融机构贷款又次之。这虽然有企业调整资本结构，以及现阶段我国特殊的资本市场结构与银行体制等方面原因，但也从一个侧面证明了，不同筹资方式的税收筹划影响，已经引起了众多企业的关注。

三、负债筹资与权益筹资税收负担分析

（一）负债筹资的税收筹划效应

如果不考虑企业的资本结构，仅就税收负担而言，负债筹资较之权益筹资最大的优势在于，企业借款利息可以作为一项财务费用在所得税前扣除，进而降低企业的资本成本[①]。

下面以企业筹资的两种主要方式（即负债筹资和权益筹资）为例，就有关税收筹划问题加以说明。

【实例 12.6】某股份有限公司计划筹措 1 000 万元资金用于某高科技产品生产线的建设，相应制订了 A、B、C 三种筹资方案。假设该公司的资本结构（负债筹资与权益筹资的比例）表 12.3，三种方案的借款年利率均为 8%，企业所得税税率均为 25%，三种方案扣除利息和所得税前的年利润均为 100 万元。

A 方案：全部 1 000 万元资金都采用权益筹资方式，即向社会公开发行股票，每股计划发行价格为 2 元，共计 500 万股。

B 方案：采用负债筹资与权益筹资相结合的方式，向商业银行借款融资 200 万元，向社会公开发行股票 400 万股，每股计划发行价格仍为 2 元。

C 方案：也采用负债筹资与权益筹资相结合的方式，但二者的比例适当调整，向银行借款 600 万元，向社会发行股票 200 万股，每股价格仍为 2 元。

筹划剖析：三种方案的投资利润率见表 12.3。

表 12.3　三种方案的投资利润率

	A	B	C
债务资本：权益资本	0：100	20：80	60：40
权益资本总额（万元）	1 000	800	400
息税前利润（万元）	100	100	100
利息（万元）	0	16	48
税前利润（万元）	100	84	52
所得税税额（25%）	25	21	13
税后利润（万元）	75	63	39
税前投资收益率[②]（%）	10	10.5	13
税后投资收益率[③]（%）	7.5	7.875	9.75

筹划结果：通过以上分析可以发现，随着负债筹资比例的提高，企业纳税数额呈递减趋势，

① 资金成本是指企业为筹集和使用资本而付出的代价，包括用资费用和筹资费用。用资费用包括企业在生产经营、投资过程中因使用资金而付出的费用，如向股东支付的股利、向债权人支付的利息等。筹资费用是指企业在筹措资金过程中为获取资金而付出的费用，如向银行支付的借款手续费、股票债券发行费用等。

② 税前投资收益率=（税前利润/权益资本数额）×100%

③ 税后投资收益率=（税后利润/权益资本数额）×100%

从A方案的25万元减为B方案的21万元，再减至C方案的13万元。可见，方案C具有最佳的税收筹划效应。

（二）负债筹资节税效应的影响因素——息税前利润

是否在任何情况下，企业采用负债筹资方案都是有利的呢？为此，我们借鉴企业资本结构决策中的理财方法，利用筹资无差别点，给出分析企业筹资税收筹划最佳方案的一般方法。所谓筹资无差别点是指两种筹资方式下，每股净利润相等时的息税前利润点。它所要解决的问题是，息税前利润是多少时，采用哪种筹资方式更有利。具体计算公式为：

$$\frac{(\text{筹资无差别点}-\text{筹资方式Ⅰ的利息})\times(1-\text{税率})}{\text{筹资方式Ⅰ下的普通股份数}}=\frac{(\text{筹资无差别点}-\text{筹资方式Ⅱ的年利息})\times(1-\text{税率})}{\text{筹资方式Ⅱ下的普通股股份数}}$$

将表12.3中的有关数据代入上式①：

$$\frac{(\text{筹资无差别点}-0)\times(1-25\%)}{500}=\frac{(\text{筹资无差别点}-16)\times(1-25\%)}{400}$$

$$\text{筹资无差别点}=80\text{（万元）}$$

当项目的预计息税前利润为80万元时，负债筹资与权益筹资的每股利润相等。当项目的预计息税前利润大于80万元时，负债筹资比权益筹资更有利；当项目的预计息税前利润小于80万元时，则应采用权益筹资方式。

（三）运用负债融资进行税收筹划时应注意的几个问题

1. 利息资本化问题

资本性利息支出，如为建造、购置固定资产（指竣工结算前）或开发、购置无形资产而发生的借款利息，企业开办期间的利息支出等，不得作为费用一次性从应税所得中扣除。

2. 利息扣除标准问题

《企业所得税法》规定，纳税人在生产经营期间，向金融机构借款的利息支出，按照实际发生数扣除；向非金融机构借款的利息支出，包括纳税人之间相互拆借的利息支出，按照不高于金融机构同类同期贷款利率计算的数额以内的部分，准予扣除，超过部分不得在税前扣除。

3. 关联方贷款利息问题

（1）“财税[2008]121号”文件的规定

2008年9月19日财政部和国家税务总局联合下发了《关于企业关联方利息支出税前扣除标准有关税收政策问题的通知》（财税[2008]121号），明确了在计算应纳税所得额时，企业实际支付给关联方的利息支出的税前列支标准：

第一，不超过企业所得税法及其实施条例有关规定计算的部分。

第二，企业如果能够按照税法及其实施条例的有关规定提供相关资料，并证明相关交易活动符合独立交易原则的；或者该企业的实际税负不高于境内关联方的，其实际支付给境内关联方的利息支出，在计算应纳税所得额时准予扣除。

第三，企业实际支付给关联方的利息支出，其接受关联方债权性投资与其权益性投资比例为：金融企业，为5∶1；其他企业，为2∶1。企业同时从事金融业务和非金融业务，其实际支付给关联方的利息支出，应按照合理方法分开计算；没有按照合理方法分开计算的，一律按其他企业的比例计算准予税前扣除的利息支出。

---

① 为简化计算，仅将方案A与方案B代入公式，计算筹资无差别点。其实，将三种方案中的任何两种代入公式，计算出的结果都是相同的。

同时满足以上三项标准的部分，准予扣除，超过的部分不得在发生当期和以后年度扣除。

通知同时明确，企业自关联方取得的不符合规定的利息收入应按照有关规定缴纳企业所得税。

（2）“国税函[2009]777 号”文件的规定

2009 年 12 月 31 日《国家税务总局关于企业向自然人借款的利息支出企业所得税税前扣除问题的通知》（国税函[2009]777 号）对企业向自然人借款的利息支出企业所得税税前扣除问题进行明确。

企业向股东或其他与企业有关联关系的自然人借款的利息支出，应根据《企业所得税法》第四十六条及《财政部、国家税务总局关于企业关联方利息支出税前扣除标准有关税收政策问题的通知》（财税[2008]121 号）规定的条件，计算企业所得税扣除额。

企业向除前述自然人以外的内部职工或其他人员借款的利息支出，同时符合以下条件的，其利息支出在不超过按照金融企业同期同类贷款利率计算的数额的部分，准予扣除：一是企业与个人之间的借贷是真实、合法、有效的，并且不具有非法集资目的或其他违反法律、法规的行为；二是企业与个人之间签订了借款合同。

第六节　企业分立中的税收筹划

企业分立是指一家企业（称为被分立企业）将部分或全部资产分离转让给现存或新设的企业（称为分立企业），被分立企业股东换取分立企业的股权或非股权支付，实现企业的依法分立。企业不论采取何种方式分立，均不须经过清算程序。分立前企业的股东（投资者）可以决定继续以全部或部分资产投资各分立后的企业；分立前企业的债权和债务，按法律规定的程序和分立协议的约定，由分立后的企业承继。总之，原企业从本质上并没有消灭。也正是这种实质上的存续，为税收筹划提供了可能。

一、企业分立中的增值税筹划

在分析企业如何通过分立来降低增值税负担之前，先来看一下某食品厂的案例。

【实例 12.7】某食品厂为增值税一般纳税人，适用 17%的增值税税率。根据市场需求，该食品厂自行种植猕猴桃，并将猕猴桃加工成果脯、饮料等（以下简称加工品）对外销售。2015 年 5 月该食品厂共销售猕猴桃加工品 100 万元（不含增值税价格），产生 17 万元的销项增值税。但企业经核算，发现与该项业务有关的进项增值税数量很少，只有化肥等项目产生了 1 万元的进项增值税。这样，该食品厂需要就该项业务缴纳 16 万元的增值税。为了降低增值税负担，该企业在购进可抵扣项目时，十分注重取得合格的增值税专用发票，但收效不大（见图 12.1）。

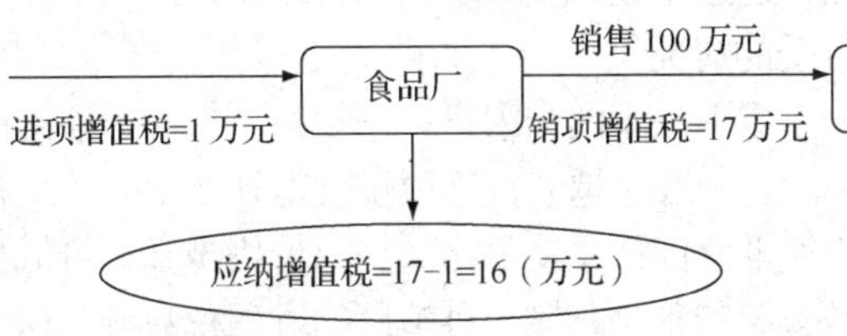

图 12.1　分立前食品厂应纳增值税情况

筹划操作：该食品厂应采取企业分立的方法降低增值税负担，即食品厂将猕猴桃的种植业务分立为一个独立的企业，并使其具有独立的法人资格，实行独立核算，也就是使之成为一个独立的纳税人。

筹划剖析：我国《增值税暂行条例》规定，一般纳税人向农业生产者购买的免税农业产品，或者向小规模纳税人购买的农业产品，准予按照购买价格和13%的扣除率计算进项税额并从当期销项税额中扣除①。因此，食品厂分立后：

第一，分立后的食品厂，销项增值税不变，仍为17万元。

第二，分立后的食品厂，增加了进项增值税。假设按照市场正常的交易价格，该食品厂2015年5月用于生产猕猴桃加工品的原料价值为60万元，那么：

新产生的进项增值税=60×13%=7.8（万元）

如果企业进行转让定价操作，还可以计算更多的进项税。

第三，原有的进项增值税，可能会有一部分属于种植厂的购入项目，这些进项税在分立后不能抵扣。假设这部分进项税占原进项税的一半。那么，只有属于新的食品厂的部分，在分离后仍旧可以抵扣。

原有进项增值税可抵扣部分=1×50%=0.5（万元）

所以，分立后食品厂的这项业务需要缴纳的增值税为：

应纳增值税=17−7.8−0.5=8.7（万元）

具体如图12.2所示。

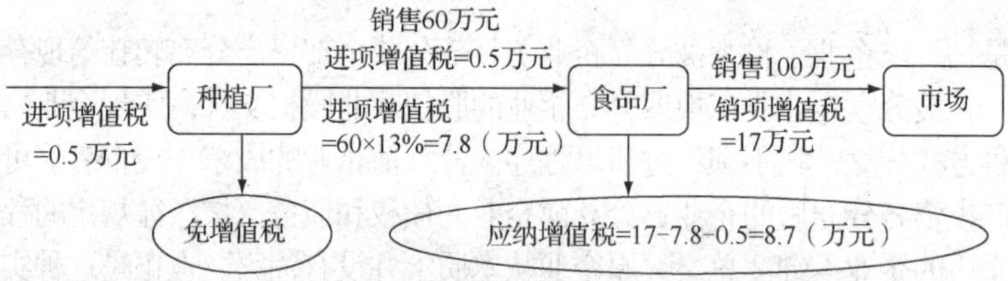

图12.2　分立后食品厂应纳增值税情况

筹划结果：与筹划前相比，企业的增值税纳税义务降低了7.3万元（即16万元−8.7万元）。

特别提示

从所得税角度看，种植企业增加的销售收入就是食品厂增加的成本，因此种植企业增加的利润就是食品厂减少的利润。所以，二者之间的猕猴桃销售价格最终不会影响二者总的所得税负担。

意外收获：该方案没有考虑企业所得税的影响。如果企业分立后能够适用照顾性税率，此方案的筹划效果会更好。

从【实例12.7】中可以看出，通过企业分立实现增值税筹划，适用于分立后企业能够增加进项增值税，而分立前企业不能享受的情况。

这一税收筹划方案的效果，主要取决于两个因素：一是新增加的进项增值税的数额，即根据13%的扣除率计算的进项增值税。这一数额越大，这项税收筹划方案的效果就越好。实际上这一数额直接取决于种植企业和加工企业之间的交易价格。交易价格越高，可抵扣的进项增值税就越多。二是原有的进项增值税的数额，特别是归属于种植厂的进项税数额。这一数额会直接增加这

① 进项税额的计算公式是：进项税额＝买价×扣除率。参见“财税[2002]105号”文件。

项税收筹划方案的机会成本。

将种植业务独立后，食品厂就可以按照购买价格和13%的扣除率计算进项增值税，而种植企业也不必缴纳增值税，因为直接从事植物的种植、收割和动物的饲养、捕捞的单位和个人销售的自产农业产品，免征增值税。当然，相应的进项增值税也不能再抵扣。结果是，种植企业没有因为分立而多承担任何税收，而食品厂却在原有进、销项增值税不变的前提下，因为有了“向农业生产者购买的免税农业产品”，而可以增加大量的进项增值税。

但是需要注意的是，该例中的税收筹划方法不适用于以购进农产品为原料生产销售液体乳及乳制品、酒及酒精、植物油的增值税一般纳税人，因为根据“财税[2012]38 号”文件，自 2012 年 7 月 1 日起，以购进农产品为原料生产销售以上产品的增值税一般纳税人，纳入农产品增值税进项税额核定扣除试点范围，其购进农产品无论是否用于生产上述产品，增值税进项税额均实施核定扣除办法。

二、企业分立中所得税的一般与特殊处理

2009 年 4 月财政部和国家税务总局联合出台的《关于企业重组业务企业所得税处理若干问题的通知》（财税[2009]59 号文）。该文件规定，企业分立的税务处理，区分不同条件分别适用一般性税务处理规定和特殊性税务处理规定。

（一）制度规定

1. 一般性税务处理规定

（1）对于被分立企业分立出去的资产，被分立企业应按公允价值确认资产转让所得或损失，分立企业应按公允价值确认接受资产的计税基础。

（2）被分立企业继续存在时，其股东取得的对价应视同被分立企业分配进行处理。

（3）被分立企业不再继续存在时，被分立企业及其股东都应按清算进行所得税处理。

（4）企业分立相关企业的亏损不得相互结转弥补。

2. 特殊性税务处理规定

（1）适用条件

企业重组（分立）同时符合下列条件的，适用特殊性税务处理规定：第一，具有合理的商业目的，且不以减少、免除或者推迟缴纳税款为主要目的；第二，被收购、合并或分立部分的资产或股权比例符合本通知规定的比例；第三，企业重组后的连续 12 个月内不改变重组资产原来的实质性经营活动；第四，重组交易对价中涉及股权支付金额符合本通知规定比例；第五，企业重组中取得股权支付的原主要股东，在重组后连续 12 个月内，不得转让所取得的股权。

（2）税务处理方式

被分立企业所有股东按原持股比例取得分立企业的股权，分立企业和被分立企业均不改变原来的实质经营活动，且被分立企业股东在该企业分立发生时取得的股权支付金额不低于其交易支付总额的 85%，可以选择按以下规定处理：第一，分立企业接受被分立企业资产和负债的计税基础，以被分立企业的原有计税基础确定。第二，被分立企业已分立出去资产相应的所得税事项由分立企业承继。第三，被分立企业未超过法定弥补期限的亏损额可按分立资产占全部资产的比例进行分配，由分立企业继续弥补。

在企业存续分立中，分立后的存续企业性质及适用税收优惠的条件未发生改变的，可以继续

享受分立前该企业剩余期限的税收优惠，其优惠金额按该企业分立前一年的应纳税所得额（亏损计为零）乘以分立后存续企业资产占分立前该企业全部资产的比例计算。

（二）制度比较与选择

两种处理方式相比，显然特殊税务处理对纳税人是比较有利的。

首先，在资产的处理上，一般税务处理下，双方企业都需要按照公允价值确认资产价值。在很多情况下，被分立企业都会将厂房、建筑物或厂区土地分立出去，如果按照公允价值确认，企业会面临较高的税负。但是在特殊税务处理下，双方企业都只需要按照原有的计税基础确认资产价值，避免了由于资产增值带来的纳税义务。

其次，原有的亏损，在一般税务处理下，不能在企业之间结转弥补；但在特殊税务处理下，原有未超过法定弥补期限的亏损额，可按分立资产的比例，由分立企业继续弥补。

再次，剩余期限内的税收优惠，只有在特殊税务处理下，相关适用条件没有发生变化的，才可以继续享受。

可见，争取适用特殊性税务处理政策，是企业分立中进行所得税筹划的有效途径。

第七节　企业并购中的税收筹划原理

企业并购（M&A）是企业扩张型重组的重要途径，包括合并（Merger）和收购（Acquisition）两种方式，两者结合在一起简称“并购”。并购的基本类型如图 12.3 所示。

- 并购（M&A）
  - 合并（Merger）
    - 吸收合并（Consolidation Merger
    - 新设合并（Statutory Merger）
  - 收购（Acquisition）
    - 资产收购（Assert Acquisition）
    - 股权收购（Stock Acquisition）

图 12.3　企业并购的分类

企业合并是指两个或两个以上的企业按照规定程序合并为一个企业的法律行为。一般认为，企业合并又包括吸收合并与新设合并两种形式。其中吸收合并指一个企业吸收其他企业，被吸收的企业解散。新设合并指两个或两个以上企业合并成一个新企业，合并各方解散。

收购是指一家公司用现金、债券或股票等资产，对其他企业的全部或部分所有权的购买行为。按照收购对象的不同，收购可以分为资产收购和股权收购。资产收购是一种购买目标公司资产的行为，这时被收购方只是出卖部分资产，并不影响其继续经营。而如果目标公司出卖了全部的资产，这时目标公司就成为了空壳公司，可以被其他不满足上市条件的公司利用进行买壳上市。股权收购是指购买目标公司股份的投资方式，可以借此实现对目标公司的控制权。

从广义的角度看，合并与收购并无明显的差别，收购也可以看作是一种合并。然而，“财税[2009]59 号”文件中，将资产收购、股权收购、合并三者做了区分，适用不同的税务处理方法。因此，在研究我国企业并购中的税收筹划问题时，应将三者区别对待。

一、税收筹划目标下的企业并购标的

在企业并购过程中，确定最佳目标企业是并购决策的首要问题，它是整个并购过程的基础。

在这一环节充分考虑税收因素，可以在一定程度上降低企业的并购成本，甚至减轻并购后存续企业的税收负担，而且这样的结果将增加并购成功的可能性，促进合并后存续企业的发展。

（一）选择本企业的上、下游企业为目标企业

选择企业的上游或者下游企业为目标企业，不仅可以发挥专业化合作的优势，还可以利用我国现行税收政策规避税收负担，尤其是规避流转税税负。

1. 利用并购行为规避增值税

并购对企业应纳增值税的影响主要在于，增值税税法规定，设有两个机构并实行统一核算的纳税人，将货物从一个机构移送到其他机构用于销售的行为，视同销售货物，但相关机构设在同一县、市的除外。根据以上规定，如果企业和目标企业在同一县、市，而且双方存在相互联系的供给和需求关系，则实施并购后，并购前需要缴纳增值税的业务在并购后则被视为货物在企业的内部移送，不视同销售货物，无需缴纳增值税。待最终实现销售时纳税，企业已经获得了相应税款的时间价值。

2. 利用并购行为规避消费税

如果企业属于消费税纳税人，若能选择与其有供销关系的消费税纳税企业进行并购，会使原来企业间的购销环节转变为企业内部的原材料移送环节，从而获得节税收益。首先，原销售原材料企业需缴纳的消费税将递延至最终产品的销售环节征收；其次，如果后一环节的消费税税率较前一环节的税率低，则可直接减轻企业的消费税税负。

3. 利用并购行为规避土地增值税

当政府意图限制或约束某一行业的发展时，通常会采取对该行业开征专门税种的方法——就像中国当前对房地产行业征收的土地增值税。但将房地产行业置于市场当中，不难发现，它只是房地产生产链条中的一个环节：土地增值税只覆盖了这一个环节，而放弃了对它的上下游产业的调节。于是，房地产企业完全可以通过并购行为，形成企业集团化盈利模式，通过将盈利分配给上游的设计企业、建筑企业，或下游的物业管理企业，实现利润的分散化，进而降低土地增值税。

（二）选择税收优惠地区的目标企业

《企业所得税法》对在经济特区、西部地区等特殊区域注册经营的企业，给予了特殊的优惠。企业在选择并购目标时，可选择能享受到这些优惠政策的企业作为并购对象，同时在并购后，争取使新企业能够适用相关的优惠政策。当企业集团内存在多个独立的纳税人时，被并购企业保持独立的纳税地位，并在企业集团内进行适度的税收筹划，也可以在整体上实现税收筹划的目标。

（三）选择符合国家产业政策的企业作为目标企业

《企业所得税法》将税收优惠的重心转移到产业优惠上，鼓励环保节能产业的发展和环保节能设备的运用以及高科技产业。如国家重点扶持的高新技术企业享受15%低税率的税收优惠；采用符合国家再生资源生产的企业享受“三免三减半”的税收优惠；农业生产所得享受的免税或减半征收的税收优惠等。使得企业在选择被并购企业时，可以根据行业性质和收益程度选择恰当的目标企业。

（四）选择累计经营亏损的目标企业

并购企业若有较高盈利水平，可选择一家具有大量未弥补亏损的企业作为并购目标。通过盈

利与亏损的相互抵消，降低企业所得税。如果并购纳税中出现亏损，合并企业还可以实现亏损的递延，推迟纳税。

【实例 12.8】G 企业于某年 12 月收购 H 企业，H 企业当时有 2 000 万元的经营性亏损，需递延至以后年度由税前利润弥补。收购后 G 企业第 1～3 年盈亏情况见表 12.4。

表 12.4　G 企业并购前盈亏情况表　（单位：万元）

	第 1 年	第 2 年	第 3 年	合计
利润总额	800	900	1 200	2 900
减：所得税（25%）	200	225	300	725
所有者净资金流入	600	675	900	2 175

G 企业与 H 企业并购后，其第 1～3 年度盈亏情况见表 12.5。

表 12.5　G、H 企业并购后盈亏情况表　（单位：万元）

	第 1 年	第 2 年	第 3 年	合计
利润总额	800	900	1 200	2 900
减：亏损	800	900	300	2 000
应税利润总额	0	0	900	900
减：所得税（25%）	0	0	225	225
所有者净资金流入	800	900	975	2 675

筹划结果：通过以上两表可以看出，通过企业收购的税收筹划，使 G、H 两企业三年内的整体税负由原来的 725 万元降低到 225 万元，减少了 500 万元，归属于所有者的资金流入相应增加了 500 万元。

二、企业并购中的所得税筹划

企业并购中的所得税政策，主要是 2009 年 4 月 30 日财政部和国家税务总局联合出台的《关于企业重组业务企业所得税处理若干问题的通知》（财税[2009]59 号）和财政部和国家税务总局 2014 年 12 月颁布的《关于促进企业重组有关企业所得税处理问题的通知》（财税[2014]109 号）。依照以上文件的规定，企业并购中的所得税处理，分为一般性税务处理和特殊性税务处理。二者的区别，主要在于所得或损失的计量，以及相关资产或股权的计税基础。一般性税务处理是按照税收原理和市场原则进行的规范，而特殊性税务处理实质上给予了纳税人延期纳税的优惠政策。

（一）一般性税务处理方法

一般情况下，企业合并应按照下列规定进行税务处理：①合并企业应按公允价值确定接受被合并企业各项资产和负债的计税基础；②被合并企业及其股东都应按清算进行所得税处理；③被合并企业的亏损不得在合并企业结转弥补。

一般情况下，企业股权收购、资产收购重组交易，相关交易应按以下规定处理：①被收购方应确认股权、资产转让所得或损失；②收购方取得股权或资产的计税基础应以公允价值为基础确定；③被收购企业的相关所得税事项原则上保持不变。

（二）特殊性税务处理的适用条件

在企业并购中，如果同时满足下述条件，可以进行特殊性税务处理：

1. 具有合理的商业目的，且不以减少、免除或者推迟缴纳税款为主要目的

2. 被收购、合并或分立部分的资产或股权比例符合本通知规定的比例

（1）对于企业合并而言，被合并企业消失，该比例不必再做限制。

（2）对于股权收购而言，该比例指“收购企业购买的股权不低于被收购企业全部股权的50%”。

（3）对于资产收购而言，该比例指“受让企业收购的资产不低于转让企业全部资产的50%”。

以上50%的比例限制，源于“财税[2014]109号”的规定，并自2014年1月1日起执行。该通知发布前尚未处理的企业重组，符合本通知规定的可按本通知执行。而此前“财税[2009]59号”文所规定的以上两个比例，均为75%。

3. 企业重组后的连续12个月内不改变重组资产原来的实质性经营活动

4. 重组交易对价中涉及股权支付金额符合本通知规定比例

（1）股权支付的认定

根据“财税[2009]59号”文，股权支付，是指企业重组中购买、换取资产的一方支付的对价中，以本企业或其控股企业的股权、股份作为支付的形式；所称非股权支付，是指以本企业的现金、银行存款、应收款项、本企业或其控股企业股权和股份以外的有价证券、存货、固定资产、其他资产以及承担债务等作为支付的形式。

（2）规定比例的限制

在企业合并中，这一比例是指“企业股东在该企业合并发生时取得的股权支付金额不低于其交易支付总额的85%”。“同一控制下且不需要支付对价的企业合并”，也可以认定为符合该比例规定。

（3）在股权收购中，这一比例是指“收购企业在该股权收购发生时的股权支付金额不低于其交易支付总额的85%”。

（4）在资产收购中，这一比例是指“受让企业在该资产收购发生时的股权支付金额不低于其交易支付总额的85%”。

（5）企业重组中取得股权支付的原主要股东，在重组后连续12个月内，不得转让所取得的股权。

（6）企业发生涉及中国境内与境外之间（包括港澳台地区）的股权和资产收购交易，除应符合以上各项条件外，还应同时符合下列条件，才可选择适用特殊性税务处理规定：

① 非居民企业向其100%直接控股的另一非居民企业转让其拥有的居民企业股权，没有因此造成以后该项股权转让所得预提税负担变化，且转让方非居民企业向主管税务机关书面承诺在3年（含3年）内不转让其拥有受让方非居民企业的股权。

② 非居民企业向与其具有100%直接控股关系的居民企业转让其拥有的另一居民企业股权。

③ 居民企业以其拥有的资产或股权向其100%直接控股的非居民企业进行投资。

④ 财政部、国家税务总局核准的其他情形。

（三）特殊性税务处理政策

企业合并中的特殊税务处理方式包括：①合并企业接受被合并企业资产和负债的计税基础，以被合并企业的原有计税基础确定；②被合并企业合并前的相关所得税事项由合并企业承继；③可由合并企业弥补的被合并企业亏损的限额=被合并企业净资产公允价值×截至合并业务发生当年年末国家发行的最长期限的国债利率。④被合并企业股东取得合并企业股权的计税基础，以其原持有的被合并企业股权的计税基础确定。

符合特殊性税务处理的股权收购业务，可以选择按以下规定进行所得税处理：①被收购企业的股东取得收购企业股权的计税基础，以被收购股权的原有计税基础确定；②收购企业取得被收购企业股权的计税基础，以被收购股权的原有计税基础确定；③收购企业、被收购企业的原有各项资产和负债的计税基础和其他相关所得税事项保持不变。

符合特殊性税务处理的资产收购业务，可以选择按以下规定进行所得税处理：①转让企业取得受让企业股权的计税基础，以被转让资产的原有计税基础确定；②受让企业取得转让企业资产的计税基础，以被转让资产的原有计税基础确定。

前述企业发生涉及中国境内与境外之间（包括港澳台地区）的股权和资产收购交易中，居民企业以其拥有的资产或股权向其 100%直接控股关系的非居民企业进行投资的，其资产或股权转让收益如果选择特殊性税务处理，可以在 10 个纳税年度内均匀计入各年度应纳税所得额。

此外，“财税[2014]109 号”文件对于股权、资产划转的特殊性税务处理方法进行了明确：对 100%直接控制的居民企业之间，以及受同一或相同多家居民企业 100%直接控制的居民企业之间按账面净值划转股权或资产，凡具有合理商业目的、不以减少、免除或者推迟缴纳税款为主要目的，股权或资产划转后连续 12 个月内不改变被划转股权或资产原来实质性经营活动，且划出方企业和划入方企业均未在会计上确认损益的，可以选择按以下规定进行特殊性税务处理：①划出方企业和划入方企业均不确认所得；②划入方企业取得被划转股权或资产的计税基础，以被划转股权或资产的原账面净值确定；③划入方企业取得的被划转资产，应按其原账面净值计算折旧扣除。

（四）一般性税务处理与特殊性税务处理政策的比较

税收筹划的前提，是分析不同税务处理方式的差异，并根据企业的具体情况，灵活加以运用。比较企业并购中一般性税务处理与特殊性税务处理的差异，有助于纳税人根据自身的实际情况，选择适合于自己的税务处理方法。

以企业合并中的政策差异为例，比较见表 12.6。

表 12.6　企业合并中的一般税务处理与特殊税务处理对比

		一般税务处理	特殊税务处理
合并企业方的处理	被合并企业的资产、负债的计税基础	按公允价值确定计税基础	以被合并企业原有计税基础确定
	被合并企业的亏损	不得在合并企业结转弥补	由合并企业承继（有弥补限额）
被合并企业方的处理	被合并企业及其股东的所得	按清算进行所得税处理	所取得合并企业股权的计税基础，以其原持有的被合并企业股权的计税基础确定

从表 12.6 中的分析可以发现，二者的根本差异在于，当相关资产或负债的公允价值和原有账面价值产生差异时，一般性税务处理在并购发生的当期，即确认了这种价值变动，并且由此对企业的盈亏产生影响；而在特殊税务处理中，相关资产或负债是以原计税基础确定新的入账价值，无论是升值还是贬值，都不会对当期所得税产生影响——直到这些资产或负债日后再次被销售出去，才会将此次的价值变动一起实现。

可见，特殊性税务处理实际上是一种延期纳税政策。当资产出现增值的时候，特殊性税务处理对企业更加有利，有助于企业推迟纳税时间；但当资产出现贬值的时候，一般性税务处理可以使企业减少当期的应纳税所得额，因而更有助于企业降低税负。

（五）企业合并中所得税的筹划

“财税[2009]59 号”和“财税[2014]109 号”文件的出台使得企业在合并中进行税收筹划的条件更为严格，使得企业合并的所得税筹划空间趋小，因此，研究企业合并税收筹划更要重视全流程的整体安排，并将税收筹划的重点，放在对一般税务处理与特殊税务处理的选择上。

在新制度下企业合并中税收筹划的亮点在于，当企业采取特殊税务处理方法时，可以递延纳税，暂不计算评估增值部分所得，且可以将目标企业的未弥补亏损转由合并后的企业进行税前抵扣，减轻了企业重组的税收成本，有利于企业开展重组，进行资源的重新整合、布置。

【实例 12.9】甲公司要兼并一家亏损的乙公司，乙公司当时尚有 200 万元的亏损未弥补，税前弥补期限尚有 3 年，被合并的乙企业净资产的公允价值为 1 000 万元。双方股东谈判达成协议，交易价格为 1 000 万元，甲公司股东表示出让相当于 800 万元价值的股份给原乙公司股东，同时结转给乙公司股东 200 万元的现金。假设预计合并后的企业丙在 2016 年、2017 年、2018 年未弥补亏损前的应税所得额分别为 100 万元、200 万元、300 万元。假设 2016 年、2017 年、2018 年国家发行的最长期限国债利率为 4%。

根据“财税[2009]59 号”文件中的指标计算方法，该合并业务中的股权支付比例：

股权支付比例=800÷（800+200）×100%=80%

因其股权支付额未超过 85%，所以合并企业不能进行特殊税务处理，应按照一般方法纳税，被合并企业的亏损不得在合并企业结转弥补。因此 2016 年至 2018 年共应缴纳企业所得税为：

应纳所得税=（100+200+300）×25%=150（万元）

筹划操作：按照“财税[2009]59 号”文的规定，企业合并中，企业股东在该企业合并发生时取得的股权支付金额不低于其交易支付总额的 85%，以及同一控制下且不需要支付对价的企业合并，这时合并企业可以进行特殊税务处理，享受被合并企业未弥补的亏损，弥补亏损限额计算公式为：

合并企业弥补的被合并企业亏损的限额=被合并企业净资产公允价值×截至合并业务发生当年末国家发行的最长期限的国债利率

甲公司股东应该提高股权支付额的比重，即甲公司股东可以出让相当于 850 万元价值的股份给原乙公司股东，同时支付给乙公司股东 150 万元的现金（或其他非股权支付方式），此时的股权支付额就达到了 85%的比重，可以选择文件中规定的特殊税务处理方式，由合并后的企业承继被合并企业合并前的相关所得税事项，进行亏损弥补。

2016 年：可弥补亏损=1 000×4%=40（万元）

应纳所得税=（100−40）×25%=15（万元）

2017 年：可弥补亏损=1 000×4%=40（万元）

应纳所得税=（200−40）×25%=40（万元）

2018 年：可弥补亏损=1 000×4%=40（万元）

应纳所得税=（300−40）×25%=65（万元）

三年共计应纳所得税=15+40+65=120（万元）

筹划结果：采用第二种合并方式，提高股权支付比例后，企业在未来三年内降低所得税负担 30 万元（即 150 万元−120 万元）。

特别提示

本案例中的税收筹划原理，针对的是企业合并的情况，而对股权收购方式的产权重组，效果完全不同。股权收购是收购公司与目标公司的股东之间的交易行为，并不涉及目标公司这一法人主体。因此，无论收购了目标公司多大比例的股权，目标公司本身未发生变化，并未丧失法律人格，其权利义务仍由目标公司自身承担。因此“财税[2009]59号”文明确，企业股权收购后，被收购方应确认股权、资产转让所得或损失；收购方取得股权或资产的计税基础应以公允价值为基础确定；而被收购企业的相关所得税事项原则上保持不变。即使在文件规定的特殊处理方式下，仍明确“收购企业、被收购企业的原有各项资产和负债的计税基础和其他相关所得税事项保持不变”。因此，本案例的中的税收筹划方法，只适用于企业合并，不适用于股权收购。也就是说，目标企业的法人地位必须随并购而消失，否则将不能实现本案例中分析的税收筹划效果。

三、企业合并中的流转税筹划

通过以被并购企业存货的增值税进项税额，抵减并购后企业的销项税额，可以实现合并后增值税税负的降低。

【实例 12.10】企业 E 本期销售商品 500 万元，销项税额为 85 万元，本期进项税额为 50 万元，实际应缴纳增值税为 35 万元。F 企业资产额与负债额相等，即净资产额为零。但 F 企业原有库存存货 100 万元，相应进项税额为 17 万元。

筹划操作：该 E 企业可以采取“零价收购”①法兼并 F 企业。

筹划剖析：兼并后，E 企业本期进项增值税增加，导致本期应纳增值税减少。

本期进项增值税=50+17=67（万元）

应缴纳的增值税=85−67=18（万元）

F 企业存货的进项税额抵减了 E 企业本期应交增值税额。

筹划结果：E 企业本期应纳增值税减少了 17 万元（即 35 万元−18 万元）。

特别提示

使用该方法进行税收筹划时，必须全面考虑“零收购”给企业带来的全面影响。例如，F 企业原有的债务也会因此转移给 E 企业。如果原来 F 企业的账面资产质量不高，不足以承担其原有债务，该税收筹划的效果将受到影响，甚至会影响税收筹划方案的可行性。

本章小结

企业的设立地点会对税收负担产生影响。国家出于区域经济调控的需要，所得税的区域性优惠必将在今后长期存在。

企业在选择分支机构的形式时，主要应考虑两个因素：一是从增值税角度考虑，是作为临时性外出办事机构，在总机构所在地缴纳增值税，还是作为常设分支机构，在分支机构所在地缴纳；二是从所得税角度考虑，是与总机构合并缴纳所得税，还是独立缴纳企业所得税。

① 所谓“零价收购”，是指将净资产为零（总资产等于总负债）的企业无偿出售，其主要条件是收购方承担原有企业的全部债务。

企业可以创造条件通过纳税人身份认定进行税收筹划。其一，增值率是纳税人身份选择的重要指标，产品增值率较高时，小规模纳税人更具有税收筹划效应。其二，企业应关注原材料种类及其采购途径。整体而言，企业的低税率购入项目越多、购入项目的税率越低，企业作为一般纳税人的税收优势就越小。此时，企业应选择小规模纳税人方式。

在现代市场经济条件下，企业的主要筹资渠道主要包括债权性资金、股权性资金、结算过程中的资金、企业内部积累资金以及融资租赁等。与之相应，企业筹资管理的税收筹划，也是整个税收筹划方法体系的重要内容之一。

不同筹资方式具有不同的税收特征：债权筹资方式的相关利息可以按规定在企业所得税前扣除，可以使企业筹资成本降低。股权筹资方式的股东数量众多，容易寻求降低融资成本、提高投资规模效益的途径，而且有利于企业利润的平均分摊，以避免利润过分集中而带来较重的税收负担。结算资金操作相对更加灵活，且只要最终的交易价格不过分偏离市场正常交易价格，所有的资金成本，都可以在企业所得税前得到扣除。内部积累方式的成本最低，但税负无法进行转嫁。

企业分立过程中，可以从企业所得税、增值税等角度进行税收筹划。分立中增值税筹划适用于分立后的企业能够增加进项增值税，而分立前企业不能享受的情况。而从企业所得税角度分析，争取适用特殊性税务处理政策，是企业降低税负的有效途径。

在企业并购中，选择企业的上游或者下游企业为目标企业，可以进行增值税、消费税、土地增值税等流转税的税收筹划；选择税收优惠地区的企业，或符合国家产业政策的企业，或具有累计经营亏损的企业进行并购，可以降低企业所得税负担。

练习题

一、单项选择题

1. 关于企业设立的表述中，错误的是（　　）。

   A. 个人投资者投资设立个人独资企业和合伙企业就可以避免重复纳税

   B. 法人投资者可以通过设立有限合伙制企业避免经济性重复课税

   C. “一人有限责任公司”如果注册性质是企业法人，需要先缴纳企业所得税，待利润分配到个人时，再缴纳一道个人所得税

   D. 企业以总分结构设立时，如果总机构可以长期享受更优惠的税收政策，选择分公司的形式更利于降低税负

2. 下列不同的筹资方式中，错误的是（　　）。

   A. 由于发行债券的相关利息不能在企业所得税前扣除，因此应尽量采取借款方式筹资

   B. 当筹资费率与利息率相等时，债权筹资的成本更低

   C. 股权筹资有利于分散收益，提高投资规模效益

   D. 内部积累方式筹资没有节税效应，但资金成本为零

3. 某高新技术企业因扩大生产规模新建厂房，由于自有资金不足，2016 年 1 月 1 日向银行借入长期借款 1 笔，金额 3 000 万元，贷款年利率是 4.5%，2016 年 4 月 1 日该厂房开始建设，12 月 31 日房屋竣工结算并交付使用，则 2016 年度该企业可以在税前直接扣除的该项借款费用为（　　）万元。

   A. 36.65　　B. 35.45　　C. 32.75　　D. 33.75

4. 利用自产农产品深加工销售的企业，通过将农产品种植部门分立为独立的企业，可以降低（　　）的负担。

   A. 增值税　　B. 消费税　　C. 印花税　　D. 企业所得税

5. 从税收筹划角度考虑企业并购，下列说法不正确的是（　　）。

A. 选择本企业的上、下游企业为目标企业，可以规避增值税和消费税

B. 选择税收优惠地区的目标企业

C. 选择符合国家产业政策的企业作为目标企业

D. 选择前期累计经营盈利的企业

二、多项选择题

1. 下列表述中，正确的有（　　）。

A. 从法律地位上讲，子公司必须具备独立的法人资格，而分公司不具备

B. 分公司和总公司之间是一种法律上财产权益关系，没有直接的隶属关系

C. 子公司一般不设置董事会等整套管理机构，只有业务管理人

D. 母公司仅以其投入子公司的资本额为限，依法对子公司承担民事责任

2. 企业的主要筹资途径包括（　　）。

A. 债权性资金　　B. 股权性资金　　C. 结算过程中的资金 D. 非货币性资产交换

3. 进行企业筹资的税收筹划时，需考虑的问题包括（　　）。

A. 筹资结构的变动对企业经营绩效的影响

B. 筹资结构的变动对整体税负的影响

C. 筹资结构的变动对市场环境的影响

D. 企业应如何合理调整筹资结构，以达到节税与所有者总体收益最大化的双重目标

4. 以下各项中，属于债权融资优势的有（　　）。

A. 债权方式筹资具有成本优势

B. 借款和发行债券的相关利息可在企业所得税前扣除

C. 避免利润过分集中而引起税收负担过重

D. 在筹资费率和利息（股息）率相等时，借款和发行债券等债权筹资的成本更低

5. 下列属于设立子公司的优点的有（　　）。

A. 子公司可以与母公司进行一定幅度的转让定价

B. 子公司的经营亏损可以冲抵母公司的利润，减轻税负

C. 子公司向母公司支付的特许权使用费、利息、其他间接费等，更易得到税务当局认可

D. 母公司拥有子公司资本，在东道国不缴纳资本税

三、计算题

1. 甲、乙工业企业同为小规模纳税人，从事加工生产汽车零配件业务。甲企业年含税销售额为41万元，年可抵扣购进货物含税金额34万元；乙企业年含税销售额44万元，年可抵扣购进货物含税金额38万元。进项税额可取得增值税专用发票。由于两企业年销售额均未达到一般纳税人认定标准，税务机关对两个企业均按小规模纳税人征收办法征税。请计算并分析：两企业应如何根据纳税人身份进行税收筹划？

2. 个人投资者马先生投资设立一小型加工生产企业，预计年应纳税所得额为20万元。该企业各项条件均符合小型微利企业标准，适用20%的企业所得税税率。请计算并分析，马先生应采取何种身份设立该企业，以减轻税收负担。

3. 某境内居民企业2016年度“财务费用”账户中的利息金额，包括两项内容：（1）向银行借入200万元生产用贷款的借款利息，其中年利率为8%，借款期限为9个月；（2）向本企业员工借入与银行借款同期的非生产用资金100万元，协议约定，期满将偿还本金和借款利息共计110万元。该企业在2016年度计算应纳税所得额时允许扣除的利息费用金额为多少？

四、实训题

1. 某卷烟厂生产的卷烟每条调拨价格 75 元，当月销售 7 000 条。这批卷烟的生产成本为 29.5 元/条，当月分摊在这批卷烟上的期间费用为 7 800 元。假设企业将卷烟每条调拨价格调低至 68 元，计算分析在不考虑其他税种的情况下，该卷烟厂是否可以实现消费税的筹划？应如何操作？

2. 某地区有两家制酒企业 A 和 B，两者均为独立核算的法人企业。A 企业主要经营粮食白酒，适用的消费税税率为 20%的比例税率加 0.5 元/500 克的定额税率。B 企业为 A 企业的下游企业，以 A 企业生产的粮食白酒为原料生产药酒（药酒的比例税率为 10%，无定额税率）。A 企业每年要向 B 企业提供价值 1 亿元，共计 2 500 万千克的粮食白酒。在此期间，B 企业由于资金链条中断，无法持续经营，准备破产清算。此时企业 B 欠企业 A 共计 5 000 万元货款。经评估，企业 B 的资产价值与对 A 企业的欠款数额相等。企业 A 管理层研究决定，对 B 企业进行收购，请计算分析 A 企业做出收购决策的税收筹划因素。

五、拓展阅读指南

1. 中国税务出版社网站

2. 中国国家税务总局网站“税收法规库”专栏

3. 中国会计网“税收资讯”专栏

第十三章 个人所得税的税收筹划

【学习目标】

掌握工资、薪金所得中收入不均衡和取得年终奖金时税收筹划的要点；充分利用各项所得的费用列支实现个人税后收益的最大化；理解劳务报酬中税收筹划节点；熟悉高收入者的税收筹划方法；知悉个人所得税身份认定对其税收负担的影响。

引导案例

贝克汉姆巧妙“避税”

贝克汉姆一度是世界上收入最高的足球运动员，他也是擅长利用税收政策合理避税的典范。前几年，贝克汉姆年收入均超过了 2 000 万英镑，其中广告收入近 1 500 万英镑。如果老实纳税，那么广告费中就要有 40%用于缴纳个人所得税，还有 12%奉献给国民保险。贝克汉姆“避税”的诀窍是成立自己的公司，而公司的经营项目就是他自己，即他的形象权以及所有相关的服务、产品。将广告费转移到个人公司，就可以被当做公司收益，这样就只需要承担 30%的公司所得税。相比个人所得税的 42%，节约了不少钱。很多英超球员也采取了类似的方式。何况，很多更为“奸诈”的英超球队还在年度报表中宣称，公司经营出现了亏损，这样一来甚至连公司所得税都不必缴纳。

启发思考

1. 贝克汉姆通过成立公司进行税收筹划的具体思路是什么？
2. 贝克汉姆是否还运用了其他筹划方法？有无税收风险存在？

第一节 各月工资收入不均衡时的税收筹划

由于季节性生产的原因，或出于企业内部管理的需要，许多企业员工的工资收入在各月份之间会存在很大的差别。例如，冷饮企业的季节性很强；一些实行效益工资的企业，员工工资在各月间也会有很大差别。

对于这种情况，我国税法的规定主要体现在以下两处：一是我国《个人所得税法》第九条第二款规定：“工资、薪金所得应纳的税款，按月计征……特定行业的工资、薪金所得应纳的税款，可以实行按年计算、分月预缴的方式计征，具体办法由国务院规定。”二是 2011 年 7 月 19 日修订的《个人所得税法实施条例》第四十条对以上规定的解释是：“……特定行业，是指采掘业、远洋运输业、远洋捕捞业以及国务院财政、税务主管部门确定的其他行业。”可见，采掘业、远洋运输业、远洋捕捞业等行业可以采取按年计算、分月预缴的方式缴纳个人所得税，而其他行业是否可以采取这一方式，决定权在国务院。在得到国务院的许可之前，只能采取按月计征的方式。

由于我国的个人所得税采取超额累进税率的方法，所以当工资收入不均衡时，按月计征的方式必然比“按年计算、分月预缴”的方式税负更重。所以税收筹划思路就是，对采掘业、远洋运输业、远洋捕捞业以外的企业，如果各月间工资收入不均衡，如何采用合理、合法的手段，在纳税时使收入更加均衡。

【实例 13.1】某医药设备公司实行效益工资制，每月的工资额按照基本工资加提成的方式发放。公司在每月发工资时为员工代扣个人所得税。预计某销售人员李先生在 2014 年 1—12 月工资（含基本工资和提成）情况，以及公司为其代扣个人所得税情况如表 13.1 所示。

表 13.1　李先生 1—12 月工资以及公司为其代扣个人所得税情况　　单位：元

月份	工资收入	公司代扣税金
1	3 800	（3 800−3 500）×3%=90
2	1 000	0
3	4 800	（4 800−3 500）×3%=39
4	4 600	（4 600−3 500）×3%=33
5	1 000	0
6	1 700	0
7	1 000	0
8	2 100	0
9	5 000	（5 000−3 500）×3%=45
10	4 200	（4 200−3 500）×3%=21
11	16 300	（16 300−3 500）×25%−1 005=2 195
12	16 800	（16 800−3 500）×25%−1 005=2 320

李先生全年收入为 62 300 元，应纳个人所得税额合计为 4 743 元。

筹划操作：该公司可以参照工资、薪金所得费用扣除标准，结合年终奖金，制定基本月工资标准并发放年终奖金。

筹划剖析：该公司可以采取以下步骤设计税收筹划方案：

首先计算职工月平均工资。李先生 2014 年全年工资总额为 62 300 元，扣除每月的费用扣除标准 3 500 元，全年应纳税所得额为：

全年应纳税所得额=62 300−3 500×12=20 300（元）

其次，如果公司采用月基本工资加年终奖金的薪金结构，那么基本工资将按月计税，年终奖金将除以 12 来确定适用税率和速算扣除数，那么，要想取得最大的税收筹划效果，每月应纳税所得额（月基本工资减去费用扣除标准）应为全年应纳税所得额的 1/24，年终奖金数额应为全年应纳税所得额的 12/24，即：

最佳月应纳税所得额标准=20 300÷24=845.83（元）

最佳年终奖金标准=20 300÷24×12=10 150（元）

可见，最佳的税收筹划方案就是，每月工资为 4 345.83 元（即 845.83 元+3 500 元），年终奖金为 10 150 元。这时李先生的年收入总额与原来持平，但税负会明显降低。

筹划结果：这时，李先生的应纳税额分为两部分，一是每月工资应纳税额，二是年终奖金应纳税额。

每月工资应纳税额=845.83×3%=25.37（元）

年终奖金适用 3%税率（10 150÷12=845.83，位于第一级次）

年终奖金应纳税额=10 150×3%=304.5（元）

李先生全年应纳税额=25.37×12+304.5=608.94（元）

筹划后，李先生的全年应纳税额比原来降低了 4 134.06 元（即 4 743 元-608.94 元），占原应纳税额的 87.16%（即 4 134.06 元÷4 743 元）。

特别提示

该方案筹划的关键就是，在充分利用费用扣除标准的基础上，通过“收入”分散，降低边际税率，即企业在设计方案时应把握两点：

一是要充分利用费用扣除标准，即基本工资收入至少应达到费用扣除标准。原方案中，李先生 2 月、5 月、6 月、7 月和 8 月的工资都没有达到费用扣除标准，形成了“浪费”。

二是减除费用之后的“收入”应尽量分散。这里的收入不是每月的收入，而是决定边际税率的收入。根据我国现行税法，应是按照减除费用之后的收入总和的 1/24。推导过程参见本案例中的计算。

当“收入”无法绝对平均时，可以做适当调整，如果不提高边际税率，包括每月工资的边际税率，也包括年终奖金的边际税率，其最终的筹划效果是一样的。

以本案为例，讨论不使每月工资的边际税率提高，以及不使年终奖金边际税率提高两种情况。

首先，如果不使每月工资的边际税率提高，继续适用 3%的边际税率，那么：

每月工资上限=1 500+3 500=5 000（元）（其中 1 500 元为这一税率级次的应纳税所得额的上限）

年终奖金下限=62 300-5 000×12=2 300（元）

其次，如果不使年终奖金的边际税率提高，继续适用 3%的边际税率，那么：

年终奖金上限=1 500×12=18 000（元）

每月工资下限=（62 300-18 000）÷12=3 691.67（元）

其结果就是，企业可以规定，职工月基本工资为 3 691.67 元，效益工资标准超过 5 000 元的部分，应结转到年底，作为年终奖金集中发放。

有时企业管理的需要与税收筹划的原理可能存在矛盾。例如，许多企业采取效益工资制度的目的是形成有效的激励机制，基本收入过高可能会影响企业整体的经营效益。这时可能就需要对最佳税收筹划方案做出调整，选择次优方案。但选择的原则仍是关注边际税率。

第二节　年终奖金与薪酬设计中的税收筹划

年终奖金是指雇佣员工的单位根据其雇员全年工作业绩等情况的综合考核，向其雇员一次性发放的奖金。从税收角度讲，应属于工资薪金范畴。但由于制度原因，年终奖金的纳税，有时会出现税负增加超过收入增加的情况，即“税收盲区”，使得企业支出增加而员工收入减少，还容易造成员工的不满情绪，影响企业内部的稳定。在本节中，一是分析“税收盲区”产生的原因，进而揭示税收盲区的具体边界，为企业决策提供参考；二是在此基础上，统筹考虑纳税人的工资薪金所得与年终奖金，力争在全年收入规模既定的前提下，最大限度地降低应纳税金额，以达到合理避税的筹划效果。

一、年终奖金的个人所得税政策

年终奖金的个人所得税计税方法，主要体现在国家税务总局 2005 年 1 月颁布的“国税发[2005]9 号”文件。分析该文件，纳税人的年终奖金纳税应遵循以下原则：

第一，单独作为一个月工资薪金所得，由扣缴义务人在发放时代扣代缴。

第二，根据年终奖金除以 12 后的商数，确定适用税率和速算扣除数。

第三，如果当月工资薪金所得不低于税法规定的费用扣除额，则应纳税额为：

$$应纳税额=全年一次性奖金\times适用税率-速算扣除数$$

如果当月工资薪金所得低于税法规定的费用扣除额的，可以从年终奖金中扣除当月工资薪金所得与费用扣除额的差额。

第四，在一个纳税年度内，对每一个纳税人，该计税办法只允许采用一次。此外其他各种名目的奖金，如半年奖、季度奖、加班奖、先进奖、考勤奖等，一律与当月工资薪金合并纳税。

二、年终奖金税收盲区的产生及识别

（一）年终奖金税收盲区的产生

年终奖金虽然采取了累进税率的形式，但依旧会产生税收盲区，其根本原因在于，税率的设计偏离了超额累进制度的初衷。

首先分析年终奖金的税收计算公式。设 I 为全年一次性奖金，适用税率由 I/12 决定，设为 T，D 为速算扣除数，则：

$$年终奖金应纳税额=I\times T-D \tag{13.1}$$

其次分析每月的工资在超额累进税率下的纳税义务。如果纳税人月薪为 I/12，则其全年 12 个月的应纳税总额为：

$$应纳税额=（I/12\times T-D）\times 12$$

整理后可知

$$月薪应纳税额=I\times T-D\times 12 \tag{13.2}$$

比较（13.1）式与（13.2）式可以发现，虽然全年收入均为 I，但两者的纳税义务不同。式（13.1）中只减除了 1 个 D，而式（13.2）中减除了 12 个。可见，现行年终奖金的纳税制度，并不是超额累进制度，因此才会存在税负突变点。

当然现行的年终奖纳税制度也不是全额累进制度。因为全额累进制度下不扣速算扣除。

（二）税收盲区的识别

1. 税级临界点易产生税负突变

既然不是规范的超额累进制度，那么在税率级次的临界点处，就会产生应纳税额突变，呈跳跃式增加的情况。若不进行合理筹划，就会出现奖金多一元，多缴几千元税的极端情况，这就是所谓纳税临界点。

2. 税收盲区的推算及识别

由于税负突变产生于税级临界点，那么税收盲区就可以根据税率级次进行推算。由于工资薪金所得适用 7 级超额累进税率，因此在 7 个税级之间，会产生 6 个税收盲区。

税收盲区以税级临界点为下界推算。年终奖现在有 6 个临界点，这六个临界点均为相邻两级应纳税所得额的交界处。如第一个临界点为第一级和第二级的全月应纳税所得额的交界点 1 500

元，则年终奖金突变点为 18 000 元（即 1 500 元×12 月）。类似地，我们得到另外几个临界点，即：54 000 元、108 000 元、420 000 元、660 000 元和 960 000 元。这些临界点是税负突变的起点，从这些临界点开始，以这六个临界点为下线，有 6 个区间范围，在这些范围内，会产生多发的奖金数额不能弥补多缴纳税款的情况。

仍以第一个临界点 18 000 元为例：当年终奖金为 18 000 元时，适用税率 3%，速算扣除数为 0，应纳税额为 540 元（即 18 000 元×3%）；当年终奖金为 18 001 元时，适用税率为 10%，速算扣除数为 105，则应纳税额为 1 695.1 元（即 18 001 元×10%）。可见，多发 1 元年终奖金，就要多交 1 155.1 元（即 1 695.1 元-540 元）的个人所得税。因此，不一定发的奖金多，员工拿到手的奖金就多。

这就需要我们计算出税前收入增加反而使税后奖金减少的无效区间。计算无效区间范围的思路是：奖金增加导致税率突变后的税后收入小于临界点的税后收入的区间范围。以第一个临界点 18 000 元为例，设 I 为全年一次性奖金收入，则：

$$\text{年终奖金税后收入}=I-(I\times T-D)$$

$$I-(I\times 10\%-105)\leqslant 18\,000-18\,000\times 3\%$$

整理后可得：I≤19 283.34

而 18 000 为无效区间的下界。因此，“18 000<I≤19 283.34”为全年一次性奖金的第一个无效区间——在这个无效区间内，年终奖金增加后，税后收入反而下降。因此，发放年终奖金要注意避开这个无效区间，使奖金数额小于 18 000 元或者大于 19 283.34 元。

按照以上方法，可以推导得到其他五个全年一次性奖金税收无效区间，如表 13.2 所示。

表 13.2　全年一次性奖金税收负效应区间表

（单位：%，元）

级数	含税级距	税率	速算扣除数	无效区间
1	<1 500	3	0	—
2	（1 500，4 500]	10	105	（18 000，19 283.34]
3	（4 500，9 000]	20	555	（54 000，60 187.5]
4	（9 000，35 000]	25	1 005	（108 000，114 600]
5	（35 000，55 000]	30	2 755	（420 000，447 500]
6	（55 000，80 000]	35	5 505	（660 000，706 538.47]
7	>80 000	45	13 505	（960 000，1 120 000]

三、年终奖金与其他收入的统筹规划

除了年终奖金本身存在税收筹划空间，年终奖金与其他收入的统筹规划，还可以使纳税人的纳税方案实现进一步的优化。在这一过程中，需要考虑以下几个问题。

（一）全年各次纳税，最高边际税率应尽量相等

由于各月收入的不均衡，使得它们的边际税率产生差距，边际税率的差别就引起了所得税应纳税额的增加。要想使全年税后收入在各税率级次上最大化，就需要使用的边际税率降下来，达到月工资收入和年终奖金适用税率相等的收入平衡的状态。

在进行税收筹划时，我们应充分利用年终奖金来摊低税率。在收入总额相同的条件下，没有年终奖金时，全年收入被分成 12 份；有年终奖金时，全年收入则被分成 24 份。收入在超额累进

的情况下，份数越多税率越低。

【实例 13.2】李先生的工资薪金项目年收入共计 7.2 万元，全年收入按月支付，每月 6 000 元，无年终奖金。其应纳个人所得税为：

每月应纳税所得额=72 000/12-3 500=2 500（元）

适用税率 10%，速算扣除数 105。

全年应纳税额=（2 500×10%-105）×12=1 740（元）

筹划操作：可以将李先生的全年收入统筹考虑，在总额不变的情况下，将李先生的全年应纳税所得额分成 24 份，收入构成变为月工资加年终奖金，年终奖金采取年终一次发放方式支付。

月应纳税所得额=（72 000-3 500×12）/24=1 250（元）

即：

每月工资收入=1 250+3 500=4 750（元）

年终奖金=1 250×12=15 000（元）

全年收入=4 750×12+15 000=72 000（元）

案例剖析：通过上述全年收入发放方式对比，可以看出李先生在采取年终奖金方式取得收入时，全年收入由平均分割的 12 份改为 24 份，月工资和年终奖金适用税率均为 3%，速算扣除数为 0。

全年各月工资应纳税额合计=（1 250×3%-0）×12=450（元）

年终奖金应纳税额=15 000×3%-0=450（元）

全年应纳税额=450+450=900（元）

由于税率被摊低，全年应纳税额减少了 840 元（即 1 740 元-900 元）。

依据全年各次纳税最高边际税率相等的思路，可以得到月薪和全年一次性奖金组合表，如表 13.3 所示。

表 13.3　月薪和全年一次性奖金组合表　　（单位：%，元）

序号	总薪酬（Y）	年应纳税所得额/24（A）	税率	月工资收入（A+3 500）	全年一次性奖金（12×A）
1	（42 000，78 000]	（0，1 500]	3	（3 500，5 000]	（0，18 000]
2	（78 000，150 000]	（1 500，4 500]	10	（5 000，8 000]	（18 000，54 000]
3	（150 000，258 000]	（4 500，9 000]	20	（8 000，12 500]	（54 000，150 000]
4	（258 000，882 000]	（9 000，35 000]	25	（12 500，38 500]	（150 000，462 000]
5	（882 000，1 362 000]	（35 000，55 000]	30	（38 500，58 500]	（462 000，702 000]
6	（1 362 000，13 026 000]	（55 000，80 000]	35	（58 500，83 500]	（702 000，1 002 000]
7	>2 004 000	>80 000	45	>83 500	>960 000

（二）在此基础上，争取进一步降低年终奖金税率级次

虽然全年各次纳税最高边际税率相等已使缴纳的税款减少，但年终奖金还有进一步筹划的空间。

1. 筹划原理

由于工资每月计税时均能扣除速算扣除数，税负较轻；而年终奖金税率虽然取决于每月平均奖金，但是计税时只能扣除一个速算扣除数，从而导致较重的税负。换句话说，在相同税率级次上，增加相同数额的收入时，年终奖金增加的税额比工资收入增加的税额多。所以，在年终奖金和工资收入适用税率相等的基础上，对年终奖金和工资收入进行再次分配时，应尽可能地降低年

终奖金的税率级次，而将因降低税率级次而减少的年终奖收入转移到工资收入中。

2. 筹划结果

在月工资收入适用税率尽可能低的前提下，确定筹划方案的理想结果就是尽可能地在保证月薪税率级次不提高的前提下降低年终奖金税率级次，或者虽月薪级次提高，但年终奖金和月薪适用税率之和较原来有所下降。

因此，进一步筹划的思路是在年终奖金和月工资税率相等情况下，争取进一步降低全年一次性奖金的税率级次，达到降低总体税负的目的。

【实例 13.3】李先生年收入共计 16.2 万元，经第一步筹划后，收入构成为：月工资 8 500 元，年终奖金 6 万元。月工资和年终奖金适用税率均为 20%，速算扣除数为 555 元。

每月应纳税所得额=（162 000−3 500×12）/24=5 000（元）

各月工资应纳税额合计=（5 000×20%−555）×12=5 340（元）

年终奖金应纳税额=60 000×20%−555=11 445（元）

全年应纳税额=5 340+11 445=16 785（元）

案例操作：筹划前，年终奖金和工资适用税率均为 20%。若将年终奖金由 60 000 元降到 54 000 元，则年终奖适用税率将由 20%降至 10%。

同时，若要维持全年收入不变，需将减少的收入转移至每月工资。这时：

每月转移收入=（60 000−54000）÷12=500（元）

每月应纳税所得额=原应纳税所得额+每月转移收入=5 000+500=5 500（元）

查询税率表可知，每月工资适用税率仍为 20%，速算扣除数为 555。

筹划剖析：本方案可以实现税收筹划的关键在于，年终奖金的适用税率降低的同时，每月工资的税率并没有提高。具体过程分析如下：

各月工资应纳税额合计=（5 500×20%−555）×12=6 540（元）

年终奖金应纳税额=54 000×10%−105=5 295（元）

全年应纳税额=6 540+5 295=11 835（元）

税负降低=16 785−11 835=4 950（元）

（三）警惕个人所得税级次不等距造成的筹划失败

在保持税前总收入不变的情况下，降低年终奖金的税率级次不一定会带来综合税负的减少。由于降低年终奖金的税级有时要以提高工资税率级次为代价，而税率升降的不平衡易导致总税负提高。

由于个人所得税各个级次之间不等距，易导致税率升降无法抵消，从而引起最终税负增加。因此，为了使深入筹划方案有效，就必须保证年终奖金税率下降后不影响应纳税总额的降低。

【实例 13.4】李先生全年总收入为 150 000 元，按照“每月应纳税所得额合计”与“年终奖金”相等的原则，将全年的收入结构规划为：月工资 8 000 元（其中 3 500 元费用扣除，4 500 元为应纳税所得额），年终奖金 5.4 万元。这时，他月工资和年终奖金适用税率均为 10%，速算扣除数为 105。其应纳个人所得税计算如下：

全年各月工资应纳税额合计=（4 500×10%−105）×12=4 140（元）

年终奖金应纳税额=54 000×10%−105=5 295（元）

全年应纳税额=4 140+5 295=9 435（元）

筹划思路：为了使年终奖金税率下降一档，将年终奖金由 54 000 元降到 18 000 元，而使工资收入由 96 000 元提高到 132 000 元。

案例剖析：筹划后，李先生每月工资收入为 11 000 元（即 8 000 元+3 000 元），适用税率由 10%提高为 20%，升高了 10%；同时年终奖金为 18 000 元，税率由 10%降低为 3%，降低了 7%。

各月工资应纳税额合计=[（11 000−3 500）×20%−555]×12=11 340（元）

年终奖金应纳税额=18 000×3%−0=540（元）

全年应纳税额=11 340+540=11 880（元）

税负变化=11 880−9435=2 445（元）

筹划提示：本例中，年终奖金税率虽然降低，但由于个税级次间不等距，使得每月工资适用的税率提高，最终导致税负上升。因此，这是一个不可行的筹划思路。

依据以上筹划原理，经过试验调整，可以得到如下月薪和全年一次性奖金最优组合表。

表 13.4 月薪和全年一次性奖金的最优组合表

序号	总薪酬/元	月工资		全年一次性奖金		年应纳税额/元
		月工资/元	适用税率/%	全年一次性奖金/元	适用税率/%	
1	（0，42 000]	（0，3 500]	0	0	0	0
2	（42 000，60 000]	（3 500，5 000]	3	0	0	（0，540]
3	（60 000，78 000]	5 000	3	（0，18 000]	3	（540，1 800]
4	（78 000，114 000]	（5 000，8 000]	10	18 000	3	（1 080，4 680]
5	（114 000，125 550]	（8 000，8 962.5]	20	18 000	3	（4 680，6 990]
6	（125 550，150 000]	8 000	10	（29 550，54 000]	10	（7 095，9 540]
7	（150 000，204 000]	（8 000，12 500]	20	54 000	10	（9 540，20 340]
8	（204 000，516 000]	（12 500，38 500]	25	54 000	10	（20 340，98 340]
9	（516 000，565 500]	（38 500，42 625]	30	54 000	10	（98 340，113 085]
10	（565 500，570 000]	38 500	20	（103 500，108 000]	20	（113 085，114 540]
11	（570 000，810 000]	（462 000，702 000]	30	108 000	20	（114 540，185 540]
12	（810 000，1110 000]	（98 340，113 085]	35	108 000	20	（185 540，291 540]

第三节 充分利用各项所得中的费用列支

在我国个人所得税的 11 个税目当中，工资薪金所得、个体工商户的生产经营所得、对企事业单位的承包经营和承租经营所得、劳务报酬所得、稿酬所得、特许权使用费所得、财产租赁所得、财产转让所得等 8 个税目，在计算应纳税所得额时，允许扣除一定的费用支出。而实际上，对于这些税目而言，税法允许扣除的费用与实际发生的费用之间并没有直接的联系。这就为税收筹划提供了可能：无论有关的收入中是否包括相关的费用，税法均允许有关个人按照收入的一定标准扣除费用，即使这些收入中实际上已经扣除了有关费用。也就是说，我们这里进行税收筹划的基本思路就是，设法将个人为取得有关收入而支出的费用，在取得收入前扣除。比如，由收入提供方支付有关的费用。

一、工资、薪金所得中的费用扣除

（一）“三险一金”

在缴纳个人所得税时，可以从工资、薪金中扣除的费用，除了大家都非常熟悉的每人每月 3 500

元之外，还包括基本养老保险费、基本医疗保险费、失业保险费和住房公积金，即所谓的“三险一金”或“四金”[①]。充分列支这些项目，有助于个人降低税收负担。

根据《财政部、国家税务总局关于基本养老保险费基本医疗保险费失业保险费住房公积金有关个人所得税政策的通知》(财税[2006]10 号)：

企事业单位按照国家或省（自治区、直辖市）人民政府规定的缴费比例或办法实际缴付的基本养老保险费、基本医疗保险费和失业保险费，免征个人所得税；个人按照国家或省（自治区、直辖市）人民政府规定的缴费比例或办法实际缴付的基本养老保险费、基本医疗保险费和失业保险费，允许在个人应纳税所得额中扣除。但企事业单位和个人超过规定的比例和标准缴付的基本养老保险费、基本医疗保险费和失业保险费，应将超过部分并入个人当期的工资、薪金收入，计征个人所得税。

单位和个人分别在不超过职工本人上一年度月平均工资 12%的幅度内，其实际缴存的住房公积金，允许在个人应纳税所得额中扣除。单位和职工个人缴存住房公积金的月平均工资不得超过职工工作地所在设区城市上一年度职工月平均工资的 3 倍，具体标准按照各地有关规定执行。单位和个人超过上述规定比例和标准缴付的住房公积金，应将超过部分并入个人当期的工资、薪金收入，计征个人所得税。上述职工工资口径按照国家统计局规定列入工资总额统计的项目计算。

个人实际领（支）取原提存的基本养老保险金、基本医疗保险金、失业保险金和住房公积金时，免征个人所得税。

（二）单位福利

个人所获得的工资、薪金所得，也可以通过由单位提供一定的福利得以筹划。比如，单位通过集资建房或集体购房，使职工可以按照较低的价格购买住房；单位为职工提供交通工具、免费进修、免费就餐，甚至免费居住由企业租赁的住房，也可以帮助职工减轻个人所得税负担。

但是需要注意的是，以上福利如果表现为个人的货币收入、实物或有价证券，则需要缴纳个人所得税。因为根据《个人所得税法实施条例》，个人所得的形式，包括现金、实物、有价证券和其他形式的经济利益。所得为实物的，应当按照取得的凭证上所注明的价格计算应纳税所得额；无凭证的实物或者凭证上所注明的价格明显偏低的，参照市场价格核定应纳税所得额。所得为有价证券的，根据票面价格和市场价格核定应纳税所得额。所得为其他形式的经济利益的，参照市场价格核定应纳税所得额。

“国税发[1995]115 号”文件也规定，对于“外商投资企业、外国企业（以下简称企业）为符合一定条件的雇员购买住房、汽车等个人消费品，所购房屋产权证和车辆发票均填写雇员姓名，并商定该雇员在企业工作达到一定年限或满足其他条件后，该住房、汽车的所有权完全归雇员个人所有”的情况，“可按企业规定取得该财产所有权需达到的工作年限内（高于五年的按五年计算）平均分月计入工资、薪金所得征收个人所得税”。

二、劳务报酬所得中的费用扣除

【实例 13.5】马教授经常应邀到外地讲学，并获得一定的劳务报酬。某月，一外地机构邀请马教授讲学。对方提出，本次马教授讲学的报酬为 6 000 元，交通、食宿等费用由马教授自

① 通常所说的“五险一金”中，工伤保险和生育保险全额由单位承担，所以能在个人所得税税前扣除的只有其他三项中个人承担的部分。单位按规定承担的“五险一金”的部分，可以全额在企业所得税前扣除。

理。经估算，这些费用约为2 000元。按照以上情况，马教授应就6 000元的劳务报酬所得缴纳个人所得税，应纳税额为:

应纳税额=6 000×（1-20%）×20%=960（元）

其中，括号中的20%是马教授该项所得的费用扣除标准，后面的20%是马教授该项所得所适用的税率。

筹划操作：从税收筹划角度考虑，马教授应与对方协商，争取由对方支付有关的交通、食宿等费用，以降低自己的应纳税所得额。

筹划剖析：如果以上的2 000元费用由对方支付，那么马教授的全部收入就只有4 000元，应缴纳的个人所得税为:

应纳税额=4 000×（1-20%）×20%=640（元）

筹划结果：与筹划前相比，马教授的税收负担降低了320元，占原应纳税额的1/3。

三、其他所得中的费用扣除

与以上劳务报酬所得相类似的，还有一些个人收入的项目可以将有关费用转嫁给所得支付方负担。比如，个人将房屋出租给他人所获得的“财产租赁所得”，可以协议将房屋的维修费用、水电费用、物业管理费等费用由承租方负担；个人转让建筑物、土地使用权、机器设备、车船等财产，获得“财产转让所得”时，可以协议由对方支付有关的交易费用或税金；个人所获得的稿酬所得，可以要求对方报销一定的资料费等费用，也可以降低应纳税所得额。

第四节　劳务报酬所得中的个人所得税筹划

我国《个人所得税法》将个人独立从事各种非雇佣的各种劳务所取得的所得，按照劳务报酬所得项目征收个人所得税，包括设计、装潢、安装、制图、化验、测试、医疗、法律、会计、咨询、讲学、新闻、广播、翻译、审稿、书画、雕刻、影视、录音、录像、演出、表演、广告、展览、技术服务、介绍服务、经纪服务、代办服务以及其他服务等劳务项目。

对于以上项目的所得，只有一次性收入的，以取得该项收入为一次；属于同一事项连续取得收入的，以一个月内取得的收入为一次。每次的收入总额在4 000元以下的，可以扣除800元的费用，超过4 000元的，可以按照收入总额的20%扣除费用。扣除费用后的金额为纳税人的应纳税所得额。每次的应纳税所得在20 000元以下的部分、20 000～50 000元的部分，以及超过50 000元的部分，分别按照20%、30%和40%的税率征收所得税。

根据以上规定，纳税人可以采取以下措施进行税收筹划。

一、尽量将劳务报酬所得分次计算

这样做对纳税人的好处体现在两个方面：一是“次”数越多，纳税人可以减除费用的次数就越多；二是将一次的所得分散成多次，可以降低每次的收入额，防止适用较高的税率。

【实例13.6】演员王某与一演出经纪公司签订一项合约，由该经纪公司安排王某分别在2015年9月30日和10月5日参加两场晚会的演出，每场演出支付劳务费20 000元，共计40 000元。该经纪公司在10月5日全部支付以上劳务费用时，按照40 000元收入为王某代扣了个人所得税，即：

王某应纳税所得额=40 000×（1-20%）=32 000（元）

王某应纳个人所得税=20 000×20%+（32 000-20 000）×30%=7 600（元）

筹划操作：本例中，王某如果能在演出前，与经纪公司充分沟通，对两场演出分别签订合约，则税负将会大大降低。

筹划剖析：王某承担税负较高的重要原因在于，其适用了劳务报酬所得中的加成征收规定。但如果能将两场演出分别签订合约，每次演出报酬仍为 20 000 元，则王某的税收负担变为：

每次演出的应纳税所得额=20 000×（1-20%）=16 000（元）

每次演出应缴纳个人所得税=16 000×20%=3 200（元）

王某共需缴纳个人所得税=3 200×2=6 400（元）

筹划结果：与原来相比，王某的税收负担降低了 1 200 元，占原应纳税额的 16%。

二、将不同劳务报酬项目分别计算

按照前文的介绍，我国《个人所得税法实施条例》第八条列举了劳务报酬所得包括的 28 个具体项目。在计算应纳个人所得税时，以上 28 个收入项目是分别计算的。纳税人如果同时取得不同项目的劳务报酬所得，应当分别减除费用，分别计算缴纳个人所得税，否则会增加纳税人的税收负担。

【实例 13.7】大学英语教师张某利用业余时间为他人提供劳务并取得劳务报酬所得。2015 年 2 月，张老师参加了一个国际学术会议的同声翻译工作，取得 5 000 元收入，另外还应邀为另一家高校作大学英语六级串讲，收入 2 000 元。

如果张老师因为不了解税法中的有关规定，而将以上两项收入合并计算纳税，那么其税收负担为：

应纳税所得额=（5 000+2 000）×（1-20%）=5 600（元）

应纳个人所得税=5 600×20%=1 120（元）

筹划操作：张老师将以上两项收入分别计算。

筹划剖析：如果张老师将以上两项收入分别计算，那么其税收负担为：

翻译劳务的所得应缴纳的个人所得税=5 000×（1-20%）×20%=800（元）

讲学劳务的所得应缴纳的个人所得税=（2 000-800）×20%=240（元）

个人所得税总额=800+240=1 040 元（元）。

筹划结果：将以上两项收入分别计税后，张老师少缴了 80 元（即 1 120 元-1 040 元）个人所得税。

第五节　高收入者可以通过注册公司实现税收筹划

一、通过收入形式的转换实现税收筹划

高工资者注册公司后，在条件允许的情况下，可能有一些收入，可以从其个人收入，转化为公司的法人收入。这时，其收入所缴纳的税收，也从个人所得税，转化为公司或企业所得税。

由于我国企业所得税实行 25%的单一比例税率，且对小型企业及特殊行业企业实行税基减免、

税率减免等多种税收优惠政策，因此对于工资薪金收入而言，只要边际税率高于相应的企业所得税税率，就存在进行税收筹划的空间。

首先，如果个人工资适用的边际税率高于 25%，那么企业所得适用的税率更低。例如，劳务报酬所得一次2万元以上的收入就需要按照30%的税率纳税，一次5万元以上的收入更要适用40%的高税率。对于工资薪金所得而言，月薪超过 38 500 元的（其中 3 500 元可以作为费用进行扣除，应纳税所得额为 35 000 元），也要适用 30%或更高的边际税率。

其次，如果可以注册企业并达到高新技术企业的认定标准，那么边际税率高于 15%的个人，就可以适用这一方法。例如，劳务报酬所得、股息利息红利所得等项目，由于其全额适用 20%的个人所得税率，将个人收入转化为企业收入后，很容易实现税收负担降低。对于工资收入而言，月薪超过 8 000 元的（其中 3 500 元可以作为费用进行扣除，应纳税所得额为 4 500 元），也要适用 20%或更高的边际税率。

二、通过收入的分散实现税收筹划

由于现行中国的个人所得税对于个人的工资收入采取累进课税的制度，因此高收入者通常会适用较高的边际税率。如果可以将单一自然人的工资收入，通过设立公司的形式进行分散为多个自然人的收入，就可以有效降低其边际税率。

【实例 13.8】李先生是 A 企业的高级职员，每月的收入共计 3 万元，并由 A 企业每月为其代扣个人所得税。目前，李先生每月需要缴纳的个人所得税为：

应纳税额=（30 000−3 500）×25%−1 005=5 620（元）

因此，虽然他名义上每月有 3 万元的收入，实际上拿到手的部分只有 24 380 元（即 30 000 元−5 620 元）。

筹划操作：李先生可以通过注册一个新的公司实现税收筹划。具体步骤是：

（1）李先生注册一家公司 B，并设法与其工作的 A 公司达成协议，A 公司将李先生每月工资中的 26 000 元以咨询费等名义打入 B 公司的账户，李先生每月只从公司领取 4 000 元薪金，并由 A 公司代扣个人所得税。

（2）李先生可以自由支配 B 公司账户中的资金。因此，李先生使用这 26 000 元资金，分别为其父母、妻子等 6 个家庭成员，每人每月支付 3 000 元工资，并为其代扣个人所得税，其余 8 000 元用于各种支出的报销。

筹划结果：该筹划方案的结果是，李先生的 6 个家人每月都只取得 3 000 元工资，均不需要纳税[①]。

李先生每月应纳个人所得税=（4 000−3 500）×3%=15（元）

这样，李先生的全部 3 万元收入，就只需要缴纳 15 元的所得税，比筹划之前，每个月降低了 5 605 元的纳税义务，占其原应纳税额的 99.73%（即 5 605 元÷5 620 元）。

特别提示

该方案在实施中，可能会由于新公司的运转而产生一定的费用支出，但一般而言，这些费用可以被控制在一定幅度以内。例如，本例中，只要增加的费用支出不超过 56 050 元，该筹划方案就是可行的。

① 如果还有从其他来源取得的工资薪金收入，则需要按照各处工资薪金的总和计算。

三、通过费用的转换实现税收筹划

高工资者的收入中，可能有一些是与其开展业务、工作培训等直接相关的部分，通过注册公司，这部分支出可以转化为其公司的业务成本。据媒体报道，英国著名球星大卫·贝克汉姆避税的诀窍就是，成立自己的公司，而公司经营项目就是他自己，即他的肖像权以及所有相关的各种服务、产品。将广告费转移到自己的公司，就可以被当做公司的收益，而包括自己的理发费用、服装设计费和文身费都记入公司成本，这些统称“宣传费”，都成了合法的经营开支[①]。

第六节　个人所得税纳税人身份认定中的税收筹划

我国在个人所得税方面将纳税人分为居民纳税义务人和非居民纳税义务人。居民纳税义务人负有无限纳税义务，应就其来源于中国境内外[②]的全部所得缴纳个人所得税，而非居民纳税义务人只承担有限纳税义务，只需要就其来源于中国境内的所得缴纳个人所得税。显然，非居民纳税义务人的税收负担较低。那么，什么样的纳税人属于非居民纳税义务人呢？

我国《个人所得税法》第一条第一款规定，“在中国境内有住所，或者无住所而在境内居住满一年的个人”为中国的居民纳税义务人，第二款规定，“在中国境内无住所又不居住或者无住所而在境内居住不满一年的个人”为中国个人所得税的非居民纳税义务人。其中，“居住满一年”是指在一个纳税年度（即公历 1 月 1 日起至 12 月 31 日止）内，在中国境内居住满 365 日，但纳税人的临时离境（指在一个纳税年度内，一次不超过 30 日或多次累计不超过 90 日的离境）不扣减其在华居住的天数。也就是说，非居民纳税义务人需要满足以下的条件：一是该纳税人必须是外籍人员、华侨或港、澳、台同胞；二是纳税人在一个纳税年度内没有在中国境内居住，或在中国境内居住不满一年。

那么，如果某人是外籍人员、华侨或港、澳、台同胞，那么他就可以调整自己在华的天数，突破“临时离境”的有关条件，避免使自己被认定为居民纳税义务人，即设法使自己在一个纳税年度内，一次离境超过 30 日，或多次离境累计超过 90 日。这样，该纳税人来源于中国境外的所得，就可以不在中国缴纳个人所得税。

另外，还应注意我国有关国际税收协定的一些特殊规定，比如“对于缔约国对方居民个人为常设机构工作取得的工资、薪金所得，应按照税收协定‘非独立个人劳务’（或‘受雇所得’）条款和相关国内税法的规定，计算征收个人所得税”；“对于涉及为缔约国对方政府提供服务的，按照税收协定‘政府服务’条款的规定确定征免税。”[③]

对于在我国境内企业的外籍董事、高管人员，不以在华居住时间为标准，而以任职期间为标准。税法规定取得境内支付的工资，在任职期间（不按实际在中国境内时间），均应申报；取得境外支付的工资，如果双方签订了税收协定，在中国境内时间不超过 183 天的，可免税，超过的要纳税，如果双方未签订税收协定，则在中国境内期间取得的境外支付工资应合并计

① 申熙．避税有学问．经济观察报．2012，10，22。

② 这里的“中国境内”暂不包括中国港、澳、台地区。

③ 具体参见《国家税务总局关于税收协定常设机构认定等有关问题的通知》（国税发[2006]35 号）。

算纳税。

【实例 13.9】外国专家 T 先生 2000 年至今在华工作。T 先生在 2014 年度曾经 4 次回国述职，离开中国的时间分别为 17 天、28 天、20 天、20 天。年终时，T 先生被主管税务机关认定为中国的居民纳税义务人，并要求其就来源于中国境内和境外的全部所得缴纳个人所得税。

筹划剖析：参照前文介绍的非居民纳税义务人的认定标准，T 先生一次离境时间最长为 28 天，累计离境时间为 85 天，都符合“临时离境”的标准。因此，税务机关认定 T 先生为中国的居民纳税义务人，有充分的政策依据。

筹划操作：T 先生可以针对中国的个人所得税中有关临时离境的认定标准，对离境的时间进行调整，比如，可以将 28 天的离境延长到 31 天，或将离境总天数增加到 90 天以上。

筹划结果：以上操作可以使 T 先生避免在中国的纳税义务。

特别提示

对于新近来华工作的外国人，也可以选择跨年度来华的方法。例如，选择在当年的 2 月来华，并于次年的 11 月离开，这样，虽然纳税人在中国停留的时间很长，但仍然没有达到居民纳税义务人的认定标准。

拓展阅读

体坛明星的税务“迁徙”

在西方，富人称个人所得税为“罗宾汉税种”，意思是说个税就像侠盗罗宾汉一样“劫富济贫”。实际上，高收入人群往往会采取花样百出的方式避税。这种现象在体育界尤为突出。

比如，卡马乔被欠薪？错了。因为这位中国国家足球队的西班牙籍主教练，为了避免在西班牙支付高额税金，希望中国足协以人民币而非欧元支付他和自己团队的薪水。但偏偏在当初双方签订的协议中，规定的是薪水要用欧元支付，中国足协只好重新走程序，虽然赞助方的资金早就到位，但是卡马乔还是迟迟收不到。

为逃避本国的高额税费，移居到税率较低的国家居住，是体育明星们普遍采用的避税方法。比如德国，高收入赋税达 48.5%，最高时曾达到 51%，很多体育明星选择邻国做“避税地”，将家安在卢森堡或比利时。享受这些国家的低税率也有相关规定，比如必须住满多少天等，所以，很多球员就选择每天开车甚至骑自行车回德国参加训练和比赛，反正欧洲“小而统一”。摩纳哥，由于取消了“几乎所有直接税收”，是大批体育明星避税的天堂。前德国网球明星贝克尔、网坛高手海宁等就是其中的代表。土生土长的德国车王舒马赫则选择了瑞士，因为瑞士不承认赛车运动，而且外国居民税收数目仅取决于其所有房产的租赁所得费用，而与他们的全球范围内的收入无关。F1 车手阿隆索、库尔特哈德等人，也纷纷定居瑞士，他们的目的不仅是瑞士美丽的风光，更重要的在于当地少得可以忽略的税收。

2005 年底，英超惊爆新闻，英国皇家税务海关总署发现阿森纳俱乐部涉及近 1 200 万英镑的逃税。这其中包括，亨利每年避税 7 万英镑，温格 11.8 万英镑，博格坎普 4.5 万英镑。《泰晤士报》则称，阿森纳逃税是为保障球员和经纪人从俱乐部获得的收入不会因为交税而下降。为此阿森纳建立了很多本土以及离岸公司，每年通过这些公司将一部分资金转入球员腰包，以逃避在英国交税。这一做法让部分高薪球员的避税率达到 40%。这种做法在英超很普遍。

税率甚至会影响一名球员的转会去向——球员在选择东家时，不只考虑球队打法是否适合，还包括税率。比如英国，自 2010 年 4 月起，对年收入高于 37 400 英镑的高收入人群，个税税率从 40%涨至 50%。几乎所有职业球员的年薪都超过了这个数，俱乐部如果要保证既定的税后周薪，就需要额外多支付 20%的费用。

从俄超转会至阿森纳的阿尔沙文就是此项政策的“受害者”之一。阿尔沙文拿着周薪高达 8 万英镑的合同来到了伦敦，尽管这个合同要比他在俄超效力时丰厚得多，但他实际拿到的工资甚至比过去少。因为在英国，阿尔沙文要拿出周薪的一半来交税，而他在俄罗斯只需要交 13%的税。

意大利最高个人税率在 43%封顶，加上一些其他的税，球员最终拿到的大概也是税前的一半。AC 米兰主席加利亚尼就曾抱怨，对于卡卡所要求的税后工资，米兰所要实际付出的价钱比皇马多得多，因为，虽然西班牙的最高税率也是 43%，但西班牙实行双轨制，外籍球员在本国的前 5 年可享受单一税率 24%，5 年后再以 43%的税率征收。这无疑使得西甲在引进外籍球员时更具竞争力，也在一定程度上解释了近年来大牌明星纷纷前往西班牙的原因。

NBA 球星邓肯则采用不在美国本土定居的方式以求少缴税款。进入 NBA 没有多久，邓肯就拿下自己第一座总冠军奖杯，收入也是随之年年攀升。为了少缴纳税收，邓肯跟他的故乡——美属维尔京群岛政府签订了一份协议。协议要求邓肯每年参加 3 个官方的广告活动，连续 15 年，以提高加勒比海地区的知名度，邓肯可以少缴税，维尔京群岛则可以借助邓肯的个人影响力发展当地旅游业。跟在美国本土需要缴纳的巨额税收相比，美属维尔京群岛上的税收可以低至忽略不计。除了收入得到保障，邓肯自己的公司——T. D 有限公司在体育酒吧业务和出口贸易上同样享受到了低额税款的待遇。

国内税收也是 NBA 球员需要考虑的。因为美国各个州的税率不同，比如新泽西的税率就低于底特律，在两支球队给出类似薪水时，球员就有可能选择税率低的城市。

第七节 个人所得捐赠的税收筹划

随着社会的进步和人们社会责任感的提高，个人向社会的捐赠已成为社会生活中的普遍现象。而在人们用自己的收入进行捐赠时，实际上已经为自己创造了进行个人所得税筹划的条件。

一、个人收入捐赠的免税规定

根据我国《个人所得税法实施条例》第二十四条的规定，个人将其所得通过中国境内的社会团体、国家机关向教育和其他社会公益事业以及遭受严重自然灾害地区、贫困地区的捐赠，捐赠额未超过纳税义务人申报的应纳税所得额 30%的部分，可以从其应纳税所得额中扣除。

另外“国税发[2000]第 024 号”文件规定，个人的所得（不含偶然所得，以及经国务院财政部门确定的其他所得）用于资助非关联的科研机构和高等学校研究开发新产品、新技术、新工艺所发生的研究开发经费，经批准，可以全额在下月（工资、薪金所得）或下次（按次计征的所得）或当年（按年计征的所得）计征个人所得税时，从应纳税所得额中扣除；不足抵扣的，不得结转抵扣。

二、已经被代扣税款的所得用于捐赠，可申请退税

【实例 13.10】2015 年 4 月，中国公民王先生因持有某上市公司的股票（持有期限 1 个月以内）取得该公司分配的红利 20 000 元，该公司在发放红利前为持股者代扣个人所得税。当月他

又通过有关国家机关向社会公益项目捐款 8 000 元。

筹划操作：依照我国税法的有关规定，王先生的捐赠额未超过其应纳税所得额 30%的部分，可以从其应纳税所得额中扣除。由于发放红利的上市公司已经为其代扣了个人所得税，王先生需要计算可以退还的个人所得税，并向有关税务机关申请退税。

筹划剖析：

第一步，应将王先生的 20 000 元税后所得换算为税前所得。

（1）根据利息、股息和红利所得税的计算过程，我们可以得出以下公式：

税前应纳税所得额=税后所得÷（1−税率）

（2）根据以上公式，可以得出王先生的税前应纳税所得额为：

税前应纳税所得额=20 000÷（1−20%）=25 000（元）

第二步，应计算王先生的捐赠可以在所得税税前扣除的限额，即：

税前扣除限额=25 000×30%=7 500（元）

也就是说，王先生的捐赠不超过 7 500 元的部分，可以从应纳税所得额中扣除，超过部分，即 500 元（8 000−7 500）不允许在所得税税前扣除。

第三步，计算王先生 2015 年 4 月实际应缴纳的个人所得税。将 7 500 元的税前扣除部分从王先生的应纳税所得额中扣除，那么：

应纳税所得额=25 000−7 500=17 500 （元）

应纳所得税税额=17 500×20%=3 500（元）

第四步，根据以上计算我们还可以知道，该上市公司已经为王先生代扣的个人所得税为：

已代扣个人所得税=25 000×20%=5 000（元）

第五步，最后我们可以得出王先生可以获得的退税，即：

可获退税额=5 000−3 500=1 500（元）

筹划结果：王先生可获退税 1 500 元。

特别提示

纳税人在捐赠中进行税收筹划需要注意的问题是，纳税人的捐赠必须是通过中国境内的社会团体或国家机关进行的，而且捐赠的方向应满足有关的要求，同时纳税人还应能向税务机关提供有关的捐赠凭证。

以上运用资本项目所得进行捐赠中的税收筹划方法，也同样适用于其他项目，包括工资、薪金项目的所得。

【实例 13.11】赵先生是某企业的管理人员，其所在公司每月都在发放工资、薪金前为职工代扣个人所得税。赵先生的工资、薪金所得适用 3 500 元的费用扣除标准。2015 年 2 月，赵先生取得税后的工资所得 10 000 元，而后通过有关国家机关向社会公益项目捐款 5 000 元。

筹划操作：依照我国税法的有关规定，赵先生的捐赠额未超过其应纳税所得额 30%的部分，可以从其应纳税所得额中扣除。由于其所在单位已经为其代扣了个人所得税，赵先生需要计算可以退还的个人所得税，并向有关税务机关申请退税。

筹划剖析：

第一步，应将赵先生的 10 000 元税后所得换算为税前所得。

（1）根据个人工资、薪金所得税的计算过程，我们可以得出以下公式：

税前应纳税所得额=（税后所得−费用扣除标准−速算扣除数）÷（1−税率）

（2）为确定赵先生所适用的税率和速算扣除数。可以根据工资、薪金所得的 7 级超额累进税率表，换算出有关税前应纳税所得与税后所得的关系，见表 13.5。

表 13.5　税前应纳税所得额与税后所得额的关系

级数	应纳税所得额	税率/%	速算扣除数/元	税后所得额/元
1	不超过 1 500 元的	3	0	0～1 455
2	超过 1 500 元至 4 500 元的部分	10	105	1 455～4 155
3	超过 4 500 元至 9 000 元的部分	20	555	4 155～7 755
4	超过 9 000 元至 35 000 元的部分	25	1 005	7 755～27 255
5	超过 35 000 元至 55 000 的部分	30	2 755	27 255～41 255
6	超过 55 000 元至 80 000 元的部分	35	5 505	41 255～57 505
7	超过 80 000 元的部分	45	13 505	57 505 以上

（3）由于赵先生的 10 000 元收入中包括有 3 500 元是可以在税前扣除的费用，因此赵先生的税后所得额应为 6 500 元。根据表 11.5 中的数据可以知道，赵先生的税后所得额处于 4 155 元至 7 755 元的范围，实际上适用的是 20%的税率和 555 元的速算扣除数。

（4）将以上数据代入前面的公式，可以得出赵先生的税前应纳税所得额为：

税前应纳税所得额=（10 000−3 500−555）÷（1−20%）=7 431.25（元）

当然，如果赵先生所在单位向职工提供工资条，也可以直接从工资条看出单位为其代扣的个人所得税。

第二步，应计算赵先生的捐赠可以在所得税税前扣除的限额，即：

税前扣除限额=7 431.25×30%=2 229.38（元）

也就是说，赵先生的捐赠不超过 2 229.38 元的部分，可以从应纳税所得额中扣除，超过部分，即 2 770.62 元（即 5 000 元−2 229.38 元）不允许在所得税税前扣除。

第三步，计算赵先生 2015 年 2 月实际应缴纳的个人所得税。将 2 229.38 元的税前扣除部分从赵先生的应纳税所得额中扣除，那么：

应纳税所得额=7 431.25−2 229.38=5 201.87（元）

应纳所得税税额=5 201.87×20%−555=485.37（元）

第四步，根据以上计算还可以知道，赵先生所在的单位已经为其代扣的个人所得税为：

已代扣个人所得税=7 431.25−6 500=931.25（元）

第五步，可以得出赵先生可以获得的退税，即：

可获退税额=931.25−485.37=445.88（元）

筹划结果：赵先生可获退税 445.88 元。

特别提示

纳税人在捐赠中获得税收筹划需要注意的问题是，纳税人的捐赠必须是通过中国境内的社会团体或国家机关进行的，而且捐赠的方向应满足有关的要求，同时纳税人还应能向税务机关提供有关的捐赠凭证。

三、捐赠超过扣除限额时可以分期捐赠

由于我国《个人所得税法》规定对个人捐赠超过扣除限额部分不允许在税前扣除，当个人进

行较大数目捐赠时，可能会面临既要捐赠又要纳税的尴尬。对此，纳税人可以选择捐赠款分期到账的方法。

【实例 13.12】某年 11 月，中国居民赵某以每份 218 元的价格转让持有的企业债券 500 份，发生相关税费 870 元，债券申购价每份 200 元，申购时支付相关税费 350 元；同月，赵某通过民政部门进行了 4 000 元的捐赠。按照规定，赵某的该项捐赠属于公益救济性捐赠，在申报应纳税所得额 30%以内的部分，准予在计算缴纳个人所得税税前扣除。因此，赵某当月：

扣除捐赠支出前的应纳税所得额=[（218−200）×500−870−350]=7 780（元）

捐赠支出税前扣除限额=7 780×30%=2 334（元）

扣除捐赠支出后的应纳税所得额=7 780−2 334=5 446（元）

应纳个人所得税=5 446×20%=1 089.2（元）

本例中，赵某虽然捐赠了 4 000 元，但按照规定的扣除限额，只能够在税前扣除 2 334 元，差额 1 666 元仍应纳税。

筹划剖析：我国《个人所得税法》规定对财产转让所得采取的是按次课征的方式，与此相对应，纳税人捐赠时的税前扣除限额也是按次计算的。赵某完全可以将不允许税前扣除的 1 666 元推迟到下次捐赠，以实现税前扣除的目的。即捐赠将分为两步进行：该次财产转让所得捐赠其中的 2 334 元（全部允许税前扣除），下次捐赠剩余的 1 666 元。

筹划操作：赵某本月仅按照限额进行捐赠，次月从 2 万元劳务报酬所得中，捐赠其余 1 666 元。则：

（1）赵某的劳务报酬所得：

应纳税所得额=20 000×（1−20%）=16 000（元）

捐赠支出扣除限额=16 000×30%=4 800（元）

实际发生捐赠支出 1 666 元<4 800 元，均可以税前扣除。

应纳个人所得税=（16 000−1 666）×20%=2 866.8（元）

因此，赵某两次财产转让所得共纳税为：

两次缴纳个人所得税合计=1 089.2+2 866.8=3 956（元）

（2）而进行筹划操作之前，赵某此次财产转让所得应缴纳的个人所得税为：

应纳个人所得税=16 000×20%=3 200（元）

两次财产转让所得纳税合计=1 089.2+3 200=4 289.2（元）

筹划结果：赵某两次收入应纳税额从 4 289.2 元降低到 3 956 元，减少了 333.2 元。

由于我国《个人所得税法》对个人捐赠限额的限定，涵盖了所有的税目，因此，以上分期捐赠的税收筹划方法，也同样适用于其他项目的所得。

【实例 13.13】李先生 2015 年 1 月有工资收入 12 000 元，通过民政部门进行了 5 000 元的捐赠。按照规定，李先生的该项捐赠属于公益救济性捐赠，在申报应纳税所得额 30%以内的部分，准予在计算缴纳个人所得税税前扣除。因此，李先生当月：

扣除捐赠支出前的应纳税所得额=12 000−3 500=8 500（元）

捐赠支出税前扣除限额=8 500×30%=2 550（元）

扣除捐赠支出后的应纳税所得额=8 500−2 550=5 950（元）

应纳个人所得税=5 950×20%−555=635（元）

本例中，李先生虽然捐赠了 5 000 元，但按照当月的扣除限额，只能够在税前扣除 2 550 元，差额 2 450 元，仍应纳税。

筹划操作：我国《个人所得税法》规定对工资薪金所得采取的是按月课征的方式，与此相对应，纳税人捐赠时的税前扣除限额也是按月计算的。李先生完全可以将不允许税前扣除的 2 450 元推迟到下月捐赠，以实现税前扣除的目的，即李先生将捐赠分为两步进行，2015 年 1 月捐赠 2 500 元，2 月捐赠 2 500 元。

筹划剖析：假设李先生 2 月仍旧取得 12 000 元工资收入，则：

（1）1 月份实际捐赠 2 500 元<3 500 元税前扣除限额，可以全部在税前扣除；

1 月份应纳税所得额=12 000−3 500−2 500=6 000（元）

1 月份应纳个人所得税=6 000×20%−555=645（元）

同理，2 月份李先生应纳个人所得税也应为 645 元，因此，李先生 1—2 月共缴纳个人所得税为：

1—2 月纳税额合计=645+645=1 290（元）

（2）而进行筹划操作之前，李先生 2 月份的工资应缴纳的个人所得税为：

2 月份应纳税所得额=12 000−3 500=8 500（元）

2 月份应纳个人所得税=8 500×20%−555=1 145（元）

1-2 月纳税合计=635+1 145=1 780（元）

筹划结果：李先生 1—2 月应纳税额从 1 780 元降低到 1 290 元，减少了 490 元。

特别提示

由于个人所得税实行超额累进税率，该方法的筹划效果会受个人收入总额的影响，即个人收入总额较高的人，一般会适用比较高的边际税率，用这一方法进行税收筹划的效果会更好。

四、所得项目与扣除限额的统筹规划

同样是由于我国《个人所得税法》规定个人捐赠超过扣除限额部分不允许在税前扣除，纳税人为了避免既要捐赠又要纳税的尴尬，还可以采用的方法就是，在不同的个人所得项目之间进行筹划。

我国的个人所得税采取分项计税的方法，相应地，当个人进行捐赠的时候，捐赠限额也应当是分项计算的。如果纳税人在捐赠的当月有多项所得，不妨参考以下的案例，在不同的所得项目之间，对税前扣除限额进行统筹规划。

【实例 13.14】孟女士 2015 年 1 月通过中国中国境内的民政部门进行了 3 000 元的捐赠。当月孟女士有 5 000 元的工资收入，还有 10 000 元的彩票中奖所得（不适用免税规定）。按照规定，孟女士的该项捐赠属于公益救济性捐赠，在申报应纳税所得额 30%以内的部分，准予在计算缴纳个人所得税税前扣除。由于中奖所得已经被代扣了 20%的个人所得税，孟女士选择从工资中捐赠 3 000 元。

工资支出中允许税前扣除的捐赠支出=（5 000−3 500）×30%=450（元）

孟女士应纳税所得额=5 000−3 500−450=1 050（元）

工资收入应纳个人所得税=1 050×3%=31.5（元）

再加上中奖所得中已经被代扣的税款，孟女士应纳税：

应纳税额=10 000×20%+31.5=2 031.5（元）

筹划操作：孟女士可以分两步进行税收筹划：第一，分别计算工资薪金收入与彩票中奖所得的捐赠支出税前扣除限额。第二，当实际捐赠额大于扣除限额时，考虑使用分期捐赠等方法，力争更多的税前扣除；当实际捐赠额小于扣除限额时，选择充分利用哪一项所得的扣除限额，即：

假设实际捐赠额=I。

第一步：工薪收入捐赠的税前扣除限额=A；中奖所得的税前扣除限额=B。

第二步：如果I>A+B，则需继续运用分期捐赠等方法进行税收筹划；如果I<A+B，则全部捐赠可以在税前扣除，但需要具体选择捐赠额在各项所得中如何分配：是在工资收入中扣除A，在中奖所得中扣除I−A，还是在中奖所得中扣除B，在工资收入中扣除I−B。

筹划剖析：

（1）首先计算工资薪金收入的税前扣除限额。

扣除捐赠支出前的应纳税所得额=5 000−3 500=1 500（元）

捐赠支出税前扣除限额=1 500×30%=450（元）

（2）其次计算彩票中奖所得的税前扣除限额。

按照我国现行税收制度规定，公民个人的彩票中奖所得属于偶然所得，应就全部所得，按照20%的税率纳税。

扣除捐赠支出前的应纳税所得额=10 000（元）

捐赠支出税前扣除限额=10 000×30%=3 000（元）

（3）孟女士捐赠扣除限额

捐赠支出全部税前允许扣除额=450+3 000=3 450（元）

3 450元>3 000元实际捐赠额，所有捐赠可以全部在税前扣除。

（4）孟女士可以有两种方法，将捐赠额在两项所得之间进行分配：

一是充分利用工资、薪金所得中的扣除限额，即从工资中捐赠450元，其余2 550元从偶然所得中捐赠。这时：

工资收入的应纳税所得额=1 500−450=1 050（元）

工资收入应纳个人所得税=1 050×3%=31.5（元）

偶然所得的应纳税所得额=10 000−2 550=7 450（元）

偶然所得应纳个人所得税=7 450×20%=1 490（元）

孟女士应纳个人所得税=31.5+1 490=1 521.5（元）

二是充分利用偶然所得中的扣除限额，即从偶然所得中捐赠3 000元，工资收入不再列支捐赠支出。这时：

工资收入应纳税所得额=1 500（元）

工资收入应纳个人所得税=1 500×3%=45（元）

偶然所得应纳税所得额=10 000−3 000=7 000（元）

偶然所得应纳个人所得税=7 000×20%=1 400（元）

孟女士应纳个人所得税=45+1 400=1 445（元）

显然，孟女士应选择后一种方法，充分利用偶然所得的扣除限额。

筹划结果：该案例共分析了孟女士的三种纳税方法：一是在筹划前，只利用工资收入中的捐赠扣除限额，应纳税2 045元；二是充分利用工资、薪金所得中的扣除限额，尚未扣除的部分在偶然所得中扣除，应纳税1 505元；三是充分利用偶然所得中的扣除限额，尚未扣除的部分在工资薪金所得中扣除，应纳税1 475元。显然第三种方法纳税最少。

特别提示

可以推论，充分利用哪一种所得项目的扣除限额更有助于税收筹划，关键在于哪一种项目的边际税率更高。如果工资收入的边际税率高于20%，那么应充分利用工资收入的扣除限额。

本章小结

各月工资收入不均衡时，企业可以帮助员工分散"收入"，降低边际税率：一是要充分利用费用扣除标准——基本工资收入至少应达到费用扣除标准；二是减除费用之后的"收入"应尽量分散。

年终奖金虽然采取了累进税率的形式，但依旧会产生税收盲区，即年终奖金的纳税有时会出现税负增加超过收入增加的情况。造成这种状况的根本原因在于，税率的设计偏离了超额累进制度的初衷。因此，发放年终奖金要注意避开这些无效区间，从而可以针对年终奖金本身进行税收筹划。

将年终奖金与其他收入统筹规划，还可以使纳税人的纳税方案实现进一步的优化。其中，需要关注的问题有：全年各次纳税，最高边际税率应尽量相等；在最高边际税率相等的基础上，争取进一步降低年终奖金税率级次；警惕个人所得税级次不等距造成的筹划失败。

在我国个人所得税的11个税目当中，工资薪金所得、个体工商户的生产经营所得等8个税目在计算应纳税所得额时，允许扣除一定的费用支出。可以设法将个人为取得有关收入而支出的费用，在取得收入前据实扣除。

纳税人应尽量将劳务报酬所得分次计算，这样做的好处体现在两个方面：一是次数越多，越可以充分利用按次计算的费用减除政策；二是将所得分散成多次，可以分散税基，降低每次的收入额，避免适用较高的税率。

高收入者可采取注册公司的手段实现收入形式的转换、收入的分散和费用的转换，进而通过降低税率和增加费用扣除，实现税收筹划的目的。

在我国的个人所得税纳税人中，居民纳税义务人负有无限纳税义务，应就其来源于中国境内外的全部所得缴纳个人所得税；而非居民纳税义务人只承担有限纳税义务，只需要就其来源于中国境内的所得缴纳个人所得税。显然，非居民纳税义务人的税收负担较低。外籍人员、华侨或港、澳、台同胞可以调整自己在华的天数，突破"临时离境"的有关条件，避免使自己被认定为居民纳税义务人。

个人所得税的纳税人在捐赠中也可以进行税收筹划：首先是充分利用个人收入捐赠的免税规定，其次是已经被代扣税款的所得用于捐赠，可申请退税；再次是捐赠超过扣除限额时可以分期捐赠；最后是可以将所得项目与扣除限额的统筹规划。

练习题

一、单项选择题

1. 年终奖金纳税应遵循的原则不包括（　　）。

   A. 年终奖金应单独作为一个月工资薪金所得来计税

   B. 根据年终奖金除以12后的商数，确定适用税率和速算扣除数

   C. 年终奖金应平摊到全年各月，与当月工资薪金合并纳税

   D. 在一个纳税年度内，季度奖和考勤奖均应与当月工资薪金合并纳税

2. 高收入者进行税收筹划时，下列手段不合理的是（　　）。

A. 尽量将收入归为同一项目

B. 通过设立公司，将单一自然人的工资收入分散为多个自然人的收入

C. 通过注册公司，部分支出可以转化为其公司的业务成本，进行税前扣除

D. 将收入尽量分散

3. 下列表述中属于我国现行个人所得税特点的是（　　）。

A. 实行的是综合所得税制　　B. 累进税率和定额税率并用

C. 实行的是分类所得税制　　D. 采取申报制的征纳方法

4. 当个人用于捐赠的资金数额超过个人所得税有关扣除限额时，可以通过（　　）实现税收筹划。

A. 申请延期纳税　　B. 在捐赠之前向有关税务机关申请免税

C. 提前计算下期收入以提高捐赠限额　　D. 分期捐赠

5. 我国境内企业的外籍高管人员，在中国境内时间不超过（　　）天的，可免税。

A. 90　　B. 180　　C. 183　　D. 365

二、多项选择题

1. 针对各月工资收入不均衡的表述中，正确的有（　　）。

A. 企业可以帮助员工分散“收入”，降低边际税率　　B. 企业要用足费用扣除标准

C. 需避免将减除费用之后的“收入”过于集中　　D. 将工资转化为其他职工福利

2. 下列选项，不应按照“利息、股息、红利所得”项目征收个人所得税的有（　　）。

A. 个人取得的企业债券利息

B. 合伙企业的个人投资者以企业资金为本人购买住房

C. 个人参与商场的抽奖活动抽到的奖金

D. 公司职工取得的用于购买企业国有股权的劳动分红

3. 下列说法中，正确的有（　　）。

A. 劳务报酬所得，在条件允许的情况下，将一次的所得分散成多次，可以降低适用的税率

B. 劳务报酬所得，无论分散为几次收入，最终费用扣除总额均相同

C. 高收入者可以将单一自然人的工资收入，通过设立公司的形式分散为多个自然人的收入，以获取较低的边际税率

D. 高收入者可通过注册公司的方式，将部分个人收入转化为公司的法人收入

4. 享受附加减除费用的个人包括（　　）。

A. 华侨和港澳台同胞　　B. 在国外打工的中国公民

C. 在我国工作的外籍专家　　D. 在我国境内的外国企业中工作的中方人员

5. 个人所得税的纳税人在捐赠中的筹划操作包括（　　）。

A. 捐赠超过扣除限额时可以一次性捐赠　　B. 充分利用个人收入捐赠的免税规定

C. 可将所得项目与扣除限额统筹规划　　D. 已经被代扣税款的所得用于捐赠，可申请退税

三、计算题

1. 赵某是天津市某企业职员，2017 年 3 月取得收入情况如下:

（1）工资收入 5 400 元，季度奖 2 000 元，取得 2016 年年终奖 12 000 元;

（2）兼任某公司财务顾问，当月取得收入 12 000 元，从中拿出 5 000 元通过公益团体进行捐赠;

（3）撰写的一本专著由境外某出版社出版，稿酬 36 000 元，已在境外缴纳所得税 3 000 元;

计算以上各项应纳的个人所得税额是多少?

2. 2016 年度，郑某取得的收入明细如下：

（1）3 月至 6 月，每月参加演讲一次，每次收入 1 万元；

（2）取得中国体育彩票收入 5 万元，并通过社会团体向医疗机构捐赠 2 万元；

（3）取得国债利息收入 5 000 元；

（4）转让居住 3 年的普通住宅，取得收入 35 万元，该房屋的购入原值 15 万元，发生合理费用 32 000 元；

计算 2016 年度郑某应缴纳的个人所得税额。

四、实训题

于先生是一位建筑设计工程师，自 2016 年 3 月 1 日起，他接受某工程企业邀请，担任该企业的工程顾问，并利用业余时间为该企业设计图纸。2016 年，于先生工作时间共计 10 个月，从该公司取得劳务报酬 5 万元。对于这 5 万元报酬，于先生可要求建筑单位于工作期满一次性支付，也可要求在其担任顾问期间，平均分摊到 10 个月等额支付，试计算说明于先生会做出何种选择。

五、扩展阅读指南

中国税务家咨询网